U0855367

VOLUNTEER / IN / XIZANG / FOR / ONE / YEAR

援藏那一年

钟俊瑾　著

当代中国出版社
Contemporary China Publishing House

图书在版编目(CIP)数据

援藏那一年 / 钟俊瑾著. -- 北京 : 当代中国出版社, 2023.4

ISBN 978-7-5154-1255-9

Ⅰ. ①援… Ⅱ. ①钟… Ⅲ. ①法律援助－中国 Ⅳ. ①D926

中国国家版本馆 CIP 数据核字(2023)第 082082 号

出 版 人　冀祥德
责任编辑　刘文科　刘　照
责任校对　贾云华
印刷监制　刘艳平
装帧设计　鲁　娟
出版发行　当代中国出版社
地　　址　北京市地安门西大街旌勇里 8 号
网　　址　http://www.ddzg.net
邮政编码　100009
编 辑 部　(010)66572744
市 场 部　(010)66572281　66572157
印　　刷　北京润田金辉印刷有限公司
开　　本　880 毫米×1230 毫米　1/32
印　　张　14.5 印张　6 插页　309 千字
版　　次　2023 年 4 月第 1 版
印　　次　2023 年 4 月第 1 次印刷
定　　价　88.00 元

版权所有，翻版必究；如有印装质量问题，请拨打(010)66572159 联系出版部调换。

序一

2009年由司法部、团中央发起，中国法律援助基金会和司法部、团中央等有关部门共同组织开展的“1+1”中国法律援助志愿者行动，旨在统筹全国优质法律服务资源为法律服务资源匮乏的中西部群众提供法律援助。为贯彻习近平总书记对西藏工作的重要指示精神，在沿用“1+1”行动相关做法基础上，2019年起司法部组建“援藏律师服务团”，为雪域高原长治久安和高质量发展提供法律服务和法治保障。多年来，广东省司法厅、省律师协会和法律援助基金会先后派出121名、228名律师光荣加入志愿者队伍，奔赴西藏、新疆及建设兵团、内蒙古、青海、云南、贵州、四川、广西、海南、陕西等西部省区的偏远州县，扎根异地承担起繁重的工作任务，为当地政府和困难群众提供法律服务，用实际行动践行以人民为中心的发展思想。

本书作者钟俊瑾就是律师志愿者中的一员。钟俊瑾于2021年7月至2022年6月作为“援藏律师服务团”成员在西藏林芝市朗县提供法律援助志愿服务，期满后又作为“1+1”中国法律援助志愿者奔赴青海省乌兰县开展法援志愿服务。尝试在微信搜索“钟俊瑾”，可以看到“西藏朗县”“西藏朗县人民检察院”“网信朗县”“林芝司法为民”“西藏政法”和“乌兰党建”“青海法网”“青海省司法厅”等诸多公众号发布了关于她的推文，可以说在青藏高原上，她留下了属于自己的独特印记。

知晓钟俊瑾文笔不错，是在2022年6月份我到林芝市司法局座谈。她的发言信息密度高，善于通过枚举实例引出观点，娓娓道来又条理井然，给人印象深刻而美好。没有深入的一线法援服务实践，是做不到的；没有细腻的观察和表达能力，也很难做到。后来，在省司法厅召开的志愿者总结欢送会上，她的发言得到了厅党委书记、厅长陈旭东同志的肯定。她说已经写了数百篇志愿日记了，我感到欣喜，鼓励她结集成册，最好能付梓出版。

当《援藏那一年》四百多页的书稿呈现在我面前，书香四溢，拿在手上感觉沉甸甸的。钟俊瑾律师说请我作序，从基金会工作职责而言我不容推辞，应当旗帜鲜明予以鼓励。有心建议呈请以上级领导名义作序，又恐需协调时间太久有可能致使出书计划被搁浅。无论如何，应该先认真拜读书稿再说。疫情将息，大家好似要把失去的时间一并补回来，各种会务大小事情井喷式接踵而至。我把书稿放在副驾驶位置，尽可能利用停车前后、等人候会的间隙翻阅。好在她所写的内容我也并不陌生，用了一星期的碎片化时间算是认真看了，总体感觉挺好，值得荐读。

书分三篇，由近及远，见人见事：

第一篇“工作与学习”，从志愿者欢送会拉开援藏服务帷幕,由出发离别的感伤到高原反应下的调适,很快就开启了法援服务模式,夹叙夹议,平铺中不乏盎然意趣,直叙里又时见款款深情。“平淡日常起波澜”“来了几个第一次”“意外总是不期而至”“政府工作不简单哦”“哎哟,我这暴脾气”“希望成为微小的一束光”“长路漫漫,我其实不孤独”“我们办理的是案件,他们经历的是人生变故”“如那日渐增长的新绿”“努力工作,不惧结果”……这些标题,没有故作高深,让人有兴趣沿着作者的独白走心读下去,你可以看到她作为律师代写文书的细致不苟,可以看到她与受援人的将心比心,甚至可以看到忙不过来时心情的起伏郁闷,直到“援藏总结”。而如果把这些标题叠起来,却颇有踏歌而行的诗意。

于是,第二篇“诗与远方”。援藏肯定是要吃苦的,但苦中作乐也自得其乐。不信你看,“生命不可测的美好”扑面而来,在有心人的眼里,从来不乏美好,何况是到了西藏。看起来,她还真是去了不少地方,博物馆、寺庙、园林、名措,处处留心,悠哉道来。西藏的自然景观和人文历史都充满神秘色彩,有好奇和虔诚,就下笔如有神。到了一个旅馆,她会攀谈询问藏画七仁布切、唐东杰布的来龙去脉,到了牦牛博物馆她会对“牦牛浑身都是宝”认真了解,藏历新年、罗布林卡、比日神山、巴尔曲德寺、巴松措、桑耶寺都有好风景,也都有大学问。都说西藏的节奏较慢,看来她闲不住,或爬个坡独自看风景,或快乐地去河滩捡石头,路边的洒水车或者一只狐狸都可以成为她笔下的物象……“赏景,交心,道因果”,诗与远方,她拥有了。热爱祖国,就一定会热爱祖国的大好河山,也一定热爱祖国各族的灿烂文化。如果没有热爱，志愿精神就无所依存。

在第三篇“感悟与自省”里，她给出了不少对生命状态和态度的判断，上高度了。由一场关于买藏玉镯子的聊天引出“即使一地鸡毛也要好好过”的感悟，由疫情期间探亲返途行程生变引出“人在路上，总有变化”的慰藉。“越发觉得要珍惜当下，要尽可能做些有意义的事情，要随心而活”，在朗县的最后一天离别的情景，“离开宿舍前，不忘最后拖一遍地，将垃圾带走，而后拍照留念”，真挚热烈，润物无声。“喝一杯茶，品浮生味道”“有过不适，有过不解，有过不安……但凡此种种，皆是成长吧。”有这般深刻的箴言，也有“畅行后的归纳”关于日喀则阿里旅游注意事项这样的实用攻略。最后，还是回到了“律师的责任感”这个严肃而滚烫的话题上了，她总觉得自己“有点汗颜”“敬佩不已”“我所做的远远不够”，从上下文来看当真是发自肺腑的感叹。或许就是这种人以群分进而引发的见贤思齐，让钟俊瑾律师一直在刷新海拔高度和精神高度。这应当也是本书最弥足宝贵之处。

《诗经·邶风·谷风》有句“湜湜其沚”，形容清澈见底的河水。读钟俊瑾律师的文字，就犹如看高原融化的雪水，湜湜其沚，在阳光下又波光粼粼。如果没接触这些志愿者律师，如果没有到过西藏，你可能会觉得这些文字平淡。平淡中，却蕴藏着美好。河水清澈，可能还不够深，但这些涓涓细流却足以汇成江河湖海。曾担任过广东省律师协会副会长和广东省法律援助基金会副理事长的王少敬律师在多个场合深情表达了对志愿者律师的赞誉,他说“志愿者律师是律师行业的良心”。的确,志愿者是数以万计的律师中公益心最强烈的职业群体,他们身上既有律师职业的荣耀,更生动体现着、书写着、丰富着志愿精神和家国情怀。我们应当同更多的人分享钟律师的文字,涤荡心灵,引领发展。

党的二十大报告指出,中国式现代化是物质文明和精神文明相协调的现代化。中共中央办公厅、国务院办公厅《关于加快推进公共法律服务体系建设的意见》强调“持续推进‘1+1’法律服务志愿者活动”,其意义应当不仅在法律服务层面,亦事关精神文明构建。志愿者律师用实际行动诠释着习近平法治思想,把这些心路历程用笔记录下来,是书写当下,也是书写历史和未来。《援藏那一年》已经成书,钟俊瑾的志愿者之路还在继续,一年又一年,精彩演绎,令人期待!

史璞松*

2023年2月

* 史璞松,广东省法律援助理事长、广东省律师协会副秘书长。

序二

俊瑾在2014年走进律所,开始从事律师职业,我有幸成为她的第一个律师执业道路上的指导老师。

年后我们见面还聊起她在西藏时的趣闻,在一个月后就收到为本书作序的邀请,我深感荣幸。

西藏,从来给人的感觉是神秘和向往;援藏,需要的是更大的勇气和社会担当;律师援藏,则更需要放下名利后那种大公无私的奉献精神。于律师而言,最宝贵的就是执业时间,在执业收入颇丰的利益和对"诗与远方"的向往面前,绝大多数的律师选择了前者放弃了后者,而俊瑾则毅然选择了后者。

正所谓"文采藻饰太盛则矫",俊瑾的文字如同她本人一般,质朴实在却不失活力,简洁平淡却饱含温暖。通过俊瑾生动简朴又不失趣味的语言,我仿佛亦随之来到那片令人神往的土地,同她一道参与了那场援藏之旅。

西藏之旅并非一帆风顺,经常会出现很多意外状况,我的心也随之波动,为之担忧。但在俊瑾看来,援藏之旅的困难更像是旅途中的调味品;于困难之境她总是轻描淡写,于旅途之乐、风景之美和人情之暖她却不吝浓墨重彩,言语中总是满怀希望和感恩,这种心态不禁让人佩服。

在援藏工作中,俊瑾尽心尽责的为受援人提供法律上的帮助,不辞辛劳为受援人奔走,实实在在做事。虽面临诸多矛盾与难题,书中却少有气馁或抱怨,多是自我宽慰与勉励。“我只会觉得自己做得还不够”,她总是这样说,也是这样做的,时刻自我反思,自我要求。“不求做出多大的功绩,但求无愧于心,比昨天的自己更优秀一点就更好啦!”这大概是最好的人生态度了吧——知足而上进。

俊瑾此次援藏之旅可谓收获满满,兼顾了工作与生活,顺道感悟了诗与远方。西藏的风土人情让我向往,俊瑾的人生哲思更让我叹服。打开本书,仿佛身临其境的来了一场说走就走的援藏之旅,读完本书,仿佛弥补了内心一个偌大的遗憾,自然心满意足。

美妙的西藏之旅,积极向上的正向价值观,这是一本特别值得我推荐的好书。

徐笑怡*

2023 年 2 月

* 徐笑怡,江西明理(龙南)律师事务所主任。

序三

西藏，对世人来说，是神圣的，神秘的，令人向往的；对我来说，则是流连忘返、魂牵梦萦的所在。

我很幸运，继2018年报团游玩西藏的经典景点后，还能借“1+1”中国法律援助志愿者行动之援藏律师服务团（以下简称援藏律师服务团）契机，在西藏那片土地生活了近一年。而本书，就是精心挑选本人于2021年7月至2022年6月，写于援藏期间的大部分文稿。

本书的第一篇章“工作与学习”部分，讲述了从缘起到结束的工作经历，也记载了彼时的心路历程。第二篇章“诗与远方”，记述了援助期间假期出行见证的种种瑰丽风光，是以“本地人”身份到西藏各区深度游带来的奇妙反应。第三篇章“感悟与自省”，既有源于工作带来的领悟，也有源于生活带来的省悟。

于我而言，待在西藏的日子，更像是一场不愿意醒来的梦。所以，我愿意分享自己在西藏的喜怒哀乐，也很愿意这些记录转换为我人生中的第一本书。每当回顾自己写下的文字，记忆犹新的同时，时过境迁亦能品出不同滋味，也希望由此带给读者一些触动。

当然，涉及以律师身份处理的工作，可能因经验或其他原因尚存不足之处，在此也希望同行朋友们不吝赐教。且本书记叙的内容，均属于个人角度切入的点点滴滴，难免有主观臆断的地方，也请读者朋友们多多包涵。

最后，用我们援藏律师长留心间的一句话结束——一次援藏行，一生援藏情。

钟俊瑾

2022年10月

目 录

第一篇

工作与学习

第二篇

诗与远方

第三篇 感悟与自省

第一篇 工作与学习

一　缘起

即将到来的发言

2021年7月7日，我收到深圳市律师协会（以下简称深圳律协）的通知，今年“1+1”中国法律援助志愿者行动（以下简称法援“1+1”行动）和援藏律师志愿者欢送会将于下周举行，让我们准备发言稿和照片。

我在2021年4月申请加入了援藏律师服务团，尽管援藏名单还没最终公布，但法援“1+1”行动志愿者都快出发了，援藏律师服务团肯定也不远了，希望就在眼前呀。

发言稿的内容和我参加视频遴选的内容相似，围绕以下几个方面。

一是提到初心和报名契机。

我在2019年就听朋友提过司法部组织的法援“1+1”行动，彼时也曾经打电话询问深圳律协的工作人员关于法律援助事务的具体事宜，还提交了申请书。遗憾的是，由于当时工作条件不成熟，所以并没有在当年参加。但这件事，从此就放在了心上。

2021年，我终于通过申请顺利加入了援藏律师服务团。

之所以第一站选择西藏，一则西藏地区条件较之我国其他地区更为艰苦，私以为该地区的法律需求也更迫切；二则我考虑到该地区为高原地区，越年轻身体状况越好，就能越有利于进行法律援助服务；三则西藏是我很喜欢的一个地方，我很愿意前往。

在我看来，法援“1＋1”行动，不是只一年就能够满足心愿或做出巨大改变的事情，我更期望通过第一年前往西藏积累的经验，为以后前往其他地区乃至长期做法律援助事务打下良好基础。

二是讲到工作经验方面。

我于2013年通过司法考试，2014年进入律所工作，2016年开始执业，对民事诉讼和非诉案件、法律顾问事务具有丰富的实务经验。同时，在深圳还参与了维德法律服务的普法课程宣讲。可能这些经验与此次报名参与法援“1＋1”行动的大多数律师同仁比起来，稍显稚嫩。但正如我的执业理念一样，“受人之托，忠人之事，尽最大能力维护当事人合法权益”，我更希望能够以自身所学为法律援助服务尽微薄之力。

此外，我还提了提亲朋好友的反馈和我的小计划。

当我的亲朋好友知晓我申请加入援藏律师服务团后，第一个反应几乎都是“一年后回来会不会有高原红”“西藏地区条件是不是很艰苦”。对此，我也无法给出答案，毕竟，即将迎来的工作环境是前所未有的挑战。不过，这些反馈倒是让我坚定了记录西藏法律援助生活的想法，我希望通过这样的方式能让大家了解西藏更多一点，了解法律援助更多一点。

最后，我还立下了参与法律援助服务的小目标：不求做出多大贡献，但求解决实际问题。

发言稿内容顺从心意一气呵成写完，我又按照要求提供了两张照片。一张挑选的是职业装照片，另一张则挑选了2019年和闺蜜去西藏游玩的照片。彼时去西藏游玩，心里想着不知道下次去是什么时候。如果援藏事宜真的成行，倒像是圆了一个夙愿。

不知道援藏名单什么时候公布，等待的过程真是心焦啊。

关心我的人已经问了多次，还打趣会不会去不成。我内心时常也闪过一丝彷徨不定，只能安慰自己好事多磨。而且，趁现在还没去西藏，好好珍惜当下享受的日子，貌似也是个道理。

罢了，再多些耐心，好好享受等待的过程吧。

援藏服务拉开帷幕

盼望着，盼望着，2021—2022年度法援“1+1”行动及援藏律师服务团终于拉开帷幕了。

2021年7月13日，广东省的6位法援“1+1”行动律师代表正在司法部参加2021—2022年度法援“1+1”行动的欢送会。很遗憾，由于疫情影响，开会前14天在广东省的其他入选律师无法到北京参会。不过，广东省司法厅、广东省律师协会（以下简称省律协）、广东省法律援助基金会（以下简称省法援基金会）协调深圳市司法局、深圳律协分别在今天上午和下午为入选法援“1+1”行动和援藏律师服务团的律师举办了欢送会和座谈会。

经省律协领导介绍，2021年广东省共45人报名，为历年最多。通过前期的视频遴选、体检测试程序，最终有19名律师入选法援“1＋1”行动，有6名律师入选援藏律师服务团。而我，很荣幸成为援藏律师服务团的一员。

今天的两场会议，气氛热烈又亲切，仪式感满满，充分昭示了广东省、深圳市两级领导对法律援助行动的重视。

我们观看了往年法律援助律师的宣传视频，听往届律师分享了经验，还收获了各位领导的殷切寄语。对此，我深受触动，收获满满：

如，领导寄语。

无论是维护广东律师形象，兢兢业业工作的提议；还是工作中学会应用发散性思维、寻求多部门联动的建议；抑或是为人做事智商和情商并举的嘱咐……法援“1＋1”行动给予我们的激情、职责都值得发扬光大。

又如，实地探望总结。

曾经实地参加过历年探望活动或一直负责对接法律援助行动的领导，发表的感言让人动容。从援助律师平平安安去，健健康康回的祝福；到有问题及时反馈，必定提供坚实后方支持的承诺；最后，还不忘叮嘱我们入乡随俗，顺利完成工作。

再如，往届律师分享的经验。

往年参与法律援助的律师，分别就各自遇到的情况做出实操性极强的分享。如，我们作为法律援助律师，受各地司法局管理，工作建议配合为主，商量为准；法律援助律师与当地的社会律师应注意沟通，涉及不符合法律援助要求的案件可额外衔接；需提供法律援助的各个地区，条件相对艰苦，建议放平心态，有一颗奉献的心；身在异地需耐得住寂寞，与当地人相交以真心换真情；身在不同地区提供法律援助，需要格外注意人身安全和身体健康，有问题不要强撑，有障碍多沟通；

提供法律援助的目的,一是对当地人“传帮带”,二是宣传好法律。

一天的会议开完,作为新援藏律师的兴奋、激动,渐渐转为忐忑、压力。

学习到的东西当然不只是文中总结的这些,更多内容可意会不可言传,又或者说并不一定适合每个法律援助律师。毕竟,每个地方有不同的处事风格、民族特色,需要我们因地制宜,具体问题具体分析。

对我来说,今天的会议仅仅是一个开始,目前援藏法律服务团涉及本人的地点和出发时间都还未知,等待已经不再是煎熬,而是一种磨炼。

未来的日子,依然需要坚持多看多学,少说话多做事,且是做维护弱势群体的实事。正如一位律师所说,法律援助,援的是法律,助的是民心。不求达成什么样的功绩,能真真切切帮有需求的人解决问题,自己亦有所得才最重要。

出发 & 伤离别

法援“1+1”行动暨援藏服务团欢送会开完,又等待了好多天,在一直重复等待状态的我看来真是度日如年。2021年7月下旬,服务协议总算签好寄出,再隔了几天才确定了在拉萨开会的时间和服务地点。

2021年7月28日,我将搭乘飞机去拉萨报道。按照行程安排,抵达拉萨的第二天开会,第三天将由各地区司法局工作人员接各地区的援藏律师去服务地报道。

其实,真正到买票的时候,我才发现乘坐飞机去拉萨尽管时间上会节省许多——坐火车大约 54 个小时,坐飞机实际搭乘时间只有 5 个多小时;但却比较麻烦——虽说能从深圳机场出发,却必须到重庆转机或西昌经停;如果选择转机,行李要重新办理托运,人还要再次安检。

援藏服务团的其他成员,除了一位同在深圳的律师已先行自驾去西藏外,另外几位律师均选择从广州机场出发。我呢,考虑到从广州出发必须提前一天住那边,加之行李较多,着实不方便,所以依然决定从执业地深圳出发。

一个人出行已经习惯,倒也不会担心。只不过,当群里发出广州机场一群人的合影时,多少有点被遗忘的小失落。这就是情感和理智无法达到平衡的地方了——总是道理懂,理智上知道怎么一回事,可情感上依然会出现一些小情绪。而这,在最近一段时间乃至未来,或许都是我需要调整的。

飞机票搞定,接下来的事就是整理并邮寄行李。其实行李早就打包好了,足足三个箱子,两大一小。原本的打算,是出发前将行李邮寄到服务地。这时候问题又来了——群里虽说公布了各位律师的服务地,但派遣通知书还没有下发,而根据往届律师的说法,服务地仍然存在调剂的可能。自然,可以把行李先邮寄到目前公布的服务地,大不了届时有变动再让人帮忙邮寄。然而,西藏每个县不像我国其他地区的县与县之间可能只相隔十几分钟或几十分钟路程。稳妥起见,还是等最终派遣服务地确定后再让朋友帮忙托运行李吧。

万事俱备,终于到了出发的时间。

早上六点闹钟准时响起,及至抵达机场,离登机时间还有一个多小时,时间充裕得很。先打印了登机牌,再托运行李——为了不让行李超重,中间折腾了几次,好在一切顺利。

话说深圳机场托运服务也便利多了，直接机器扫描身份证，不需要工作人员逐一称重等待，倒让我又惊叹了一下。

诸事完毕，分别来临的伤感瞬间涌上心头。

得知我去西藏的行程确定后，父母和家人们既担心我的身体情况和人身安全，又不忍违背我的心愿。而朋友们则纷纷祝福我，另约定届时西藏汇合游玩。还有几个联络不太频繁的同事提出出发前聚一聚给我践行，实在让我意想不到。按说这是盼望已久的事情，又是自己主动去争取的，结果出来时我一直也非常激动兴奋开心。这样淡定的情绪，持续到当天早上我挥手告别。那一刻，眼泪着实没有忍住。

接下来的路，就要自己一个人走了。

抵达重庆机场前，脑海中回想起之前和朋友们游玩的场景。彼时，我们离开重庆，都觉得意犹未尽，还曾经提议再次共游。眼下我一个人再临故地，为的则是不同的目的，着实有点感慨。到达的时间居然没有晚点，要知道从深圳出发的时候可晚了半个小时。不过，这样倒是让我放心了一些——无他，我到了重庆要转机，时间越富余越好。

一下飞机，我拿好行李急忙往外走。看到中转的箭头和领取托运行李是一个方向，途中有一个中转值机点。停下一问，工作人员说我乘坐的飞机不能直接办理，需要领取行李后乘坐摆渡车去 T3 航站楼办理。沿途，中转值机点的工作人员、领取行李处的工作人员、摆渡车的工作人员，听到我询问方向，得知我出发的时间，都说时间有点儿赶让我抓紧。这样的贴心，让本来淡然的我立马紧张起来了。

好不容易到了 T3 航站楼，自动值机竟然无法取票，连问几个工作人员都没有给出准确答案。眼看时间越来越近，真是着急得不行。无奈到人工柜台长长的队伍后排队办理值机,却被告知托运的行李需要开箱检查,真是越急事情就越多。等我办理完托运去安检的时候,已到约定的登机时间,我几乎是一路飞奔冲到了紧急安检口,偏工作人员们司空见惯,动作依然有条不紊,急得我直冒汗。

一连串的折腾,让我登上飞机的时候又累又饿。从深圳来重庆飞机上吃的小点心全部消耗殆尽,可一路没有多余时间给我购买食物,只能寄希望于去拉萨的飞机上的零食了。

坐在飞机上等待起飞的时候,看群里消息,早上从广州出发的律师们已经抵达拉萨了。他们和西藏司法厅的人在机场门口合影,意气风发。

到拉萨的飞机,我特意选择了出口附近靠窗的位置。一是坐出口附近感觉安心,二就是想看看飞往拉萨的风景。果不其然,飞往拉萨的旅途中,或许是地理环境的缘故,比深圳飞往重庆时颠簸得厉害。等我们下午四点吃午餐的时候,飞机飞行已经很稳定了。窗外是厚厚的白云层,偶尔从云朵缝隙间能看到地面连绵不绝的山脉。我抓准时机,拍摄了不知名的雪山一处,很是开心。

不过,念头一转,想到下面全都是山峰,想到不久前看过的《中国机长》,冷不丁觉得这要是出事,那可就完蛋了——不被撞死,也被冻死。明明啥事没有,美景当前,偏自个儿想这些有的没的,又暗暗"呸呸",想着必然一路平安,矛盾得很。

迷迷瞪瞪休息了一阵,迎着灿烂到刺眼的阳光,手指头突然翘起的死皮提醒我——拉萨到了。

还没有从飞机下来,我先接到西藏司法厅接机人员的电话，顿时放心了。之后取行李、扫码出站、戴上哈达汇合不提，且说从机场回拉萨饭店的路上，沿途的风光尽管看过，依旧让我心动不已。

静静流淌的小河，与岸边的绿树、天上的白云、蔚蓝的天空相映成趣，随手一拍就是屏保。远一点的山头，有几朵乌云环绕，能依稀看到雨丝落下，可再往我们这边的方向，阳光明媚，二者相交处赫然悬着一条彩虹，真正形象上演了“东边日出西边雨”的美景。

拉萨饭店到达，司法厅的接待员们特别热情，帮我拿行李，又带我去办理了签到、入住，发放了明天开会的物品，还带我到房间放行李。微信群里得知，先到的律师们已然吃罢晚饭，好在还有同在深圳执业的律师特意等待我，让我来拉萨的第一餐，不至于孤零零享受。

晚上八点，天还没有完全黑，远处乌云集结，雷声轰轰，下起雨来。西藏的雨季正当时，不过总是阵雨居多。这时候，我开始感觉到丝丝凉意，连忙披上外套。

和我同住的律师来自黑龙江，据说她们省只来了她一个人。住在一起的缘分让我们的关系迅速拉近，很快聊起各自的简单情况。让我惊讶的是，微信群里的其他律师也好，和我同住一个房间的律师也罢，她们居然都有不同程度的高原反应。严重的，吃了司法厅提供的红景天口服液，又打开了房间的制氧机。我呢，或许是以前去过稻城亚丁后又在西藏玩了一圈，倒没有太大反应。左不过是动作频率大了，会有点轻微头痛。

晚上，我想起群里接收的温馨提示，不敢洗澡，只是简单擦拭，不过衣服和洗漱流程仍旧继续。饶是减少了一些步骤，同屋的律师还对我的状态赞叹不已。

外面还在淅淅沥沥下雨,亲朋好友们看到我发的消息和图片纷纷表示羡慕嫉妒恨。然而,每个人的生活其实并没有发生太大的改变——即便是我当天从深圳翻山越岭到了拉萨,也不过是从一个圈子走到另外一个圈子而已。

唯愿未来的日子,记住此刻好的状态和情绪,让美妙的心情持续久一些呀。

高原反应 & 启动仪式

在谈 2021 年 7 月 29 日的援藏律师服务团启动仪式之前,先说说前一天抵达拉萨第一晚的煎熬。

28 日晚,码完字已近深夜 11 点,彼时不知道是用脑过度,还是临近深夜压力更强,总之脑袋有点隐隐作痛。于是不敢硬撑,快速躺床上休息。邻床的律师睡得很不安稳——一会儿一息声音皆无,一会儿起来走动,一会儿深深喘一口气。我尽量不发出声音干扰她,免得给她造成更大压力。迷迷糊糊不知道睡了多久,听见她急急起床跑向卫生间,一阵呕吐声瞬间响起。

我被惊到了,可头痛欲裂,高原反应和被吵醒的不适结合,让我一时根本无法起身。想起之前微信群有留医护人员的电话,我连忙询问她是否需要帮助。可她尽管已经呕吐了数次,还是坚持忍耐一阵,没准扛一扛就过去了。也是,毕竟在凌晨时分,能不打扰人还是不要打扰。话虽如此,我对她这样的做法也是挺佩服的。就这样挨了一阵,间或聊几句,不知道什么时候又睡着了。

29 日早上，是被邻床律师的闹钟吵醒的，彼时才不过 6 点。一晚上没怎么睡沉，偏还这么早醒来。好在睡过一觉舒服了许多，我的头不疼了，只不过仍有睡眠质量不好带来的混沌感。

原本以前因没有太强高原反应而自信的我，因昨晚的“下马威”也不敢再小觑高原的威力。

晨起洗漱不提，之后去吃早餐。我和同寝的律师随意找了一个位置，彼时已经有三位先生正就餐。等我们入座，他们主动攀谈，询问我们来自哪里，又闲聊了几句。从他们的话语中，我们知道他们是西藏司法局的工作人员，最长的已驻扎西藏 20 多年，真是打破了我对我国其他地区工作人员在西藏工作时长的想象。由此，更让我对我国不同援藏队伍的强大感到自豪和钦佩。

与同寝律师独自一人从黑龙江援藏不同，广东援藏律师合计 6 名，由来自省法援基金会和司法局的 2 位领导带队。有组织的情况下，我们不管是出门散步、下楼就餐还是开会拍照，都有团体意识。这么一比较，难怪同寝的律师有所感慨了。

上午，当我们在会议厅各自的位置上就座，悄声说话的时候，忽然听到前排律师的惊呼声。定睛一看，和我同寝的律师又不舒服了，正低头呕吐。两旁的律师有的递纸巾，有的去找医护人员，我也快步走过去，递给她一包纸巾，又给她青草膏让她涂抹缓解。接下来，她就被安排先回去休息，没有参加之后的会议。这身体素质，真是让人担忧她此后一年的工作啊。再想想自己，能不能扛住这一年的考验呢？

开会时间到了，心神收回。上午的启动仪式议程分为 5

项，包含了领导致辞、总结上一年度工作、为2021年度援藏律师服务团授旗、援藏律师代表发言和巡视员讲话。

其中，领导的发言——传承往届援藏律师"把西藏当故乡，把远方当吾乡，魂系高原，梦系高原"的精神，让我印象深刻。而总结内容里，提到援藏律师在西藏要注意调整工作和生活，希望援藏结束也能继续关注西藏，甚是中肯。援藏律师代表的发言则实在太多了，有的讲述了之前的工作内容，有的说了援藏过程中当地部门的无微不至关怀，还有的提到了援藏律师应当具备的心态和行为。

启动仪式比预计的时间结束得早，结束后我们集合在一块拍照。戴上"广东省法律援助基金会志愿者"绶带，或一人留念几人帮忙拍照，或多人合影做出不同动作。之后，又和林芝市司法局的工作人员交流，欢声笑语不断。

上午的会议，更多是基于现实的情况下，抒发情怀，宣传援藏理念。而下午的培训，则是给援藏律师分析西藏形势和政策，讲解援藏注意事项。

开完会才发现，笔记本电脑屏幕左侧居然炸开了——看来高原的压力真是无处不在。偏中午去街上看了看，又在网上检索，都没有合适的修理电脑的店铺，看来只能去林芝再看或寄回家了。

祸不单行，这边我的身体又出现状况了。不知道是因为紫外线过强造成刺激，还是高原反应干扰眼睛，昨晚睡觉和中午午休，我眼泪总是流个不停。下午坐在会议室，眼睛都没法直视投影仪，总是胀痛。没办法，该听的课还是要好好听啊。我只能时不时按摩眼球，尽量不久看屏幕，希望能舒缓下眼部压力。

下午主要由罗旦博士讲解的西藏宗教事务工作,既介绍了这边的宗教信仰,又讲到了党的宗教政策,还用案例的形式让我们学习怎么在未来一年更好地工作交流。

最后,是早上有缘一块吃早餐的领导分享了他对援藏律师的期许和寄语。在他的介绍中,我得知西藏目前尚有 64 个县没有律所;除了我们每年的援藏律师队伍外,自 1994 年起每三年就会轮换一批干部援藏;乡村振兴、法治同行,更是最近几年一直在坚持做的工作。

无数来自全国各地的人,为了西藏的美好未来共同努力着。"一年援藏,一世雪域情",不只是宣传语,还是他们实实在在的心声。而我,有幸能够成为其中一员,倍感骄傲的同时,深觉压力重重。除却西藏当前的基本情况,我更进一步知晓未来的工作内容——公共法律服务是基础,法律援助事务是常态,普法、公益、传帮带、行政法律事务是法律种子也是播撒希望的火苗。

一天的会议,接受的不光是精神上的洗礼,感受更多的是援藏事务工作人员们和前辈们的良苦用心。

在我码字的当下,接到此处会议安排医生的电话,她找到了一瓶眼药水,特意送过来给我,希望能舒缓我眼睛的不适——这样的贴心,怎么能不让我感动。

明天(30 日)一大早,就要跟随林芝市司法局的工作人员前往林芝了。我们林芝援藏律师团的 6 人也将奔赴各个服务地,此后的一年未必会碰面,或许更多是云交流,路终究要自己走。这心里,忐忑、期待、担忧、激动等各种情绪杂糅,完全无法用语言准确形容。

引用今天感触颇深的话结尾:援藏律师们要健健康康去,

平平安安回。于我而言，不求做出多大功绩，但求无愧于心，比昨天的自己更优秀一点就更好啦！

在　路　上

2021年7月30日，这天的文章早就想好了开头——今年收到的最好生日礼物，就是援藏服务成行。甚至，生日这天抵达服务地，就好像命中注定一般。可随着我这几天经历越多，越发现这份礼物内涵之丰富实不好拿。

早上八点半，我们准时从拉萨出发前往林芝。出发前我特意和同寝的律师合影，我们两人的服务地离得远，都不知道未来一年是不是还会见面。所以合影既是为了纪念，也是想对比下一年后彼此的变化。

来林芝的这一路，真是一波三折。

上车时，发现是多云的天气，我站在室外略微有点冷。上车后，师傅一开车，我就冷得受不了了。看来，真是被前两天灿烂阳光欺骗了，导致穿戴大意了些。途中，担心感冒，我让师傅打开了暖气才好点。可车厢不开窗闷得很，考虑到路途较长，还是在紧急停车处下来拿衣服。

停顿了一刹那，继续行走。盖上大衣好很多，这时打开窗户，不知道为什么闻到了轮胎烧焦的味道。一开始，大家都以为是轮胎摩擦的缘故，走了好一会再开窗，发现依然如此。且，前排司机和副驾驶的位置，居然冒烟了。不敢大意，车子停下来检查了下，发现是油管漏油了。

可高速路上前不着村后不着店，没有地方修理，只能慢慢开到前头村庄看能否找到修理的地方。林芝市司法局的工作人员，考虑到安全问题，让我们援藏律师换车先走，他们另行去修车。那毫不犹豫把风险留给自己的举动，着实让我们感动。

经过了这么两遭，虽说过程出人意料还略微耽搁了时间，但也给旅途增加了趣味性。尤其，每次我们停车休息，都能趁机拍照，大大满足了大家的观赏欲。

一路上的景色美不胜收——触手可及的蓝天白云，露出神秘面纱的雪山，在太阳照耀下闪着金光的河流，悠闲在草原吃草的牦牛和马儿，一片金黄待收割的青稞……即便后来阳光渐烈，刺激得我眼睛生疼，我仍是不愿意收回寻找美的目光。

后来换乘到和林芝市司法局局长一个车，局长为人很亲切。途中，每次看到两旁有美丽风光，他就回头招呼我们欣赏。好几次我已经昏昏欲睡，还是不忍拒绝他的热情介绍。

越往林芝走，两旁的植被越肉眼可见的丰富茂盛，与拉萨略显干燥的风貌迥异。等我们下了高速到达林芝市，看到市区一旁就有河堤，杨柳依依，松树苍翠，不同植物均相处得十分融洽。树荫下，还有不少藏族同胞们直接躺在草坪上休息，悠哉的很。

林芝市司法局的领导们对我们的到来非常欢迎。这边献哈达握手合影，那边很快招待我们吃中饭。席间，书记对每个县的情况进行了风趣幽默的介绍，气氛十分愉快。

饭后的座谈会，援藏律师们一块听各位领导讲解了林芝市的形势和法律需求，我也终于和我的服务地领导朗县司法局局长会晤。这次座谈会，让我再次意识到西藏地区开展工作维稳—发展—生态环境—强边四大目标的重要性。此外，每个县的工作围绕着普法、民生、宣传等内容进行，出席的三个县司法局局长们还对援藏律师的生活安排做了简单报告。

座谈会结束，各位援友就纷纷奔赴各自的服务地了。服务地离林芝近的律师，直接跟随接待的工作人员驱车离开；有派遣在林芝市的律师，由工作人员指引去住宿地点；剩下我和另外一位服务地距离林芝较远的律师，将在林芝住一晚，明天出发去服务地。

尽管和援友们相处的时间不长，或许是同从广东来，或许是同样的援藏经历，大家伙很自然地就抱团取暖。大家虽然在空间上分开了，但各自都还在微信群活跃，分享最新的动态。

朗县司法局局长很贴心，她生怕我太劳累，不建议今天就返回朗县，因此带我在林芝市一家宾馆入住。之后又一块儿吃晚餐，饭后还带我到林芝市地标工布公园游玩。其间，她一直跟我介绍朗县的情况，同时也聊了不在西藏生活就不知道的一些事情。提到上一任的援藏律师，更是赞不绝口。当然，对我自愿申请来援助的行为也表示赞叹。

在林芝市工布公园散步的时候，我最大的感受是西藏发展不比我国其他地区差，甚至扶持力度更强，政策覆盖面更广。而我们来自其他地区的人对西藏却还停留在以前落后的认知上，实在有待改善。不过，听到我这样的感触，朗县司法局局长特别实在地说县里发展得没有我国其他地区好。看来，等明天到了服务地，等未来见识更多西藏风情，我还需要多调试呢。

一整天几乎都在路上行走，和刚相识的领导、同仁们交流，身心都有些疲惫。但通过当天的经历，我再次感受到从司法部到县司法局各级部门对援藏律师的重视。既让我觉得幸运感激,又倍感压力,生怕辜负了这一番真心。而我发到亲朋好友群中的图片和文字,居然让闺蜜们对她们未来的人生有了改变的想法,这真是我意料之外的惊喜。

明天就将抵达服务地朗县了,不知道那里将会有什么样的事情等待我。未来的日子里,希望记住当下的感动、感激、喜悦、美好,不负此份礼物的重量!

反射弧要变长了

2021 年 7 月 31 日,我终于到了服务地朗县。

似乎从我确定援藏事宜后就一直在说终于二字。

原计划的每日码字,抵不上实际情况的变动。首先,因为从昨天早上离开入住的林芝宾馆开始,就忙着和新认识的同事沟通,同时在适应新的环境。其次,从林芝到朗县,接近四个小时的路程,身体上有些疲惫。再次,抵达朗县后,和司法局的同事们先打了个照面,紧接着就是收拾房间、整理行李。好不容易忙完,痛痛快快洗了头发冲了个澡,还不待我洗好衣服,发现居然停水了。急忙和局长联络,才知道这边是通过水卡限制用水量的。最后,是晚上聚餐,和大家近距离接触,饭后又去购买了生活用品。

昨天晚上等我真正能够静下来,已经是晚上十点半。可一整天马不停蹄地奔波、交流,让我的身体和脑子一直处于紧绷的状态,没有一刻放松。以至于本来打算抵达的当夜和家人通话也只能以发照片和视频了事。惦记着要码字的时候,发现脑子里一片空白,明明记忆分明的事却不知道应该怎么表述更恰当。

所以,2021 年 7 月 31 日的行程,就没有再消耗思维接近停顿的脑力,留待今天,也就是 8 月 1 日一块儿记录了。简单概括昨天和今天的经历,就 3 件事——赶路、熟悉人、熟悉环境。细致说来内容就丰富多了。

如,我的反射弧变长了。

因我本来就不是一个反应灵敏的人,在我国其他地区工作的时候都时常被人评价反应迟钝,所以刚到西藏的时候,我还没有什么感觉。这两天,发现整理东西也好,计划做的事情也罢,总是这头想起,那头一打岔就给忘记了。

今天中午和广东派遣队的大学生志愿者交流的时候,发现他们也有这样的情况出现,初步猜测是高原地区压力过强形成的普遍现象。想想以前没来朗县之前,曾听法援"1+1"行动的律师说某律师在西藏待两年回去,和人沟通会显得慢半拍,看来已经不再是无关紧要的笑话了。

如,在这里,直来直往的相处模式更适用。

昨儿个,局长带我去甜茶馆吃早餐。我一再说不要太费心,在酒店吃就行,可她依然觉得招待我是最重要的事。按照以前的习惯,我就算再喜欢吃某些东西,也会顾及在座人的数量,不会多吃,会客套拘礼。和她们相处之后才发现,她们讲究的就是实话实说,你一客套,就浪费点好的食物了,她还会因交谈不够琢磨不透你的心思。

今天和广东派遣队的同事们认识,更是如此。"90 后"和"00 后"的特招员、大学生志愿者,就餐时间初识都活泼的很,各个直言不讳地聊天,也不见她们与各部门领导相处有啥特别顾忌的。反而是年长一辈的领导和医疗队的同事,相对注重社交礼仪,让我总算不会大跌眼镜,产生没有走错环境的熟悉感。

如,地区文化差异必须尽快接受。

昨儿个,一路回朗县的途中,局长和司机都是藏族人,说话习惯性地用藏语。她们并没有特意照顾我,只是在聊到某个话题的时候会转为普通话。乍开始,我当然会有略微的不适应,不过想想这是必然要面临的情况,倒不再觉得氛围尴尬了。

今天,早餐还是局长带我去品尝的藏餐。她们习惯了早上吃藏面、牛肉饼、甜茶,习惯了将自家自制的牦牛肉当零食,还会去特产店逛逛,买点虫草、藏红花、贝母用于日常保养或馈赠亲友。经过局长和司法局的同事们介绍,我才知道我们以前在景区购买的牛肉干多半是水牛或黄牛肉,真正放养长大的牦牛肉少之又少。而所谓的天珠、虫草更是人工制造或培育的居多,不管是效果还是价钱都相差很大。

与之相对比的是今天认识了广东援藏队的同事。局长带我过去的时候,同样来自广东的同事们都亲切的问候,我也挨个加微信以备后续联络。正好午饭是饺子,我主动凑上前去帮忙,中午顺理成章地留下吃饭,还确定了以后的就餐地点——当然,部门衔接工作早就先做好了。广东援藏队的同事们,有的是每几个月轮换的大学生志愿者,有的是每几年派遣的特招大学生或干部,还有的是按批次服务的援藏医生。大家的职业各不相同,身在朗县,非常自然地聚焦在一块,氛围十分祥和。

如,生活习惯要入乡随俗。

前几天在拉萨和林芝也就罢了,住在酒店,虽然考虑刚到高原地区不要洗头洗澡比较好,可水电都是不限制的,和我国其他地区没有什么大区别。这两天在朗县,发现水电是有限制的,据说还会经常停水。局长家和广东援藏队都习以为常,卫生间和厨房均有储水设备。据广东派遣队的一位同事说,停水最严重的时候,她曾经十天没有洗头洗澡,真是让我大为感慨。

而穿着方面,这里并没有强制要求上班穿正装,除非遇到开会等较严肃的场合。日常气温呢,眼下早晚有点冷,下午有太阳的地方比较热。大部分人都是短袖加外套,也有怕冷的现在就穿上羽绒服了。

如,生活乐趣要自己找寻。

昨儿个回朗县的途中,局长带我去旁边的树林捡菌子。树林子长势都差不多,中间我们停了几次,下车找寻都一无所获。最终到了一个确定的地方后,几个人往树林子一钻,菌子捡了没有多少,可能是最近雨水不够多的缘故,不过这样的乐子还是让我兴致盎然。其间,还发现松树底下有很多被啃过的松果,我原本以为是松鼠吃的,没想到局长说是野鹦鹉的杰作。回朗县路上停停顿顿找菌子,午餐就在野外进行。彼时,天地为席,山河为椅,青山白云雪溪添意境,午餐虽然很简单,可吃得挺舒服。

等我们到朗县境内的时候,我正兴致勃勃地拍着朗县牌坊留念,正好发现底下有很多牛。这些牛对来往的车辆早已司空见惯,根本不见害怕或让路的迹象,兀自蹲在原地不起身。想起之前讨论牛羊猪被过路车辆碾伤或碾死的纠纷,在找不到侵权人的前提下,藏族同胞们或许只能自己承担损失了。

今天和广东援藏队的同事吃午饭，闲谈中问她们周末怎么安排。大部分人附近的景区都已经走过，出门看风景的话地方远又需要耗费时间精力，所以不再好奇。当然也有几个同事提到有好玩的地方可以约，大家一块出门相互有个照应。看来，想要像上一届援藏律师一样走遍西藏，有志趣相投同行人的缘分，更多的还是看自己的选择和安排。

我就要在服务地朗县正式上班了，不知道会面临什么。不过，眼下的精彩只不过是初临新环境的适应期而已，随着时间推移渐渐的平淡才是日常。

顺其自然吧。

二　适应与调整

正式上班第一天

2021 年 8 月 2 日，我在朗县的第一天工作开始了。

早起吃早餐，我依然是准点到的那一波。俗话说"早起的鸟儿有虫吃"，我虽然没有比别人多吃，可却收到了第一份委托——审核分管农业的局长给的一份合同。

饭后，我按点到了办公室，先按要求戴上绶带拍照留念，同时在援藏律师群互相通知正式上班的状态。接着，在一位司法局同事的陪伴下，归置办公桌的物品，查遗补缺，边聊天边整理。

这头还没有完全收拾利落，那头受援人已经进门了。

援助中心上班的第一份文书，是给一位受援人写强制执行申请书。看了下法院出具的调解书，时间是在去年的八月份。据说受援人彼时不在西藏，是今天才去领取的，为此法院还特意写了一个法律文书生效声明。

原本按部就班写着文件，在问询受援人执行标的时发生了意外——受援人确认的金额比调解书确认的金额少了 10 万元。经过沟通我们才知道，原来是她开庭的时候讲述的情况被法院误解了,而她签收调解书的时候又没有认真看清楚内容。遇到这样的受援人,我也是对她的大意醉了。10万元可不是小数目,受援人也着急,直接和法官沟通这个情况。可调解书早已生效,申请强制执行的金额是无法变动的,剩余10万元如何履行,只能通过与对方沟通或者另行起诉解决了。

强制执行申请书写好后,我特意空开计算利息和延期支付滞纳金的内容,方便法官根据实际时间填写。同时,提醒受援人以后再碰到类似情形一定要多加注意文书措辞,千万不要再出现“大意失荆州”的事情。

只不过完成了规整物件和写一份法律文书两件事,再和司法局的同事们碰了碰工作流程,上午的工作时间就结束了。

中午吃了顿美味午餐,而后回宿舍休息。

这时候收到另一位司法局同事的电话,原来他还一直惦记着我前两天停水的事情。他帮忙充了水卡,又安排修理师傅检修水管,这才发现厕所的开关会漏水——导致水卡费用莫名消失的源头找到了。其间,我着急出门,顺手一带门,以为能自动反锁,没想到门给直接锁死了。搞了个乌龙,耽搁了大家伙儿午休时间不说,还累得修门师傅必须施展大力神功,真是不好意思。

午睡起来,迷迷瞪瞪出门,被阳光刺得眼睛都睁不开,那会儿真是分外盼望墨镜快点到来。到办公室一开门,咦,怎么都关着门没动静呢。这时,看到律师群互通有无的消息才知道,这里下午是三点半上班,而我记成了三点。唉,这脑供血不足的反射弧,可怎么办哦。

西藏地区上班的时间和我国其他地区不同,上午是九点半到一点,下午是三点半到六点半。这样安排,据说一是因为西藏日照时间长,基本晚上九点左右才天黑;二是因为在高原地区工作时间长容易脑部缺氧。

下午的时间,刚开始还很平静,我正寻思着自己还有哪些事没做的时候,一大波受援人来了。

辅助我工作的同事提到,这是需要更改答辩状的受援人和她的亲属。简单询问了情况,原来是明天即将开庭的离婚纠纷案件女方。边修改答辩状,边通过同事翻译与受援人沟通的时候,我发现这个受援人不仅具备了传统女性隐忍的特质,还由于不懂法律吃了不少亏。与男方婚姻存续期间,受援人的婚前财产被男方公然使用,婚后家务一力承担,而且男方出轨、家暴、利用受援人受伤赔款等攒"小金库",连闹离婚的时候孩子都被藏起来不能探望。

听闻后真是让我又无奈又悲哀。

咱能做的,就是在写完答辩状的时候,告知受援人拥有反诉的权利。男方的诉求不尽实是其一,受援人的个人财产可以要求返还是其二,其三则是遭受多次家暴可以要求精神损失,最后受援人一力承担家庭建设等义务能主张补偿。经过我详细说明,受援人同意提出反诉。可问题又来了,案子明天就开庭,文书写完已快到下班时间,证据材料可能无法按期提供。法官电话打不通,又无法提前沟通提起反诉和延期开庭的意愿,只能把该准备的事情交代好,存在的风险告知清楚,剩下的就交给法院了。

很快,一天的工作就完结了。

临近晚餐时间,省法援基金会要求的材料我还没有填写完毕，偏偏电脑卡得不行，只能留待明天继续了。这个时候，新认识的援藏队小妹子特意等我一块儿去吃饭，让我既意外又觉得窝心。

路上，遇见了吃罢饭的分管农业的局长，我抓紧时间，边吃饭边和他说明需要审核的合同存在的问题。在他的介绍下，我再次意识到西藏法律施行的重要性——如果连政府部门都因考虑效率而忽视程序的合规，遑论老百姓呢。不过，毕竟每个地方都有不同的特色，不能完全照搬，还是要因地制宜，灵活机变。

晚餐后照旧是绕城区散步。

与昨天遇见双重彩虹惊喜不同，今天傍晚的天空布满了乌云，风儿还挺大。本来忙了一整天觉得充实，心情算不错，可回程的时候又撞见一起交通事故，瞬间晴转多云：和昨天一样，我们再次目睹了司机撞死流浪狗的惨剧。偏，当天这只被撞死的黑毛小狗还曾经在桥上跟随我们一段路程。于心不忍都不足以概括我彼时的心情。

以至于，回到县委大院，和刚回到县里的援藏队书记认识之时，看到他和其他领导们认真讨论铺设水渠的工作之时，我第一个反应居然是想问问他，县城能不能设立一个流浪狗管理机构？在我们看到的地方就有两起事故，那不知道的地方那些狗儿怎么办呢？然则，理智及时制止住了我。且不说人书记是不是负责该项事务，就说设立之后怎么长久施行，需要多少经费，哪些人管理，都是个问题。或许，只能留待以后找机会看能否做些事了。

罢了，终归只是第一天上班，多了解情况，少说话多做事才要紧。

平淡日常起波澜

已经第三天在朗县法律援助中心上班了。除了第一天上班比较忙外,这两天都没什么紧急的事情需要处理。

从7月28日正式援藏开始,忙碌到深夜、精神紧绷至极的日子,转瞬变成一整天的时间自由安排,还真有点不适应。和同事说起,她却说这才是这边工作的常态。也对,倘若这边法律需求也像深圳一样大,那问题就大了。

既然时间随自己安排,那正好,可以把之前手机备忘录里积攒的事务处理完毕了:

如报销工作。

援藏律师到服务地,交通费、住宿费如果是本人垫付的,都可以提交发票和对应清单报销。而之前为了援藏专门去做的体检,参加启动仪式产生的交通费,同样也收到能报销的提醒了。和群里其他律师不同,我的发票均为电子发票,所以就通过邮件的形式发送。本来这是很简单的一件事,烦就烦在办公室的电脑比较卡,工作邮箱一直打不开,只能通过其他方式处理了。这个过程,显然又是在告诉我,我现在不是在深圳了。机关单位有专门的程序,而朗县这个正处于发展期的县城必然还有许多需要改善的地方。

如购置生活物品。

在朗县居住的条件还是挺好的。司法局提供了一套两室一厅房间,不过因为我是一个人,只提供了一套床具,电视机、洗衣机、热水器、取暖器、厨房用具一应俱全。吃饭和广东援藏工作队一块吃,涉及生活用品,大件东西司法局会报销,小件消耗品则在每个月的补贴中自己根据情况购买。朗县的物价比深圳的贵一点,大部分物品都有,但毕竟是高原地区,物资不方便运送,有些东西没什么人买,就没配置。整体来说,生活上没有什么不便之处,遇到不适合的,根据这边情况调整就行了。

如上报材料。

援藏律师的工作司法部并没有硬性标准,毕竟每个地方情况不同。不过,每个月月底需要大家上报工作数据,同时各地司法局还会整合律师的简报,以及出现一些临时的材料填写,这些都需要律师结合实际情况完成。此外,每个援助律师到了服务地,都要填写中国法律援助基金会要求的情况表,将各地区接待律师的情况上报,还要留下对应联系方式以备及时沟通。

如查阅档案。

这两天工作陆陆续续步入正轨。朗县法律援助中心涉及的工作大方向就是民事和刑事两块。第一天我接待受援人的工作涉及法律咨询和代写文书两种,均属于民事领域。这些工作,除了代写文书要单独留存材料记录外,其他的就简单记载数量即可。而上一届援藏律师留下的今年的档案,到目前为止只有四个案子。上午没有受援人过来的时候,我简单浏览了一遍,刑事案件类型包括故意伤害罪、拒不执行判决裁定罪、盗窃罪,民事案件只有一个——申请强制执行。

工作不繁忙,总体来说就是做自己的事情。

昨儿个下了班,县里的干部要开会,我就只能一个人去散步,但也不敢走远,只在老县城区域逛了逛。不过,一个人有一个人的好处,恰好用这个时机与拉萨同寝的援藏律师视频交流。同在异乡,做的事情又类似,还是有挺多共同语言的。

正码着字,觉得工作不多可以让我调整一下的时候,忽然有位检察院的工作人员过来送回证——我拿到材料一看才知道,原来是需要值班律师见证受援人签认罪认罚具结书的通知。奇怪的是,通知书没有写具体的时间,只有检察官的电话。送材料的同事也答不上来,我只好先签收材料再和检察官联系。这头和检察官打电话,他为人很随和,我把情况说明后,确定周五上午去林芝市见证,对我提出先阅卷的请求也予以配合。那头,我是第一次做认罪认罚,对这程序需要注意的事项还不是十分确定,所以一边忙着查相关法律规定和实务经验,一边和群里的律师讨论具体事项。

事情还没搞定,微信又陆续收到消息——一个是工作队需要审核一份合同,一个是深圳律协那边需要填写一份材料。按照局里的安排,明天上午还要下乡参与培训,明天下午回来要将检察院拷贝的材料看好,后天见证认罪认罚,少不得今天加班先处理完一些事情了。

不过,貌似这边的工作效率确实没有深圳高,但有事堆积着总是不得劲,看来也是个劳碌命。之后慢慢适应慢慢调整好了。

来了几个第一次

2022 年 8 月 5 日,今天随同朗县司法局主任和其他同事下乡参与普法。

吃完早点,趁计划下乡出发的时间还没到,赶忙先将昨晚加班审核的合同整理好发给工作队的同事。同事笑言被我一审核,她之前签订的协议就像假的一般。这句话,瞬间慰藉了辛苦加班、向朋友请教的我。或许,工作过程中就需要这样的自我感动作为动力吧。

一切就绪,时间刚好,正准备关机出门,一位受援人快步走进援助中心,径自把一叠材料给我,说需要重新修改一下。

主任见状,让我先忙。我拿起材料一看,原来是一个案子的起诉状。虽说涉及的金额才几千块,不过案子不分大小,重点是帮助受援人维护合法权益。我查阅了电脑存储的档案,发现这位受援人涉及的委托事项还蛮多,看来维权意识还挺强。原先司法局同事给他写的材料,内容基本正确,就是措辞和格式需要稍微调整一下。这么一耽搁,出发时间又比预计的晚了半个小时。

下乡的路上,太阳开始释放热量,主任怕我晕车,执意让我坐副驾驶,倒是方便我拍照。一路上的风光上次从林芝回朗县已经看过,不过这是第一次从朗县出去,角度不同,感受也不一样。譬如两旁的山,一样险峻,可因我们的方向不同,每次转弯的时候,总有种要撞上去的感觉,让我心内暗惊。如似乎永恒不变的蓝天白云,随便落在绿树山林间,配合一马平川的大路,总是让我赞不绝口。再说转弯进入金东乡路段,我侧首瞅见一处雪山,连连惊叹,惹得同事们都笑看我大惊小怪的模样。

约莫开了 40 分钟的车,目的地到了。

因出发的时间比预计的时间晚,来听课的调解员们都已到位。我们下车后也顾不得寒暄,经过测量体温、戴上口罩的程序,迅速投入宣讲前的准备中。我们先给每位人民调解员发了司法厅编撰的法律知识手册,又单独配备了手提袋,最后陪主任坐在讲桌上,正式开讲。

今天主任负责主讲《人民调解法》,这部法律我也是第一次学习,之前没接触过。内容不复杂,主任摘取了主要的内容讲解。关键是,除了一开始他介绍身份、讲课的目的外,之后全程是用藏语讲述。我呢,出于宣传和提供法律服务的想法,陪坐在讲桌那里,只能通过观察 PPT、查看法律知识手册、猜测讲解内容打发时间。且这里的听课氛围很严肃,台下的调解员们都认真听讲,事后也不见提问,听完拿着书就走了——让做好了给他们解答法律咨询心理预期的我甚是意外。

课程讲完,才不过十二点多,按照西藏的工作时间还没下班呢。出门先解决三急,让我意外的事情又出现了——明明培训的地点窗明几净,厕所却十分肮脏,不仅没有水冲洗,还有无数苍蝇在嗡嗡作响。这样的反差让我十分不适。询问同事才知道,这里一般不做办公地点,只不过有需要的时候才集合来培训,所以卫生间基本无人主动打理。看来,这也是地广人稀产生的后果。

接近饭点了,随主任和其他同事安排,我们一块在旁边的藏餐馆吃饭。午餐喝的是清茶——就是有淡淡茶味又加了盐的水;吃的是饼和面——这饼是白饼,上面铺了一层凉皮,刷了一层酱,味道还不赖;面则是面皮,本以为是炒的,没想到是放了西葫芦、辣椒、牛肉片的汤面。重要的是,不同于之前吃过的藏餐,这家店的食物口感更贴近四川风味。看样子,每家藏餐馆都有其存在的独到之处啊。

饭后没多做停留,便上车打道回府。正是太阳最炽热的时候,又是刚吃饱的当下,会闭上眼睛眯一觉简直是必然。等我清醒,县城已遥遥在目。

提醒局里同事顺路带我去拿快递，按照提示是到县粮食局领取。本来以为应该就在老城区中心，不会太远。没想到，因最近修路，局里同事带我绕了一个圈，在另一侧没走过的山脚边才找到快递服务中心。到了之后我们才想起来，这会正是中午休息的时间，所以吃了个闭门羹。这地方太偏僻，走路不方便，只能拜托同事回头帮我领取了。掉头回县委大院，同事们各自去休息。我懒得走动了，关上门，就在办公室的凳子上对付着歇了会。

下午，按计划看明天认罪认罚的案卷。

经历过昨天的讨论学习，今天再看刑事案卷和认罪认罚的相关规定，我已经淡定许多。认真研读后，发现见证该制度不复杂，复杂的是之后审判程序涉及的量刑标准，以及预判受援人的态度。我按照相关司法解释试着去计算受援人的刑期，发现对基准刑和宣告刑的概念还不是十分明确，适用的量刑情形已经一一找出，可最终会有多少从轻比例，是不是心里设想的标准，都还是未知数。以至于，看完之后，规定清晰多了，可实务经验的欠缺让我再次感慨刑事律师不好当。

转头想想该案的检察长，真是十分热心和敬业。值班律师通知书留下手机号码就算了，看样子是这边的惯例，方便人沟通。在我和他联系上后，不仅同意我的请求，先帮我留意了阅卷人员的动态，及时通知我去阅卷，还主动询问我出发去林芝的时间，确定明天碰面的地点。而且每当我有疑问提出，立马一个电话就过来沟通了。当我再三说感谢的时候，他还说应当感谢我作为律师提供的帮助，这让我有点汗颜。

工作以来，遇见的每个同事都十分尽责，莫非在西藏待久了，真的会变赤忱？想想下午给司法局同事们分发广东手信时他们的小开心,我想,或许人与人之间越简单就越自在吧。

下乡培训也好,拍照留念写简报也罢,再加上给大家伙分发礼物和准备认罪认罚,这么多个第一次,都发生在今天。明儿个一大早要出发去林芝,忙完案件后可以和在林芝市提供法律援助的律师碰碰,又是一个第一次,想想就开心,期待咯!

第一例认罪认罚见证

2021 年 8 月 6 日,今天周五,主要任务就是到林芝市公安局对受援人做认罪认罚见证。

昨儿个下午,我花费了几个小时看案卷、查法律规定和司法解释、按照规定计算量刑标准。准备工作做足的情况下,对今天的见证就没太大压力了。

朗县到林芝市自驾车程有三四个小时。出发的时候还比较早,太阳都没出来,待在车里挺舒服的。和同事随便聊天,确定他今天也不回朗县,等我办完事后还有其他的事情处理。渐渐地,太阳出来了。我们行驶的方向,太阳正好晒在身上,暖暖的,我的困意一阵一阵就来了。睡得不踏实,隐隐听到同事跟着车里播放的音乐在小声哼唱,还挺自得其乐。我察觉自己放松的身子随着车辆的行走、转弯,忽而向左忽而向右,却乏得不想理会。

再次醒来,已经过了一个小时,到了米林县境内。

沿途的植被茂密多了,入目绿油油一片,阳光变得刺眼,晒在手上有点微微热。可是车厢就那么大,手没地方遮阴,隔了一阵等脸上没有阳光直射了,才把帽子放手上挡挡太阳。

这紫外线，真是强得可以。

想起明天就是周末，我问了下同事有没有景点推荐。不料，他说的雅鲁藏布大峡谷、卡定沟也好，鲁朗小镇、巴松措也罢，我都去过了——看来之前西藏旅游报的团还挺会挑地方。好不容易，他说了一个没去过的景点——南伊沟，可惜在米林县，倘若我从林芝过去，那玩完后不如直接回朗县，不符合我的预期。上网检索，发现林芝的景点还是挺多的，只不过没有一个正好在林芝市内的，都分布在不同的县。以后倒是可以去，这周只打算在林芝市内转转，还是算了。

谈及在西藏旅游，没有车真是寸步难行。每一个景点分布得都比较松散，近一点的十几公里，远一点的可能就上千公里了。倘若自己去，坐班车感觉会晕车，报团似乎不划算，拼车一个人太贵，看来要费心思找些同道中人一块参与才好。

就这么东想西想，林芝市到了。与朗县检察院的检察长联络好，我们直奔公安局。

略微等待了一会儿，检察长在办案中心的门口迎接我。进入右侧的走廊，长长一排有许多讯问室，我注意到每一间还设置了防撞设备。本来以为是和受援人直接面签，没想到受疫情影响，现在实行视频见证。

简单介绍了身份，我按照法律帮助笔录的内容询问了受援人几个问题，确定他是自愿认罪认罚后，就是配合检察长做工作了。检察长先后宣读了几份文件，前面都没问题，等读到量刑建议的时候，受援人迟疑了。

检察长见状，将他计算刑期的依据说出来，打消受援人的疑虑，我也在一旁帮忙询问受援人是否还有疑问——实际上，检察长计算的刑期已经低于我的设想，罚金也是考虑受援人的情况按最低数额计算的。受援人听完我们的说明，吞吞吐吐问能不能减刑。我们又和他说明这个刑期是检察院的建议刑期，等法院审理完毕后会最终确定，而如果想减刑是需要在服刑期间有较好表现才可以考量的。听罢，受援人终于不再犹疑。

相关文件签完，材料收妥，回执材料等回朗县后交接，我的工作就做完了。原本，对于刑期的计算和西藏地区相关实用法律我还想和检察长探讨一下，可受援人还在视频那端坐着，实在不是一个讨论的良机，所以我打消了这个念头。

整个认罪认罚程序还算顺利，没出现太大变数。不过，和我设想中适用速裁程序不同，本案适用的是普通程序。且，事后问检察长提起公诉的时间，他言这边的司法实践未必会让律师出庭，届时可直接和法院沟通。此外，受援人在视频那端，提到无亲人朋友送衣物，想起案卷中他父母双亡、女朋友又病故的过往，我们都有点无奈——这或许就是他犯罪的原因之一，可眼下疫情我们即使送了衣物也进不了看守所，生活上能提供的帮助实在有限。不过他提到的这个问题，之后时机合适了，也不是没有帮忙的空间。

认罪认罚程序，从长远来看，确实是件好事，既有利于降低检察院法院的工作量，增加工作效率，又有利于犯罪轻微的人多一个从宽处理的机会。可惜的是，经过和援友们讨论，发现现在很多地区对于该程序更多是走流程，而不是真正意义上为受援人考虑。

好在，今天处理的这第一例见证认罪认罚，不光在流程上圆满，在实体上检察长和我都做到了尽心尽责。

希望往后的工作也能如此这般，不仅维护了遵纪守法者的合法权益，还能给那些迷途知返的人提供真正帮助。

漫漫讨薪路

2021 年 8 月 10 日这天给受援人解答的法律咨询，真是让我印象深刻。

踏进办公室的受援人，操着一口“川普”，必须仔细倾听才能明白他说的是啥。据他介绍，他是在 2021 年 3 月份接到以前合作过的建筑公司法定代表人电话，让他去承包一个工程。接着，受援人就按照对方的要求，到现场察看工程概况，提供报价方案。等他将报价清单发给对方后，就开始聘请工人进场做工。其间，对方没有对他的报价提出异议，也没有对他们聘请的工人和结算的工资提出意见。

等 6 月份的时候，某一天受援人不在场，他妻子在不清楚整个工程状况的情形下签了一份工程结算确认书，确认工程产生的总价款，并对没完成的工程兜底。紧接着，对方以他们提供的服务价格过高、质量不够好为由，让他们退场。受援人为工程垫付的设备款、工人误工费用等将近 50 万元的款项，对方一概不予确认。受援人自然不服，所以在沟通无果的情况下，以对方拖欠农民工工资为由先后到朗县信访局、住建局反映情况。而住建局和信访局受理后，综合各方提供的证据，确认对方未拖欠工地工人薪酬。

之后，对方以受援人恶意污蔑其的名义，应返还公司多余垫付工人工资为由起诉到法院。受援人已提交答辩状和反诉状，且拒绝接受法院指定第三方评估机构进行评估。

在受援人咨询的过程中，我看到了他提供给我看的一堆材料——既有对方起诉状、己方的反诉状、提交法院的证据目录；又有他为工程投入各项费用的清单、工人出具的证明、微信聊天记录等。然而，结合受援人的说法和提供的证据材料，我认为他应诉的风险很多——如他和对方达成合作，仅口头约定，并没有签订合同；如提供给对方的报价清单均未得到对方盖章或口头确认；如他妻子虽然不是项目负责人，可作为一块负责工程事项的人员经签收了对方出具的结算单；再如，工人的工资虽说由对方直接支付到工人账户，但他和对方并没有就工资金额进行最终书面确认，金额差距较大。

受援人经过我的分析，情绪变得很激动，一直在强调如果不是对方确认了工程款，他是不会进场做工的，现在垫付了这么多钱，却得不到应有的回报，实在不公平。

最终，他在我耐心解释后，明白了自己应诉的风险，同时，我也给出了我的建议：

首先，根据对方的起诉状诉求，受援人应针对性就对方提出的工人工资数额和计算标准答辩。同时，将对方提供的各项证据结合己方证据质证。其次，根据受援人已提交法院的反诉状和答辩状，可提出虽然双方未签订合同，报价清单也未确认，但对方在长达两个多月的工程中从未提出异议，已经用行为形成事实上的追认；而工人们 13 天的误工期，实属对方提供不到位所致，从工人的证词等可证明；第三点则是对方提出的退场，未经双方协商一致，应支付违约金赔偿受援人损失。最后，我将开庭应诉的程序详细和受援人讲解，又将应诉的风险再次强调，对受援人妻子签结算单的事项进行说明，还建议如果法院再次提出评估，受援人可以根据实际情况接受。

一上午的时间几乎就围绕他这个案子进行，我把能想到的点都提出来，尽管无法为受援人代理，但还是尽力而为，受援人也表示很满意。

而今天处理的事务，除了上面提及的第一位受援人，另外两批受援人，一位是通过法院对租赁设备款项的调解协议进行了司法确认，可一直没有履行，无奈之下申请强制执行。另外一位则是给对方提供了设备和物料，没想到对方一直以项目款没到位为由不予支付，无奈之下只能通过诉讼解决。

来朗县两周了，我发现代写的文书除了一例属于婚姻家庭纠纷外，其余全是类似的债权债务纠纷。再想想一再重申的维稳，每个月必须统计的农民工讨薪数据，真是为这些债务人的漫漫讨薪路感到难过。有几个受援人直接说，明明我们老老实实做事，为什么就不能按正常程序收到报酬，非要折腾一阵费这么多功夫呢？甚至有的债务人，明确和债权人说：没有钱付，你们去法院告吧。

对此，我颇有点无言以对。或许，咱目前能做的只有按受援人们的诉求解答法律咨询、代写法律文书，捋清双方法律关系，提醒他们日后遇到类似事宜及时收集债务人信息，再通过普法灌输合法保护权益的思维了。

律师的价值所在

今天是 2021 年 8 月 17 日，我在朗县已待三周。

除了按部就班地工作和生活之外，我开始发现隐藏在快乐和平静之下的层层波澜。

昨天先后和县里援藏的两个小妹子聊天。

一个小妹子知悉我每天会码字记录生活后，大为感叹，提到自己之前有做直播,却因为职业和没有获得想要的价值等原因决定放弃。简单的一番沟通,让我忽然意识到其实每个人都在寻找自己的人生方向。在这个过程中,或许有过相似的问题,有过不同的解决方式,重要的是每个人都坚定地在走自己认为正确的路。

另外一个小妹子呢,给我发信息问能否找我聊天,我既讶异又有点被信任的开心,自然欢迎之至。这个小妹子,才大学毕业,原本对今年的援藏工作抱了极大的期望,认为自己一定会做出一番成就。可是,她虽然是个开心果,私下却一直在默默承受着来自机关单位上班的压力和考验,几度让她不知所措甚至动摇留下来工作的念头。我们聊了许久,我一边听她诉说她的经历和想法,一边讲自身类似经历安抚她的情绪,同时根据她的行为给出具体建议。后来,她说果然是需要和职场前辈探讨这些问题,和我沟通完之后让她觉得满血复活,能够继续加油了。

在和她们交流的时候,我回顾过往,才发现曾经的自己也遇到过许多困惑和迷茫。但彼时的自己,不知道问谁,更多是吃一堑长一智,反不如更年轻一代的职场人想出法子主动解决,事后还依然保持阳光本色。她们面对消极情绪的处理方式,真不可小觑呀。

回到上午的下乡工作。

这次到的村庄,是一个边境村,距离朗县有一个多小时的车程。村庄位于山顶,沿着盘山公路蜿蜒向上,看着两侧的山峰、远方的峡谷,景色算不上美不胜收,不过自有一番宜人风光。路旁的河流,一会和我们并行,一会又从另外一头钻出来。水质因为沿途沾染的矿物质不同,有的呈现出黄河水般的浑浊，有的呈现出一片青黑色，普通的清澈水样倒少一些。

抵达村庄的时候，我被两件事吸引了目光。

一是惊讶地遇到了刚来朗县上班时处理过的离婚纠纷案件的受援人，这次碰到，正好询问她开庭的情况，满足好奇心之余也想知道她的近况。另外一件事，则是下车后看到一棵苍虬古树，树底下种植的格桑花开得正好，两相结合，别有风姿。这头趁着收养关系纠纷案受援人没到来之前赶紧拍照留念，那头离婚纠纷案的受援人已和司法局同事讲了近况。

原来，当天法院未支持她反诉的请求，直接就双方的婚姻关系解除、债务承担问题、子女抚养问题进行了调解。我看到调解书之后大吃一惊，因确定的内容和答辩状写得相差极大。询问之后才知道，原来她们在我面前振振有词，对每一项诉求都表达明确，可到了法院之后，在法官面前却不敢说话，还一直觉得法官偏袒对方。我将调解书已经生效无法上诉的结果告知她，她一脸可怜巴巴，说自己还不起债务。既然是调解，结果无法改变，那就只能另辟蹊径——双方离婚纠纷并未就男方对女方的家暴行为做出处理，那女方当然可以另行起诉要求赔偿。我告诉受援人这个方式，又提醒她收集相关资料，还让她需要的话就到援助中心起草相关文书。

对这个受援人的遭遇我很同情，可另外一方面，又对她在法院面前不坚持表达自己观点，不站出来维护自己权益的行为表示无奈。毕竟，我们给出再好的建议，最终要做出决定的还是她自己呀。

这个受援人的事情处理得八九不离十了，我和司法局同事又急忙去另外一个地方处理今天的收养关系纠纷。

据说，被收养人八个月大的时候，因其家中经济困难被其生母送给了收养人收养,但基于彼时西藏法律不普及,双方一直没有办理收养登记,村里也没有文字记录。被收养人成年后,一直没有正儿八经工作,并未对收养人夫妻履行必要的赡养义务,反而因做生意、犯罪等事宜一直要求收养人提供经济帮助。此外,双方之间还存在因政府建房、户口迁移等产生的问题。

现在,双方都有意解除收养关系,被收养人一方提出放弃对房屋所有权财产份额的分割,同意迁出户口,但提出要适当经济补偿;收养人一方呢,自愿放弃被收养人对他们的赡养义务,也愿意基于双方几十年的感情给予一定补偿。至于双方并没有实际上成立收养关系,这个是历史遗留问题,只能在我后续的协议书中作出完善处理了。

整个调解过程,并没有出现双方吵得不可开交的场面,反而和睦得很。收养人几次主动站起来给被收养人、被收养人的生母倒甜茶,被收养人看着不说话,每每问他的意见,又都表达得比较合理。

这次调解,顺利得让我不敢相信。结束之后,和同事交流才知道,原来他们已经不止调解过一次,所以都知道对方的底线,且毕竟都在一个县,并不愿意闹得太僵。尽管调解的过程中,我听不懂同事们说的藏语,可根据他们的表情、动作,也猜测到是为了让被收养人出狱后社区矫正进行顺利,为了让这几个家庭恢复往日的平静。

这次调解,看似需要征求律师的法律建议,实际上整个过程更倚重司法局同事们晓之以理,动之以情的调解技巧。我的作用,更多体现在双方最终协商一致后起草协议。

看来,要学的东西还真是不少呀。

调解完毕，我们回到乡镇吃午饭，还顺路在午休时间去附近村庄逛了逛。

附近的这个村庄，比之上午调解的村庄更秀美。下车后，映入眼帘的是一棵参天大树——生机勃勃的千年核桃树。踏入村中，信步而行，我发现这个村几乎每家每户都在房前院后种植了水果。苹果、桃子、梨、李子、核桃、木瓜、葡萄，硕果累累，看得让人心喜又眼馋。领我们进村的当地村民，很是热情，看到红艳艳的果实，就主动摘了几个让我们品尝。还别说，桃子清脆，李子酸甜，前者嚼劲十足，后者汁水四溢，真是十分可口。走到村中央，我们发现一户人家，以葡萄架、苹果树、李子树遮阴的同时装饰庭院，阳光从果实缝隙落下，让地面显出不同图案，真是分外有趣。不过，我忍不住想到，这么茂盛的果植，万一有那贪吃的虫子掉下来，岂不吓人？

兴尽回县，抵达县里已经是下午四点钟，午休时间在车上一霎而过。

路上，我接到朗县检察长的电话，言明日有一例认罪认罚需要我这边见证。而上午，司法局主任提到本周五和下周需要给刚开学的学校、执法的单位普法。此外，我还惦记着上周电话咨询我工程款纠纷的受援人啥时候来。

看来，这周必然会过得很充实呀。或许，这就是律师的价值所在？

三　接受与融合

意外总是不期而至

这天,是 2021 年 8 月 25 日。

晨起,闹钟响起的那会儿,我还在做梦呢。抬眼看了下屋内阴暗的环境,我意识到外面不是在下雨,就是准备下雨——无他,倘若是阳光灿烂的日子,光早就洒满房间啦。

起来后拉开窗帘,果不其然,雨淅淅沥沥下个不停呢。想必,穿朗县而过的雅江支流必定涨水了。

早上有一个工作行程是确定的——援藏队住建局局长联系我,已经审核完但没细致讲解的规范性文件,他们上午会过来询问审核意见。

一上班,住建局局长就过来了,我们正随意聊着天,有一位受援人过来咨询:

经他不太熟练的汉语讲述,大概意思是他家有块地属于耕地,可是种不了东西,他想盖房子,但国土局和住建局都不给批准;后来,他提出暂时盖个铁皮棚,承诺如果土地被国家征收征用,他放弃赔偿且不会阻挠施工,国土局局长同意了。我将理解的意思和他确认,问他是不是想让我给他代写一份承诺书,他连连称是,一脸感激。

代写承诺书简单,可毕竟涉及了两个部门。我望了望坐在受援人后面的住建局局长,看他没啥反应,估摸着不太清楚这事,所以和受援人提出要先和国土局局长确认。简单和国土局局长介绍情况后,他说不太记得这件事了,让我帮忙指引受援人直接找他沟通。于是,我就将国土局的意思传达,受援人连忙上楼去了。隔不多会儿,他下楼告诉我,国土局局长说承诺书直接找驻村干部写就行,不必麻烦我了。

我倒是不在意,事情解决了就行。不过,看看外头还在下的雨,再瞅瞅受援人被雨淋湿的衣服,真心觉得人家也是不容易。

这受援人走了没多会儿,住建局负责规范性文件对接的同事来了,我就按照我的审核思路逐条给她讲解:

首先,是关于名称的确定。既然自治区文件明确说了市县级部门可以根据具体情况制定细则,那名称自然就不能任意制定。上位法优于下位法,部门规范性文件不能和省级规范性文件相抵触这是大原则。

其次,关于征求意见稿的形式。我先询问同事是否明白征求意见稿的意思,确认她明白后,又询问该程序是否走完。同事说其实流程前面已经走得差不多了,就差最后政府审批了。既然如此,那这份文件上报审批最好加上征求意见整个流程的说明,包括但不限于征求时间、征求主体、征求形式、反馈意见等。不然,工作做了,回头领导以为流程没有走,不是容易产生误解还可能增加工作量嘛。

最后,就是涉及规范性文件具体内容的修改。措辞的不严谨、格式的不正确、篇幅设计的不合理都不是要紧的,要紧的是里面有些内容和上级文件相抵触,或者规定的内容没有结合实际调整。

经过我细致讲解后,该同事终于清楚了对应修订的内容。而我在这个过程中,实际上也是再次熟悉了规范性文件的制定程序和该文件的内容。既是温故而知新,也是对不熟悉领域的新知识积累,收获还是蛮多的。

一事未定,另一事又来了——给住建局同事讲解审核意见还没有结束,涌进来了一波受援人。我让他们稍作休息,大概半个小时之后再处理。等住建局同事走了之后,我给上午最后一波受援人提供了法律援助服务。

他们提出的诉求,我也是第一次处理。受援人提出要写起诉状,理由是八月中旬和对方置换了车辆,经查询车辆被法院查封且存在违章事实。而双方在车辆置换前,就明确约定车辆不存在违章等情况。现在呢,对方一是否认知晓置换车辆被法院查封的事实;二是拒绝协商,直言要解决就起诉处理;三是不同意将车辆、行驶证、登记证书返还。此外,受援人已去车管所核实置换车辆的信息,目前仅知晓置换车辆被我国其他地区法院查封,不清楚因何原因、什么时间被查封。并且,置换的车辆未过户,目前尚在第一任车主名下。而对方使用车辆一年有余,所称不知悉车辆被查封的说法不排除是恶意隐瞒,有欺诈嫌疑。

基于上述受援人提供的证据和说明的情况,我提出的建议是向法院诉请把置换车辆协议撤销,要求对方返还原有车辆、行驶证、登记证书。不过,关于起诉的被告,根据《民法典》规定,既可以选择起诉对方,也可以选择起诉对方和第三人(原车主)。

受援人经我解释后，决定直接起诉对方。等文书写好签字后，我又得知受援人和对方存在亲戚关系。所以，秉持解决问题的角度，我让他们带上写好的诉状先尝试再次和对方当面协商，倘若还是无法和解，那或许只能以诉讼方式解决了。

下午，雨终于停了，不过天还阴着，风嗖嗖的有点凉。

我接了个电话，是前几天一个工程款纠纷的受援人，提出今天会从拉萨回朗县，约定明天上午来写起诉状。还说他们已经把情况和人社局反馈，不过人社局同样以他们不是民工身份为由拒绝受理，建议直接起诉。看样子，明天上午的忙碌不可避免了。

同样是工程款纠纷，我自然而然地想到了前不久花费一上午时间给来自四川的那对受援人夫妻解决咨询的情况。那位受援人前两天也给我打过电话，可话语中提到的内容与我在法援中心讲解的没有什么差别。我跟他说明案件已经在法院审理阶段，目前只能等待法院处理，而该告诉的要点和建议都讲明白了，只希望他能够耐下心去处理吧。不过，因为工程款纠纷导致生活困顿、工作难以正常进行的情况屡见不鲜。诉讼之外是否能将这些情形考量进去，这是我要思考的一个问题。

晚饭时，和援藏工作队的同事讨论她遇到的疑似诈骗事宜，忽然又接到一个电话——今天咋回事，怎么接二连三出现意外情况呢？

一看，是我同一个律所因法援“1 + 1”行动才认识的律师。他在语音电话中告诉我，其因为身体原因退出了今年的法援项目。同时，在律所某主任询问案件时误以为律所在对他进行慰问，于是提到了希望能够给我提供必要帮助的事。

这通电话让我很讶异。一方面是该位律师我虽然没有见过面,可他是位男律师且从通话中感觉精气神应该还不错,居然会因为身体原因退出援助项目;另一方面则是我在申请法援“1+1”行动时,就对律所没有任何扶持和宣传的行为接受了。

眼下,居然因该律师产生误会一事,侧面让律所高层知晓我们参与了法援“1+1”行动。尽管我的内心依然没有抱太大希望,不过多少也有一丝小小的期盼——不是来自经济上的,而是觉得律所至少在积极塑造正面影响力的前进路上,不应该忽视法律援助事务啊。

一天又过去了。

每一天其实都有意外不期而至,而今天颇让我感慨。只希望在这些意外中,我仍然能够保持愉悦的心情,活在当下,享受其中吧。

只忙一件事,依然不简单

2021年9月1日去林芝办事。初步计划是今天会见受援人,明天开庭,后天到林芝市司法局沟通工作。

早上出发的时候,淅淅沥沥下着雨。查询了林芝的温度,感觉比朗县要冷,所以特意穿厚实了一些。吃过早饭,打包了几个点心,拿了一瓶酸奶,打算路上对付吃点。

路上的风景,看过几次已经勾不起我的兴趣,心里头忍不住感慨路程太远带来的麻烦。走不多时,太阳出来了,恰好从对面折射进来,晒得身上发烫。我昏昏欲睡,被车子颠簸得难受,阳光刺得眼睛睁不开,还觉得热,怎一个难受了得。

好不容易抵达,比预计的时间晚了半个小时。

第一站是林芝市看守所。表明身份,递上公函和律师证原件、复印件,询问了会见室的使用情况,等待看守所开具会见函。让我意外的情况发生了:除了我上述提供的材料外,看守所还提出需要一份朗县援助中心开具给看守所的委托书,注明律师和受援人信息,确定委托签署会见笔录、辩护意见、法律援助告知书、授权委托书等内容。

这是我在之前询问其他援藏律师时没有谈到过的情况。想到必须回朗县开具委托书很麻烦,我一边递出盖有朗县援助中心的辩护协议询问可不可以,一边和林芝市援藏律师联系,看能否让林芝市司法局开具委托书。

看守所的值班警官询问领导后,答复我以上两种方式都不可以。不过,考虑到我从朗县过来不容易,可以让朗县援助中心同事先发扫描件过来,过两天再把原件交过来就行。

真是峰回路转,这份体贴顿时让我大为感激。

当我在签署会见函信息时,另外一位看守所警官听到我是朗县来的,表示他是朗县人,主动留下联系方式,如果我再来会见,可以提前向他咨询需要哪些材料。

林芝市民们对援藏律师的欢迎程度可见一斑。

从看守所拿到会见函的时候,已经到了上午的下班时间。我急忙联系朗县司法局同事,让他们帮忙开具委托书盖章后扫描发给我。彼时同事们都下班了,辗转联系几个人,才确定下午上班后开好发给我。至于原件怎么带到林芝来,也是个问题。我先后联系了援藏工作队的同事、司法局的同事、检察院的检察长,后来终于在同事的帮助下,确定该份委托书原件明天托检察院的司机带到林芝来。

这个到处让人帮忙的过程,不由让我暗自警醒,绝不要有下次。即便和人再三确定了需要哪些材料,还是应该多问一句还有没有其他要准备的材料。多准备总好过突然袭击呀。

中午在宾馆短暂休息,把点心当午餐随便吃了点。

第二站是林芝市公安局。

公安局三点半上班,我三点十分提前到了。到公安局之后先联系办案中心的警官来登记开门,旁边等待的恰好是林芝市过来提审受援人的检察官。我们随意聊了几句,互相打了个照面。警官到了之后,只收取了会见函,居然不需要公函和律师证复印件。这个程序和之前了解的又不同,看来真是时时需要更新信息。

会见的过程比较顺利,受援人上次见证认罪认罚时已见过,这次询问的问题都很配合回答,内容也几乎和公安机关讯问的一致。同时,受援人也提到了两个问题。一是他目前没有家属探视,无法汇款给他购买必须生活用品,所以生活换洗方面比较窘迫;二是他想申请在看守所服刑。

对于这两个问题,前者上次认罪认罚就知悉,可没有很好的解决方式。我甚至有在考虑要不要以个人名义汇款给他,但又怕产生什么不好的影响。后者,则明确告诉他,如最终判处有期徒刑必须在监狱服刑,当然他羁押在看守所期间的时间会予以抵扣,如果剩余服刑时间低于三个月才可能在看守所服刑。

会见完毕,先马不停蹄去林芝市司法局拿在林芝的援藏姐姐帮忙打印的委托书,然后去看守所交委托书、让警官帮忙把材料给受援人签署。

今天只不过忙了这一件事,却觉得挺折腾,不过对于程序是熟悉了不少,以后再处理就不会着急忙慌了。

最后,就希望明天一切顺利咯。

紧绷与放松

今天,是2021年9月7日。

昨儿个晚上睡得不是很好。

临睡之前,仍惦记着今天上午要给政府机关工作人员培训的课题。脑海中一直在循环讲演稿的内容,并且模拟讲课的语气、侧重点,顺带还想着讲演稿的措辞今天起来后要再次调整。于是,人是睡了,脑子还一直在转,颇有些疲惫。

然而,等今天一开讲,完全没有按预想的来:

九点十五分,局长打电话告知我大家伙儿已到达培训的礼堂,让我届时直接过去就行。我急忙拿了课件,戴上代表援藏律师身份的绶带,快步进入礼堂。礼堂内,司法局同事们已经准备就绪,听课的同事们也陆陆续续就座。

负责该项工作的是位女性副县长,台下就座的同事们大部分都想往后坐,她拿起话筒直接提出让后进来的同事坐前排来,并且说明大家伙儿都是政府工作人员,应当发挥敢为第一人的优良作风。一顿提醒完毕,她转头和我说了句"不好意思",我连忙挥手道没事。之后她简单介绍了一下我的身份,就从讲台下去,表示剩下的时间交给我了。

我按照讲演稿的内容开始授课。

真正培训的时候,发现昨晚默背的讲演稿内容都没啥用,我总会忍不住去瞄而不是靠记忆脱稿讲;暗自提醒自己说话语速放慢也没用,一着急噼里啪啦一通,自己都能感觉说的快了语无伦次；讲演稿预设的措辞也并没有完全派上用场，有时候直接一带而过，有时候直接忘了，还有时候就临场发挥了。

不过，开讲的时候，遇到合适的内容我就不自觉地拓展举例了，另结合前段时间内审的情况提了几句；开讲的过程中也几乎没有紧张的情绪，倒是急于输出内容，将原定45分钟左右的课程提前到了35分钟；再就是最后一部分的解题，自我感觉表现还不错，既引导了听众参与，又强调了要注意的细节，只是却忘记在课程最后的时候来一个总结归纳。

培训完毕，我听到县长念提前写好的总结语——什么深入浅出、用案例丰富了执法规定；什么虽然时间短，可内容简明扼要……只觉得汗颜。

罢了罢了，终归是顺利结束了，以后再接再厉吧。

回到办公室，一时无事，就准备上周开完庭的案子归档。填写了要求的三个表格，又打印了案卷材料，然后询问司法局同事归档的要求，就等法院送达判决书了。这个案件，不仅是我在西藏代理的第一例刑事案件，也是我处理过的第一例当庭宣判的案件。这样的程序倒是省去了受援人煎熬的等待，同时让我们处理案件的流程简化不少。

临近中午下班时间，进来两位受援人，由别的同事引导进来，只会说藏语。我打电话让司法局同事下楼帮忙翻译，得知受援人和前夫签署了离婚协议，但协议中约定的孩子抚养费男方一直没支付，想问问怎么处理。

我对此提出两个建议供她选择。一是直接去法院起诉，要求对方支付抚养费；二是将该份协议书拿去法院，看法院是否允许进行司法确认，等确认完毕与对方再次沟通，如果对方还是不予支付，则直接申请强制执行。我将这两个选择的利弊告知受援人后，她打算先去法院询问司法确认的情况。我这边呢，随时等待她过来写需要的文书。

下午上班，本以为上午的受援人会过来，谁知道一直没有消息，不知道她的事情解决没有。

左右无事，先整理好上午培训后的简报，再把刑事辩护的案卷汇总，然后看了下往届援藏律师的诉状版本，查询到一个之前不知道的法律规定。

尽管我是一名律师，可我其实并不是很喜欢看专业类的书籍或文章，关注的公众号偶尔才翻阅一遍，时常会出现临时抱佛脚的情况。这个习惯和认知十分不好，又一直不想改变。所以，当目前的工作涉及需要用到的法律规定时，我总是尽力认真去学习。话说回来，来西藏之后一直忙于工作和旅游，都没有再继续学习《民法典》的规定，看样子这也是必须跟进的事呢。此外，律协的课程每年都是年检时期有要求，涉及一些常用法律规定或感兴趣的课程，等工作不忙碌的时候，也应当加入日程才是。

边做事边心心念念，很快就到了下班时间。走路回宿舍，阳光正好，洒落在广场围墙上，衬得普通的建筑多了丝神圣的感觉。

码字完毕，打算做个瑜伽，惬意呀。

百年才修共枕，何妨互让一步

没想到9月9日一天时间只和一对即将离婚的夫妻打交道了。

这对夫妻，是朗县同一个乡同一个村的人。女方比男方大几岁,两人在村里从小认识,长大后不知不觉产生了感情。领证至今,已十年有余。不知道从什么时候开始,也不知道具体的原因,两人决定不再共同生活。据说,两人先前已经去法院起诉离婚,可经法院审理,认定二人感情没有破裂,于是判决不准离婚。没想到,判决书才领了没多久,二人又决定协议离婚,自个儿去民政局办理。

临近上午快下班的时间,他们出现在法律援助中心门口。女方怯怯地跟在男方身后,也不说话,就默默地看着我,看着男方和我沟通。男方呢,同样不会说汉语,就几个字几个字蹦,然后展示证件给我看。

我联系同事下楼帮忙翻译,经过询问才知道二人是过来写离婚协议书的。

乍开始,气氛还可以。问及二人身份信息、什么时间认识、离婚原因等都答得很清楚,可等说到具体情况,二人进来之时留给我的和睦印象瞬间变了:

首先是提到孩子的抚养权。二人育有一子一女,儿子接近成年不需要承担过多抚养义务了,女儿只有十岁。奇怪的是,二人都想要女儿的抚养权,不想要儿子的抚养权。当我提到8周岁以上孩子的抚养权归属需要询问孩子意愿时,他们先沉默了一下,接着说他们自己决定就好。后来,不知道是被法律规定震慑到了,还是出于别的原因,双方约定子女一人抚养一个,探望权也不干涉,抚养费同样开始有商有量。

接着是财产分配。按照我以往处理离婚纠纷的经验,这一块通常是争执最多的。果不其然,两人因财产分配问题争吵起来。我听不懂藏语,在一边只看到两人叽里咕噜说了一通,互不相让。问翻译的同事,又说正在商量,没有结果。这么耽误时间可不行，于是我让同事帮忙说清楚，目前是代拟文书，不是组织调解，所以让他们下午商量好了再过来，就不要再在办公室耗着了。受援人倒是挺理解，答应下午再过来。

下午上班没多会，受援人就过来了。我让上午帮忙翻译的同事下楼，却得知他们正在接受组织谈话，安排了另外一个司法局小妹子过来翻译。这个小妹子是三支一扶的大学生，倒是挺机灵。她按照我提的要求，将受援人涉及的财产项目写在一张白纸上，等我询问的时候就一并解说。在小妹子转达受援人说明的财产分配项目时，我补充询问一方取得了财产的所有权，另外一方是否需要补偿；只约定财产一人一半，涉及数量不均等如何分配等问题。经过小妹子的转述，受援人将上述问题一一回答。

这时候，他们二人互不相让，如果一方获得某物，另一方必然要求补偿。男方时不时紧盯着女方喋喋不休一番，女方要么就是抹眼泪，要么就是愤然反击。甚至，在我将后面的债权债务处理写清楚后，受援人之间仍在讨论财产的分配是否公正——话语间，不知不觉还流露出尚有其他财产没有分配的意思。

小妹子又好气又好笑，连连追问他们其他财产的分配。我一边在文书中补充，一边提醒小妹子再次确认受援人是否还存在其他夫妻共同财产要分配。这一问，还真有——双方的共同存款还有现金若干没进行分配。不过，他们说这个数额不方便说，打算回去自己协商。呃呃，这个时候双方又默契地一致对外了？我不由得也觉得好笑，不过肯定要尊重他们的意思。当然，没写进协议书中的财产分配会产生的风险也让同事翻译说明。

协议书写完,我再次让同事逐字逐句翻译,同时让同事告知他们离婚冷静期的规定。受援人们又恢复了刚进法律援助中心的状态,认真聆听我们说出的话,女方将相关证件交给男方,男方拿着所有材料,双方相携前往民政局。

看着他们离开的身影,我脑海中想起的是"百年修得共枕眠"这句话:他们认识了大半辈子,成婚十年,却走到今天离婚几度撕破脸的地步,不知道在为财产锱铢必较的时候,可曾闪过曾经的美好回忆,可曾想过为对方考虑——互让一步,做不成夫妻何妨成为朋友呢?转念一想,至少他们没有大打出手,还算是比较和谐地解决了这件事。或许,真是缘分已尽吧。

政府工作不简单哦

2021 年 9 月 10 日的工作,以审阅政府协议为主。

第一份协议,是某办公室要求审核的——不是直接找的我,而是通过司法局同事转达的。审核过程有点复杂,不多说。单说合同的内容——涉及和某公司的框架合作。具体合作条款方面咱不是专家,就不发表过多意见。

且说合作的主体,经某平台检索,涉诉信息达几百起,大多是服务合同纠纷,所以我特意备注要核实该主体的履行能力和诚信资格。接着是合同的措辞,存在语句不通顺、标点符号不正确的情况,我也一一予以调整。还有是合同通用的格式写的不准确,我另备注细节。这些修改的建议反馈后,对方并没有派一个直接负责人员对接,反而仍然通过司法局同事转达。这就让我觉得不适了——且不说转达的过程麻烦,就说人员不直接对接,涉及合同的订立目的、修改的内容理解是否有误就不好沟通。更别提如果对我批注的内容不明白,又直接发给对方可能造成的误会了。

我和司法局同事说明情况,他表示会转达。可同事又言明,毕竟隶属于不同部门,对方是否采纳就不得而知了。

第二份协议是某局的合作协议。这份协议和以前审过的该部门的协议内容类似,按照合同中空置条款理解,可能是某局想确定一个通用版本。审核之前,该局局长已先发微信告知我需要帮忙审核。我提出最好有电子档发给我,这样审核的意见之后都能够留存、查询。然而,接到的依然是打印出来的文本合同。

这也就罢了,我在文本上直接给出审核意见就行。谁知,等我按时间审核完毕,等到临近下班的时候,某局局长还没有过来对接。我一问情况,才说已经出差,等下周再过来。好吧,应该事先问清楚审核时限和反馈时间的。

第三份合同是另一个部门的合同。距离下班只有十五分钟,该部门的同事拿着要让领导报批的合同过来让我审核,我翻开合同一看,不对呀,这份合同在 8 月 27 日已经审过,并且是直接和该部门局长对接的。这是怎么回事呢?问该同事,她说她也不清楚,又让我再看看还有没有其他问题。由于彼时该局长拿过来的合同也是打印出来的文本,有些审核意见我已经记得不是十分清楚了,所以就将主要的审核意见再次重申。并且,特意强调让该同事找该局长核实,确保两份合同审核意见一致。

三份合同审核完毕,我发现朗县这边审核政府合同过程中存在的一些问题,应引起注意。诸如,每个部门拿来的合同,都存在合同版本调整的问题。大到主体信息的不明确,主体适格方面未审查;小到合同格式不正确、措辞不通顺或不严谨。如,合同内容大部分都是框架合作协议,有些条款可以通用,有些内容则表述不够详细,如果不详细解读,容易产生误会甚至风险。再如,不同部门做事风格不同。有些部门,是局长或负责合同起草的同事当面对接,这样合同意向容易摸清,意思传达准确。有些却是层级上报或转达,这样就很容易出现纰漏。再有,部门内部衔接也存在沟通不及时,导致合同重复审核的问题。

联想到不久前参加的政府会议,以及给朗县政府审核的法律顾问服务方案,或许这些问题届时可以找个合适机会提出来。当然,考虑到在政府部门工作,该先报备的情况、提出的解决方案还是要说清楚,毕竟不同于律所的工作氛围了。尤其,政府顾问服务不同于法律援助服务,既然我并没有兼任,职权方面还是要认清楚才好。

沟通,可是门技术活啊。

融合——舒心

2021 年 9 月 13 日的工作比较单一——还是审核政府合同。

其一,是上周五审核过的某局框架合作协议。该局局长出差回来,一大早就来办公室找我确认审核意见。我将意见反馈后,他执行力很强,又迅速修改好发给我——这次终于将电子文本发给我了。在复核的过程中,我发现他们并没有将之前提出的修改意见完全融合,基于有电子文本比较方便,我就未做过多评价。加之,我在审核今天的第二份合同时有所启发,顺便也增加了一些新的修改意见。局长很有意思,对电脑修订模式不太会使用,问了我几次。当我告知他如何设置后,他连连感慨要多和年轻人学习。此外,涉及合同中不明白的地方,他又拿着合同跑上跑下询问具体的含义,确保不会出错——这种敬业的态度,实在值得学习。

其二,是波密的援藏援友让我帮忙审核的合同。该合同包括正本和补充协议,援友还贴心地提供了某市审核政府合同的指引、相关法律规定供我参考。我起初决定先看参考材料,后来发现内容过多,转而决定修改完合同后再对比调整。合同涉及的内容,我在江西执业担任政府法律顾问时也遇到过,但不同在于,该份合同涉及的标准和项目不同,且程序不够完善。不过,就合同格式而言,设计比较合理,应有内容均在里面了。

有过相似经验,就好处理了。一是根据以往经验直接修订,二是参考法律规定给出意见。最后,在审核基本完毕的基础上,参考某市审核政府合同的指引查缺补漏。我同时发现,政府部门的人员草拟合同改不了起草文件的习惯,不管是行文措辞还是格式,都让我有些哭笑不得。再就是涉及实施过程中可能发生的问题和需要的文书,合同中并未显示,不清楚具体情况的基础上仍需把握关键点。为此,我之后特意微信提醒援友注意。

其三,也是审核了三次的某局框架性协议。该局三次对接人员都不同,但每次都是拿过来文本材料让我审核。我每次提醒要电子文档,都无明确回应。今天,我再次给出审核意见,同时结合上午审核合同的收获,增加了一些新的调整内容。不过,他们的习惯不能惯着,我强调部门内部要衔接好,不能出现一而再再而三让我做重复工作的现象。另外,再次提醒下次拿电子文本过来审核较为妥当和便利。

政府部门每次都打印出来文件或文书让我参考,同样每次修改后又要重新打印——看着白花花的纸张就那样浪费,我真心觉得这习惯不好啊。

工作忙完了,可以想想别的事情了,比如近在咫尺的中秋和国庆假期安排。工作与旅行相融合的方式,到目前为止适应得很好,让我很是舒心,甚至时常出现惊喜。

我想,这会是援藏带给我的意义之一。

四 寻找与参悟

立场不同，理解不同

今日是2021年9月17日。

昨儿个和今天处理了两件事，却都没有很明朗的结果。

16日的受援人，是在工程建筑地乡政府调解不成，又到县信访局来处理的。涉及受援人有三方，一方是承包方，一方是承包方委托寻找工人的中间方，还有一方是民工。在场除了这些受援人外，还有信访局局长和同事、交通局局长、社保局局长以及我们司法局同事和我。场面不可谓不重视。

事情其实不复杂：承包方打算承包一个工程，就找中间方介绍民工来工作，并将民工的年龄、条件，做工的费用计算标准约定明确。这个过程有的是微信直接说明有文字记录，还有的则是电话通知没有证据。中间方在传达的过程中，不清楚是因为理解有误还是出于私心（民工中有些人是他亲戚），没有按条件找民工。于是造成民工进场，被承包方认为条件不符合，要求不符合条件人退场、符合条件人留下按工程项目要求进驻的情况。

原本好商好量，按约定条件办事就行。问题在于，民工方合计15人,抱团进场,提出要么全部留下,要么全部走,让承包方报销来回差旅费。承包方认为,工人尚未正式进驻工程,如果符合条件的人按工程项目要求留下可以报销所有费用,但不符合条件的人不是他们的责任,他们不愿意承担对应费用,且如果全部人要走也不是他们的责任,自然不能全部责任由他们承担。中间方则认为按约定介绍了民工过来,不符合条件的人可以承担费用,符合条件的人不可能由其承担费用。

来龙去脉大家都明白了,其实就是沟通不畅引起的问题,且主要责任在中间方。然而,我们基于公平公正角度提出的建议——承包方给予部分补偿,中间方承担主要责任,民工方适当让步。中间方和民工方坚决不认,一定要承包方承担全部责任。信访局局长还特意询问我相关的法律意见,非要较真来论,证据是偏向于承包方的,可直接这么回应不太行,没准会让事态恶化。

其间,县派出所所长看到人数比较多,也主动进来询问情况,并让大家注意在合法合规基础上处理问题。各个部门的人都以维稳为前提,又充分考虑他们各方维权的成本作出合理建议。但毕竟,这只是和解,是否采纳要看受援人们的意愿。

结果,因为中间方和民工方不愿意接受,这起纠纷不了了之。中间方还口口声声说县里不支持,就去市里要求主张。可实际上,我们该做的工作都做了,这并不是靠人多势众就能够解决问题的,公道自在人心呀。

17日的咨询对象,则是以前来过的受援人。案件在法院审理阶段,受援人是被告,原告是某建筑公司。双方没有签订正式合同,只口头约定劳务分包,后期又出具了结算单。对工程量双方没有争议,唯独对结算标准有不同理解。受援人认为对方邀请入场时,已经口头约定了标准,结果后面又变卦。对方则提出,双方一直没有就工程标准做明确约定,且受援人提出的标准明显高于市场行情。之前受援人来访时,我已就他答辩的要点、反诉的要点、对应的证据做总体梳理,司法局同事也多次给予电话解答。然而,起初我以为理在受援人方,后来才发现他确实存在行事不妥当的情况,且他心思没有完全集中在案件本身,反而总质疑相关部门和法院有失公允,这就让我有点无语了。

好说歹说,让受援人不要胡乱猜测,要立足证据基础上,相信法院的审理,配合法院的调查。可是,瞧他那架势,这案件还有的折腾。

两个案子,几方受援人,让我觉得这类案件棘手的不是法律问题,而是各方的态度和接纳程度。

目前朗县的工程,普遍存在违法转包、分包的情况,如果一棒子打死肯定不行,倘若要支持主张,证据又缺乏,实在令人头疼。发包方和承包方固然存在某些违规的行为,但大多数情况下,作为政府工程和大公司,都能做到信守约定,按法律规定行事。而下面一层的分包方、小班主、民工,要说他们辛苦确实都挣的是血汗钱,要说他们违规又都能找出些问题来。某些时候感觉真印证了那句话:有时候不是谁对谁错的问题,而是立场不同的问题。

但话又说回来,证据充分、事实明朗的情况下,受援人却不接受中肯建议,反而一意孤行。不但增加了时间成本、经济成本,而且不知道及时止损的道理,还没有证据胡乱攀咬人,这就有点过分了。

在这个过程中,我能做的,也只是不戴有色眼镜,站在中立立场,立足证据基础,给出适中建议了。

也因此,更加佩服奋斗在一线的信访局同事、社保局同事。他们灵活应对、费心思量的工作态度不用说,单是做了事还被指责不公甚至被投诉、被伤害,我就替他们觉得委屈。

要学习的,还有很多啊。

哎哟,我这暴脾气

9月23日这天,我本来计划是安安静静工作的,但实在没忍住发了脾气。

事情是这样的:上午到十点半为止都没什么事。忽然连续四波受援人或来访者到援助中心了。碰到这样的情况,我都是按照首先询问受援人是不是找援助律师,然后确定了就把第一波受援人的事处理完,再给后面来的受援人处理的模式进行。

毕竟,凡事讲究先来后到嘛。

第一位受援人已经来过几次。这次,他提出修改起诉状。按照他中秋假期打电话给我表达的意思,是法院提出可以用民工名义起诉,让他这个小班主代为应诉,所以他准备了授权委托书,这次就是更改起诉状主体。确认意思表达无误后,我更改了诉状,但考虑到多个原告起诉多个被告,实务中通常是要分开起诉的,所以让他再去和法院确认是否理解有误。为防止出错,还让他届时不明白的地方,直接让立案庭法官和我沟通。其实,想到这个人之前的行为(具体啥行为涉及一些部门和不方便透露的事由),且不太尊重人,我心里对他有点不太喜欢。不过，该做的事咱还是做完了。

第一位受援人去法院的空隙，我接着处理第二位和第三位受援人的事情。第二位和第三位受援人，诉求的被告一样，诉求的案由也类似——都是工程欠款。按我国其他地区的规则，基本就是按合同纠纷处理。这里呢，分得比较细，一定要把具体事由写清楚——即第二位受援人的购买及运输黄土费用、第三位受援人的机械租赁费用。

代写文书至今，当地规则也渐渐加入文书中，比如要注明非朗县户籍地址之人属于外来务工人员或外来包工人员；比如是雇佣还是邀请或者是介绍，要写明确；比如履行义务的时间、金额要明确；比如涉及法定利息未必都要主张等。这样的过程，也算是入乡随俗的一种方式吧。

第二位受援人和第三位受援人的事情在收尾阶段，第一位受援人的电话又打过来了。这次直接通话的是朗县立案庭法官，他说受援人理解错意思了，实际上还是要以受援人名义起诉，只不过增加一个被告而已——真是不出我所料。看来，起诉状即将面临再次更改的命运。所费时间和心力就算了，这样的重复工作浪费了纸张才让我觉得可惜。

忙得不可开交之时，进来第四波来访者——某局的两位工作人员。

她们大剌剌地站在我面前，直接挡住了第二位和第三位受援人——这气势，怎么这么没礼貌。紧接着，她们拿出一份文件，说有个意见按行政指示要我审核。彼时我虽然心里不太爽，还是接过文件浏览了一遍。这一看，不对呀。这是行政机关内部需要审批的决议，不属于我的工作范畴，不太适合审核啊。于是，我直接表明了态度。没想到，她们倒好，跑了一趟三楼,让司法局同事劝我审核文件——这下我火气更大了,这什么意思嘛,也忒不尊重人了。

无奈,胳膊拧不过大腿。司法局同事言明再三,让我帮个忙。且,毕竟人家也是传达她们局里的意思,都是工作人员,何苦为难。罢了,老实干活就是了。再者,虽说来援藏之前就沟通过是否要帮政府处理行政事务的问题,可实际操作还要讲究因地制宜,不能一味强硬行事。而且,我这暴脾气,多少带了点有色眼镜和迁怒成分,终归不能如此。

调整心态后,下午就认真处理这份文件了。

首先,这是行政事务,涉及多个部门,不能太直接表明意见;其次,出于法律风险角度,又不能不说明建议。再次,事务涉及的法律规定都不是特别明确,审核的重点主要是方案是否合法合规,需要费点心思和时间找具体条款。找了一轮,有了大概思路后,保险起见,我隐去主要信息,找援友们请教并听取了他们的意见。发现大家的思路基本近似,这下就放心一些。最后,我将审查意见编辑成微信信息,先发给局长和负责的同事,然后当面跟他们讲清楚情况,再根据他们的意见修改。

这事弄完,时间也接近下班了。

想一想,就快到 2 个月的服务期限了。工作流程和日常事务都已上手,只不过我自己的一些毛病也开始凸显。诸如工作不忙的时候不爱看法律书籍,诸如对机关单位的行事规则还不太接受,诸如工作状态中有时候会夹杂情绪……

这些毛病,一直有意识到,却又一直没认真整改,实在不应该啊。年纪不小了,工作也这么多年了,应当更用心才是。

别乱伸手,伸手必被抓

这几天和一个刑事案件杠上了。

这个案件,卷宗合计22本,大部分是刑事侦查证据案卷,涉及犯罪金额接近千万。可见证认罪认罚程序,检察长提前一天半才通知我阅卷(其中一天是假期),时间紧,没办法,少不得加班看案卷材料。看受援人的档案,人很年轻,四肢健全,人长得也不赖,工龄有六年了,工资每月万余块,按说在林芝市完全可以过得很好。可是呢,偏偏没有遏制内心的贪欲,做了违法的事情。

掩去案件信息,我在朋友圈感慨:为啥好好的工作不做,非犯法?有朋友评论,因为这样来钱快呀。但我反而觉得,别乱伸手,伸手必被抓!

吐槽归吐槽,该尽的职责还是要履行。

案卷材料太多了,时间太紧无法一一过目。所以,我筛选重点案卷查阅。主要是证人说明的情况和询问笔录、受援人的笔录、侦查机关核定的损失数额和计算方式、重点证据等。即便如此,边看案卷边摘取重点内容,也花费了我近一天的时间。再加上确定犯罪行为和数额后,要查找对应的法律规定、司法解释,比较检察院提出的量刑标准……时间虽仓促,但好歹对案情有了眉目,能给出自己的意见。等初步意见确定,对于刑期我没有太大意见,幅度比较合理。可是,为啥我计算的最终金额和检察长算的不同呢?我连忙打电话和检察长请教,得知他们的计算方式果然和我的不一样。不过,检察长说,似这类案件,金额有差异很正常,对量刑影响不会太大。

电话挂断,我再次核算金额,比照量刑标准对应刑期,发现差异确实不太大。至于倾向于哪一头,就要看最终法院的裁定了。

案卷查阅完毕,9 月 26 日去公安局见证认罪认罚。

原定时间是下午,但检察官昨晚临时通知改成上午。我们提早了一个小时出发,路上同事担心时间不够,中途都没有停下来休息。因车速比较快,在盘山公路跑的时候,我没忍住泛起一阵阵恶心。于是我连忙转移注意力,看看路上时不时出现的悠哉行走的牛马,回应一下同事提到撞了牛马之后的天价赔偿纠纷,远眺一下群山。今天多云,云朵悬于山腰,倒像是给青山添上了披肩一般。两侧的树木,杨树叶子还是绿油油的,只有少数几棵才染上了一点儿秋意,满目金黄的秋色估计还得等一阵。

到达公安局的时间比预计的时间早,但担心的事情还是发生了——检察官没有预约好会见室,我们只得继续在外面等待。等待了快一个小时,终于轮到我进讯问室。见证认罪认罚的过程还算顺利,从受援人的表情和反应可以看出,检察院提出的量刑建议比他想象中轻。因此,他也一再表示感激。

除此之外,受援人还提出一个问题——他贷款买了一辆车,车贷还没有还完,但这辆车是赃款买的已经被扣押,银行账户也被冻结了。那如今他被判入狱,银行贷款要怎么还呢?这问题我只能给出一个参考性意见:要么他授权亲属朋友代为偿还,要么申请银行暂停还贷款。具体能不能操作,还是得去银行咨询。我答应帮忙向银行询问此事,届时涉及会见再告知受援人。

见证认罪认罚程序结束,想想后续可能会有的指定辩护,必然需要再来林芝会见和开庭。我其实很想问问受援人，为啥要犯法呢？可我知道，作为一名律师，更应该费心思的，是在有限的合法行为中找出从宽处理的辩护依据。

昨儿个是律师宣传日，身上架着这个身份越久，感觉担子越重啊。

希望成为微小的一束光

2021 年 10 月 12 日，这天的重头戏就是见证一例认罪认罚的刑事案件。

上午，花费 2 个小时将案卷看完，相关规定查询好，帮助笔录准备好。然后忍不住吐槽：你说这受援人咋就不见棺材不掉泪呢？

这个案子不复杂，涉嫌金额较大，犯罪行为是多次。开始看派出所的卷宗，查看询问笔录、证据时我还在想，这金额不大呀，怎么会构成犯罪了呢？接着，就看到了申请去受援人家中搜查的材料。然后证据确凿摆在面前，这受援人就没法抵赖了。

受援人倒是认了自己的罪，偏又遮掩了主要的次数和数量，这是把办案人员当猴耍呢吗？这种心存侥幸、把办案人员当傻子的心理真是醉了。坦白说，似这样的受援人，我真心觉得应该在合法合规的角度从重处理，别回头出狱后又整出个再犯来。但是，都说看守所和监狱是大染缸，且指定辩护律师怎么都要从受援人角度为其着想，这又让我矛盾是不是应该从轻处理，给他们一个改过自新、重新做人的机会。

不由又想起之前处理过的几个案子。每一次，乍一看到询问笔录,都觉得那些受援人还算老实。不过,是真的诚实还是假的老实,随着后面办案人员侦查工作取得的成果展示,才露出本性。办案人员可真是需要费很多心思呢。我总是感慨——好好的日子不过,为什么偏要犯法呢?站在他们的角度想,或许一是法治观念不够强,二是正儿八经的机会不够多,三是天性的好逸恶劳。前二者或许还能通过外在的方式挽救,后面那可就不好说了。

在上午案卷查阅的过程中,我还解答了一个疑似医疗事故纠纷的咨询。

这个纠纷按照咨询的人员口述,医院只是存在未按照程序签字的瑕疵,诊疗过程不存在任何过错,患者也不存在任何不适,是这个患者不知道咋回事想抓漏洞、占便宜。按照我以往的经验,涉及医疗事故,首先医疗机构应当按照规定向所在地卫生行政部门报告;卫生行政部门确认属于医疗事故了,可以组织协商,协商不成的话就要等待诉讼了。患者这边呢,可以选择申请卫生行政部门处理,可以自行协商解决,也可以经人民法院调解或者判决解决。

当然,不管是处于哪个环节,都不是患者方说属于医疗事故就是医疗事故的,一切都要拿证据说话。不管是前期的卫生行政部门根据病案、患者情况、医生诊断等情况判断,还是后期诉讼涉及的医疗鉴定,都需要证据支撑。所以,倘若咨询人员说的话属实,医院方确实不存在其他过错,倒是不需要过于担心。

上午的事情忙完,就是下午进行的认罪认罚程序了。

到检察院之后,看到检察官递来的具结书上面建议的量刑——好家伙,比我想象中的轻多了。再一看,不对呀,受援人这种情形司法解释明确规定不适用缓刑哦。检察官听我说出疑问后，告诉我他这样量刑的原因。一则，朗县的情况适用缓刑再犯的可能性小，倘若进监狱服刑，在监狱里没准还会学到一些乱七八糟的东西就坏事了。二则，这受援人家有三个孩子要养活，又已经积极退赃，所以考虑从轻处理了。

检察官的态度倒是和我上午犹豫不决的想法一致了——对这些违法犯罪分子，在合法合规基础上从重处理了担心在监狱学了更多乌糟东西，如果从轻处理又担心不长教训。

说到底，我们现在做的工作都是相对简单，后期社会矫正等工作才需要多费心思呢。也罢，这受援人看起来倒是认罪态度不错，而且不能不顾及这边的司法环境和他的家庭情况，咱还是遵从检察院的意见吧。况且，这量刑意见只是参考，最终还是要法院做主。如果这受援人在后面的日子里再有侥幸心理，那就不是这样宽大处理咯。毕竟，环境对人有影响没错，可起最终决定的还是人的本性。

刑事案件较民事案件不同，不光关系受援人的一辈子，还会给其家人带来深远影响，更别说导致身边人的变化了。而律师能做的其实只是其中微小的一部分，但愿我们在其间付出的一点点努力，能够为身处其中想要寻求更好未来的人一些积极的改变吧。

折腾的下乡调解行

2021年11月8日上班没多会儿，就收到主任消息，需要去下乡解决一起纠纷——依然是一起离婚纠纷。

下乡调解的地点在朗县最远的乡，也是我之前没有去过的地方。路上,同事简单和我介绍情况。据说,男方有家暴行为,坚决提出离婚的却也是他——也不知道哪里来的底气,真是听着就让人气愤。

一个小时的路程,在闲聊中很快过去了。

到达乡里的时候,是上午十一点左右,我们首先到村委会了解基本情况。据村主任介绍,男女双方结婚十五年了,男方2018年在外认识了第三者,双方同居且曾经孕育了一个孩子。男方对女方除了有婚内出轨的过错,还存在家暴行为。而女方,一直作为家庭主妇照顾父母孩子,为了家庭稳定,目前没有离婚意向。

情况了解清楚后,我们接着启程去男女方家中。考虑到双方意见不同,我们采取的措施是先分别和两方单独谈话。

鉴于女方不同意离婚,我们首先和女方沟通。主题无外乎是否愿意离婚、子女抚养、夫妻财产分割、债权债务承担这些方面。同时,因男方存在过错,女方一直照顾家庭,可以额外要求过错赔偿和家务劳动补偿。另外,男方父母一直由女方照顾,据之前村委会介绍,他们二人想要女方赡养,那么关于赡养费和女方可以额外要求的生活费方面,都需要问清楚。女方这边一开始并不愿意离婚,等我们将涉及的法律规定讲清楚后,还想着说只要男方回家就没事。

明白女方的意愿后,我们接下来和男方交流。和村委会了解的情况一致,男方坚决要离婚,即便第三者的孩子已流产,即便他要净身出户甚至额外赔偿。当然,考虑到未来的生活,他也提出经济困难,能否少赔偿一些。至于父母赡养,他愿意赡养父母,但也尊重父母意愿。让我们意外的是他提到的一个情况,婚姻存续期间夫妻双方居住的房屋登记在男方父亲名下,且房子建在男女双方结婚之前,不属于夫妻共同财产。这里存在的问题不是共同财产分割,而是女方离婚后在哪里居住的问题。男方倒是提出可以随女方意愿,住目前的房子也行,女方回娘家的话男方也愿意额外建一栋房子给女方。

基于以上基本事实,我们再次和女方沟通,确定她的想法。这时候,我提醒女方,假如男方坚定要离婚,并不是只有协议离婚一条路,男方还可以选择诉讼离婚的方式。且按目前的实务惯例,只要双方分居一年以上,法院支持的概率就比较高。因此,尽管我们知晓“宁拆十座庙,不破一桩婚”,可面对双方存在的长期矛盾,考虑女方未来的生活状况,我们还是建议她选择离婚。女方犹豫再三,点头同意了男方的离婚要求。

第一个问题男女双方达成共识,剩下的问题就相对好解决了。我们把男女双方叫到一块,细致讨论离婚协议的内容。

关于子女抚养、债权债务承担男女双方都没有争议,最大的争议在于夫妻共同财产分割。双方的共同财产虽然都是男方在掌管,但据女方一年前的统计数据,她认为的数额和男方给出的数额相差很大。所以,女方怀疑男方有隐瞒财产的行为,而男方则认为女方无理取闹。关于这点,倾听完双方意见后,我明确告知可以在协议中约定一方隐瞒或转移夫妻共同财产的责任。双方听罢,你一言我一语讨论半天,达成共同财产分割意见后,女方也确认放弃对男方过错赔偿和家务劳动补偿的要求。

另一个争议,是关于赡养男方父母引发的房屋居住问题。男方父母确认由女方来赡养,至于因此产生的赡养费、医疗费等费用则由男方来承担,女方也放弃向男方主张额外的生活费。问题的焦点集中在男女双方离婚后女方居住在哪里。关于这点,我告知双方,如果各方都同意女方居住在目前男方父亲享有所有权的房屋中,那可以选择给女方在该房产设定居住权,或者男方父亲约定将房屋赠与女方。

经过与男方父母当面沟通,各方形成了确定性意见——即额外签署一份《居住权协议》。该协议约定对房屋享有所有权的各方主体,给女方设定居住权,期限为自协议签订之日至女方死亡之日止。当然,约定日期期间各方达成一致意见也可以对居住权注销,同时还约定了登记居住权的期限、房屋所有权的最终归属、违约责任、管辖权等内容。至于离婚后女方不迁移户口的情况,这个法律没有明确限制,目前各方没有意见,村委会也不做要求,就没有额外释明了。

和各方沟通、解释权利义务和法律规定的时间匆匆而过,很快就从十一点半跳转到了下午四点。各方意见统一后,我们简单在受援人家中吃了个便饭,就转到村委会书写协议书。

两份协议书书写的内容和过程不多赘述,单说写完协议之后的签署。

《离婚协议》仅男女双方签署,我把协议写完,同事逐条给双方翻译、解释,他们二人都没有二话。只是在涉及非婚生女的抚养、违约条款的约定时略有疑问,说明清楚即解决完毕。而《居住权协议》涉及的主体比较多。虽然房屋产权归属于男方父亲,可考虑到他年事已高,未来可能会涉及遗产继承问题,所以我干脆将享有法定继承权的第一顺位主体都列入其中。这个时候,有一位民事主体不在场,经过电话联络告知情况后,倒没有什么异议。还有一位主体不会写字,经允许后，受援人代其签字。严格来说，《居住权协议》的签署存在程序性瑕疵。所以，我额外要求各方在签署过程中拍照、录音录像，又提示将签字捺印后的版本发给不在场的民事主体，避免后续产生争议。

等事情终于搞定，已是晚上七点。我们简单吃了个晚饭，又马不停蹄返回县里。

回程路上，山路十八弯，颠簸得我想吐，我赶紧自我催眠。昏昏欲睡间，觉得把《居住权协议》主体写得太复杂了，且没有特意说明女方是无偿享有居住权的。不过，这两个小瑕疵倒是不影响该协议的性质，毕竟在沟通时已明确说明，且在违约责任中也作出了强调。看来，以后代写文书要考虑更周全才是。

抵达县里，时间已是晚上九点钟。下午和回程路上，又先后收到三件事情的询问信息，看样子，明天也会是忙碌的一天。虽说第一次去这个乡待了一整天，带给我如此折腾的体验。但好在事情均顺利解决，路上还看到了不错的风景，也挺好。

起伏 + 矛盾

2021 年 11 月 16 日，这天心情真是起伏不定。

起因有三。一是事情多，心里难免有急于完成的压力，二是总发生意外情况打断正进行的事，三是察觉到自己被情绪控制反而更加郁闷。细细道来又都是琐事。

如，今天审某部门的权责清单带来的情绪变化。

该份清单有 338 项，本来就为这个工作量头疼，没想到办公室今天的电压不稳。上午有工人维修，专门提醒要断电，文章提前保存了还好;下午的时候莫名其妙直接断电了,电脑的文件没及时保存。当我回到房间用自己的笔记本登录 WPS 账户时,只在云端找到了下午刚上班的版本,而之后的工作内容都没有了,于是心情变得很糟糕。等办公室来电了,我不抱希望打开文档,意外的是在“当地保存”中找回了最新的版本,心情又因这个惊喜而明朗。

想想,之前工作的文档,一直有随时保存的习惯。原本就想设置每分钟保存一次文件,因是 WPS 版本不知道在哪里设置,就没重视。这一次,吸取教训,特意用百度检索怎么设置,总算让心里更安宁一点。此外,有云空间的存在,对于文档的保存又加了一层保护措施。

如,审查清单的间隙,必须分心接待时不时过来的受援人,打断了进行中的审核工作,挺无奈。

第一位受援人,拿着一份公证书过来。经同事翻译才知道,受援人自身没有建筑行业招投标的资质,发现朗县一个工程对外招标,就和邻县加查县的某公司签订了公证书,约定借用某公司的资质进行投标,之后再内部额外约定费用分成。他来是想问协议怎么写能更保护其权益。我直接将他的如意算盘打破,明确告知他借用资质是违规甚至涉嫌犯罪的事情,别说我不会给他写协议,就是看到了协议书也会建议他不要继续操作。

在解答的过程中,鉴于这个咨询我实操经验不够,就特意查询了该方面的法律知识,以免自己说的不准确。一检索才发现,这问题比我想的还严重呢。

借用资质是指投标人自己不具备或没有投标资质,为了能够投标,通过借用符合条件的资质证明材料、领取法定代表人授权书、借用公章等方式，以正规合格身份参与投标的行为。按照我国《招投标法》《建筑法》《建设工程质量管理条例》等规定，以及最高院关于建筑工程施工合同的司法解释规定，投标人以他人名义投标或者以其他方式弄虚作假，骗取中标的，不仅中标无效，还要承担给招标人造成损失的赔偿责任；构成犯罪的，也需追究刑事责任。

而缺乏资质的单位或者个人借用有资质的建筑施工企业名义签订建设工程施工合同，发包人请求出借方与借用方对建设工程质量不合格等因出借资质造成的损失承担连带赔偿责任的，法院也会支持。建筑施工企业转让、出借资质证书或者以其他方式允许他人以本企业的名义承揽工程的，根据情况会处以责令改正、没收违法所得、罚款、停业整顿、降低资质等级、吊销资质证书等处罚方式。

换言之，因借用资质牵扯的双方都必须为其违规或违法行为买单，而不是事先内部约定责任承担就可以抗辩的。受援人听我说完，连连称谢。可仔细看他的表情，总感觉他还是不死心。看重商机说明受援人眼光不错，可如果为了赚钱就去做违规甚至违法的事情，真心觉得没必要也不值得。

第二位受援人，是一位年长的老伯。据同事翻译，受援人开了一家旅馆，有位客人入住几天，后来说缺现金使用，所以加了受援人微信，让受援人把现金给客人，之后客人再转账给受援人。但，今天受援人将现金给了客人，客人转账的时候说要输入姓氏不会操作，出门找人帮忙，结果却一去不复返。现在，客人电话倒是会接，就是一直不按约定转账。

我听完之后，第一个反应是受援人遇到了骗子。一则，这客人和受援人萍水相逢，之前没有任何信任基础；二则，只是输入一个姓而已，怎么可能拖延一年有余还找不到人帮忙；最后，如果起诉对方，受援人没有对方的身份信息、地址，无法起诉，甚至胜诉也可能得不到救济。

基于此，我建议受援人先去派出所报案。如果派出所就此立案调查了，没准钱就追回来了；假如认定客人不涉嫌犯罪，那也可以让派出所帮忙查询对方身份信息和住址，为民事诉讼取证打下基础。

没想到的是，受援人态度坚决，始终不同意报案。我们向他说明并强调民事诉讼需要对方的材料才可以，按照我的建议做反而比较便利。受援人兀自按自己的想法，打了几次电话要对方发身份信息过来——对方当然没发过来。最后，在我们再三劝说下，才决定去派出所试试。不知道受援人是出于什么原因不愿意去派出所直接处理，下午他并没有再过来援助中心，希望他的问题可以顺利解决吧。

今天在审查清单和工作的间隙，还继续上传之前硬盘导出的文件。可接连两次的断电，打破了上传速度不说，原本的文件也要重新上传，也是一件让我烦心的事。

说白了，经历的这遭，都是自己情绪控制不到位。总是想着不能做情绪的奴隶，又觉得要随心而为，有时候也是矛盾不已。

长路漫漫，我其实不孤独

昨儿个接到通知，11 月 25 日下午要参加司法部组织的学习。让我意外的是，今天别的工作也异常得多。

上午十一点左右，我刚把本月的工作数据整理好，上传完毕，正准备歇会的时候，接二连三进来了三波人。这无缝衔接的感觉，还真是有一阵子没体会到了。

第一位受援人，要求修改一份起诉状，据说是昨天写的。

我很讶异，因为对这个受援人没什么印象。看了下起诉状，猜测应该是同事代写的。查看材料后，发现这是一个简单的合同纠纷。受援人承包了某个工程，按要求提供了保证金，约定工程验收合格后退还保证金。没想到的是，对方不仅没退保证金，连应当支付的工程款也一分没给。

我和受援人释明，可以同时要求对方支付工程款和退还保证金。受援人却说和对方所在的公司沟通过，保证金可以起诉，工程款等过几天去协商要回来；如果工程款要不回来，再来起诉。好说歹说，受援人仍然决定只起诉保证金——在我综合证据和了解的情况看来，去协商拿回的概率比较低。我为他的执拗和不知哪里来的可以要回工程款的底气醉了，但也尊重他的选择。毕竟在大多数人心中，能协商解决的事情，可能就不愿意上法庭吧。

第二位受援人呢，是之前沟通过的金东乡牦牛合同纠纷的事情。

按照我之前了解的情况，我的建议是让受援人直接去派出所报案，将对方立案侦查，确定涉嫌犯罪的话同时启动刑事和解或刑事附带民事诉讼程序，有一定概率能够拿回售牛款；而不是选择直接进行民事诉讼，起诉对方、中间人甚至公司。可转念一想，该案涉及金额较大，牵扯人员较多，我还是决定慎重一点，再问问林芝市大援藏姐姐的意见。

大援藏姐姐的意见和我相反。她认为，不管公司和对方是否称文书中盖的章是偷盖的，在受援人的理解中，对外这就是公司行为。且该案最终的目的是为受援人拿回售牛款，因此涉及的三类对方中,毫无疑问公司更有履行能力。基于此,她建议先启动民事诉讼程序,倘若诉讼过程中败诉可能性大或对方不偿还的态度比较强硬,再去报案。到那时,报案会有两个后果,一是办案机关以民事诉讼已受理为由不立案;二呢,是侦查确定属于诈骗,则民事诉讼中止,刑事案件启动。

经我额外强调建议直接去报案的原因后(一是考虑时间和经济成本,二是如果刑事案件不立案还可以转民事诉讼,三是为了震慑对方还钱)大援藏姐姐的建议也有所调整:她认为可以先就对方涉嫌刑事犯罪的后果重点强调(判刑不说,还必须退赃退赔),看能否促成刑事和解,制订详细还款计划;如果对方执迷不悟,那再考虑民事诉讼或刑事诉讼。

综合来看,这个案子走民事诉讼和刑事诉讼程序都可以,只不过是看哪种方式效率更高、拿回售牛款的概率更高。第二位受援人经我分析,决定明天再带村民代表过来详细谈谈,希望到时候能够有一个明确的意见吧。

第三位受援人要求起诉一个欠他钱不还的人。

这位受援人有意思,先说只借给对方三千元,用微信转账和现金支付的方式。没想到,我让他整理证据的时候,又说查询到了另外一个转账记录。让受援人确定最终的借款金额,居然说当时考虑到是朋友,也没合计一共借了多少钱出去。这么迷糊的人,还真是少见。不过要说受援人没成算吧,他在对方不按期还款后,一是几次打电话催促,二是对方无回应后直接去派出所报案了,让派出所民警通过电话和对方对接达成了还款计划,且说能够调取到询问笔录作为证据。

看来呀,人面对不同的事情、不同的人还真是具有多面性的。

前三波受援人的事情处理到尾声,又进来一位受援人。

这位受援人是某局的干部,让我帮忙审核一份文件。同时,听到第三位受援人的经历后,询问我支付令程序的流程。文件是一份涉及评估和审核事项的服务合同,旁的也就罢了,他们没约定最终文件知识产权的归属、违约金金额约定过高且合同期限早就过了目前不知道是啥状态。支付令的程序呢,简单和对方说明,如果接到支付令15日内不提出异议,对方很大可能就会申请强制执行;如果15日内提出异议且法院受理,那就会转成诉讼程序。

忙得让我连上厕所的时间都没有的劲终于过去,正准备下班,同事过来咨询一个问题。

原来,同事的哥哥在上周遭遇车祸不幸去世,肇事方是主要责任,目前双方正在协商和解。但奇怪的是,交警队却说肇事方不构成刑事犯罪,只让双方进行民事和解。我非常诧异,对方是主责,还造成了受害人死亡,怎么会不追究刑事责任呢?这不符合法律规定呀。即便受害人的家属获得一定赔偿后,选择谅解,这也只会在量刑上减轻比例,不影响刑事责任的定性呀。我将意见反馈给同事后,又表示可以就该事件问问朗县检察官这种情况下不追究刑事责任的原因,但同事却表示可以不用问——因为如果双方达成了和解,人家毕竟不是故意的,那不追究刑事责任也无所谓。

额……好吧,依然是那句话——尊重他们的想法。

中午短暂的休息了一会,惦记着下午的培训,闹钟没响就自然醒了。

打开手机一看,一位朋友发来一个咨询。

说他们家八十年代买了对方的房子,对方亲笔写了一个简单的转让协议,现在对方不认了,问诉讼的话要注意啥。我看了下那份协议,写得特别简单,但至少出售的意向、售出的金额、双方的名称和日期都约定很清楚,倒是可以作为直接证据。此外,我还提醒朋友收集其他证据,如房屋转让中金额的交付证据(银行流水、收条、现金交付的证人证言等),如房子过户材料或未办理过户的理由等证据,如村委会的备案证据,如知晓该事件来龙去脉的证人证言,如交付房屋的证据等。事过必然留痕,如果该房屋买卖属实,肯定是能找出证据维护合法权益的。

咨询解答完毕,我准时参加司法厅组织的会议。

这场以学习《法律援助法》为主的研讨会,让我学习到了一点优秀省份的经验。比如,现在法律援助服务都讲究多部门协作,不再是单打独斗面对各种纷争问题;比如每个地方的法律援助工作侧重点不同,有的可能涉及妇女儿童的纠纷比较多,有的可能劳资纠纷比较多,有的可能刑事案件比较多,每个省份由此制定了不同的规范和评估案件质量的文件;再比如,目前全国的法律援助服务,都秉承线上和线下相统一、法律和心理相结合、服务和专业相配合的理念,努力打造一体化的援助服务,同时力争实现公平正义。

听起来或许有点套路,却是我们法援人实实在在正做着的事情,所以还是会有点受鼓舞。

长路漫漫,我其实不孤独。

似今天这样忙得不可开交的时候总会有,我既感觉学有所用,能为人解决问题,又会感慨不知道什么时候才天下无讼。或许,这就是法律人,也是法援人并不那么容易解决的矛盾吧。

五　律师的价值

法律可以解决的问题有限，我还应该做些什么

2022 年 1 月 6 日，今天援助中心来的人都是熟面孔。

第一位受援人需要处理的是同居析产纠纷。

她是山南人，和朗县的男方曾经是男女朋友，双方同居了几年。受援人将自己的工资收入全部投给男方做生意，还用自己和家人的名义借债；双方买的房子，写的是男方的名字，虽然是女方出面借的贷款；最难熬的时候，给男方买好衣好食，她自己穿廉价衣服吃便宜快餐。然而，男方现在选择和别的女人在一起，将女方赶出了家门，不承认女方所借债务，更别提给女方补偿了。

这位受援人以前来过两次，两次情绪都很激动，哭得不行。这一次再来，是听取了我前两次给的建议，整理了一些证据，希望能够解决问题。看过她的证据后，我发现仍不够充分，给予了一些补充意见。

当得知男方曾主动提出愿意协商解决时，我感到意外，同时也告知受援人这是一个很好的方式。他们在司法局的组织

下进行了调解，考虑到女方证据不足，我特意提前告知同事做好录音和笔录的证据收集工作——双方如果谈的好，可以签协议，后期通过司法确认的方式让法院出裁定书，男方不按期履行则能直接申请强制执行；如果谈不拢，这也是为后面的诉讼打下基础。

可惜的是，男方很是精明，在协商的过程中，口风很紧，寸步不让。基于双方仍然存在协商的可能，我的建议仍旧是先协商为主。且考虑到女方面临的实际情况，我建议她协商的重心放在双方共同的财产分割、共同的债务承担方面，至于额外的精神抚慰补偿，属于次要的部分。

尽管很同情该位受援人，但我们要做的是在最有利的基础上速战速决。协商的话，一是履行可能较高，二是花费时间较短，三是女方已经为了这件事付出了诸多时间和心血，实在不宜过多纠缠。当然，倘若协商的结果不利，诉讼也是必不可少的维权手段。受援人听取了我们的建议，打算这几天再和男方沟通，之后再过来处理该事宜。

第二位受援人，是前阵子情绪面临崩溃的一位受援人，需要处理的是离婚纠纷。

受援人和男方奉子成婚。据女方说，双方并不是自由恋爱，她是被迫和男方在一起的。和男方在一起后，遭遇男方和男方家人长期冷暴力，且妊娠期、哺乳期从未得到照顾，婚生子出生后更是一直独自抚养。双方的婚姻关系名存实亡，女方为此一度身心受创，难以走出。

受援人的前夫在我国其他地区起诉离婚，受援人收到材料，今天是过来写反诉状的。男方的诉求很是简单，只是要求离婚，并由女方承担诉讼费。因此，我就没有特意写答辩状，只交代受援人当庭做出答辩。反诉的诉求比较多，包括分割夫妻共同财产、主张婚生子的抚养费、主张精神抚慰金和经济补偿金。

之前我们当面沟通也好，短信沟通也罢，受援人总是陷入过去的回忆，每每流露出轻生、厌世的情绪。昨儿个下午接到电话的时候，我发现她的情绪稳定了许多，还有点欣慰，以为是我们的劝说起到了作用。今天临走时，她才羞涩地告诉我，她最近经人介绍认识了一位男士，双方相处还不错。

原来，还是爱情的魔力大呀。听着她喃喃自语勾勒美好的未来，看着她充满向往的表情，我一方面为她感到开心，另外一方面很是担心她万一再次受伤将要面临的状况。言语中，不由提醒她用最好的姿态迎接爱情，也要做好最坏的打算。最后，征得她的同意，我将之前收集的心理咨询公益热线告诉她，重点强调这是让她情绪得到舒缓的一个很好渠道。

下午上班前，我收到了她表示感谢的短信，一时百感交集。或许，我不应该对爱情带给她的改变表示惊讶，这对一个长时间独自苦行的人来说，可能是久旱逢甘霖般的惊喜和恩赐。从另外一个角度来说，即便我们都知道每个人的路终归要一个人走，可人生路上有个人陪在身边，想必多少能够轻松一些，也更有安全感吧。只希望，这位受援人，能够真正放下过去的痛苦，从现在开始，走好每一步，涅槃重生。

第三位受援人是下周要开庭案件的被告人。

这位受援人，之前接触的几次，虽说不怎么说话，可好歹是知理的。今天过来做会见，不知道是不是认为我们已熟悉，或是这段时间内心积攒的情绪过多，总之他的状态让我大吃一惊。

进入援助中心后,当我告知他今天让他过来的原因和需要做的事项时,他一开始没说什么,在我记录会见内容时,忽然说这些都是走程序,没什么可谈的。我追问一句之后,他开始喋喋不休表述他的看法:

在他的理解中,会有今天的案件,实际上是他主导带来的结果。并不是因为他不知法,而是他没有获得公平的对待,所以他用自己的方式给予了对方一个教训。当我试图让他注意程序的正当性时,他用一种“你是温室的花朵,没有经历社会的风吹雨打”神情,告诉我他不认识字仍一步步努力打拼到现在,想踏实生活却一再被欺负的现状。甚至,再次宣扬他口中的“公平论”,包括父母对几个孩子之间的不公平,包括老板对员工的不公平,包括执法机关对犯法之人的不公平……看着他一张一合的嘴,我脑海中出现的却是《犯罪心理》中用自己认为公平的方式去犯法的犯罪分子。

这样的受援人,我第一次遇到。他听不进我说的话,哪怕我付出再多耐心;他对于法律没有敬畏,甚或认定刑期和民事案件的不公正;他有自己的一套行事准则,对微小的状况也能够发出一阵抨击。不能绝对的说他是愤世嫉俗的,因为他很明确地知道自己在做什么,会有什么样的后果,甚至某些见解还挺独到。可你也无法认定他说的就是正确的,因为他的想法多少有些偏激,看不到社会给予他的包容和理解。

我只是不知道,除了完成了既定的流程,除了提供了有限的法律帮助,我还能够做些什么。最无奈的地方在于,我想善意的给受援人提供帮助,他却认为那些无济于事也不愿意接受。

今天经历的种种,某一瞬让我充满了无力感,某一瞬又让我产生了困惑，某一瞬我甚至怀疑法律真正起到的作用。法律能够解决的问题某种程度上来说是有限的，我又还能再朝哪个方向努力呢。

不忘初心，做好当下

愉快而充实的日子总是过得比较快。转眼，已是休假前工作的最后一周了，本周末咱就要回家休假了。

1 月 10 日、11 日这两天事情倒是不多。昨儿个听课之余，写了四份文书，再次审核了某局权责清单。今天只是审核了一份合同。

昨天的文书起草，内容都是常见的——欠款起诉、授权委托书、强制执行。有个受援人在援助中心写过好几次文书，所以我会额外提醒他后续强制执行可能出现的排序情况。此外，针对受援人提出的强制执行持续多久的问题，我在解释了排序、法定时限之外，还特意和受援人说明，需要及时关注被执行人情况，有财产线索第一时间告知法院；再就是要求上黑名单，如果对方出现高消费的情况，要及时要求限制高消费；有必要的话，还可以参考其他省市的做法，悬赏财产线索、限制进行其他高消费行为。强制执行已不仅是某个县的常态，其目前在全国都有执行难的问题。也因此，在西藏这边相对不发达的条件下，还是很有必要借鉴一下其他地区值得参考的做法。

昨天还关注了新加的一个群的动态——这个群是在一篇评论法律人的文章末尾扫码加人再进入的，里面的主体是各省市不同执业年限的律师。有不少律师在分享有用的材料，昨儿发现有活跃的律师在里面请教问题和沟通心声。

印象比较深刻的是几位才执业没多久的律师助理，提到执业上面的困惑，引起了大家的共鸣。实际上，律师行业普遍存在律师助理工资和工作量不对等的情况，大家都是这样过来的，所以司空见惯，不会有太多想法。但昨天一位律师助理提到，难道都是这样过来的就是合理的吗？我倒没觉得人家说的不对，只不过想凭借自己去改变一个行业的现状，很困难。再者，律师助理阶段学习的越多，即便不精通，可对未来的发展都是一个良性的发展。反而如果执着于物质上的要求，会本末倒置，甚至断送机会。

有的律师提到现在律师界内卷得厉害。一方面是学习法律的人越来越多，高学历的人挤掉低学历的人、有经验的人挤掉没有经验的人基本是常态；另外一方面处在不同年龄段的人对待工作有不同的做法，有些助理实在是令人瞠目结舌的工作态度，难免会引发对该年龄段群体的排斥现象。这种情况怎么说呢，只能是提醒自己不要戴有色眼镜待人，同时自我激励不断学习和成长吧。

还有的律师提到怎么开拓案源进而独立的问题。这个话题我没有发言权，毕竟我执业以来几乎都是授薪律师，独立的那一年又完全不以赚钱为目的，只是为了给法援“1＋1”行动提供空间而已。群里的大咖们分享了他们独立执行的经验，无非就是积攒人脉、做好宣传、调整心态等思路，有几位律师的理念让我比较认同——不以赚多少钱为目的，而以享受职业乐趣为追求。甚至，在处理好工作之余，将更多心神放在生活质量上。

在这个群，我发表的言论不多，更多时候作为旁观者而存在。虽说和这些人都不认识,但不排除以后工作上会产生交集,且能有个平台交流工作,也是挺好的一种方式。我想,再观察一段时间,可以考虑将同行邀请进群一起成长。

今天的合同审核是某局昨儿个临下班前才拿过来,提出今天上午十点半来拿审核意见。

该份合同倒是不复杂,可出现的错误和需要确认的地方不少。格式方面咱让他们回去自己调整,就不一一修订了,不然也不方便观看;内容方面,最严重的错误就是还在引用失效的法律规定,再就是涉及责任分担和违约责任的条款不太公平需要调整,以及知识产权和归属和款项的支付比例约定不太合理。

让我意外的还有一点。昨儿个对接人员拿着某局要求审核材料的函过来,我误以为他是某局的工作人员,今天交代审核意见时才确认原来该位工作人员居然是乙方的工作人员。这就让我有点尴尬和小愤怒了——尴尬的地方在于,审核合同总会有个倾向性,我之前一直站在某局立场考虑,面对合作方自然有些不便直言之处,且是我的失误,多少有些不好意思。愤怒的地方是,某局直接让对方来审核合同的做法真是不负责任,按说合作前审核合同应该是必备条件,但这边基本都是倒置行为甚至忽略该行为。且他们将合同起草、审核的权力下放,实在是对工作不上心的做法。

可转念一想,昨天再次审核的某局权责清单,开始看到他们没有完全根据我第二次审核提出的意见进行完善时,是有些生气的。当对接人员提到她们不是学习法律的,不知道从哪些角度看待或改善出现的明显错误时,我又多少有点理解了。毕竟,不同行业的人看待问题思路会不同,咱就多费点心让她们明白吧。至于今天这份合同审核出现的普遍问题,有必要的话,再根据情况向某局的负责人或县领导进行当面建议。

来援藏这半年,闺蜜说我进步飞速,我自己倒是没太大感觉。或许是因为同为援藏的律师,她们每个人都非常热忱地做着更多的事情,我只会觉得自己做得还不够。

无论如何,尽自己最大的努力做好工作,工作之余再去饱览大好河山,才不枉费援藏的一片真心。

有意思＋铭记＋珍贵

2022年1月12、13日,这两天事情说多不多,说少也不少。

昨儿个除了继续学习《民法典》物权编课程,还解答了三个咨询,且都是不同领域的。

第一个是朋友关于劳动争议纠纷和工伤纠纷的咨询。

前者起因是他们负责人员招聘的经理起诉公司要求支付未签合同的双倍工资差额、加班费、经济补偿;后者起因是另外一名员工在上班送货途中,因突发自有疾病住院,公司又没有为其购买工伤保险,问应该怎么处理。

这两类纠纷涉及的问题不复杂,无非就是公司是否承担责任,如果要承担责任,那么要承担多少比例的问题。前者,因提出劳动仲裁的人员本来就是负责招聘的,没有签订劳动合同有不可推卸的责任,加班费公司已按期支付,且该员工在职期间有一些严重违反规章制度的行为,所以可以抗辩不承担责任。后者呢,虽说员工是突发自有疾病,可毕竟是在上班期间,没有证实与工作无关之前,很可能会被认定为视同工伤;公司没有为其购买工伤保险,只能在为其购买的意外险中先赔偿,不足部分倘若事先有约定全部折抵或许能抗辩不再赔偿,如果没有额外约定的话还是需要承担对应责任。

第二个纠纷是离婚登记程序的咨询。

这个问题呢,倒是有意思。昌都的某受援人曾经和某人同居生活几年,据说还生了个孩子,但没有登记结婚,可户口本上显示的是已婚。该受援人回到朗县后,和昌都的某人分开了,现在想和朗县的别人结婚。民政局在系统上检索不到该受援人已婚的信息,担心是系统出错,而昌都的过往感情也是个隐患。谨慎起见,我的建议是先再次确定该受援人是否登记结婚,然后根据情况应对。如未登记结婚,则让该受援人和昌都的某人签订同居析产协议,就双方自愿分手、财产分割、抚养费承担等问题进行交割,有必要的情况下进行司法确认。如已登记结婚或双方无法协商一致,则考虑通过诉讼的方式交割上述情况。等拿到了法院的生效文书,该受援人再进行结婚登记,就不会存在纰漏了。

第三个纠纷是解答农民工欠款咨询。

该咨询的人员昨天下班前一窝蜂来到援助中心,足足二三十号人。刚开始我不了解情况还以为事情很复杂,等和主要对接人员沟通后才发现其实很简单。起因是某建筑工程,工程项目已完工,发包商和总包、总包和二包,费用都已结算清楚,问题就出在二包和他聘请的农民工上面。二包承包工程是想赚钱,事先和农民工们约定了费用,可没想到工程完毕后收益比想象中低,于是他就要赖不想结清和农民工的费用了。农民工们几次交涉未果,想起诉二包。我们和二包再三做思想工作,告诉他起诉会额外增加诉讼费、利息等费用,如果强制执行还会给二包造成不利后果;而且倘若二包以后还想做这行,总要考虑声誉。

最终,二包和农民工们同意再次协商一个还款期限,到法院进行司法确认,如果届时还不支付,那农民工们就能根据法院的生效文书直接申请强制执行了。

今天的事情也不少,先是审核两份医院人员管理方案;再是2021年指定辩护的最后一个案件开庭;第三则是处理了一个离婚后纠纷。

医院的人员管理方案蛮早以前就审核过,只不过交接人员不同且又是文本审核,他们没有保存好。这次再拿给我看,有些地方没有按之前的意见审核,有些地方呢我也有了更完善的审核意见。尤其是该方案类似于医院的规章制度,针对的是全部人员,我的建议是和具体人员的劳动合同配套使用,且增加承诺书作为附件,这样就能够让他们的制度得到更完善的执行。

2021年指定辩护的最后一个案件,正是让我前段时间有些迷茫除了法律之外还可以为受援人做什么的案件。今天开庭的时候程序方面都是按部就班,让我担心的受援人口不择言的情况也没有发生。

唯一让我有点意外又略微有些许安心的是,检察官和法官庭后闲聊的时候,提到受援人也在他们面前表露过他的遭遇不公平、是他用自己的方式惩罚了被害人的想法。对此,我没忍住也插嘴说了两句,可事后却觉得做得不对。尽管受援人不只是对我一个人说相似的话,让我明白他不是针对某人,而是想增加救济渠道,不至于引发更多矛盾。但毕竟这是他的私事,我参与评论,其实就是不够专业,也对他不够尊重。

虽说受援人兀自觉得没有受到社会的公平对待，可不管是检察官在公诉意见中流露的人文关怀，还是法官在庭上的细致审查，或者是我尽力提供的法律援助，都是希望他能够改正向善的方式。很遗憾的是，受援人对这些都视若不见。而我目前能做的，只是告诉他，倘若还有关于法律方面的不解，可以随时过来咨询。

最后处理的，是一起离婚后财产纠纷。

受援人和前夫离婚后达成了两份调解协议，将涉及的夫妻共同财产进行了分割，其中提到一栋房子按家庭成员比例分割，一栋房子的所有权归属于婚生女，男方额外给受援人补偿一部分款项。目前受援人面临的问题是，男方承诺支付的补偿款未支付到位，受援人想和婚生女一块居住在所有权归属于婚生女的房子被男方拒绝。

这两个问题，前者，受援人可以直接向法院申请强制执行，鉴于他们曾经是夫妻，且受援人又和婚生女住一起，我的建议是先协商，不要把关系弄得太僵。后者，婚生女虽然没有成年，可房屋所有权已做归属，如果受援人想和婚生女住一起，只要婚生女同意即可，不需要男方同意。谨慎起见，可以在房屋正式过户在婚生女名下之前，先签订一个书面的协议，有必要的话设立居住权。

今年的援助工作很快要告一段落了，半年的时间，收获很多，快乐很多，感慨很多。来之前，并没设想会具体获得什么，只希望能够尽自己能力多做一些有意义的事情。现在想想，其实你不求回报的付出，反而能够收获更多。

或许，这才是最有意思，最值得铭记，也最珍贵的。

我的开学法治第一课

2022年3月16日的工作,普法是主题。

上午,将课件备份到优盘,再拷贝到自己的笔记本电脑,以备下午普法。同时一边对着“开学法治第一课”的讲演稿,一边对着PPT课件,按记忆力来脱稿预演。还别说,正儿八经的模拟讲课,就发现了一些小问题。有些是表述上的不通顺,有些是课件内容没有完全更新,正好以此最后做一番调整。

准备工作即将完成的时候,局里的同事过来了。

他和我确定下午出行的时间——因我们普法占用学生的时间是下午最后两节课,所以我们出发的时间又推迟了。而后,又告知我不需要携带笔记本电脑,直接将优盘拷贝到学校电脑即可。最后还提出学校老师要求讲师要站起来讲课,并记得和同学们互动——这倒是意外惊喜呢,我正担心准备的案例如果只是在台上干巴巴讲解、无人回应就太尴尬了。局里考虑到互动的氛围,还贴心地为回答问题的同学准备了小礼物。不过,200个人左右的群体,万一气氛过于活跃,也可能出现无法控制情况,咱还有点小紧张呢。

总之,万事俱备,只欠下午的正式普法了。

下午三点四十分,我们就出发前往朗县中学了。抵达学校门口,按要求出具行程卡、测量体温、登记信息,走到阶梯教室的时候,听到里面传来了消防部门讲课的声音。看样子,我们来早了呢。

很快,消防队员讲完了。由于今天普法不仅有司法局,还涉及普法办、检察院、公安局等各个部门，所以大家伙的时间比较紧。我也不和他们客气，直截了当地说我第一个来宣讲——毕竟准备了不少案例，希望以此带动同学们的情绪呀。其他部门的工作人员倒挺理解，也很欢迎我先进行。

正式开讲的过程比我预料中顺利。一方面是尽管有200多位同学，可他们有着很好的素养，当我要求安静的时候会保持安静，要求举手发言的时候呢也会积极参与；另一方面是我会主动和同学们互动，或答题，或朗诵，或回答重点，还有礼物拿，让同学们很有参与感。最有意思的是，当我读着某个段落的文字时，同学们居然自发跟着我齐声诵读，真是太让我感动了。

考虑到后面还有几个部门的工作人员需要宣讲，我加快了语速，提前结束了课程。从现场的发言情况来看，大部分同学对《民法典》和《未成年人保护法》的相关知识有朴素的理解，有些回答充满了童趣但也能看出他们的真实想法。而这次普法的目的——让同学们对《民法典》和《未成年人保护法》有基本了解，在遇到问题时能想到用法律维护自己的合法权益，我想算是完成了。

整场宣讲完成，极大的成就了我作为讲师的满足感。

当我将今天的宣讲情况反馈给组织时，惊讶地发现工布江达县援友已经进行了第八场法治宣讲。固然是不同的县城有不同的要求，可也让我明白，咱差的还远呢，仍需继续努力呀。

充实继续，砥砺前行

周一如期而至。

2022 年 4 月 18 日,这天的计划是查阅明天见证认罪认罚的案卷,再把过两天要开庭的案件相关材料写好。此外呢,同事上周打电话沟通过的文书今天也要给受援人写好。明天见证认罪认罚的案件原定是一个,早上又接到检察院助理的通知,临时再增加一个。

这两个案件,一个相对简单,是醉驾后涉嫌的危险驾驶罪。受援人醉驾的标准挺高,发生交通事故后造成了对方一人轻伤、车辆受损、一头牛被撞伤的后果。不过,受援人已和对方达成协商,又取得了对方谅解,且认罪认罚,所以量刑相对减轻不少。

另外一个是我第一次接触的案件类型,和过两天开庭的罪名一样——危害珍贵、濒危野生动物罪。不同的地方在于,明天见证认罪认罚的案件,对方是非法猎捕岩羊,而过两天开庭的案件,受援人所危害的野生动物是电鱼。因所危害的动物品种不同,计算的标准不同,对应的法律规定也不一样。涉及保护的野生动物,按照生长环境不同分为水生野生动物和陆生野生动物,前者由农业农村局管理,后者由林业和草原局管理。

对象不同,对应的法律规定也不同。以鱼类为例,包括我国《刑法》《最高人民法院、最高人民检察院关于办理破坏野生动物资源刑事案件适用法律若干问题的解释》《国家重点保护野生动物名录》《水生野生动物及其制品价值评估办法》《林芝市野生鱼类保护办法》、农业农村部印发《非法捕捞案件涉案物品认(鉴)定和水生生物资源损害评估及修复办法(试行)》等。以岩羊为例,除了通用的《刑法》及其司法解释,还有专门的《野生动物及其制品价值评估方法》。

换言之，不管属于哪类珍贵野生动物，都需要查找对应的国家保护等级，还需要根据规定评估具体价值。尤其要注意的是，水生野生动物除了评估直接损失，还需要针对间接损失做出补偿。所以，这也是为什么两个同样的罪名，对应的赔偿款项却相差六倍有余。

让我有点奇怪的是，过两天开庭的案件笔录中提及了受援人愿意认罪认罚，可我没有看到对应的笔录；而明天见证认罪认罚的案件，则没有看到是否附带公益诉讼的材料。这两个疑问，只能留待明天和检察院当面沟通了。

见证认罪认罚的笔录比较简单，都是通用的版本，无非是不同罪名涉及的规定不一样，这都不必赘述。稍微费点心思的是过两天开庭案件涉及的材料，主要包括会见笔录、辩护词、代理词，此外还有对应的开庭手续。

今天时间有限，我完成的只有会见笔录和准备对应手续。因该案涉及附带民事公益诉讼，所以我要检索附带民事公益诉讼的程序——如涉及公益诉讼的合议庭由 7 人组成；附带民事诉讼一般限于物质损失赔偿；附带民事诉讼一般不适宜赔礼道歉等内容。此外，附带民事诉讼的代理思路也要在会见笔录中和受援人说明一下，主要是针对检察院的诉讼请求，提出降低比例、驳回赔礼道歉诉求两项。而考虑到该起案件中受援人的地位，除了惯常的认罪认罚、自首等量刑情节外，还有作为共同犯罪中从犯、未遂犯等量刑情节。

虽说案件辩护和代理思路已基本明确，可毕竟是第一次处理该类型案件，还是有点忐忑。因此，我尽量把案件看的再细致一点，此外，也考虑要不要和同案犯的代理律师沟通一下。

除了查阅案件和书写对应的材料，今天还给不同的受援人代写了三份文书。

涉及的纠纷都比较简单,一是民间借贷纠纷,二是买卖合同纠纷。前者要求写诉状,后者涉及的两位受援人都要求写强制执行申请;前者有对方信息,可对方一直不还款,受援人特意拍摄了法律援助中心的照片,希望以此督促对方;后者呢,其中一位受援人的案件,经与法院沟通还没有到判决书判令的还款期限,不过文书先写好了,便于后续操作跟进工作;另外一位受援人的案件,约定了两个付款期限,同时约定如果第一个付款期限未按期支付,则可以申请全部欠款的执行。

工作接近尾声的时候,人社局的工作人员过来咨询一个问题。这个问题,涉及某个工程的总承包商与分包商合同履行完毕后的纠纷。双方约定的事项,是总承包商将劳务部分分包给分包商,其中民工工资由分包商独自承担。合同事项已全部履行,费用也结清,但分包商不知道出于什么原因,要总承包商支付民工工资,被总承包商拒绝后,就闹到人社局了。人社局查明案件情况后,告知分包商总承包商没有责任,分包商不依不饶,又跑去县里投诉了。人社局遂询问能否从别的渠道解决分包商的无理取闹。

从总承包商和分包商签订的合同来说,他们的合同关系已正常终止。当然,基于分包商无法律规定的资质,如果民工要起诉,总承包商仍要承担责任,之后向分包商追偿。而如果按人社局工作人员以拒不执行判决、裁定罪追究分包商责任的想法,目前来说不可行。毕竟,民工尚未起诉分包商,没有得到法院有效判决或裁定;此外,即使法院有了生效文书,分包商是不是有财产而拒绝履行也未可知。最后,如果分包商还是不遵守合同约定,又违反了相关法律规定或政策要求,那倒是可以根据他的行为对症下药。

充实的一天,很快过去。这周事情相对比较多,但充实的感觉挺好。

继续加油,继续做有意义的事,继续往有价值的道路前行吧!

我们办理的是案件,他们经历的是人生变故

2022 年 4 月 21 日真是援藏以来最累的一天。

其实事情不多,只有两件。一个案子在林芝市开庭,一个案子明天见证认罪认罚需要阅卷。可就是这两件事,偏偏花费了我 10 个小时的时间处理。

且让我细细道来。

昨儿工作忙完照例歇在援藏姐姐宿舍。一天的忙碌奔波让我很是疲惫,偏大援藏姐姐有个紧急的案件,考虑到今天就要和解的情况,受援人多次和大援藏姐姐打电话沟通。我一边觉得受援人深夜打扰实在令人无奈,另外一方面又很是佩服的大援藏姐姐的敬业态度。

作为律师来说,我们办理的只是案件,可对受援人来说,那是他们的人生。所以,我们总是尽可能地站在他们的立场考虑问题,在遵守法律规定和不违背职业道德的情况下,尽量避免案件的处理结果给他们的未来带去恶劣影响。

而我这边,经过昨天傍晚庭前会议确定的事项,我将今天上午开庭的案件辩护词进行了对应调整。刑事附带民事公益诉讼的代理词则不需要提交了,一是因为受援人的意见和代理词相悖,二是尊重受援人意见的基础上,我直接当庭说明代

理意见即可。

上午,鉴于案件认罪认罚属于主要量刑情节,我们需要在庭前完成见证程序。因此,我要将认罪认罚笔录打印出来。这次的笔录,参考援藏姐姐的版本,增加了一些条款,更加明确法律后果。

比约定时间提前来到法院,中院的法官没有核实身份不让我进调解室,不过听闻我是援藏律师,很是客气的端了一杯水给我,让我在一旁等待。我和法院书记员取得联系,安静等待相关人员到来。没想到等了二十分钟不见人,才接到书记员通知去另外一个地方汇合,我也是醉了。

认罪认罚的程序进行得比较顺利,虽然受援人仍想对履行赔偿的期限讨价还价,但我明确告知他这不可能,否则就会影响量刑。之后,他签署了声明,检察院也出具了收条,各方基本对量刑情节就没有太大争议了。

开庭比预计的晚一点,因为有位同案犯的律师在我国其他地区,考虑疫情防控因素,需要同步视频开庭,而中院视频开庭的设备数量有限,不能同时使用。我们出庭的人员,受援人全副武装,其他人则都佩戴口罩,这是疫情带来的直观影响。因视频开庭,时有网络延迟,有时候发言会出现搞笑的情况。而羁押在看守所的那位同案犯,相比较被取保候审的受援人来说,对外界各种情况知悉的比较晚,只能被动等待,难免情绪上更紧张,在庭上发言的时候不由伤心难过。这情形,再次让我感叹律师在这期间需要起到的作用。因为我是指定辩护律师,法院没有再次核实律师身份,搞笑的是网络直播的镜头一开始也没有切换到律师这边,让我有一种隐形代理的感觉。当然,后面就解决了这个问题,流程按部就班进行。

考虑到如果附带公益诉讼调解，需要公告 30 天，那刑事案件的审限必然也会对应延长，所以审判长并没有组织调解。不过，各方意见没有太大分歧，相对而言，当天的案件审理是顺利的，结果也是比较好的。法官着实是费心了。

时至下午一点半左右，庭审才结束。中午回到援藏姐姐公寓略做休息，开始明天认罪认罚的案件阅卷。

这个案件涉及的罪名同样是我第一次处理，卷宗足足 18 个。受援人的讯问笔录 24 份，涉案人员 10 余人，金额达百万余元，每个人的情形还多少有点不一样，真是看得我头昏脑涨。由于材料太多，时间又紧，我除了中间花费半个小时吃晚饭，一直没有停顿休息。饶是如此，也是花费 7 个小时才看完，并将认罪认罚帮助笔录、阅卷笔录完成。

这个过程中，我也曾想过不看那么细致，可考虑到后续必然有的指定辩护，还是决定认真梳理案件情况。仔细看完，我发现有两个程序卷重复，而检察院没有将侦查部门的材料提供，涉及的金额也没有最终的表格，更别提量刑情节相关的材料了。

和两位援藏姐姐吐槽这个案件缺乏材料的情况，她们却说这是这边的普遍情况。有时候，是考虑保密的因素，可以回头直接和检察院沟通；有时候，是检察院让律师去阅卷时，就习惯性不提供详细材料，需要你正式提出请求。此外，援藏姐姐们还遇到过没有任何材料就让你见证认罪认罚的情形，实在让我惊讶不已。

按照执业以来的工作原则，既然接受了委托必然要认真对待，何况是关系受援人人生的刑事案件。但是吧，援藏姐姐们有另外一个看法——他们不是不认真对待工作，只是有时候事情太多了,假如案件单纯只是认罪认罚,就没有那么多时间阅卷,所以必须学会把握关键点、找准确定人,这样就能事半功倍。当然,其间可能会存在疏漏,或许只能在之后的会见或审查起诉阶段弥补了。

不同的地区确实有不同的工作环境,不同的人员也有不同的处事风格。咱要坚持自己认为正确的态度,不过遇到能折中处理的也不是不可以调整。

六 成长与结束

如那日渐增长的新绿

2022年4月25、26日这两天事情不少。

先说昨天。昨儿个上午,抽空将本月的工作数据整理好,上传给厅里。在整理的过程中,受援人接二连三就过来了。

有两位受援人要求写的是强制执行申请。涉及的事项不复杂,是债权债务纠纷。不一样的地方在于,我这次将迟延履行期间的加倍利息增加在申请书中。申请强制执行,虽说法律规定是可以主张逾期利息和迟延履行期间的加倍利息,可实务中通常以判决确定的为准,如果没有申请,执行庭通常不会主动增加。而生效文书如果是调解书,那基本上就相当于放弃利息了。

后面来的受援人,需要起草的是离婚纠纷的诉状。和通常受援人是女方要求起诉离婚不同,这次来起诉的受援人是男方。

女方和受援人在2016年就签订了离婚协议,可却一直不配合办理离婚证。双方已分居五年有余,感情确已破裂,受援人无奈之下,就打算以诉讼的方式解决。受援人提供的离婚协议,内容约定得很简单,只有婚生女抚养权的归属和财产分割两项。让我很欣慰的一点是,男女双方离婚的原因虽然是女方出轨,可受援人考虑到对女方的声誉不好,不愿意把这件事公之于众,甚至考虑孩子可以有更好的生长环境,还愿意额外给予女方一部分补偿。

这和以前遇到过各种因婚姻关系解除,把过去美好记忆抛开,为了钱财撕破脸的情况不同,着实让我对受援人多了一份尊重。

今天上午临近下班时分,接到局长的通知,需要在今天到某个乡镇普法——涉及常见事务的培训和虫草采挖季节产生的纠纷处理。时间比较紧,所以昨天一下午的时间我都在制作 PPT。

考虑到这次的受众是某村的村民,我没有过多的引用法律规定,而是在课件的四个部分,结合案例的形式来解说。其中,离婚纠纷、侵权纠纷在以前的课件中都讲过,这次可以借鉴,节省了一点时间。而民间借贷、虫草相关的合同纠纷、刑事诈骗,则需要重新构思。

民间借贷部分的内容,我首先是引入真实案例,引导受众思考要诉讼的话需要收集哪些证据;随后,说明借条与欠条的区别;接着,将借条的正确书写格式和注意事项重点强调;最后,才将民间借贷涉及的法律规定引用出来讲解。

虫草相关的合同纠纷和诈骗,这两个案例是我检索出来的西藏地区的真实案例,属于虫草采挖季节常有的纠纷类型,我主要是强调虫草采挖完毕后出售过程中需要注意的细节问题。同时,还结合朗县关于虫草采挖的规范性文件,讲述了采集证据、采集秩序、法律后果三个方面的内容。

当天上午,我们在预计时间到达普法地点。

和以往不一样的地方在于,这次的受众大部分听不懂汉语,所以,需要我讲一部分内容,再由同事同步翻译。这么一来,准备的案例几乎都是直接将答案说出来,只是让受众了解具体怎么做;同时呢,讲解花费的时间是以往的两倍有余。不过,看受众听课过程中时不时拍照的反馈,应该还是起到了作用的。

培训完毕,时近中午,我们在附近吃纯正藏餐——主食是新鲜烙制的青稞饼,搭配荨麻草糊、新鲜奶渣、酥油茶、牦牛奶一块吃。旁的也就罢了,荨麻草糊是第一次吃。以前我只听说过荨麻疹,且被折磨过一段时间,今天我才知道还有荨麻草这味中药的存在。据同事说,他们每年都要至少吃一次荨麻草糊用来解毒。经检索,荨麻草具有排毒作用,还真可以治疗荨麻疹。世界之大,真是无奇不有呀。

吃完饭,和当地驻村干部闲聊的过程中,我收到了省厅的消息——2022 年度法援“1 + 1”行动的视频遴选通过了。尽管是意料之中的事情,我依然觉得开心——这意味着我距离去新疆援助的计划又近了一步。当然,最终的援助地点还不知道是哪里,后续也还要体检、签协议,希望一切顺利才好。

再返回办公室的时候,已经是下午四点钟。没午睡导致的困倦还没彻底缓过来,就陆续进来了两位受援人。

一位受援人要求写起诉状,因给对方修车后费用一直没结算,每次联系都是拖延,无奈之下就打算起诉。这已经不是受援人第一次因修车费起诉了,看来这是朗县这边常见的情况呀,作为债权人也真是挺郁闷的。此外,我也有必要和受援人普及一下正确的欠条书写方式,这样在后续诉讼过程中才不会那么被动。

第二位受援人是某单位的工作人员,咨询的事务是建筑工程项目招投标和政府采购的界限。按照他的讲解,他明白下位法不得与上位法冲突的原则,可在实践过程中,又无法明确必须招标项目和政府采购项目的具体划分。经过查看相关的文件和法律规定,最终,我根据上级主管部门的通知,确定了他咨询内容的大致方向。当然,谨慎起见,我还是建议他和上级主管部门进行确认,避免存在疏漏的地方。

事情忙完,很快接近下班了,一天又过去了。

最近每到傍晚,朗县就开始刮风。渐渐地,天气回到了我去年刚来时,晚上下雨白天大太阳的情况。不同的是,据当地的同事说,朗县的整体气候比前几年好很多,不再那么干燥,山上的植被也慢慢多起来了。而这些,都是近几年大力保护环境调整过来的。

联想到每次政府会议必然有律师参会的要求,联想到我提供法律援助期间各项事务的点点滴滴,联想到朗县正筹备律师事务所的计划……我想,我们作为律师的价值,或许就如朗县日渐增多的植被一般,有目共睹。

努力做到律师的十项全能

2022 年 5 月 5 日是立夏,也是五一假期过后的第一天。

这一天,大早上的,突如其来的流得汹涌鼻血把我给整蒙了——或许是五一去墨脱度假,那边海拔很低,气候很湿润,回到朗县海拔高,气候又干燥的缘故。倘若没有这意外,我还真是忘记自己身在高原地区呢。

今天事情还不少。

上午起草了四份文书，两份强制执行申请书，一份起诉状，一份授权委托书。

强制执行申请书的生效文书都是调解书，不一样的地方在于，一个只是简单的约定了在某个期限支付本金，另外一个则是在约定分期支付本金之外，对于未按期偿还的债务要计算利息。这就是熟悉法律规定的人不同的地方——即便选择了调解结案，也会约定法律支持的其他合法权利。尽管大部分利息不会特别多，可这毕竟是应得的，作为债权人怎么也不要忽略了才是。

起诉状和授权委托书都是同一位受援人要求起草的。该受援人承租了某村委会的房屋，又作为二房东将房子租赁给对方。现在对方拖欠了一年的房租没给，数次协商不成，受援人就打算起诉。但其中有不少问题——如受援人的房屋租赁合同是委托表弟签订的，根据合同相对性原则，必须用表弟的名义起诉；如合同原件已丢失，对方只承认租赁了房屋，却不承认拖欠了一年的房租未付；如证人无法作证对方具体拖欠的房租金额；如之前调解的视频中，对方只承认了部分房租；如受援人催促对方交租，既没有电话录音又没有微信聊天记录。

这样的情况下，受援人想要按照他所述的真实情况得到救济，胜诉的概率不大。但目前，也只有通过诉讼的方式解决了。遇到一个不诚信的对方，固然有点倒霉；可受援人作为债权人，对证据方面的粗心大意，也实在让我想吐槽。

下午，一上班某局的人就过来了，他们要求审核一份文件。

该文件是涉及朗县再审的一个案件,已委托给一个知名律所,律所提出的诉求是案件由最高院提审,撤销二审判决,维持一审判决。在事实及理由部分呢,首先阐述了双方无争议的内容;其次就申请再审的理由在事实不清、法律适用错误、依据实务推理等三个层面具体表明了观点。整体的文件,逻辑清楚,层层递进,每个引用原有判决书或法律规定的地方还专门设计了脚注,在重点条文中也注意加粗字体,写得真好呀。

我提的意见不多,一是某段的序号方面要调整格式;二是涉及的某份附件,依照法律规定举证责任在对方,需要确认是否提交,或是否补充一个证明内容;三则是文件的具体信息确认是否要补充完整。与其说我在提意见,不如说我是通过该份文件在学习再审相关的流程和材料呢。

而后的时间,我在学习下周要宣讲的课件。

这个 PPT,由昌都的援藏律师分享。我之前没有学习过该方面的内容,乍一听,就觉得很空洞。并且,我有时候也不知道从何讲起。但看完 PPT 后,一是惊讶于课件内容之多——足足 109 页;二是对该部分内容有了基础了解;三是敬佩制作该 PPT 的律师之用心;四是对里面表露的观点有所认同,不再停留于表面。

当然,要转化为自己的理解去讲,还需要深度整理。一方面,需要检索不熟悉的专业术语具体的含义,避免出现不明白的地方,那就贻笑大方了;另一方面,需要调整语句表述,用自己习惯的方式去演绎,同时调整整体的格式。

果然,作为援助律师,就要做到法律规定、案例检索与学习、电子数据、普法培训、纠纷调解、参与诉讼、法律顾问、文书起草、法律咨询、实务操作的十项全能呀。

而在这些方面,我只能说任重而道远,加油吧!

一点一滴的成长

2022年5月10日,今天周二了。

这两天事情不算多。

左不过做着相似的事情——代写文书,解答咨询,审核合同,整理PPT,准备开庭材料。

如果只是从事情的分类来说,就没多大意思。只有具体到受援人个体,从解决他们面临的实际问题,进而一定程度上改变人生这个层面来说,才会觉得做的事情有意义。

诸如解答的咨询。

一是涉及劳动争议的案件,在一审阶段是否能提交仲裁阶段的庭审笔录。问我这个问题的人,是深圳的律师同行。她处理劳动争议的经验不多,遇到了一审对方说辞与仲裁阶段完全不一致的情况,所以询问我这个方式是否可行。我的回答是——如果仲裁阶段的庭审笔录对己方有利,那当然可以申请去调取。甚至有别的新证据佐证,也可以提交给法庭。

只不过在实务中,大多数情况下劳动争议的一审几乎和仲裁一致,不会出现太意外的情形。而如果要提交新证据,通常情况下要在作为原告立案时或被告答辩时一并提交。倘若是开庭审理过程中临时提交,那法院有可能不予采纳,或者对方会提出给适当的答辩期。

二是劳务合同如何合法的开除提供劳务者。面对这个咨询,我首先确认的是双方签订的劳务合同对于合同的解除条款是怎么约定的;其次建议根据双方约定的解除内容收集对应的证据;最后,如果是约定不明确或不对应的情况下,先看有没有兜底条款(这种情况下有利于雇主);之后则是基于谨慎心理,可以参照劳动合同法的规定给提供劳务者一个调岗或培训的机会。

当然,劳务合同的解除相对于劳动合同解除会比较简单,基本上以双方约定为准。通常来说,各方协商一致,雇主方有证据支持的情况下,解除合同是没有额外纠纷的。

诸如审核的合同。

审核的合同都比较简单,一份是运输合同,一份是运营服务合同。二者相似的问题是,合同中的格式比较乱,需要加以调整;涉及的管辖条款约定不明确,需要明确;而双方的权利义务约定,都倾向于保护咨询方,所以倒没有额外要修改的。

不一样的地方在于,前者对于运输的地点不够明确,运输期间产生的清单也没有明确具体金额和数量,故我建议对后期产生的清单作为附件留存,或直接在运输事宜完成后与对方形成一个总清单,方便结算也避免争议。后者呢,有不少限制对方的特别约定,涉及原有知识产权的归属、场地的归属、合作结束后的交接程序等,需要单独说明;此外,该合同同样存在一些附件,需要在合同中明确对应的法律效力。

诸如整理的 PPT。

PPT 的整理花费了一天半的时间,这一是因为课件涉及内容比较多,二是我对课件的内容不够熟悉。整理 PPT 期间,我其实很想加原作者的微信,好好沟通一下讲课的注意事项等问题。但后来考虑到这份课件的内容不算难,能自己解决的还是不要过于麻烦他人,就不再纠结了。与此同时,为了便于授课,我还单独起草了一份讲演稿。

万事俱备,原定于今天下午的培训,时间却更改了,具体时间待定。只希望,不要又是做了无用功吧。不过,即便课件不讲,我也在整理和制作的过程中有所收获,想来这就足矣。

诸如准备的开庭材料。

本周五有个案子要开庭,涉及的是上次认罪认罚的一个案件。案件罪名同样是第一次接触的,却是在日常生活中很常见的——危险驾驶罪。受援人因醉驾,导致被害人受伤,一头牛被撞伤。案发后,受援人积极救助被害人,主动赔偿并获得了被害人谅解,同时具有坦白、认罪认罚、初犯及偶犯等量刑情节,所以整体辩护思路很清晰。

上午在会见过程中,我主要针对法律规定和开庭的流程予以讲解。而辩护词除了遵循之前的版本,还结合了援友以前辩护词的表述方式,整体做了大幅度的调整。刑事案件相对来说我的经验较少,所以每一次写相关文书,都会有所变动。在这个过程中,无疑成长是较大的。

诸如代写文书。

这两天代写的文书类型,有常见的合同纠纷起诉状,有强制执行申请,还有较少见的增加抚养费的起诉状。

增加抚养费的起诉状,一般来说需要满足原有约定抚养费标准不能满足实际所需、产生了教育费或医疗费等大额支出等条件,通常这样的诉求只能要求一次。而抚养费的支付期限,一般是到 18 周岁为止,如果 16 周岁以上的孩子有独自生活能力也可以不再支付。涉及尚未独立生活的成年子女有下列情形之一,父母又有给付能力的,仍然有给付抚养费的义务,包括丧失劳动能力或虽未完全丧失劳动能力,但其收入不足以维持生活的；尚在校就读的；确无独立生活能力和条件的。但这里的尚在校就读是指尚在校接受高中及以下学历教育，大学生并不在此列。

这位要求对方增加抚养费的受援人，存在几个特殊情况——一是双方并未结婚，只是长期同居，去年因解除同居关系、抚养权的归属、抚养费的支付等事宜无法协商一致，已由法院出具《民事裁定书》；二是去年的裁定书并未对小孩出生后至去年为止的抚养费做约定；三是受援人和对方约定的是双方共同承担孩子的抚养费，但约定每年支付的数额过低，且没有单独约定大病医疗和抚养费共同承担；四是孩子今年产生了大病医疗费用，对方不愿意承担其中一半的义务；五是对方在裁定书生效后，已支付约定的一年抚养费。

基于上述情况，我没有采取直接申请强制执行对方承担一半大病医疗费用的方式——毕竟申请强制执行的基础不够。而是起诉要求对方一次性支付一半的抚养费至孩子 18 周岁为止，这里面的抚养费包含了教育费、医疗费、生活费——考虑到对方的态度，觉得还是申请一次性支付比较靠谱，避免后续实际产生费用主张再发生争议；且为之后的调解打下可以降低支付标准或支付金额的基础。

在这个过程中，也想过能否诉求对方每年支付一个数额，而后逐年递增一定比例，直到孩子满 24 周岁为止。但一来这是协议离婚可以有的方式，诉讼中支持的概率较低，法院也不好写判决；二来主张到 24 周岁，可能还是有点难。所以在和同行沟通后，我就打消了这个念头。

事情忙完，接近下班时间了。

明天会发生什么事呢？期待。

充实的工作，更具意义

2022 年 5 月 18 日上午，按计划去老干部活动中心普法。

上午的普法，主题是打击整治养老诈骗。

听众有 30 人左右，我作为司法局的代表，第一个讲解。按照课件的内容，我分别将养老诈骗的定义、主要类型；面对养老诈骗要怎么做，有哪些注意事项；老年人涉及的相关法律规定等内容一一展开讲述。老干部们听得很认真，尤其是前排的老爷爷们，频频点头，有的还会拿出手机拍照，或者在本子上做笔记。

当我讲完预设的课件内容后，第二个讲解的单位是公安局——这次的宣讲，涉及的部门还包括法院、检察院。我第一个讲解倒是比较有优势，基本上将主题包含的内容都囊括进去了。讲解期间，还提到法治林芝摄制的养老诈骗的宣传视频，里面的内容也重点摘取了一些讲解。

随后，我征得主任同意，先离开了宣讲中心，回到办公室整理《行政处罚法》相关的 PPT。

上学期间，行政法相关的课程我就是学得最不好的，所以当我要作为一个讲师讲解该课程，必然要花费更多的时间去掌握知识。课件内容既有援友分享的，也有同事分享的。在他们的基础上，我结合自己的理解去整合。在这个过程中，实际上是增进了自己学习和理解。

尤其，课件中对于行政主体、行政处罚的对象、作出行政处罚可以适用的规定等方面内容专门设置了选择题——而我居然都无法第一时间答对，需要通过检索的方式才得到正确答案。一方面觉得冷汗连连,看来学习的知识都还给学校了;另一方面,又确实通过这样的方式加深了印象。

课件只做了四分之一,就到了中午下班的时间。而彼时,接到检察院的电话,前两天送来的案件需要在下午见证认罪认罚。同时,因该案情节轻微,检察院打算开一个听证会,做出不起诉的决定。

午休又是没睡好的状态——一是心里惦记着要早点起来,走路去检察院;二是对面施工队钻墙的声音折磨得我要抓狂。

略作休整,按时抵达检察院。

第一次参加听证会,还有点好奇。听证会整体的程序和开庭类似,格局是四四方方各方参与人面对的,氛围相对会轻松一些。主持人是检察长,同样有书记员记录,发言的人包括主审检察官、公安侦查人员、听证会,同时需要询问受援人和被害人是否申请回避、是否自愿刑事和解、是否谅解等问题。而我呢,在今天的听证会上只是作为旁听人员——毕竟不是受援人聘请的律师,只是值班律师而已。等受援人和被害人顺利签署和解协议,并当场支付完一笔赔偿款,被害人又出具了收条,听证人员和检察院也发表意见后,事情就告一段落了。

接下来才是我的主场——见证认罪认罚。

考虑到该案已确定不起诉,在认罪认罚的帮助笔录中,我重点强调了受援人涉嫌的罪名相关规定及司法解释,尤其说明了他存在的量刑情节,并对酌定不起诉的规定加以解释。此外,因该案受援人属于激情犯罪,检察官和我都再三告诫他,以后喝酒要适量,千万不要再次出现这样的情形,否则的话面临的就是更严重的后果了。

这起案件中,受援人和被害人相对都比较好沟通。认罪认罚结束,被害人甚至友好询问受援人要不要一块回工地。这让我忍不住想起跟这起案件相似的一起案件,同样是激情犯罪带来故意伤害导致的轻伤二级,那位受援人却被判刑了——被害人咄咄逼人是一部分原因,受援人拿不出赔偿款是另一部分原因;涉案双方甚至都不满意案件的处理结果,被害人觉得判轻了,受援人却认为不公平。而我能做的,其实只是在符合法律规定的基础上,尽可能地结合量刑意见请相关部门从宽处理,并给双方做思想工作,奈何他们都有自己的执念,完全听不进去。

这也是作为律师比较无力的地方——你已尽你最大能力给出意见,可受援人有自己的想法,未必会完全遵从。所以,我们只能出谋划策,并争取维护受援人最大合法利益,可最终的方向选择和案件结果都不由我们做主。

事情处理完毕,回到办公室,已接近下班时间。整理了一下这两天的工作和照片,遮掩主要信息后发了一条朋友圈——充实的工作,让我倍感法律援助之意义。

累并快乐着,说的就是当下吧。

努力工作,不惧结果

今天是 2022 年 5 月 24 日。

这两天工作不算多。

事项一,是为受援人起草协议,涉及二手车转让合同和运输合同纠纷。

二手车转让在西藏这边很常见。由于西藏每个地区之间距离甚远,没有车辆出行会很不方便。而考虑到新车价格更贵,磕碰了也心疼,大部分当地民众更愿意购买二手车——一来价格低廉一些,二则用了一阵子之后还可以再次转手买卖换新车。

二手车转让合同要注意的事项有几点。一要约定清楚双方的具体信息,尤其是地址和联系方式,避免后续有纠纷找不到人。二要约定标的车辆具备的文件有哪些,车辆登记在谁名下,是否存在抵押等情形。三要约定清楚双方的权利义务,主要包括车辆和车款交付的时间,过户、转籍、保险变更的时间,违章处理的情况等内容。四要约定清楚不按约定履行的违约责任。网络上能够检索到的版本比较多,大部分内容都比较简单。因受援人表述的信息不同,就需要进行对应的调整了。

至于第二份运输合同纠纷的代书,这是朗县相当常见的情况,之前的工作文章中多有提及,这里就不再赘述了。

事项二,为某部门解答了行政处罚程序的咨询。

该部门涉及要处罚的人员和店铺,是我之前指定辩护的某个案件带来的连锁反应。目前的情况是,该部门一是之前没有经验不知道怎么处理;二是检察院发出处罚的通知时,他们忙着别的事情,导致被处罚人现在找不到了。

鉴于此,我的建议是尽快履行处罚职责。首先,考虑到登记经营者和实际经营者不一致的问题,谨慎起见,双方都要通知,要求双方承担连带责任;如果登记经营者实在找不到的情况下,那就根据实际经营者之前做过的笔录,对其进行处罚。其次,之后具体的流程,建议咨询上级主管部门,参照他们的做法进行。最后,有必要的情况下,联合检察院掌握的资料进行处理。

事项三,恰好是二手车转让纠纷的咨询。

受援人将车辆转让给买方,买方却一直没付款。现在的情况是,买方又将车辆卖给了第三方。因车辆没过户也没收到款项,受援人就让第三方不要购买车辆,第三方口头承诺会将购车款直接支付给受援人,但后面一直在拖延。基于此,受援人想将车辆拿回来或者要求买方按约定付款。根据受援人的陈述,他和买方签订的协议没有约定对方未按期付款是否能将车辆拿回的内容,也没有约定未按期付款的违约责任。而第三方仅是口头承诺,且据说已将符合市场价格的购车款支付给买方了。

这样的情况下,受援人想要拿回车辆的目的基本得不到实现了。基于合同相对性的原则,受援人想要主张权利,仍要找买方。此外,车辆过户需要受援人的配合,第三方之前又有口头承诺,那也可以要求第三方予以适当配合。倘若各方协商无法一致,再考虑起诉比较妥当。

事项四,修改 PPT、案件归档、修改其他文书。

趁着这两日工作不多,我将手头其他事项逐一完成。

如修改《行政处罚法》的 PPT。该课件上周已基本制作完毕,昨儿个主要是针对细节部分进行调整。好比增加一些条款,丰富内容;好比对每张课件的格式和字体进行调整,切换和动画效果也逐一选择。同时,将课件制作完毕的事情告知同事,这样他就能对接具体部门,确定近期的普法时间了。

如案件归档。本月有两个案件开庭,其中一个案件正好到了可以归档的期限。都是做惯的流程,倒不需要多提。只是,这个案件涉及的罪名,突然让我联想到了援友工作群中提到不起诉的情况。或许是这个案件涉及两个从重情节,所以最终还是做了起诉处理。相似的案件,不同的处理结果,这也是日常工作中需要注意的。

再如修改其他文书。在朗县提供法律援助的过程中,接触了蛮多不同类型的文书起草。有些是常见的,不需要模板也能直接书写;有些则是第一次接触的,所以我通常会检索对应的模板做参考。以前,基本是直接检索,复制粘贴。后来,发现直接检索出来的模板要么需要关注公众号,要么需要额外支付费用,所以就会到对应的平台去检索。这样的平台有挺多,我之前常用的是“法天使”。可购买的会员已到期,渐渐就减少了使用的频率。最近想起深圳律协的会员福利——直接在深圳律协平台登录,能够链接“北大法宝”平台。在那里,既可以下载对应文书版本,又可以查找案例,还能够检索法律规定。倒是比律所购买的“威科先行”还好用呢。

在知识大爆炸的年代,掌握大数据检索,也是一项必备技能呀。

事情告一段落的时候,脑海中浮现出昨天的焦虑事由。

昨儿个晚上在看姐姐推荐的《请叫我总监》,里面女主的新领导让她注意打扮,说打扮会带来自信和改变;此外,又让女主不要陷入过去秘书的身份中,要主动向前走。这个桥段,让我想起了我深圳工作期间的某位女领导。在她的团队工作的那半年,虽然每天很繁忙,可收获也是挺大的。尤其她作为一名女领导,又是I型热情暖心型的,能关注到伙伴的心理变化。只不过,我终究因工作强度太大,心理上又过于依赖领导而缺乏独立的自信、干劲,最后选择了离开。

不是没有遗憾的,可想想现在正在进行的援助事务,依然觉得再来一次,可能还是会做一样的选择。毕竟,我对工作并没有太大的要达到什么成就的野心,更在意的是生活的质量。现在的援助工作,一边是县里只有一个律师的情况下,必须独自解决面临的所有事项,不管是否有经验,不管是不是硬着头皮上;另一边是假期期间,能够按照心意去不同的地方,感受不一样的美好。如果这样的工作能够一直进行下去,是很理想的状态。

而之所以会焦虑,是因为最近听到法援"1+1"行动有可能中止的消息。当然,并不是指所有地方的援助行动都会中止。只是,一个地方中止,没准会带来其他地方渐渐中止的情况。或者,即便不中止,也可能会在援助律师中择优选择。一旦这样的情况出现,则势必会对我未来的工作乃至生活造成极大影响。

于是,我就发现我在这样的变化面前并没有什么优势,也没有更佳的选择,甚至要面临大龄再择业的问题。

后知后觉的焦虑突如其来,让我一方面觉得自己可能是杞人忧天,这样的情况应该不会那么快发生;另一方面又觉得疫情再肆虐下去,这样的情况发生不是没有可能,仍要做好准备。可是,咱能做的,好像只有更努力地工作,更用心地去吸收这期间的工作进步,更积极地去经营人脉,其他就想不到了。

目前,也只能告诉自己,认真去做了某件事,就不要惧怕结果不如人意。就像刘同所说——一件事你都努力过了,还怕什么呢?顺其自然吧,我想我已比大多数人幸运——即便真的有什么变化,让人生多一份精彩,好像也没什么不可以。

加油咯!

别开生面的民法典颁布日法制宣传活动

2022 年 5 月 27 日，一大早就收到了司法局主任的通知——到雅江广场参加“5·28”民法典颁布日法制宣传活动。

原本以为已是熟悉的流程和换汤不换药的形式，没想到今儿个的宣传还真是别开生面：

首先，今天的法制宣传活动主办方之一是我们司法局。

每次普法宣传，主办单位都要提前准备桌椅、横幅、音响等物品，同时要通知兄弟单位到场参与、签到。当地民众也乖觉，广场桌椅一摆上，就知道今天有宣传活动，很快就会围过来。我们计划上午十点半开始的普法宣传活动，同事们九点半一上班就去广场布置了。我到的时候，就协助一块整理横幅，将礼品分门别类放好，又指引其他兄弟单位到相应位置做好准备。

其次，今天的法制宣传活动有特别的有奖问答环节。

普法准备工作就绪，同事临时让我担任一个重要工作——主持人。和以往径自在宣传椅就座，给来往的民众发放宣传资料不同，今儿个局里准备了有奖问答。

同事们事先准备了几个问题，包括我国《民法典》颁布的时间、施行的时间、房屋产权到期的处理方式、收养的年龄要求等内容，准备一会用汉语和藏语分别向在场的民众提问，积极参与的人则会送一些小礼品。此外，鉴于《民法典》是一部很重要的法律，在开场白部分，我又提出增加诸如“《民法典》制定了公民从出生到死亡的规定，是社会生活的指南针”“《民法典》施行后，一法立九法废，涉及废止的法律有……”

等常识性内容。

最后,重头戏来啦。

原定时间到,担任主持人的是我们司法局的主任和我。主任率先将话筒递给我,由我用普通话提醒大家活动开始。我先介绍了我们二人的身份,接着说了下今日普法宣传的主题,然后讲了下《民法典》的意义和相关常识性内容。主任随后用藏语进行翻译,并介绍了一会进行的有奖问答活动。

有奖问答环节参与的人还挺多,也很遵守我们事先声明的举手发言规矩。每个问题我们都会挑一两个民众来回答,让我开心的是,可能是民众有认真听我们介绍,也可能是问题比较简单,总之上场发言的人都回答对了。

在主持的过程中,我时不时会请求在场兄弟单位和民众调动气氛——用鼓掌的方式鼓励回答问题的民众;而主任看我们预设的问题结束后,时间尚早,又灵机一动额外增加了几个有关朗县实际情况的问题,让问答环节的热度持续下去。等问答环节结束,我们宣布进入法制宣传环节时,民众们还颇有点意犹未尽的感觉。

之后的法制宣传就按部就班啦。

值得一提的是,我们法制宣传结束后,还拍了一张大合照。当我整理东西完毕过去的时候,只剩下第一排的位置了,我颇有点不好意思地站在了 C 位。拍照的时候,忍不住感慨——这还是我第一次正儿八经的在普法宣传活动上大合照呢。想到不久就要结束的援藏生涯,还冷不丁有点小感伤。

回到办公室,和同事讨要了今日宣传拍摄的照片,心绪还沉浸在今天这场别有趣味的宣传活动中,其他常见事务就不赘述了。

欢迎你常回来看看

2022年6月22日事情还蛮多。

其一,是解答我国缔结且未保留的条约包含哪些内容咨询。这个咨询涉及的是国际法上的概念。

条约的保留,是指一国在签署、批准或加入多边条约时,为了排除或改变该条约某项条款对本国的法律效力而作的正式声明。此项声明可能是对条款的否定或修正,也可能是对条款的特定解释。我国在签署、批准、加入或核准条约时先后至少对97个多边条约发表了单方声明,其中大部分的声明旨在排除与我国内外政策或法律制度相冲突的规定的保留;排除暂时不能够或不愿意履行的规定的保留;排除其他暂时不能够或不愿意履行的规定;排除条约本身明文允许排除的规定的保留。此外,根据国家主权原则,任何一国都可以提出保留,但下列情况除外:条约本身禁止保留;条约仅准许特定的保留,其余条款不在其内;或保留与条约目的和宗旨不合。

讲真,国际法的内容实务中运用得比较少,大部分知识我都还给老师了,这次也是通过检索才回忆起来。

其二,解答建筑工程结算面积不符咨询。

某工程,受援人作为发包方,与承包方签订的合同约定了结算的面积。但是,等工程完结后,承包商内部结算的面积远超合同约定面积,而发包方审监部门结算的又是另外一个数据。发包方现在想直接按审监部门的结算面积结算金额,但又怕承包方不愿意。

对此,我的建议是不要直接先斩后奏按审监部门结算面积划款，而是先发一个书面通知给承包方，说清楚事情来龙去脉，同时邀请对方多少期限内来当面沟通，不然容易激化矛盾。等双方确实无法协商一致了，则任何一方都可以考虑起诉，根据法院聘请的评估机构最终结算面积结算。

其三，处理一起离婚纠纷。

这起离婚纠纷涉及的受援人，正是昨天来写了离婚起诉状的女方。让我惊讶的是，她的说法和昨儿个男方的说法迥异——男方不仅有出轨的过错，还存在家暴。

真是完全反转的剧情，亏我昨天还觉得男方尚算厚道。

考虑目前双方都有离婚意愿，我就建议他们直接由局里组织调解。等协商一致后，由局里出具离婚协议书，然后带他们去法院司法确认，由法院出具生效文书即可。这样既节省了双方的时间，有益于双方尽快开始新生活，又避免了冲突再次发生的可能。

想法很美好，可实行起来不容易。我们的调解从十点一直进行到下午一点半才圆满结束：尽管男方有家暴、出轨等过错，可女方一开始还不想离婚，只想追究这个责任而已。可是，夫妻之间的家暴和出轨，不能脱离离婚纠纷单独追究人身损害的责任，只能以赔偿或补偿的形式处理。当然，如果导致轻微伤可以去派出所报案，按治安处罚法处理；轻伤以上则涉及故意伤害、虐待等刑事犯罪。

当我释明相关法律规定后，女方又改了说辞——说男方的家暴只有一次，没有经常。换言之，她之前的说法只是想让男方多付出一点代价而已。额，这真是让我……

男方在接到电话通知后，姗姗来迟。与昨天平和的状态不一样，他一进来情绪就很是激动。虽然我听不懂藏语，可看男方姿势和表情,就能知道他的心早就飞走了,对女方没有一点尊重,总呈现出不屑、不耐烦的态度。这样子,似乎也能理解,为什么男方提出的财产分割方案尚算合理,可女方依然不依不饶,甚至想要追究第三方责任。

费了不少口舌,分别和两方做思想工作,又单独和女方的家属说明情况,终于,他们达成了一致意见。之后,就交给同事带他们去司法确认了。

其四,到林芝市司法局参加援藏律师座谈会。

下午三点出发,傍晚六点左右顺利到达林芝市司法局。当天的天气格外好,一路阳光灿烂,沿途的风景虽然看过多次,可依然美的让我忍不住掏出手机拍照。

晚上,有幸认识了西藏自治区司法厅未曾谋面的领导,又与省法援基金会的领导、林芝市局的领导、朗县局里的领导、广东省的几位律师、林芝市的几位律师、林芝市局的同事和援友们一块参加了座谈会。

会议分成了几项议程,印象最深刻的自然是大家的发言了。每个人都以自己的风格记录了援藏的心得体会,真切的表达获得了大家频频点赞。我手写了发言稿的要点,更多是现场发挥,开头还记得娓娓道来,后面就越讲越快、越来越兴奋了。好在在座的领导们和援友们都很包容,还一直用眼神鼓舞我继续发言。

局里的领导对我援藏期间的工作做了肯定评价,特意提到我引导同事通过了司法考试,加深了局里整体的学习氛围,这实在让我汗颜。而西藏自治区司法厅领导和省法援基金会领导的发言,有套路的言语,更多是有感而发——前者,让我再次体悟到藏区人们的真诚;后者,让我感觉一年援藏工作得到了极大的认可。

诚如领导们所述，一年的援藏服务是双向的，既是我们给当地民众提供法律援助，也是我们自己受教育和学习的过程；西藏或许因为援助时间短无法称为我们的第二故乡，但我们援藏期间的所作所为他们铭记在心，也欢迎我们常回来看看。

座谈会结束，已是晚上十点。可援友们的兴致还很高昂，就相约一块去吃夜宵。虽说大家伙离开西藏的时间接近，但也不知道是不是有机会再次相聚了。

不舍的情绪弥漫，惜缘吧。

援藏总结

时间过得真快，似乎转眼之间，就到了即将道别的时刻。回首这 11 个月的援藏生活，颇觉幸运，又倍感荣幸。2022 年 6 月 23 日的援藏总结，我将从三个方面简要谈谈援藏期间的感悟。

（一）工作数据汇报

自 2021 年 8 月 2 日正式在朗县提供法律援助服务，至 2022 年 6 月 22 日止，共免费提供法律咨询 629 次，代写文书 246 份，审核合同及文件 206 份，普法及培训 20 次，参与政府会议 18 次，见证认罪认罚案件 13 件，下乡化解矛盾纠纷及解决上访案件 13 次，指定辩护案件 9 件。

（二）难忘事迹分享

我们朗县常住人口仅 18，000 人，社会环境整体比较稳定安全,没有太多的刑事犯罪案件。大部分纠纷,以实际施工人、农民工讨薪案件为主,其中也有常见的合同纠纷、民间借贷纠纷、离婚纠纷等民事案件。涉及的工作内容,与每位援友都近似,下面,我分别就三个部分的内容与大家分享。

其一,是离婚纠纷。

我们朗县是无律师县,所以我处理纠纷的时候经常会面临这样的情况——上午作为离婚纠纷中男方的受援人要求写起诉状,可能下午或第二天作为离婚纠纷女方的受援人就会要求写答辩状或反诉状。一开始面对这样的情况我很无奈,可渐渐就把握到这样的纠纷处理需要的几个小诀窍——如,不能只听一面之词,因受援人表述的话语通常都倾向于维护自身合法权益,很多时候会隐瞒关键事实。如,必须站在中立角度,不能因受援人的遭遇而倾向于保护一方,由此忽略了另外一方的权益。再如,假设男女双方离婚的态度坚决,则可以考虑局里组织调解,协商一致后签订离婚协议书,之后直接到法院司法确认,由法院出具生效裁判文书结案。这样的方式,既能够节省时间,也避免男女双方再次发生冲突。

在处理过的离婚纠纷中,印象较为深刻的是一位受援人提出写答辩状和反诉状的情形——男方提出离婚,理由是性格不合。受援人却说,实际情况是双方没有感情基础就成婚了,而后男方实行冷暴力,就连女方怀孕期间和生子后也根本没尽作为丈夫和父亲的义务。在详细了解情况及看完相关资料后,我给受援人写好了答辩状和反诉状。几次接触后,受援人慢慢信任我,开始吐露出她几近崩溃有自杀倾向的想法,我又联同妇联的领导和同事一块去探望她,纾解她的情绪。后来,受援人在大家的帮助下终于走出了过去,开始了新生活。

她私下发给我的感谢短信，我一直保留着。这会让我记得，我作为律师做的可能只是一份工作，可对受援人来说那是她们的人生。

其二，是一例故意伤害的指定辩护案件。

这起指定辩护案件，起因是被害人没有按照约定支付工资给受援人，在一次冲突后，受援人情急之下打伤了被害人。基于被害人有一定过错，而受援人认罪态度良好，这起案件见证了认罪认罚。让我难忘的不是案件的办案流程，而是受援人在会见过程中表露的态度——他认为，如果不是他采取了较为极端的手段处理了这件事，相关部门就不会解决他面临的问题。所以，这个社会如此不公，必须用他自己的方式对待。

受援人呈现的观念一度让我不知道应该怎么答复才比较合适。诚然，他处在情绪没有完全平复的状态，忽略了检察院、法院和我们局为他这个案件做出的种种努力，可我们毕竟不是他，不能感同身受他认为社会不公正的缘由。这就让我思考——我们作为律师，在既定的法律服务外，又还可以为受援人或为这样类似的社会冲突做些什么？

其三，是普法及培训。

我们朗县的普法及培训其实与其他援友讲述的情况类似——内容涉及法律规定和实务经验；类型包括进军营、进学校、进社区、进单位等；方式则以培训、广场普法宣传、视频普法宣传为主。

每一次的普法，有些内容是比较熟悉的，如《民法典》相关规定；有些内容是第一次接触的，如行政处罚法；还有些群体是第一次面对的，如针对朗县县级领导及部门主官的普法。

每一次的普法,我基本都需要花费 2 ~ 5 天的时间认真制作课件,内容以法律规定或政策要求为主,辅以实务案例,且会根据实际情况不断更新。

实际上,虽然我是作为讲师给受众普法,但我更多时候感觉这也是自己加深学习的过程。

(三)收获心得概括

短短 11 个月的援助服务,带给我的收获远超预期,我同样分成三个部分来概括。

其一,是工作层面。

我之前从事的主要是民事领域和法律顾问方向的工作,来朗县提供援助服务后,对于刑事指定辩护案件、行政事务的处理、普法及培训增长了较多的经验。尤其,基于西藏在我国的特殊地位,我更深刻理解到“维稳”二字的意义,也开始学着站在符合大趋势的角度去判断案件、处理事务。

日常的工作中,还特别要提一下我们局的同事。因我不懂藏语,他们每次在我需要翻译的时候,都给予了非常好的配合;当有纠纷需要处理的时候,他们总是没有任何怨言,哪怕我们可能需要来回奔波四个小时,又费尽口舌从上午一直调解到晚上才结束;有些时候,我可能更多是站在法律角度思考问题,但同事们的实务经验更丰富,他们会用更巧妙的方式去化解冲突。这样的工作态度,实在让我佩服之极,也让我获益匪浅。

其二,是生活层面。

用心工作的同时,每到假期,我都会和援友们相邀去西藏的各个地方游玩。同事们经常开玩笑说我待在西藏一年的时间,比他们大半辈子待在西藏去过的地方还多。这样的劳逸结合,一方面是有志同道合的援友作伴作为基础,另一方面我认为这也是宣传西藏的方式之一。

每当我们从各个角度拍摄了西藏风光的照片、又用自己的方式写下游玩的感受发布在朋友圈之后,总会引来频频点赞,几乎每位援友都收到过同行反馈——原来西藏如此美,原来援藏的生活如此有趣,我们也想去援藏。而截至 2022 年 6 月 22 日,我已经写了 220 篇援藏志,每一篇关于在西藏的工作和生活,都会获得大众一定程度的关注。我想,这样的方式既能够消除一些人对西藏的误解,又能够宣传援助行动,也算是有意义的事情吧。

其三,是心得体会。

在援助期间,我同样察觉到自己的不足之处——专业上没有援友们经验丰富,有些时候需要请教他们,有些时候需要借助网络检索;人际往来上很是生涩,援友和西藏的同事们给了我很大包容;还有是援友们的援助风范——如无偿献血、捐赠衣物钱财、帮扶贫困学生等善心行为,都让我汗颜,觉得自己做得还不够多。

但同时,我亦明白,西藏的援助只是一个开始,尽管援助事务达到无讼、覆盖无律师县是目的,但汲取了这一年的经验后,我相信一定能为以后的援助事务奠定极好的基础。而我,还有我的援友们在这个过程中的所作所为,必定是有价值的。

援助事务虽任重道远,吾定继续努力!

第二篇

诗与远方

一　拉萨

生命不可测的美好

周末到了,心生欢喜。这周的计划,是到拉萨游玩。确定的景点有两个:一是西藏博物馆,二是仓姑寺。

2021 年 11 月 27 日早上,我从朗县坐高铁去拉萨。我所在的车厢,由原来的硬卧改成硬座。刚上去的时候,走廊的可折叠凳子已坐满了人,没办法,我只能找到自己对应的位置坐下。

两个相对的卧铺,上面两层有旅客放了行李,最下面两排坐了六个人。从旁边旅客的聊天中,我猜测和我并坐一排的两位和对面一位藏族同胞是同学,他们即将大学毕业。斜对面拿着一本书在看,时不时和藏族同胞们交谈两句的一个姐姐,正在读博士,据说是工作之后攻读的社会教育学。

看看,旅程才开始,就遇到了生命不可测的美好。

一路看小说度过不提。

抵达拉萨的时间是下午一点十五分左右,居然比预计到达的时间快了二十分钟。下车后,排队扫身份证、量体温出站,倒是不需要再次出示行程码了。和援藏队的同事们打了声招呼,我直奔出口行去。

从拉萨站到西藏博物馆的时间不长,打的费20元——这还是还价后的结果。

进门前,我先将门口的雕塑拍照留作纪念。奇怪的是,名称不是西藏博物馆,而是“西藏百万农奴解放纪念馆”。彼时,我想到《孤独星球——西藏》的介绍,博物馆四点半闭馆,而我到达的时间快下午两点了,所以步履匆匆,想着要提快速度,并没有多在意。

拍照完毕,进馆参观。工作人员说目前博物馆不需要门票,但是讲解的话需要提前预约,且仅供团体预约。好吧,为了保证参观质量,我只能租了一个语音讲解器。

馆内展览让我印象最深刻的,是旧西藏政教合一的封建农奴制度。

旧西藏有三大领主,分别是政府、贵族、寺院。三大领主肆意奴役农奴,农奴们常年住在窝棚、厕所等地方,还必须持续工作。他们世世代代被卖身契约束缚,稍有不慎就被三大领主暴力碾压。农奴们,被称为会走的牲口,为三大领主当牛做马,而他们自己却衣不蔽体、食不果腹、居无定所、学无所教、病无所医、老无所依。

三大领主对农奴在政治上压迫、经济上剥削、精神上的控制。农奴们不是没有反抗精神,可谈何容易,那时候,三座大山——宣扬地位至高无上的领主、难以抵抗的神权、被灌输今生低人一等要辛苦修炼来世的洗脑理念,压得每个农奴都觉得活着特别艰难。

终于,西藏迎来了民主改革。

这一时期发生在新中国成立后的五十年代。毛主席强调要和平解放西藏,绝不容许外国主义者吞并中国领土。真正宣告西藏解放的,则是“关于和平解放西藏办法的协议”(以下简称十七条协议)。

但在执行十七条协议过程中,尽管有十四世达赖和十世班禅的支持,还是发生了很多冲突。我党同志,通过土地革命、寺庙改革、解放农奴、废除劳役及高利贷等措施,最终取得了农奴们的信赖。百万农奴真正翻身做主,他们焚烧旧地契、领到土地证、分到牲畜劳作,非常高兴的称——毛主席的太阳照在了穷人身上。

如今,全国人民都在积极帮助建设新西藏。

中央亲切关怀,高度重视,目前我国已召开了七次西藏工作座谈会。援藏同志们坚持党的发展方针,无私奉献,在西藏的如歌岁月,留下了光辉历程——开创了多个第一(第一所学校、人民医院、第一家银行、第一座电站、第一个工厂等),创造了人间奇迹。

西藏,早已昂首阔步进入了新时代。在这里,经济社会持续快速发展、人民生活水平显著提高、党的执政根基全面夯实、文化事业繁荣兴盛、社会局势持续全面稳定、生态安全屏障进一步筑牢。

……

整个参观过程,每进入一个展区,挂在耳朵上的语音导览器都会自动播放该展区的重点项目。不过,语音导览的讲解速度比较慢,跟不上我的步伐,且大部分内容都和展览区的文字内容相符——这倒让我产生了白花钱的感觉。

在我参观的过程中,还偶遇了拉萨一群小学生——想必这里是拉萨重点教育基地吧。只有了解了旧西藏和新西藏的区别,才能明白为何西藏人民对毛主席有那么深厚的感情,也才能理解当下西藏的格局。学习从娃娃抓起来,不是没有道理的。

游览完毕,才过去了一个小时。我很意外,因为博物馆展览的内容不是我想象中的西藏历史文化,反而更多是政治和社会环境方面的变化。

出来时才下午三点左右。时间还早,我在想下一步是不是按计划去仓姑寺,或者去别的地方。思索再三,仍按原计划进行。

坐上出租车,转弯的时候让我惊诧万分的一幕出现了——我竟然看到了西藏博物馆的大门,合着我刚才游览的不是博物馆?! 这时,我想起门口建筑的名称是"西藏百万农奴解放纪念馆",好吧,看样子闹了一场乌龙。眼下坐在的士上,且距离闭馆时间没多久了,看样子只能明天上午再过来西藏博物馆参观了。

前往仓姑寺的路上,路过了药王山、布达拉宫,让我自然而然定神查看。阳光照耀下,布达拉宫依然神圣无比。可回想起旧西藏的农奴们,有幼小的孩子被所谓的神僧活生生钉入木箱当屋基,有所谓侵犯了他们的农奴被砍下四肢或剥了人皮制作宗教器具,有数不清的农奴头颅从地下室清出……心内不由生出一种惘然。

浮想联翩的时候,仓姑寺到了。

我按照的士师傅的指引,顺着一条巷子向仓姑寺走去。沿途的人不多,看服饰装扮大部分是本地藏族同胞。顺路直走,先找到的不是仓姑寺,而是仓姑寺茶馆。我本来以为仓姑寺就在茶馆里面或旁边,没想到沿着茶馆的巷子口再往前走却没有仓姑寺的踪迹。询问了路人，才得知仓姑寺在巷子口的另外一角。

一踏入仓姑寺，右侧就有一排转经筒。我按藏族同胞的习惯转进去，被僧尼喊住，提示需要买门票才能参观——看样子不是所有寺庙在淡季都免票呢。

仓姑寺的地方很小，仅讲经堂、修行洞、侧殿三个地方开放。它最著名的地方就是松赞干布彼时闭关修行的自然岩洞——这个岩洞很小，可供一人坐下但不能完全躺下，上面供奉着一尊貌似松赞干布的雕像和一幅疑似观音菩萨的唐卡。

有意思的是，我恰好碰到僧尼考试，她们正在不对外开放的平台进行辩经。我顺着声音的方向，在外围走廊远远的围观了一下。果然，辩经的架势是一问一答，问答的人相对而立或相对而坐，问的人表情激动、手舞足蹈，答的人一脸平静、时不时按动手上的佛珠。

咱听不懂藏语，也不懂佛经，所以看了一会热闹就离开了，也算是知晓了辩经的场景。

寺庙虽小，可还是有很多当地人携家带口进来添酥油。据售票的僧尼师傅介绍，寺庙现在有一百多个僧尼师傅，每天都会辩经、学习。寺庙还特意从拉萨其他寺庙（汉语说得不是很清楚，似乎是色拉乌孜寺）请高僧来教导。

而最令我意外的就是，仓姑寺除了外地人需要购票参观外，还由寺庙的僧尼经营着诊所、商店、甜茶馆等增加寺庙收入，算是能够自给自足，也一定程度上造福当地百姓吧。

从仓姑寺出来，我到仓姑寺茶馆喝下午茶。

甜茶馆分成几部分，包括点餐处、出餐处、就座处。点餐处有一位僧尼师傅在读经，被我打扰后询问要吃什么，我按指示牌介绍买了一壶甜茶和一份炸土豆。然后,走到天台的另一侧出餐处拿上甜茶壶,最后按指引上二楼拿炸土豆、找位置坐下喝茶。

茶馆甜茶的计量方式和朗县不同,一磅的计量和朗县五磅的计量相同,完全够我一人喝足。或许是我期望过高,也或许是喝了太多藏餐厅的甜茶,甜茶的味道没有我想象中浓郁可口,上面肉眼可见有点茶末,味道偏甜,不过回味却不腻。炸土豆粘上胡椒粉吃还算可以,只是被简单用塑料袋装着,让我有点怀疑它的干净程度。

不晓得是不是仓姑寺茶馆比较偏僻,抑或现在不是西藏旅游旺季,我到茶馆的时候客人比较少。在我码字休息的当下,整个二楼才坐了除我之外的一个客人。最让我惊讶的是,茶馆的客人们似乎习惯了自助的方式——不但取餐、就座全程自助,连离开的时候都会主动收拾桌面,把餐具拿到天台去。

从仓姑寺茶馆离开的时候,正好遇到仓姑寺的僧尼们下课来交接了。有几位僧尼上楼来打扫卫生,还有在天台专门负责洗碗的僧尼。她们边念经书边做劳务,对我的离开不以为意,甚是专注。

打开导航系统,发现仓姑寺茶馆离我晚上入住的宾馆——白云藏式家庭旅馆不远,所以我决定步行前往。跟着导航在巷子里东拐西拐,我一度庆幸有它存在,不然这地方可怎么找哦。

到宾馆门口的时候,我愣住了——它不是在导航停止的地方,而是在前方拐角进去;它也不是习惯的商业宾馆感觉,而是错落在民居旁边,大门甚至关着,门口有一群孩子在打闹。

我推了推门,没有反应,拨打宾馆电话后才联系上老板开门。旁边的小孩很有趣,直接让我闪开,说他们在打仗,不要伤到我了。

进门之后,我就被宾馆四面八方、十足的藏族风味装饰吸引了。除了早就熟悉的猛人驭虎、财神牵象,还有很多我不认识的绘画。见我连入住都不着急办,反而一个劲问壁画和装饰代表什么,老板干脆逐一给我讲解,越发让我惊喜不已,更为《孤独星球——西藏》的推荐满意不已。

据老板介绍,门口的绘画有长寿六宝(一幅形似南极仙翁的图,里面的老人、鹿、松树、水、石块象征长寿,老板重点强调鹿的牙齿和我们人一样)、吉祥八宝(海螺、花、如意结、年轮、果实、宝瓶、鱼、经筒,有趣的是八宝相似可绘制的图案仍有差别)、七仁布切,意指七个贵重物(国王、皇后、将军、马、大象、石轮、果实)和唐东杰布,他发愿为民众修桥,演练藏戏筹款,据说雪顿节看的就是他传承下来的藏戏。

收银台不远处还有和睦四象(讲述了一棵只要动物单独攀爬就无限延伸的蟠桃树,当象、猴、兔子、喜鹊团结一块摘取果实才会成功的故事)。大堂正对面悬挂着一幅十字绣的不知名图案,上方有日月寓意吉祥,和宾馆佛堂门口悬挂的图案一样,可能有宗教含义。老板说,日月象征长寿,在西藏如果遇到穿着白色、背后画着日月服饰的老人,这位老人最低都有八十岁了。

我还有幸参观了老板家的私人佛堂,听老板介绍了西藏佛教公认的文殊化身,不同的面相代表不同佛像分身解决不同事物的含义,看到了佛教的法器,明白了寺庙添酥油是照亮前方之路的含义。当老板带我爬到楼顶,旅馆还可以远眺布达拉宫和色拉寺,很偶然地看到了“日照金山”。

当然,宾馆并没有把我前文所述所有藏族文化代表物一一陈列,只是将重点挑出。但从名称和寓意完全可以想到,这家店的老板希望拥有哪些品德。

一轮介绍和参观完毕,我颇感觉意犹未尽,或许明天的西藏博物馆之行能让我学习到更多西藏文化吧。再一看,时间已不早了,咱还是出门觅食去吧。

按照之前保存的攻略,我打算去耐宫藏餐吃晚饭,没想到地图上居然检索不到。这可真是意外了,于是我就去了另外一个推荐餐厅——老拉萨粥坊。嘿,粥还真不赖。一人份的砂锅粥,新鲜烹制;随机点的一份点心,香甜可口。我再一次感叹《孤独星球——西藏》的靠谱。

夜了,真是满足的一天啊。

值得一游的牦牛博物馆

2022 年 11 月 28 日的原计划,是去西藏博物馆。出乎我意料的是,博物馆没有去成,反而邂逅了我国乃至全世界第一座牦牛博物馆。

怎么会这样呢?且听我慢慢道来。

晨起,接近九点了,可宾馆的光线依然不足。洗漱完毕,退房,出门吃早点。选择的还是昨晚的老拉萨粥坊,这次点的是松茸鸡丝粥、牛肉饼,味道比昨晚的甜粥更好。

吃罢走到八廓街路口打车去西藏博物馆,倒是不远。路上我担心的只是在下午返朗县之前的时间够不够游览完,没想到的是西藏博物馆压根没给我参观的机会——据门卫说，西藏博物馆自从2017年之后开始整修，藏品和新大楼还没有搞定，现在都没有正式对外开放呢。

真是让人意外又惋惜。

和门卫打听了一下西藏值得游玩的景点，布达拉宫、大昭寺都去过了，他提到的牦牛博物馆倒是让我眼前一亮——一是该博物馆在拉萨站附近，哪怕我转道再过去时间也来得及；二是该博物馆也被《孤独星球——西藏》推荐过，应当值得一游。

再次打车去了牦牛博物馆。好玩的是，司机师傅也没有去过牦牛博物馆，我们按照导航行驶，居然停在了体育中心。又一次和门卫问路，门卫说绕着体育馆跑一圈就到了。哈，真是好不容易才找到呢。

牦牛博物馆开馆的时间是上午十一点，我先在门口登记信息、出示藏易通、戴上口罩，才被允许入内参观。让我惊喜的是，工作人员主动询问需不需要免费讲解员，这服务可真是体贴。

经讲解员介绍，西藏牦牛博物馆于2014年5月18日开馆，之所以选择这天呢，是因为这天是全球博物馆日。牦牛博物馆是北京援藏队支持拉萨的重要文化创意项目，是区、市两级爱国教育基地，还是我国二级博物馆。特别贴心的地方在于，博物馆为了便于参观者游览，特意在地面上印了牦牛脚印，只要参观者跟随牦牛脚印走，就不会走岔。

我按照顺序依次参观，第一个展览厅是“感恩牦牛”厅。

映入眼帘的是一个在灯光照耀下熠熠生辉的牦牛转经筒。和寺庙的转经筒不同，这个转经筒上面镌刻的是牦牛的各种称谓，有汉语、藏语，有古时候和当代的文字。我问到转经筒的方向，讲解员表示方向不是重点，重要的是虔诚的心和祈福辟邪的目的。

转经筒的左侧墙壁，用汉语和藏语书写了两句牦牛的寓言——“没有牦牛就没有藏族”是十世班禅曾经说过的一句话，“凡是有藏族的地方就有牦牛”则是西藏的谚语。这两句话，充分说明了牦牛和西藏的密切关系。

转经筒的右侧，供奉着一尊八思巴的雕像。八思巴是忽必烈尊奉的大师，被称为吐蕃时期的松赞干布。他写的一篇《牦牛赞》广为流传。在八思巴雕像的旁边，播放着绒布寺举行的牦牛放生活动。讲解员说，每年藏历四月十五日，在绒布寺都会放生牦牛，他们特意挑选不同颜色代表不同的护法神。而之所以选择这一天，是因为这个日子不仅是感恩日，还是释迦牟尼诞生、涅槃日，具有重要意义。

转经筒的正对面，是一个单独设立的小厅。在这里，展示柜只有一个金丝野牦牛的头颅。据说，金丝野牦牛目前全世界只有两百多头，非常珍贵。金丝野牦牛有个特性，它们不和其他品种的牦牛结合，只会在同品种之间繁衍，且只生活在阿里和新疆交界、海拔五千多米以上的地区。因此，国家也在重点保护金丝野牦牛，希望能加快它们的繁殖速度。想一想曾经在国家地理看过的奔跑的金丝野牦牛的照片，无怪乎其能获得大奖了。

这时候，我注意到第一个厅墙壁绘制的都是黑颜色的壁画。询问讲解员，他说大部分黑壁画在西藏护法神殿才有，这里用黑壁画绘制牦牛，也有牦牛是西藏人民护法神的意思。

从小厅出来，右侧是一个比较大的展览厅。展厅中央排列了一个玛尼堆,绘制了诸多牦牛的形象,还有写了很多藏语的石块。展厅的两边,依次摆放了三层自然死亡的牦牛头颅,最顶层都是母牦牛(具有头小、角细的特征),一共有155个头颅,每一个头颅都有数字编号,能从中知道其生前的历史。中央的玛尼堆,虽然也是宗教仪式的一种,但更侧重于表达牦牛本身具备的内容。

从这个大展览厅继续走进去,也有一个小厅。里面是甘肃一位先生捐赠的野牦牛骨化石,距今将近四万五千年历史了。两侧摆放了很多牦牛的肩胛骨。有的肩胛骨上面绘制了图案,据说原图有几千年历史,属于苯教的法器,有辟邪、占卜的含义。有的肩胛骨上面加粗绘制了裂纹,代表了特殊的符号和意义,一般人看不懂。还有的肩胛骨上面书写了文字,内容是化石发现的地点和其他基本情况。

从一号厅出来往二号厅方向走,大堂在播放野血牦牛的纪录片,野血牦牛即野牦牛和家养牦牛的混血,是雄壮和温驯的结合。一侧还摆放了一些民间石刻,图案描绘的是人类和牦牛的故事。

第二个展厅,称为"探秘牦牛"厅。

第一部分是起源和迁徙。这里用唐卡形式介绍了牦牛的藏族称谓,其中小牦牛(牛犊)、小公牛、小母牛、大公牛、大母牛都有不同称谓。而判断牦牛的年龄,要考虑的包括牙齿是否长齐、犄角的花纹、牦牛的皮毛颜色等因素。据介绍,牦牛约三百万年前出现在亚欧大陆,目前百分之九十生长在中国西藏、青海。且海拔越高,牦牛的体型就越大,角越往上长,间隔距离也越大。

第二部分是驯化和畜养,通过三幅唐卡展示了人类和牦牛的相处。狩猎唐卡,展示的是人类在捕猎过程中逐渐把牦牛驯养的历史,也是游牧民族发展史。驯化唐卡,展示了人类将牦牛分成了很多品种,不同地域就有不同品种,据称一共有十三类大品种。和谐唐卡,讲述了牦牛和人和谐相处的故事。牦牛被称为高原之宝,在我国《国语》《山海经》《诗经》《吕氏春秋》及敦煌古藏文文献都有牦牛的故事记录。

第三部分是科研和保护。图片中,我看到了冬天牦牛舔干草的模样;看到了一副牦牛自然死亡后的骨架,它有十三对肋骨,胸腔隆起来是为了补充氧气;看到了牦牛和狼对峙的雕像,实际上西藏狼比较少是有意控制的结果,就是为了保护小牦牛的成长。

最后一部分是标本区,里面陈设的标本百分之九十以上都是自然死亡的牦牛或群众捐赠的。在这里,我看到了甘肃天祝白牦牛、青海大通牦牛(驯化后的野血牦牛)、日喀则的亚东牦牛、那曲娘亚牦牛(棕黄色,角的间距更宽)等牦牛品种。在这里,作为参观者被四周的牦牛群围绕的感觉,真是特别难忘。

其中最吸引我的是一头高大的野牦牛的标本。它的体重据称有一吨,而家养牦牛只有五百斤。它的毛很长,能抵御高寒,还自然热胀冷缩,据介绍藏布正是取材于此。

顺着第二号厅的方向,我们继续前往第三个展览厅,“相伴牦牛”厅。

首先参观的是安放在牦牛身上的牛鞍。牦牛们为牧民运送盐巴和粮食,是牧民的重要伙伴。接着参观的是一个生活展厅。既有牦牛牛粪砌的墙——晒干的牛粪可以作为燃料取火用,是牛粪和干草混合的产物;又有农区和牧区的房屋、生活情况展示,里面的人物和动物形象栩栩如生;还有牧民装盐巴的嵌贝放牧包、装酒的器具野牦牛角质酒壶、牦牛毛编制的雪盲眼罩、针盒和日历等物件展览。其中有一尊藏历九月二十二日赛牛节装扮的牧民和牦牛雕像、正播放一年一度的非物质文化遗产节目牛皮船舞的节目。

在这里,我也充分理解了为什么说"牦牛浑身都是宝"这句话——展览厅按照商、娱、用、政、医、教、战等,分类介绍了牦牛对社会起到的巨大作用。如牦牛毛,可以制作指挥牦牛的木石杆,兽医的器具;如牦牛皮,可以制作溜索、箱子、打火镰、皮套、皮盘、牛皮绳、钱包、斗篷、档案袋等物件;如牛粪,可以制作溜冰器、燃料;还有采用牦牛身体部分制作的唐卡、跪长头的皮衣、牛角咒器法器、盾牌、头盔、皮甲、令牌等。

从三号厅出来,走廊展示了一幅让人震撼的照片——远看像从太空视角俯瞰地球的外观,细观才发现那是一头牦牛的其中一只眼睛。据说,这是一头正迈入死亡的牦牛眼珠,在它的瞳孔中,还能隐约看到摄影师正拍照的倒影。静静站在这张照片面前,好似看到了牦牛死亡之前的模样,也由此产生了对生与死的思考。

最后一个展览厅,是"灵美"厅。

在这里,我看到了歌颂牦牛的艺术品。有镇馆之宝——唐代的金牦牛挂坠;有汉代的金制牦牛挂件;有清代的彩绘牦牛哈达;有没具体数数量的牦牛玉雕、水晶雕、仿制壁画等工艺品;还有挂在墙壁的牦牛唐卡、油画等图案。

从牦牛博物馆出来,时间已接近下午一点,我迅速打车前往火车站。两个小时的细致参观,让我不仅了解了牦牛更多的知识,还由此学习到了西藏更多的文化艺术。

着实不虚此行呀。

藏历新年游[1]

藏历新年二十九，又称古突新年，整个西藏地区从2022年3月2日至3月8日放假7天。这么长的假期，我选择到拉萨和日喀则游玩。

（一）

3月1日，提前抵达拉萨的晚上，就让我感受到了藏历新年的气氛。

和已禁止燃放烟花爆竹的城镇不同，拉萨城区还允许放烟花。虽说我没有出去游玩，可听着外面的烟花声，也感受到了节日的气氛。尤其，朋友圈有藏族同胞适时发布了布达拉宫漫天烟花的热闹视频，越发让人感受到了节日的欢快。

我做了一件入乡随俗的事情——观看藏族同胞的春晚。

尽管语言听不懂，看字幕和画面依然不影响欣赏藏族民俗。比之以前看过的春晚节目，我觉得藏族春晚最明显的特色就是民俗风格的装饰；节目类似，也是以舞蹈、小品、歌曲为主。

不一样的地方在于，我居然看到了藏族同胞们随着现场乐器的演奏、穿着时兴的藏服走出的模特秀。此外，有一位戴

---

① 藏历新年的旅程主要分为拉萨和日喀则两段，因游记以地区区分，故日喀则游玩部分在后面章节收录。涉及内心感悟部分则收录在其他对应章节。

着面具的表演者,嘴里快速地念着我听不懂的话,另有一些舞蹈演员随之伴舞,这样的场面让我想起了《文成公主》舞台剧的片段。转念一想,不知道什么时候才可以观看《金城公主》舞台剧呢。

假期的第一天,从睡到自然醒开始。起来后美美地吃了顿早餐,接着和援友们确定今天的行程。

援友们大都赞同我列的计划,愿意在假期由拉萨自驾前往日喀则。不过,一位援友因工作没有参与,一位援友不愿意麻烦他人打算自己坐车前往,还有两位援友需要询问其他朋友的意见才能确定是否出行。就这么,大家伙根据自己的想法在群里聊得热火朝天。所幸,最终大家的行程基本能一致。只是原定于今天下午出发往日喀则的行程,延迟到明天一早了。因着这事,我上午就没有去别的地方,打算和坐火车来的波密援友汇合后,简单吃个午饭,下午在拉萨市区转转。

先行来拉萨的波密援友信佛,茹素多年。考虑到这个因素,我就选择了布达拉宫附近一家名为一叶一世界的素食火锅。

听这名字就是信佛之人开设的,店里的环境比我想象中好。除了固有的藏族风俗装饰,还有一些佛教文化摆设。征得店家同意后,我们点餐完毕随即连连拿起手机拍照,根本停不下来。

午餐点了一个套餐,包含了素菜、豆制品仿荤菜、主食三类,连汤底都是不同的风味。而且,盛放菜品的盘子都是叶片状精致瓷器,看起来小巧玲珑,等我们边吃边聊才发现分量是足够的。尤为特殊的是,店家准备的火锅汤底里面除了她们秘制的料包,连汤水都是藏茶烹制,味道很是可口。

吃罢午饭,已是下午三点半左右。我们虽然对拉萨市不少地方感兴趣,却不知道这个时间是否还对外开放。不过,左右饭后无事,从林芝来汇合的其他援友也没有那么快到,因此就想到哪里就去哪里了。

首先去的是西藏自然科学博物馆,到门口一看,还真是闭馆了。按照工作人员的介绍,要假期之后才能对外开放。接着是去拉萨彩泉特殊学校,这地方有个手工业众创空间,是《孤独星球——西藏》推荐的场所,对外会出售残疾人亲手制造的手工艺品,我一直想去来着。不出意外的是,她们今天也放假了。从众创空间出来,援友看路标提示扎基寺在附近,听说这是西藏有名的财神庙,我们干脆也顺势过去看看。果不其然,扎基寺也闭门了。看样子,我们今天下午还真就是拉萨市区一日游,把感兴趣的景点先认认门。

再看街道两旁,不难发现,很多茶馆都闭门休息了,毕竟对她们来说是一年之中最重要的日子嘛。还有很多小摊贩,有的是开着一辆卡车,把东西摆在街边售卖;有的则是在店铺门口,将自家的货物拿出来出售。热热闹闹的场合,确实营造出一种过年的气氛。

从扎基寺出来没走多远,我们看到路标指示色拉寺在附近。既然在附近,我们也顾不上色拉寺是否还对外开放,就顺从心意自然前往。令人惊喜的是,色拉寺的佛殿虽然已闭门,可并不禁止游客参观,我们终于找到了一个对外开放的场所。

我对色拉寺的印象,来自《孤独星球——西藏》中提到这里下午三点左右有很精彩的辩经。鉴于咱不是佛教徒,之前在仓姑寺游玩时也无意中碰见了辩经,所以就没有那么想旁观了。而在援友的口中,他提到色拉寺是格鲁派的道场,由宗喀巴大师的徒弟建造,且附近山头有天葬台。

进门之后,我们沿着修葺好的山路前行。或许是因为没有期待反而更容易满足,色拉寺的建筑面积比我想象中广,整体建造风格和一般的寺庙虽然没有太大差别,却有着特别令人惊艳的后山。

后山没有过多建筑,只是顺应山势修了一条蜿蜒曲折的大路。路旁的山头,有很多大石头绘有唐卡,大部分是佛像,小部分是经文。唐卡的底端,基本上都有凸出一小块的地方,被信众供奉了水、青稞酒、酥油茶等贡品。后山最引人注目的,是一座供雪顿节晒佛的牌坊。这座牌坊建得很高,整体被粉刷成白色,墙体有很多缝隙,能看到鸽子在钻进钻出。在阳光的照耀下,鸽子时不时展翅飞翔,别有一番安详风味。

路上,我们和当地藏族同胞不时擦肩而过。没走多会,我们就发觉走错了方向,不应该逆时针行走。虽说藏族同胞并没有见怪,还对我们的参观表示欢迎,但我们既然意识到了这个错误,自然就不能不做出改变。

总听说有内地的人冬天特意来拉萨晒太阳。以前,我觉得朗县的太阳也很好。今天,或许是因为拉萨天气真的很棒,让我感受到了阳光的魅力;或许是朗县近来天气不够好,让我觉得对比拉萨的阳光有所欠缺;也或许是此刻在拉萨市区,在色拉寺缓缓而行的场景格外舒适……总而言之,我忽然就觉得,似当地藏族同胞这般对物质没有太大欲望,经常抽时间悠闲又虔诚的转寺或转湖或转山,也挺好。

从色拉寺出来,已是傍晚时分。阳光的威力有所下降,但还不到天黑的时候。从林芝过来的援友走岔了路,要比预计的晚一点抵达拉萨。既然如此,我和援友就先到计划好汇合的酒店办入住,届时再一块吃晚饭。

入住的酒店是全国连锁酒店,就在布达拉宫对面。也许是因为地处景区中心,竞争压力大,这里的服务格外到位。房间入住后,不仅按人数提供早餐和夜宵,里面还贴心配置了睡袍、擦鞋巾、润肤露、护发素等物品。同时呢,为了方便旅客们拍照留念,特意在五楼设置了天空之城,服务质量真是杠杠的。

终于,援友们都到达了拉萨。

晚上,大家伙吃的是一家小有名气的烤鱼,又点了烤肉和别的菜品。旁的也就罢了,一段时间没见面,大家一块聊聊天,合合影,很是开心。再提到出行的计划,意见基本一致,倒不需要说旁的了。最逗的是,当我们将合影发援友群时,没有到现场的察隅县援友直接把自己p上图了,有趣得很。

饭罢,接近深夜。趁着吃饱喝足,顺势到布达拉宫转转,压压马路,看看夜景。一天下来,略微有点疲惫,但不辜负当下美景才是正理。

虽说藏历新年不同于汉族的春节,可浸染在节日的氛围,想必每个人都愿意如此这般,现世安好。

(二)

藏历新年假期的第五天,我和援友们已从日喀则返回了拉萨。今天的计划是参观哲蚌寺,时间充裕的话再去八廓街转转,之后再返回林芝。

上午十时许,我们就抵达了哲蚌寺。

哲蚌寺,不愧是皇家寺院,门口安检的严格程度、寺庙内的人员设备数量都和布达拉宫有一拼。其悠久历史,从门口的壁画和屋顶的唐卡就能看出一二。

寺院设计非常便利。一是安检过后,允许游客们直接把车辆开到山顶参观;二是每个拐角或交叉路口都有指示方向的标志;三是路线设置合理,顺着指引前行,不需要走回头路,还能区分客流量;四是寺庙内不时看到类似“古建筑文物多,消防安全责任重”的警示语,足见安全意识之高。

正式进入寺庙前,我看到一位藏族阿姐在出售藏香。当我往她所在的方向拍照时,她一点不怯场,特别大方地对着我比了个耶。这做派,又是和其他寺庙不同。

我们顺着藏族同胞们上山的轨迹上山,走的是一条长长的甬道。彼时,客流量不是一般的大,且他们基本都提着酥油,拿着纸币,念着佛经,挨个殿堂朝拜。上山路上,时不时看到悠哉晒太阳的动物,如牦牛、狗狗和猫咪。同行的援友们,有的壮着胆子去摸牦牛,有的将镜头对准了狗狗,还有的对着慵懒的猫咪着了魔。再向上前行,左边是漫山遍野的石头,有面积大又平稳的就被绘制了唐卡。援友提到哲蚌寺曾经人数多到整个后山都有喇嘛在修行,现在遗留的痕迹仍可以看出当初的辉煌。

按照导览图介绍,哲蚌寺一共有六个大殿,我们准备按照寺庙内的指引依次前往。可实际走上山,才发现每个大殿另外配有侧殿,数量颇多,方位还未必都相连,一不留神就会错过。

甘丹颇彰,是我们进入的第一个大殿。

我印象深刻的是配殿的吉祥天母和阎魔护法神,他们造型古朴、凶恶,可偏又让人觉得有安全感。在旺堆维巴,一块游玩的朋友的注意力放在了民众捐的纸币中,其中不仅有人民币，还有泰国、尼泊尔、美国的纸币。从大殿出去，雕刻了精美花纹的横梁和刷成黑色的壁画，在阳光的折射下闪烁的光泽，既悠远又神秘。

措钦大殿，居于哲蚌寺寺庙正中，是整座寺庙最引人注目的大殿。

大殿的外观建筑很精致，里面的空间则非常宽广，据说足以同时容纳六百位喇嘛修行。里面的喇嘛和负责维护安全的消防员都非常热情。前者听到我们询问民众供奉的食物是什么，他说不出名称，就让我们自己品尝。后者呢，告知我大殿一共有 108 根柱子，有些柱子上部绑着的盔甲象征和平，有些则挂着唐卡象征安详。

大殿供奉的主佛是转法轮文殊菩萨，一侧还有高僧灵堂和达赖喇嘛的雕像。主殿后的配殿两边，是八大菩萨（文殊、金刚手、观世音、地藏、除盖障、虚空藏、弥勒、普贤菩萨）高度接近屋顶的雕像。主殿一侧的配殿，则是强巴佛的等身像，佛堂前还摆设有孔雀尾翎，瓶子里写着庆祝西藏五十周年。

从措钦大殿出来，我们看到门口摆放了一口锅，里面是热气腾腾的人参果，供游客免费食用。再走到大殿后面，看到大殿的屋顶四个方向均设有不知名的神兽雕像，应该是起着镇煞祈福的作用。

密宗院是第三座大殿，主供大威德金刚。大殿整体刷成黄颜色，很是醒目，且设有诸多不同位置的配殿，很容易让人辨不清方向。

在阿巴扎仓，佛堂有白颜色的花悬挂，很是圣洁。通往桑洛康参的路，是一条没有过多修缮痕迹的土路，到这里的游客和当地藏族同胞明显少了很多。杰巴拉让，由一条小巷子进入,不知道为什么关闭着,我们和藏族同胞都直接路过了。

加央拉康则位于一个交叉路口,墙体也是粉刷成黄颜色,只有一个单独的殿堂,规模很小。可据路旁目测给领导级别人物讲解的喇嘛介绍,这座佛殿是哲蚌寺最古老的殿堂,据说当初是在大石头上形成,只有八个喇嘛在修行。加央拉康里面供奉的主佛是自行至尊文殊菩萨。四周的墙壁,能看到绘制在墙体表层的佛像呈现出斑驳的岁月痕迹。

加央拉康往下走,有一处标志着自显文殊菩萨加央修行洞的场所。顺着排队的游客们和藏族同胞前行,我发现这有点像仓姑寺的修行洞,看样子也是一个殊胜所在。

最后参观的是洛赛林扎仓。

这里的大殿很有意思,直接在门口标有"这内有参观"。进门首先吸引我们目光的是墙角边的一座白塔,我们走近细瞧,才发现白塔由雪堆成,里面应该加了石灰等材料才一直没有融化。大殿里面,旁的也就罢了,出口附近的一座金碧辉煌的坛城很是夺目。

在巴丹罗赛林扎仓,门口横梁和屋顶的绘画,再次让我停住脚步。不光是木雕精美绝伦,屋顶素绘的龙也让我记忆犹新。大殿同样又大又高,我们跟随当地藏族同胞,从两侧边缘的架子支撑的回廊行走,没有询问为什么要这么走,不过看到架子上面是数不清数量的小佛像,就大概猜到了理由。

在泽当康参,出门和我们擦肩而过的藏族同胞,看到我们辨不清方向的模样,又回过头友善指引我们先上二楼参观。这座大殿的生活气息比较重,佛殿外面放有电饭锅等家具,将入世和出世完美融合。

时间过得很快,正午时分我们已参观完毕,就按着路线指引走向了下山的道路。

寺庙内,新建的殿堂和原来的建筑互相交错,层层叠叠,让人目不暇接。再仔细观看,原来的殿堂基本是阿嘎土建造,新建的殿堂则是石块和水泥。咱也不能确切评比哪种质量更佳,或许就如同这万千世界的所有事物一样,都是需要结合过往精髓再与时俱进发展吧。

走出哲蚌寺,翻看介绍,我才发现还有耶芒扎仓、德阳扎仓两个大殿并没看到。也不清楚是走过的殿堂名称有变化,还是我们走岔了路。更让我们讶异的是,我们居然并没有看到闻名已久的展佛台。这或许就是没有聘请专人陪同参观的弊端了,当然,这也是一个让我们下次再来的完美理由。

从哲蚌寺离开,已是下午一点多。我们打算去八廓街转转,一是祭祭五脏庙,二是也感受下藏历新年的热闹。

没想到的是,虽然在八廓街入口,排队进大昭寺参观的游客不少,可八廓街里头开店营业的当地藏族同胞不多。看样子,节日在家欢乐团聚,远比日常忙碌赚钱来的重要呀。

既然如此,我们索性慢悠悠吃罢午饭,再细致感受下八廓街的民族风味,随后没有停留太久,就启程回林芝了。

返程路上,大伙先美美地睡了一觉补足精神,之后才互相分享当日的见闻和拍摄的照片。想起今天朋友问我喜不喜欢拍照,我的答案是我喜欢码字。不过,照片能够更直观记录当下的情景,当以后再翻看,记忆随之复苏,这样的感觉也挺好。

夜了,我们抵达林芝,和其他未去拉萨的援友汇合,吃一顿香喷喷的石锅鸡,终于完成了自拉萨迎新会后的第一次实际意义上的合体。

假期进入尾声,每个人的状态却都还好,日子慢慢过,不错。

参观西藏自然科学博物馆

2022 年 3 月 26 日,我再次到拉萨游玩,目的地是藏历新年没去成的自然科学博物馆。

昨晚,入住朗县援藏队小妹子推荐的一家网红酒店。抱着试试看的心态入住,体验感还真不赖。

这家酒店位于拉萨市中心,一整栋楼都是他家的客房或餐厅,从酒店步行可到布达拉宫和八廓街,透过观景房直接可以看到布达拉宫。外观看起来不起眼,进门就是电梯,每层楼的用途是什么都写得很清楚,且又强调该酒店让你体验不一样的旅行。

入住的服务员态度亲切真诚,主动提出给我免费升级观景房,虽然只是一种留住旅客的方式,但也让我开心。办好入住后,凭借发送到手机的密码进门,安全有保障。且酒店有专人引路,进门后教你使用加湿器、制氧机、电动窗帘。房间内,卫生间、洗漱台、淋浴间分开,洗漱台有洗手液和护肤霜,衣柜有浴袍和保险柜,靠近窗台有躺椅和沙发,开水间有很大空间可以放行李,底下放着体重秤,还额外免费提供矿泉水。设施之全,可谓应有尽有。单纯看酒店内的装备,还真感觉不出身处拉萨呢。

是夜,吃罢外卖,打开窗帘,我就拍摄了一张特别漂亮的布达拉宫夜景图。左右无事,又在携程看旅友们游玩拉萨的推荐,这无意间的行为,反而让我发现了很多没有游玩过还感兴趣的地方。无怪乎,拉萨的一年四季总是能吸引全国各地的旅友前来游玩了。看样子,未来我也会多来几趟呢。

今天的计划只有一个——参观西藏自然科学博物馆。

到博物馆后,先扫行程码看行程,而后扫场所码、测体温、填写信息,都是常见的防控流程。整个博物馆很大,但都是供游客自行参观,顶多就是馆内有几个保安巡查,维持下基本的秩序。

一进门,我的目光就被屋顶垂直悬挂而下标记着西藏自然博物馆字样的长幡吸引了。接着呢,又看到大堂有两个应景的摆设。一是靠近大门的切玛盒,藏历新年刚过,这摆设十分符合藏族特色,又能给不明白这物件的汉族人一个增长知识的机会;二是自然馆和科学馆门口的中间,有着不少西藏特有动物的雕像——栩栩如生的模样,直让我怀疑是不是标本。

按照路线指引,我首先参观的是一楼的自然馆。

一楼的自然馆,展示的是高原之最的内容。既包括青藏高原的世界之最,如圣洁净土西藏,最年轻的高原距今340万年,最高的山脉喜马拉雅山脉,最高的山峰珠穆朗玛峰等。又包括青藏高原的中国之最,如地势最高的一级台地,最大的海洋性冰川卡钦冰川,生态类型最丰富的自然区域,湖泊最多的地区等。还包括地球奇迹——如高原隆升,青藏高原二叠纪早期曾经是沧海;如高原初成,大约4500万年之前,印度板块与欧亚大陆碰撞使喜马拉雅开始抬升;再如高原变迁,青藏高原每年都在以5.9毫米的速度隆升,珠穆朗玛峰每年上升10毫米。青藏高原的隆升影响了我国的地质构造运动,是形成黄土高原、云贵高原、蒙古高原的主要原因。

一楼自然馆的最后一部分,是大美西藏的多媒体沙盘。在这里,展厅通过立幕和地幕结合的屏幕、投影仪,以动态立体效果,展现了西藏地貌。可惜的是,展厅的展示虽然是循环播放,但中间停顿期很长,我恰好遇到,所以并没有看到具体的解说。

从一楼自然馆出来,左侧是个科技超市。里面有藏服、面具、象牙玉制品、面膜、手工皂、绿松石制品、天珠、蜜蜡、藏香、唐卡、代餐粉、酸奶、青稞酒、藏红曲、松茸、甜茶、酥油茶等物品出售。虽然进来逛的人少,但也让人看到了西藏地区衍生产品的发展,还是蛮令人惊叹的。

和一楼自然馆相对的,是科技馆。科技馆的展览称为藏地智慧。在这个展厅,我先后看到了多个西藏特色文化以及科技发展带来的改变:

如藏文。从藏文的演化,到竹笔、笔筒、藏墨、藏纸等衍生物的发展,最后是现代藏汉英电子词典和点读笔、藏汉双语手机的应用。

如农牧业。西藏农牧业的作物包括青稞、小麦、豌豆、油菜等。种植方式采用混种,即青稞和豌豆,青稞和油菜等不同作物共同种植的方式。这样的方式,能够促成农产品增产、协调发展,又能改善田间生态环境。最后,我还看到了传统饮食四宝,酥油、茶叶、风干牛羊肉、糌粑的展示。

如藏历。藏历能够纪年、纪月、纪日,预报天文现象、天气趋势和自然灾害,针对性指导农耕牧作,传授不同时令采集藏药的知识等。藏历有时宪历(汉族)、时轮历(印度)、物候历(藏族固有)三元素相结合组成,使用五行配生肖方式作为一年的名称。萨雄木,是汉文沙盘的意思,正是藏历历算的专用工具。

如藏药。它距今已有 2300 多年的发展历史,在病理、诊断、治疗等方面都自成一体。藏药的著作四部医典,对医理、疾病的诊断、疾病的治疗、藏药的分布有详细的介绍。悬挂在展厅的唐卡,生动地用树状的导图形式讲解——这块内容,我在多个博物馆已看过,算是比较熟悉了。

如传统牧业。主要讲解的对象是牦牛,它即可以制作风干牛肉、牦牛奶、酥油,又能制成毛帐篷、用作燃料的牦牛粪干、牦牛制品(牛皮钱包、牛骨笔筒、牛角碗等)。

如建筑技艺。西藏的建筑风格外刚内柔,外面是石墙或夯土等承重墙,内部则是木梁的混合形式。传统建筑的装饰特色主要反映在宫殿、寺院、庄园、民居等建筑的门窗、梁、托、屋顶等部位。

如手工业。这里展示了西藏牛羊毛编织、藏纸制造、植物编织、藏香制造、金属工艺、雕刻、镀金、制盐等方面的技艺。

如科技光辉。西藏的科学考察经历了开拓、发展、深化、突破四个阶段。科技天路,是铁路、航空、公路的结合,创造了九项高原之最,如线路最长、海拔最高、冻土里程最长、高原铁路最高时速等。

如清洁能源。主要指的是太阳能、风能、地热、沼气、水能,这些高科技产物带动了西藏新生活的发展。

如科技乐园。这里有小球旅行记、自己拉自己、虚拟现实、计算机仿真技术、飞行影院、电磁炮、骑自行车吹气球、声聚焦、VR影院、动画里的秘密、迎宾机器人等体验栏目。每个栏目都有对应的科学道理,令人大开眼界。倘若有小孩子或感兴趣的玩伴陪同参观,想必特别受欢迎。

游览的第三个地方,是二楼自然馆,这里的大主题是神奇山水。

神奇山水的第一个小主题是巍峨雄峰。

西藏有五大山脉,包括昆仑山脉、喀喇昆仑山—唐古拉山脉、冈底斯山—念青唐古拉山脉、喜马拉雅山脉、横断山脉。该部分内容介绍完毕,玻璃走廊连接雄伟峰峦展厅。走廊底下是雪一样的物质,左侧是仿制的山脉,右侧是播放着山脉景象、壮阔音乐的投影展示,很能感染人心。雄伟峰峦展厅,介绍了珠穆朗玛峰、南迦巴瓦峰、冈仁波齐峰等名山的情况。

神奇山水的第二个小主题是亚洲水塔。

喜马拉雅山脉,属于全球第二大冰川聚集地,孕育了黄河、长江、恒河、湄公河、印度河、萨尔温江、伊洛瓦底江等七条亚洲的重要河流,被称为亚洲水塔。

高原河流展厅,被设置成河流模样镶嵌在墙壁上,又在河流的上方和下方分别用图片和文字介绍具体情况。

高原湖泊展厅,介绍西藏共有 1500 多个湖泊,著名的有纳木措、羊卓雍措、玛旁雍措、然乌湖、班公措、色林措。

高原湖泊展厅之后的回廊,用拉鲁湿地的还原场景,与高原冰川展厅相连。拉鲁湿地的还原场景分外真实,还在阻挡游客的木栏杆上张贴了各种鸟类的介绍。

高原冰川展厅,介绍冰川分为冰盖和山地冰川,我国多为山地冰川,分为悬山谷冰川、冰斗冰川、悬冰川、平顶冰川和冰帽等类型。西藏著名的冰川有绒布冰川、阿扎冰川、米堆冰川。回廊设置有米堆冰川的还原场景,但我感觉吧,米堆冰川的还原场景比实景更美。

最后一部分是地下水展厅,介绍西藏的地下水数量不多矿化度较高,高值区在雅鲁藏布江下游和附近的藏南诸河。

神奇山水的第三个小主题是地貌奇观。

这个主题和前两个主题分开陈设在不同的方向,上楼来参观稍微不注意的话很容易走错。

西藏的地貌分为藏南山原湖盆宽谷区、藏北高原湖盆区、藏东南峡谷区三个地貌单元。进门之后连接后面展厅的走廊，是类似扎达土林的还原场景，逼真到令人赞叹。

风蚀地貌，主要分布在青海柴达木，西藏这边主要是扎达土林。丹霞地貌，主要是阿里多玛红土和昌都红土高原。冻土地貌，介绍中说青藏高原冻土面积占全国冻土面积的70%，包括石环、石海、石条、冻胀丘等地貌。

还有珠穆朗玛峰的海相地层，海洋沉积物年复一年的积累，像千层饼一样。展厅里面还专门设置了露环虫、似星海胆、钟塔螺等化石的展示。喀斯特地貌在唐古拉山有岩溶洞、岩溶峰等岩溶地貌。其中，纳木措岩溶、扎央宗溶洞尤为著名。最后是羌塘高原，地形由底山缓丘和湖盆宽谷组成，湖泊多为构造湖，气候寒冷干燥，年平均气温在零度以下，大部分为无人区。

神奇山水的第四个小主题是矿产宝藏。

西藏地区的矿产资源勘查大致分为五个阶段：路线地质调查、路线地质勘查、矿产预查、矿产普查、矿产专项调查。

对于这部分主题展示，我更在意的是矿产品的模样。西藏矿产资源矿种达125种，查明资源储量的有41种。展厅有铜矿石、铁矿石、硫矿、宝石、贵金属、化石、建筑材料等原石展示，下面单独陈设文字介绍。

矿产宝藏主题的最后一部分内容是地热资源。西藏的地热资源主要用于发电，适宜温度的温泉则供采暖和保健。地热资源有水热爆炸、间歇喷泉、地热冰塔等类型。

二楼的自然馆参观完，距离我入馆已过去了将近五个小时。知识量过大,心神略微有点疲惫了。且由于没有在饭点按时吃午餐,体力也有点跟不上。不过,想到只有一层楼没有参观,我决定再接再厉继续走完。

三楼的自然馆有两个主题,其中第三部分的大主题是生命奇迹。

生命奇迹的第一个小主题是走出洪荒。

生命,经历了细胞的形成、早期的生命大爆发、植物登陆、动物登陆等过程。生命的起源众说纷纭,最为著名的是化学起源说。最早的生命是细胞,最古老的化石在澳大利亚——埃迪卡拉动物群。寒武纪,生命经历了大爆发时期,世人先后发现了澄江动物群、布尔吉斯页岩动物群。这个展厅中,让我印象深刻的是一幅“地质历程螺旋图”,生动展现了地质变化的历程。

随后,地球的生命共同体先后出现。植物登陆,最古老的维管植物是库克逊蕨。脊椎动物登陆,出现在志留纪,最早的四足类两栖动物是总鳍鱼。化石,是保存在地层中古代生命的遗体、遗物或遗迹,见证了生命的存在。在化石展厅,我看到了猛犸象、披毛犀等动物的还原,甚是威猛。哺乳动物进化,有袋类、贫齿类、兔形类、灵长类、食虫类、食肉类等种类。

终于,人类的足迹出现了。人类进化系统的最早化石代表是生活在距今440万至150万年的南方古猿,而后又经历能人、直立人—早期智人—晚期智人的演化,一直发展到现代人的过程。现代人的起源,分为非洲起源说和多地区起源说。这个展厅,有骷髅架、头盖骨等展示品,告诉我人类的演化过程,倒并不吓人。

生命奇迹的第二个小主题是高原生态。

这里展示了森林、灌丛、草原、草甸和荒漠等多种生态系统。西藏的生态系统由水平地带和垂直分布相结合。其中,展厅特别将南迦巴瓦峰垂直自然带谱单独陈设,将标本、图片、文字、场景还原相融合,格外形象。

而农业生态、荒漠生态、草原生态、森林生态、高寒灌丛生态、湿地生态,则单独放置在玻璃柜展示。一边的墙壁上,还悬挂了不同生态系统产生的标本。

生命奇迹的第三个小主题是多彩生命。

该主题主要强调动物、植物、微生物的物种多样性。西藏有诸多物种,如野生动物145种、鱼类58种、两栖类50种、爬行类65种等,其中兽类占全国已知种数的32%。

在这个主题展厅,有各种各样的动物、鸟类、两栖动物还原场景,有些是开放式的围栏,有些则是玻璃柜单独陈设,也不知道是标本,还是仿制品。最后一部分是植物展厅,包括花卉、真菌、木材、经济作物、冬虫夏草等品种。最有趣的是冬虫夏草生长的幻像仪,让参观者直观看到了冬虫夏草的生长过程。

多彩生命的主题展厅,我认为是自然馆中最震撼人心的展厅。在这个主题展厅参观,如果不是有来回巡视的保安在场,如果不是时不时有其他参观者路过,如果不是有馆内设置的视频讲解声音……只有我一个人静静参观的时候,如同身临其境,能够深入感受那些动物、鸟类、植物曾经生活的环境。

终于,我走到了自然馆的最终主题展厅——生态屏障。

西藏有着洁净的水、碧蓝的天、灿烂的阳光、未受工业污染的耕地、大气和草原,是人类最后一块净土。它在影响我国地理格局、稳定气候、保障水源和生物多样性等方面,具有重要的生态战略地位。

该展厅,除了展示西藏生态环境的重要性,还对现在人们作出的一些保护和建设措施做了明确的说明。

但比之自然馆另外三个大主题,这部分展厅内容显然比较简单。展示的方式,基本是墙壁上悬挂的图片、书写的文字结合视频的介绍,且都是总结性的概括。当然,展览能契合主题最重要。诚如结束语所言,西藏这大美景象的形成来之不易,只有我们爱护、守护这片净土,西藏才能依然美丽。

从三楼自然馆出来的时候,距离闭馆时间只剩五分钟。

自然科学博物馆的四楼是百万农奴解放纪念馆。因之前我已就该主题单独参观过,这里就不再参观了。

参观自然科学博物馆,足足花费了六个多小时。整体走完,确实有点累。从馆内走出,我惊讶地发现,对面的山巅正在下雪,而我所处的地方,虽然还有阳光,可迎面吹来的风还是挺冷的。

这三月天,果真说变就变。

乘坐的士,返回酒店附近,计划找个地方祭祭五脏庙。昨儿晚上援藏小妹子推荐的网红餐厅,恰好是《孤独星球——西藏》一书中推荐过的尼泊尔菜,因此我直奔目的地而去。

尼泊尔菜,咱还是第一次品尝。玛莎拉鸡配馕,口感真是不错;尼泊尔甜茶,感觉没有本地藏式甜茶好喝;酸奶蛋糕,味道有点小奇怪。总体来说,算是一次还过得去的体验。

饭罢,慢慢回酒店不提。所幸时间还早,让我得以好好整理今日所得。

优哉游哉,幸甚至哉。

再游拉萨,计划之外的惊喜

4月16日这天原定去拉萨天堂草原、扎基寺、帕邦喀寺游玩。没想到,实际游玩的景点却大相径庭。尽管这超出了计划,却让我感受到了别样的滋味。

游玩的第一个景点是拉萨网红桥——和美连心桥去观赏拉萨河两岸风光。

从市内拉萨中华文化公园一侧上桥,初时觉得没啥好看的风景,不就是当下常见的高架桥嘛。等走到能正面看到拉萨河风光的地方,这才有了游览景点的感觉:

只见,拉萨河的河面波光粼粼,时有不知名的水鸟欢快地叫着飞过头顶,阳光洒在身上暖洋洋的,分外安宁。可能是白天的原因,人不多,得以让我安然享受下午的静谧。只有和骑着电动车、自行车的行人擦肩而过时才感觉到身在城市的喧嚣。自然,也有像我一样周末无事的人,会偶尔停驻在桥头,静静听拉萨河河水流淌的声音,思绪顺着河流延伸的方向天马行空游走。

走过和美连心桥两座主要建筑后,又是另外一番景象。首先,这边游玩的游客更多了,三五成群骑着电动车呼啸而过,或者停下来在主要建筑面前摆各种姿势拍照。其次,不知道为什么江风更大了,我得一只手捂着帽子,不然帽子就被调皮的风儿吹跑了。最后,走到接近下桥的分叉路口,我发现右侧可以直通沙滩,不少游人径自前往河畔游玩——虽说咱已看过西藏大小不一、名声各异的各种措,不过这河边的风景倒也值得停留,所以我也跟随前面游客的步伐往河边走去。

桥下的游玩滋味还真是不一样。不说能从不同的角度拍摄和美连心桥，也不说大坝引流形成人工小瀑布制造的小美景，单说在绿堤一侧行走的所见所闻——这里，风儿更轻柔，恰好中和了阳光直射的温度；岸边河水清澈见底，有疑似红树林的植物长势正好；能邂逅绿头鸭扑通一声跳入河中，而后随着碧波自由起伏；还能应和着路灯边安置的播放器传出来的歌声，轻轻哼几句。

美中不足的地方在于，桥两岸的拉萨中华文化公园，虽说人工种植了不少植物，可满目绿色的盛景还没有完全复苏，欠缺了一分生机勃勃的活力。不过，公园内特意设置的对中华民俗知识的展示弥补了这个缺憾——如镶嵌在桥面的节气知识，如围绕成一个圈的铁制五十六个民族乐器。

好玩的是，当我准备往公园外行走的时候，正好碰见公园定时洒水的开关。旋转的开关，覆盖了360度各个方向，让我不管走哪边都免不了被淋一身。这一场意外，让我着急忙慌躲避的时候又乐不可支。

想来，白日里拉萨河畔有如此景象，等夜晚加上灯光的点缀，估计会有另外一番热闹。

拉萨河游览完毕，原本的计划是去天堂草原。没想到，当我到了目的地附近的时候，发现那里正在修路，工作人员不让我进入。再转眼看看路边的山丘，都还是光秃秃的模样，只能安慰自己，或许天堂草原也还没有到最佳观赏季节。

这一份小遗憾，就留待下次再约吧。

从天堂草原返回市区的时间还早，可是要再去帕邦喀寺或扎基寺，可能就错过了——前者是距离太远了，后者则接二连三的意外让我没去成，不由觉得这是命运的安排。

同行的朋友遂提议带我去一处风景还不错的地方转转——那个地方名为达东林卡。

一路行去，达东村道路两旁的垂柳都焕发了新姿，甚是喜人。可惜的是，过林卡的季节还没有到来，林卡所在地只有帐篷的支架立在原处。所幸，林卡所在地绿树成荫，溪水潺潺，绕山走一圈，倒也挺舒适。时不时，也有和我们抱着一样想法的游人到来，可以预见未来人们将在这里流连忘返。

回程路上，我们顺路去参观达东村的白色寺。白色寺偏安一隅，却有几处特别的地方，会吸引了不少信徒前来朝拜。

其一，是大殿供奉的两层楼高的弥勒佛。这尊佛像是藏式风格，宝相庄严。两旁还有造型巨大的八大菩萨和两大护法随侍。其二，是大殿正对面的天然弥勒佛造像。一开始在寺院前的石碑看到介绍的时候，我特意定睛往大殿正对面的山上寻觅。可眼睛都花了，依然没有发现明确的踪迹。直到我们看到右侧殿门口圈好的图片，再对应寻找，方惊叹造物之神奇。

令我啧啧称奇的地方还在于——弥勒佛天然造像的山头，恰好有几只野山羊正在攀爬觅食。宗教与自然，如此融洽，又或者，在野山羊的眼中，那只是供它踏脚的普通石块而已，没有其他区别。

其三，是白色寺供奉有一份金汁书写的《甘珠尔》佛典。这样珍贵的典籍，我们并没有看到，很可能是被寺庙珍藏轻易不可示人。

离开白色寺的时候，已至傍晚，今儿的行程接近尾声。

虽说当天的拉萨游，全是计划外的行程，可收获的惊喜，让我不由感叹：拉萨，真是一个随便走走，就能发现宝藏景点的地方呀。

最好的安排

2022年5月21日,我再次来到拉萨。

今天的计划,本来是去据说已开放的西藏博物馆参观。可惜,当我在西藏博物馆附近的酒店睡了个懒觉起来,到博物馆兴致勃勃地询问是否能参观的时候,西藏博物馆的保安说不清楚,让我去问西门的保安而西门是百万农奴解放纪念馆。我不死心地又走到西门,然而结果没有变化,这里的保安告诉我西藏博物馆还没有开放,且他也不清楚什么时候会开放。

心情一下就变得不美丽了。

虽说前两天西藏博物馆的电话一直打不通,已让我有了些猜测,可毕竟仍抱着希望呢。就如一直期待的"金城公主"演出,每次打电话也是说不知道具体什么时候开演一样……距离离开西藏的时间越近,让我留恋的地方和事务就越发使我的心情变得急切。

然而,它们都不以我的意志为转移。咱只能尽量缩小心理阴影面积,并试图用其他方式抚慰心灵。

比如,美食。

之前,在拉萨游玩的时候我就看到过"阿刁"奶茶店。但彼时没有太在意,毕竟在西藏吃甜茶才是硬道理。不过,前两周,看到朗县援藏队医生在拉萨捧着阿刁奶茶拍了张美照,忽然就勾起了我的兴趣。

今天上午心情不美的那瞬间,脑海中猛地就冒出去购买阿刁奶茶的念头。

按照导航,我选择了距离最近的一家——大昭寺广场店。那里算是拉萨最繁华的地段,有来自西藏各区甚至全国的人去大昭寺朝圣、拍摄藏服写真、逛八廓街等。熙熙攘攘的人群、越到正午越烈的阳光、七拐八拐的路段,真是让我走的纠结。

终于,阿刁奶茶店到了。按照攻略和店铺小姐姐的提醒,我购买了拉姆拉措青稞蛋酥奶茶,朋友则买了格桑梅朵奶茶。拉姆拉措奶茶,有着鲜滑可口的奶泡和鲜香滋润的口感,入口的刹那,就让我产生了果然没来错的感觉。随后,我捧着阿刁奶茶,对准阿刁的门店拍摄了一张照片,接着发布了朋友圈。

"阿刁"是我很喜欢的一首歌,也是我每逢去 KTV 必唱的经典曲目,其经典歌词——来一杯奶茶/我们聊着过往/被店铺固定在了纸杯中,而我更喜欢的是那句——你是自由的鸟。

有了一个故事,明明看起来一样的奶茶店,愣是具有了不同的意义。或许,这就是"阿刁"具有不同影响力的原因。

喝着奶茶,突然想到了闺蜜。我们曾一块在 2018 年报团来西藏游玩,彼时,双方处在不同的人生转折中。虽然在西藏待了十天,游玩了大部分经典景点——可闺蜜说,她喜欢这里的风景,却不想在这里生活。我却在那个时候就明白,西藏是我一定会再来的地方。

时至今日,我因援助工作在西藏待的越久,深度游玩的景点越多,越觉得我们上次报团旅游玩的太简单、太仓促了。同时,我也因工作安排越靠近离开的时间,就越滋生出恋恋不舍的情绪。届时离开,能否再来?目前都是未知数。或许,会如今天购买阿刁奶茶一般,心念一起,遂行动而已。

思绪杂陈间,不影响我和朋友继续行走。

处于大昭寺广场的人们,沿着顺时针方向在转大昭寺祈福。我没有加入人群,却也沿着同样的方向走着。没有特定的目的,随便逛着,突然,冲赛康市场的标志映入眼帘。嘿,这地方是攻略中推荐的拉萨著名的购物场所呢。故此,虽说市场看起来没什么出奇的地方,我们仍然决定进去看看。

进门惯例扫码戴口罩。一楼,是食品和小商品区,就算戴着口罩,市场杂烩的气味也是够浓郁的。最吸引我的,莫过于摆放在角落仅包裹了一层薄薄纸张的酥油——让我想起了欧洲的黄油,样子和味道都很近似呢。

二楼是出售衣服和帽饰的场所。这里虽说店铺巨多,可每家店铺的物品款式都类似。看介绍,三楼是家具配饰。我没有什么需求,所以就没有再往上走了。

从冲赛康市场出来,我忍不住深深吐了一口气——市场里面真是有点闷啊。想一想每家店铺的经营者,或和附近熟悉的人聊天,或拿着手机眼睛眨也不眨。他们都习惯了来往的人群,根本不主动招呼客人;他们也习惯了憋闷的环境,丝毫不介意在那里进食、生活。

冲赛康市场的门口,果真如攻略所说站着很多人。这些人,分成一小群、一小群,基本都是戴着蜜蜡、天珠、松石等饰品的当地民众,围着一两个看起来是外地人的民众。他们压根没有看过往的行人,只是专心致志的就各自的买卖在讨价还价。

从大昭寺广场出来,我沿着一条巷子逛,意外发现了寺庙的标志。时间还早,可如果去计划行程中的拉萨郊区的楚布寺又来不及了,我索性就去这突然出现在眼前的寺庙看看。

门口的石碑告诉我们,这座寺庙的名称是策门林寺。

进入寺庙,首先看到的是两排簇新的转经筒。主殿门口,有坐在两侧石阶上的信者,她们拿着铁铲和刷子,在一点一点清洗石阶的污渍。

策门林寺的主佛,供奉的是无量寿佛。我进入的时候,殿内恰好有喇嘛们在做功课——时不时传来敲鼓声、念经声、击打法钹声。莫名的,我想起了金钹法王对付白娘子的那阵声音。

主殿的两侧各有配殿。最吸引我的,是一处供奉不同如来和菩萨造像的配殿。这里的佛像,造型基本都是慈眉善目的。靠近门口的一尊,竟然和凡人一般满面笑容,实在不多见。

从主殿出来,我看到门口的一处暗房,有几位喇嘛正在制作酥油花。再侧耳倾听主殿内的诵课声,看看依然认真清理石阶的信者……寺庙的人员,每个人都各司其职,颇有一种岁月静好之意。

顺着提示,我继续前往寺庙的二楼。

二楼主殿供奉的是本师释迦牟尼佛。最让我惊艳的,是十三神大威德金刚坛厂。纵然我已看过不少寺庙的坛城,策门林寺的坛厂乍一入眼,那份美丽仍让我窒息了一秒。

再往二楼配殿走去,我的天,一处配殿居然供奉了千尊白度母。入目那一刻,内心的震撼之感无法言表。以至于,虽然我知道在寺庙不能拍照,虽然我知道不能拍摄佛像,可还是按捺不住蠢蠢欲动的心,偷偷留了纪念。原谅我的不虔诚,宽恕我的贪嗔痴念吧。

离开寺庙的时候,门口有一位年长的喇嘛,他兀自坐在石阶上，专注地盯着一个大大的转经筒。他右手拿着一个工具，每隔几秒，就转动一下转经筒。我在他的身后记录下他的一心一意，而他丝毫不在意。

今天又是一次行程没在计划内的旅行。游览的景点虽然少，花费的时间虽然不多，但都足够难忘。

不管是带给我不知道多大心理阴影面积的西藏博物馆，还是美味可口、相当诱人的阿刁奶茶。抑或，内部设计几乎和内地没多大区别的冲赛康市场，不甚出名却绝对值得去的宝藏寺庙策门林寺……都让我觉得，或许，冥冥之中这样的邂逅，正是最好的安排。

楚布寺一游

2022 年 5 月 22 日，我去参观拉萨远郊的楚布寺。

去楚布寺，是出城后一路向北的那曲方向。沿途，两旁的山顶总能看到覆着的一层薄薄积雪。我们出发的时间已近正午，可太阳还是不烈，阴云挡住了阳光。可惜的是，尽管经过了雨雪的洗礼，拉萨的空气质量感觉还是没有林芝好。

直到进入青藏公路，天气才渐渐转好。我发现，路边开始有一种熟悉的植物冒出来了——那是砂生槐。紫色的连片小花，或出现在绿树底下，或出现在黄色的砂石地段，背后是蓝天白云相称，美得很。

靠近南巴村地段，道路两旁的草场都已泛绿，牛羊正悠闲的游荡其中。这幅上周末看到的草原美景，出现的突然，又舒适的恰到好处。

南巴村的溪畔，搭设了很多颜色各异的帐篷。时有不同名称的度假村标志,指引着有心过林卡的人们前往帐篷小歇。只见到,那里小溪潺潺,绿草茵茵,着实令人向往。

飞逝而过的荒山,看着不出奇,我竟然在山脚看到了“山地自行车赛道”的标志。看来,这里到了某个特定的时间,一定热闹得很。无怪乎沿路有这么多的林卡设集点了。

越靠近楚布寺,路旁祈福经幡和转经塔越多。一处标识着“楚布圣水”的房子不远处,我看到溪水岸边有好几个转经筒,正借着水流的力量不断旋转。

下车一看,这里有一个供奉点,旁边的指示牌介绍这是迦嘎尔泉水。据说,这泉眼由第二世噶玛巴发愿后形成。此泉既可以饮用也可以沐浴,当地人认为其能祛除人体的疾病和障垢。

我到的时候,正有当地民众自带水桶在接水。我没有接水饮用,却在这里洗了下水果。泉水入手冰凉彻骨,感觉多半是经过了雪山的浸润呢。等我离开的时候,看到还有其他民众拿着水桶前来,他们的后备厢放满了空水桶,显然不是第一次这么做了。

继续前行,楚布寺很快就到了。

楚布寺,是噶玛噶举派的主寺。举世瞩目的藏传佛教活佛转世制度在这里首创,后被西藏其他教派推而广之。

进入寺庙,我的眼睛第一时间被广场中央被玻璃柜保护着的石碑吸引了。这块石碑上篆刻着不少藏文,一旁却没有汉语翻译。经过检索,我才知道这块石碑名为“江浦建寺碑”。据说,此碑立于9世纪墀祖德赞时期,碑文中说:“乃于堆龙之江浦建神殿,立三宝之所依处”。

按照寺庙矗立的石头导航图介绍,寺庙有四个主殿和三个配殿,还有扎仓、学经堂等地点。但是,实际参观的时候,会发现佛殿的名称与导航图介绍的略有不同。当然,方位基本一致,倒不影响参观。

我率先进入的是广场正中央的卡钦大殿。

卡钦大殿门口,有一块牌匾悬挂其中,上书“庄严国土”四字,不晓得有什么典故。它的二楼,需要脱鞋进入,里面是一个小佛堂。据说,卡钦大殿有一面挂满了牛头的墙壁,可我们并没有找到。

接下来参观的是与卡钦大殿并排而立的江康色布殿。

与红色的卡钦大殿不同,江康色布殿外墙整体粉刷成黄色。这里供奉着噶举派三大祖师,分别是米拉热巴大师、玛尔巴、敬礼达布拉杰。

广场最右侧,挨着寺庙进来路段的大殿,不知道具体是什么名称,却极为特殊。

这里,供奉的不是一两尊佛像,而是数十尊甚至是上百尊佛像。殿堂内,左侧和后面是藏经阁,右侧拐角居然摆放着一尊关公像,旁边还停着一辆车。这样的搭配真是让我诧异不已。经过好客的当地民众介绍,我才知道这辆车是第二世噶玛巴活佛曾经坐过的车,所以才会被供奉在这里。

之后,我并没有顺着道路指引参观,而是率性而行,径自去了最高处的曲卡尔公大殿。

这个大殿,大堂开阔,两旁的壁画绘制的是六道轮回,一角还悬挂着刷成绿色的鼓和供敲击的锣。大殿的格局格外不一样:左侧是供奉有莲花生大师、无量寿佛的殿堂,顺着石阶上楼,回廊可俯瞰主殿的主佛,阁楼小佛堂则供奉有二十一尊度母。这里的度母造型,和昨天在策门林寺看到的度母服饰、配件又有不同,更具有西藏民族特色。上到阳台,有一块地方被围栏隔开,看样子是专门给鸽子和麻雀喂食的地方。

大殿的主殿不在正中央,而是顺地势建在右拐角处。我进入参观的时候,有喇嘛正在上课,他们齐声诵经的节奏,听着倒是很有祥和的感觉。让我印象深刻的是,主殿的走廊,同样有漆成绿色的大鼓,上空则悬挂着漂亮的水晶灯。

大殿右侧,掀帘一进,吓我一跳——正对面的柱子上挂着一个牛头,左边的上空悬挂着疑似猞猁或雪豹的标本,右边的大梁上则挂着鹿角、藏戏面具。地方不大,装饰却别有一番风味,也不知是不是有什么特别寓意呢。

从曲卡尔公大殿往下走,有三座并排的殿堂。

金质灵塔殿,我们到的时候,恰好喇嘛们上完课,关门休息了。只能遗憾错过。

灵塔殿,里面有三座巨大的灵塔。据介绍,属于第一世和第二世噶玛巴灵塔,由其弟子发愿修建。殿内四侧,是诸多噶举派高僧造像和佛经。

大神殿,供奉有高大齐顶的释迦牟尼造像,随侍两旁的则是八大随佛子。每尊佛像,都需要信众或参观者仰头观看,可即便你头仰得再高,也很难看清佛像的全貌。殿内主佛后面的柜子里,分别供奉了千尊四臂观音、释迦牟尼、莲花生千坐像。

位于金质灵塔殿的左下角,有一个单独设有大转经筒的房间。当我进入里面的时候,角落里有位虔诚的老喇嘛正在念经。金质灵塔殿的外墙,特意用镀金的一个凸出装饰围住了一个金手掌,底下有一排藏文介绍——再次遗憾我看不懂,只能猜测是不是有什么典故了。

位于大神殿的外墙广场处，设有彩绘吉祥八宝的转经筒和一排铜质转经筒。每位路过的当地民众，都会特意拨动一下转经筒——这是西藏司空见惯的祈福方式。

楚布寺的四方，还有四个颜色各异的塔——分别是白塔、黄塔、红塔、绿塔。它们的造型形似桑耶寺的四方颜色不同的塔，也不知道二者是不是有什么关系呢。

虽说今天我只是参观了楚布寺，但游览之时气温很低，冻得瑟瑟发抖。虽然，楚布寺的历史文化我并不是十分了解，只能通过简单的介绍和猜测去琢磨其中的含义。可整体游览下来，看着寺庙内美观的壁画、精致的配饰，仍觉得这是一段愉悦的旅程。

勾勒完美的纪念

2022 年 6 月 4 日，临近服务期结束，这天的计划是在拉萨拍摄藏服写真，再参观朗孜夏。假如时间合适，状态又好，还可以再去别的地方。

早起，在既定时间内收拾完毕，接着打车到了八廓街。

上午十点的八廓街，行人已多到了比肩接踵的程度。其中，清真寺附近的人们大部分是在交易虫草，而主干道大部分都是当地民众和喇嘛们在顺时针转寺，几乎每个人都是边走边念念有词。

因要过安检进入八廓街，我到达摄影馆的时间比预计晚一点。

和摄影馆的小姐姐们闲聊了两句，我们就开启了化妆—挑衣服—戴配饰—做发型—拍照的流程。

在拍摄之前,我就通过美团和微信的平台,提前和工作人员提了请求:诸如,希望穿红色的藏服,因为我感觉它最更具西藏特色;诸如,不要高原红的妆容,希望妆容淡一点,自然一点;诸如,不喜欢站在当地民众朝圣的必经之路拍摄。同时呢,至少要有一张布达拉宫作为背景的照片,毕竟那里最能代表西藏。摄影店的工作人员一一答应了我的请求,服务态度超好。

化妆真不是一件简单的事。

小姐姐先给我的脸一层层上妆,堆积了粉底液、粉饼、腮红、定妆粉等化妆品。接着是给眼睛涂眼影,还贴了一次性的假睫毛。最后是根据眉形描眉,根据嘴型涂口红。额……对于几乎不化妆的我来说,脸上厚厚一层真是相当不习惯,忍不住发出当女人真麻烦的感慨。

但是,当妆容完毕,对镜自照,又不由感叹——好像咱还是挺美的哦。

我购买的套餐,只提供一套服饰,按之前沟通的内容,挑选的是红色的藏服。小姐姐给了我一件白色的内衬,穿好后才穿藏服、藏靴。内衬和藏服的袖口和领口都有精致的刺绣,藏靴则是与内衬同色的白色,靴口居然也有花饰。藏服很宽大,标准的穿法是一只手穿上藏服,另外一只手则敞开藏服的袖子只露出内衬;而且必须先用普通的带子束腰,再用好看的腰带装饰。

化妆和穿戴完毕,接下来是佩戴饰品、做发型。

饰品根据服装的颜色,由小姐姐挑选了项链、额饰、戒指。其中项链是与藏服同色的仿珊瑚挂件,额饰最好看的部位是垂到额头正中的金属流苏,戒指也是挑选的与藏服同色的款式。至于耳环,因我自己戴了闺蜜送我的民族风耳饰,就没有戴店里搭配的。

藏服写真的发型有几种,或是满头的一小绺一小绺绑了彩带的脏脏辫;或是两根长长的麻花彩辫;或是在头部位置戴一个悬挂了各种配饰和假辫子的饰品。小姐姐给我装扮的是第二种款式——将我自有的头发和麻花彩辫装饰搭配在一块。

还别说,等这一系列流程搞定,出现在镜子面前的姑娘赫然就是藏族女孩模样了。不说照相,光是这个造型就很漂亮了。

之后的流程就是当日的重头戏——拍照啦。

给我拍摄照片是一位姓朱很健谈的师傅,据他说,他是摄影馆的合伙人。他给我提供的拍摄服务,超乎我想象的满意,具体可以从三个方面概括:

首先是服务态度,就是两字——贴心。

第一,他知晓并在拍摄过程中会询问我拍照的请求,都一一满足了,还能对不够好的点提出更完善的意见。第二,是注意到太阳很大,我没有遮阳设备,特意买了把遮阳伞让我用;看我带了水,时不时提醒我喝一点;回程时候,还特意打的返回,节省我的体力。第三,则是额外给我录制了视频,教我怎么剪辑,还教我怎么挑选需要精修的照片。第四,朱师傅拍照的时候不断夸奖我,会特意逗我笑,非常尊重人。

其次是拍照技术,一个字——棒。

据朱师傅介绍,他是学美术专业出身的,对光线和颜色搭配很有心得,在内地也从事了多年拍摄工作。他给我拍的照片,不管是充当背景的地点选择——对八廓街和布达拉宫地区可以拍摄出美景的地点了然于心；还是姿势的指点——有拿着手持转经筒或拿着藏戏面具或披着红色围巾等道具的模样，也有根据不同地点摆出站立、盘坐、回眸一笑、遮阳、祈祷、托腮等的模样……几乎只有你想不到，没有他拍不好的。

最后是交流，两字——爽快。

我购买的套餐，原本是限定拍摄50张照片，选择10张精修。可是朱师傅真正拍摄的时候没有拘泥于数量，而是讲究质量，他足足给我拍摄了110张照片。且，对我提出增加外景地点的额外请求，也让我如愿以偿。

物超所值的一趟拍摄之旅结束，让我唯有不断道谢才能表达出感激之情。这样的方式，无疑给我西藏的援助生活留下了鲜活又美妙的回忆。

照片拍摄完毕，离开的时候颇有点恋恋不舍，这样的缘分真是蛮珍贵。

午间，在八廓街随意吃了点东西，徒步前往朗孜夏。

朗孜夏，位于清驻藏大臣陈列馆斜对面，敏珠林寺旁边。它修建于五世达赖喇嘛时期，是西藏政府分管拉萨政务的单位旧址，也是旧西藏在拉萨市内设的监狱。

现在朗孜夏作为陈列馆，旨在打开历史之门，以史实启示人们重温昔日，教育广大人民群众珍惜当下的美好生活——这样的感受，在我能够享受肆意拍摄藏服写真的快乐后，越发深刻。

馆内的设置分为展览馆，下设两部和两单元；雕像馆，一般是旧西藏时期的监狱改造而成。

我先参观的是展览馆。

第一部，讲述的是旧西藏政治制度。彼时，这里实行封建农奴制度，三大领主（封建政府、贵族、寺庙）占有自然资源和农奴奴隶，享受一切特权。这点在“西藏百万农奴解放纪念馆”已看过具体介绍，情况比较熟悉。

第二部，讲述的是朗孜夏监狱属于历史见证的缘由。朗孜夏距今已有300年历史，建于商界上部一名为朗孜的僧人居住地方，久而久之称为朗孜夏。彼时，劳动人民在这里被任意诬陷和残害，朗孜夏监狱是旧西藏原始野蛮政治的缩影。

第一单元，讲述的是残害人民的御用工具。朗孜夏有九间牢房，一个地牢天井，底层关押重犯，二层关押轻犯，三层则是审判堂和官员住所。二层门前就是宣判台，台前就是广场，判处仪式就在这里举行。其中，朗孜夏中惯用的工具包括皮鞭、手铐、脚镣、棒子、烙具等，在展览馆有部分工具陈设。

第二单元，讲述的是旧西藏的律法。彼时，通用的是十六法典和十三法典。它们内容大同小异，都以把人分为三六九等，还有残酷之肉刑称世。令人望而生畏的酷刑，光听名称就觉得不寒而栗。

而后我参观的是雕塑馆。

在一楼和二楼的房间，有指示牌提示房间属于第几号牢房，里面有雕塑和部分受刑后的藏族同胞照片。此外，馆内中央和大门左侧都有楼梯通往地下室，可我一个人不敢进去，总觉得那阴暗的地方有很多冤魂在里面游荡。

朗孜夏很快参观完毕了，却给我原本明朗的心情略微蒙上了一层阴影。于是，我决定用拉萨灿烂的天气抚慰心灵。

从朗孜夏出来，信步而行。本想走摄影馆的另外一个方向，结果又一次因不辨东西，竟然走回了原路。好的吧，咱就顺其自然好了，省的老觉得自己不走寻常路——八廓街转寺的人都是走顺时针，而我常常跟着导航走的是逆时针。

安详的下午，街上如常能遇到招揽摄影生意的人，也总能看到巡逻或站岗的兵哥哥们。阳光晒在身上热乎乎的，感觉很安心，让我不觉眯了眼。这时候，如果化身为一只猫，想必会在太阳底下慵懒的舒舒服服躺着不动吧。

绕了一个大圈，走过了已先后逛了几次变得有些熟悉的街，正好回到了大昭寺广场——干脆再买一杯阿刁奶茶，慰劳全心投入生活的自己。这一次，我买的是扎西德勒——既是品尝新鲜的滋味，亦是对未来美好的寄许。

以此结束圆满的一天，以此勾勒完美的纪念。

游罗布林卡

端午节假期的最后一天，原本的计划是去西藏非物质文化遗产博物馆，再返回林芝。谁知道，意外又出现了。

早起吃完早点、整理东西完毕，经检索西藏非物质文化遗产博物馆开馆时间为早上十点半，所以又歇了会才出门。当我抵达博物馆的时候，发现门口很是安静，都没有车辆和行人，正有点奇怪，踏入博物馆区域的我，就被一个藏族小哥哥阻止入内了。据他说，博物馆现在仍在装修，没对外开放，不能参观。至于什么时候能开馆，他就不知道了。

咱只能进行B计划，打的前往罗布林卡。

罗布林卡，虽然来拉萨多次，可我都没有进去参观，这次，称得上机缘巧合。舒适的环境和精美绝伦的建筑，倒是带给了我额外的惊喜。

罗布林卡，是西藏历代达赖喇嘛的夏宫，属于宫廷式园林,荟萃了18世纪以来西藏建筑、绘画、造像、雕刻等方面艺术之精华。

刚踏进包围着罗布林卡的铁栅栏,就要出示身份证和扫场所码。接着,我在正门口被岗哨亭的工作人员提示外地旅客要购票进入,然后要在本子上登记信息。最后,进门右转,要把行李拿下来过安检。这层层检查,也真是够烦琐的。

园内,一直有广播声提醒参观的人不能在园区过林卡。一进门,还会遇到工作人员招揽生意——租车或者讲解。但我当天来只是想随意走走,就不打算花这个钱了。

在园林里面行走着实舒服——这里绿草如茵,古木苍天,繁花似锦。倘若在草坪席地而坐,一定相当惬意,无怪乎被喇嘛们当作度夏的场所了。同样是宫廷式园林,又在首府城市作为古时候掌权者的住所,让我想起了北京颐和园和圆明园。当然,颐和园和圆明园要比罗布林卡开阔一些,景色方面自然也有曲径通幽处,但更让人难忘的是那碧波荡漾、清风拂来的情景。

还没有走到第一个建筑点,我在广场看到有人在拍摄藏服写真。再转个弯,居然还有人在拍摄清装写真。不过,他们倒是会挑地方——这里的建筑外墙有白色、黄色、红色,植物则包含了浅绿、深绿、墨绿,颜色搭配在一块确实好看。

第一个映入眼帘的建筑名为康松司伦,颇有内地皇宫金碧辉煌的风格。

它不知因何原因关着门,饶是如此,屋檐一角翘起的龙头装饰,主梁雕刻的精致花纹,还有向远处延伸的黄色红顶外墙,已足够夺目。

顺着康松司伦的外墙往前行走,参观的第二个建筑名为达旦明久颇章。

这个宫殿意为永恒不变宫,据介绍里面有多幅壁画,它们以连环画形式展示了佛教文化和藏族历史结合的西藏发展。

入内,先看到一个文化产品销售店,不过当时也关着。接着是长长的甬道——道路两侧植物长得特别好,既有人工培育的多肉和不知名植物盆栽,也有竹叶和松树相对交织在道路上方,还有不知道引自哪里的水正哗啦啦作响。

主殿门口的广场,正中央是被鲜花环绕的喷泉,鼻间可闻到四溢的花香。两侧的松树亭亭如盖,看起来经历了久远的岁月。

一进门,是个敞亮的回廊,同样有雕刻着丰富图案的柱子;正对门口有一面全身镜,两侧是通往楼上参观的楼梯。这里处处有提示,比如先参观哪里,比如不能拍照。

进入殿内,算是明白为何说用连环画的形式介绍西藏发展了——这里整面墙都是壁画,里面绘制了不计其数的宫殿、房屋、人物,有诵经、朝拜、娱乐等场景。壁画中的人们各得其所,就像现代的人们有各自的住所一般,过着安详快乐的日子。

再往前走,有喇嘛们当初的生活居所,还有专门挂着唐卡的房子,阳台则能看到对面的屋檐,同样的美观。彼时,阳光照射在黄红相间的建筑上,显得分为耀眼。

主殿对面的建筑,是建在莲池中央的措吉颇章和西龙王殿。

入内,树木茂盛到有些小径的路直接被覆盖了。这里水声潺潺,绿树成荫,只看拍摄好的照片,会误以为是哪处江南盛景。可惜的是,这两处宫殿也关闭了,不让游客入内参观,只能拍摄外景聊以慰藉。

从进来的小路往右侧走，是净增颇章。

里面单独供奉了一尊千手千眼观音造像，另有不少藏经，还有一尊护法神的造像。

达旦明久颇章没有别的门，参观完毕，只能选择原路返回。

考虑到下午要赶时间坐火车返回林芝，我没有继续往里走，而选择往外去了夏典拉章。

从夏典拉章开始，建筑外墙都是白色的了。走在路上，发现阴影处竟然有鸽子和麻雀在悠哉散步。它们看样子早已习惯人来人往，只在人近前时才慢悠悠飞走。

夏典拉章的楼顶有工人正在工作，发出咚咚敲击的声音。殿内，供奉的主佛是弥勒佛。与主殿相连的两边配殿，则有千尊宗喀巴、四臂观音、手捧宝瓶的菩萨、手掌心和额头都有眼睛的菩萨造像。

殿内有两位喇嘛正在忙碌，也不知道是隶属罗布林卡的管理人员，还是有什么别的身份。

从夏典拉章出来后，我往出口方向走。

道路左侧有个陈列馆，里面会出售唐卡、壁画、佛像、藏戏面具和饰品。进门瞧了瞧，有一对琥珀葫芦银鎏金耳环吸引了我的目光。这对耳环很漂亮，可价格也挺贵。所以，咱只能试戴过后就罢休了。

尽管因时间关系，我没有参观完罗布林卡全部景点。不过，有限的时间内，感觉待得越久越适意。那里，风景如画，古色古香的建筑、心旷神怡的环境、阳光灿烂的天气三相结合，使照片随手一拍都是屏保。

返程，准时坐火车回林芝不提。

犹记得罗布林卡的景区内有个宣传牌，提到建筑是凝固的音乐、石头的史书。结合罗布林卡整体的环境，结合西藏保护古建筑的目的，深以为然。

二　林芝

悠哉游哉

(一)

去林芝出差是常有的事情。两位林芝的援藏姐姐很nice,每次都让我直接住她们的宿舍。实际上我们都是因援藏工作才认识,可提到来蹭住,又借用设备,她们毫不犹豫地信任,让我十分感动。

8月6日周五,下午工作忙完刚到宿舍,她们就在微信中不断叮嘱我:一会说让我自己去拿柜子里的新被子枕头休息,一会又提醒我热水壶的水早上刚烧的可以喝。真正让我感觉宾至如归。我也丝毫没客气,拿出消毒柜的篮子装刚买的水果,接着拿出被子好好睡了一觉,然后洗了个澡,忙完自己的事,静等晚上一块吃饭。

晚上我们没有定吃什么,就随便在附近走,看到一家盐帮菌汤锅,一致同意就他家了。

进门之前,小援藏姐姐提到她在附近有个朋友也约了晚上见面,等我们入座后还没有点餐,隔壁突然跑来一个美女,笑吟吟站着也不说话——我们这才发现她们双方没有特别约定,居然在那家店来了个偶遇。这样的缘分,可真是奇妙。

晚餐是招牌石锅鸡。据老板介绍石锅是墨脱的石锅,菌子有些是野生的有些是人工培育的,鸡则是放养的土鸡。还别说,鸡汤浓郁,鸡肉滑嫩,菌子鲜美,三个人吃了一碗又一碗,个个捧着肚子才出门。

饭后百步走,依然去上次来过的工布公园。

这一次,我们从不同方向入园,我发现投影在山顶的瀑布图案有了不同变化。除了一直往下流淌的瀑布外,时而还会出现蝴蝶、海豚、桃花的图案点缀。走的近了,潺潺流水声与音乐喷泉的声音融合在一块,都让人分不清是真是假。

再往里走,发现还有一条投影走廊。地面上一会是鱼儿戏莲,一会是蝴蝶翩跹。假如有人从上面行走,鱼儿会追逐人的脚步,步伐后是步步生花,着实令人惊叹,更吸引了不少孩子跑来跑去不断戏耍。

等走到音乐喷泉正面,恰好播放的音乐是《青藏高原》,我特意等待着看看喷泉会喷射到多高。果然不出所料,音乐最高潮部分,喷泉随之而起,激起的水雾将我们的衣服都淋湿了。正在欣赏的人们,忙不迭躲开的同时,又被这场景逗得喜笑颜开。

结尾一段路,我们去了另外一侧的公园。亭子前的石径上,陈列了两排花灯。这花灯,不光能够像真花一般开合,还被灯光照耀得别有风味。比之白天单纯观看的样式,夜晚在灯光映衬下显得更加美丽。

不过,美景当前,我们谈论的话却有点煞风景——不知道是疫情原因没太多游客,还是公园本就不算吸引人的旅游景点,总之在没太多人欣赏的情况下,足足开启了两个小时的音乐喷泉、投影回廊,其间花费的电量,实在让我们觉得浪费。

夜了,回去休息不提。

(二)

8 月 7 日的计划,是参观藏东南文化遗产博物馆。

昨天晚上确定参观博物馆后,我打算在美团预订门票,发现里面提示的是暂停营业。今天怀着忐忑的心情抵达后,却发现里面是正常开放的。不过,因最近疫情形势又严峻了,博物馆的工作人员很细致地登记了我们的身份信息,又查看了行程码,确定我们七月底就已经在西藏后,才让我们入馆参观。

在特意聘请的讲解员介绍下,接下来就是全力吸收藏族文化习俗的时间了:

藏东南文化遗产博物馆,系 2016 年援藏队在原址处重修。馆内包含了藏式楼、汉式阁的风格,寓意汉藏一家亲。博物馆的颜色,以红色和黑色为主,红色代表生活红红火火,吉祥如意;黑色则有聚光辟邪之意。博物馆紧邻林芝的母亲河——尼洋河,所以又称为尼洋阁。尼洋的意思,是仙女的眼泪。

楼前有一大片的格桑花丛,这种花据说是一名姓张的大人携带的花种,后来在西藏繁殖旺盛,所以格桑花又称之为张大人花。又因花开八瓣,故称八瓣花。我们入馆的时候,阳光正好,因此在格桑花丛拍摄了不少照片。等出馆的时候,尽管云层较厚,天气乍变,不过在一角蓝天白云的衬托下,三人合影的欢乐足以抵消阳光不再的遗憾。

进入博物馆之前,讲解员特意强调,博物馆内全是文物,为避免文物受损，不能拍照。这番特意说明，无疑将博物馆文物的分量抬高了一个等级，让我们的态度不由变得郑重。不过转眼，身为游客的属性上头，我们急忙趁着没进门拍摄门帘和头顶的壁画，由此还得知藏族同胞们喜欢悬挂八宝瓶门帘祈福消灾挡寒的习俗。

进门后，映入眼帘的是一楼大厅的几根柱子。这几根柱子四面均雕刻了图案，据介绍分别是工布藏族图腾、洛巴狩猎景象、门巴族仓央嘉措背影、太阳神图腾、僜人部落结绳习俗。这些图案，刻画得十分生动，都属于林芝藏族文化的代表。

大厅正中央，是《藏东南教化图》，为博物馆的镇馆之宝。整幅图长达十一米，主要是歌颂松赞干布和文成公主成婚后汉藏一家亲的景象。该幅图，融合了唐卡和漆画技术，以红珊瑚等矿物质颜料制作，能达到永不褪色的效果。

往大厅左侧行走，馆内特意开辟了一小块路段，还原了林芝云星遗址和摩崖石刻。据说摩崖石刻在苯日神山周边，上面绘制了许多佛像，是著名的佛教文化传承地。而一旁的唐蕃古道实景拍摄图，据说路程长达三千多里，传说是松赞干布为迎接文成公主而开辟，还和茶马古道相接。

继续行走，我们看到了藏族同胞绘制的《抗英之战》油画。该幅图形象生动地描绘了英国通过印度边界入侵西藏，藏族同胞们奋勇抗战的场景。油画前单独陈设了一个身着战甲的士兵模型，战甲由牛皮和铁片制作而成，每个铁片上面都有图案，起到护身符作用，整副盔甲重达六十斤，可见士兵作战之艰辛。

随后，我们依次学习了藏族其他文化：

如民族服饰。

工布藏族系藏族的一个分支,男士着氆氇,女士着果秀,女士佩戴的帽檐翘起方向不同,可以由此区分已婚或未婚。他们这一族中,贵族女士喜欢佩戴象牙镯,冬天穿皮毛,因为原料昂贵,保存好的都会当传家宝传给子女。

珞巴族,在森林中打猎为生,男士的衣物黑色为主,帽子由藤条编制,喜欢佩戴野猪牙,秉承就地取材原则。女士不用狩猎,衣着很鲜艳,家中财宝喜欢随身携带,身上悬挂一个贝壳就代表了一头牦牛。

康巴藏族,男士魁梧高大,多为战士,十分勇猛,衣服以虎皮豹皮编制,喜佩戴天珠、红珊瑚和嘎呜护身。这一族中,女子可以嫁多个老公,既是因为女子较少的历史问题,也是女子地位较高的体现,当然现在已更改了这一习俗。

墨脱门巴族,服饰吸汗透气,风格接近尼泊尔,看起来没其他民族的服饰漂亮。

僜人部落,主要生活在察隅县,家族地位高的人会佩戴特别大的银耳环,里面中空可以当钱包使用。女士喜欢着艳丽的披肩。家庭中以牛头数量显示财物多少。这一族的人信奉鬼神,不准与外人通婚,以前男性可以娶多个老婆,现在自然也更改了这一习俗。

如门神习俗。

藏族同胞家庭中,常见的门神是两幅,一副是财神牵象,一副是猛人御虎。这两幅图,右进左出,方向绝对不能贴错,寓意着好的进来坏的赶出去。

如民族歌舞。

这个环节中,让我们印象最深刻的是人骨制作的骨制乐器。这种乐器,是一种法器,外面包银,只能在祭祀中使用。

此外，还有七星七结大法号，通常在重大节庆或迎接重要来宾时使用，完全由人工捶打而成，工艺之精湛很令我们震撼。再想想因疫情原因今年没能准时举行的雪顿节，无法在现场看到法号的使用过程，着实遗憾。

如手工技艺。

工布响箭，也称毕秀，是藏族男性同胞们十分喜欢的一项体育项目，据称战争时期还被当做哨箭，起警示作用。

墨脱石锅，原材料是雅鲁藏布江的皂石，多产自墨脱。这种皂石，在墨脱刚开采的时候很软，一旦离开墨脱后因地理环境、温度气候不同就变硬，往后使用过程中更是越加热越硬。石锅富含很多养生矿物质，我们昨晚吃的石锅鸡中的石锅就来源于此。

藏香，以朗县巴尔曲德寺藏香最著名，里面加入了藏红花、麝香等药材，不同配方的藏香有着不同的疗效，且全部为纯手工制作。朗县金东造纸币，现在已经不通行，纯粹是文物，里面加入了狼毒草，具有防虫、字迹不褪色的功效，金额越小就越值钱。听到这两个文物的介绍，我十分自豪——无他，我的服务地就是朗县啊。而且，宿舍还留存了前一任律师特意去巴尔曲德寺买的藏香，她特意叮嘱我平日可以使用，既能起到驱虫的作用，还可以镇静安神。

察隅僜人的银饰品，这个环节展示的银饰让我们频频称奇。既有中空雕刻着牦牛图案的铃铛，又有精美的银腰带、腰铃，最让我们眼热不已的是一串价值一栋别墅的昂贵项链——这串项链，由红珊瑚、珍珠、天珠、珍珠、绿松石、蜜蜡、黄金等编织而成，造型高雅，看着就十分养眼。

藏靴，纯手工牛皮制作而成。神奇的是，藏靴是不分左右脚的，店铺里可以单买单卖。且，有经验的老师傅给女性制作的藏靴，早早就布置了内增高，可以从小到大穿好多年。看来，藏族的靴子，早早就引领了时代潮流啊。

察隅木碗，被藏族同胞们亲切地当爱人一般，很多人一生只用一个碗，走到哪带到哪。他们保养的秘诀是，用木碗吃完不清洗，一般是舔干净或者用布擦拭干净，不使用的时候就涂上酥油保养，用得越久纹路越深，几乎都可以当做传家宝流传。

如藏医。

藏医文化，我早在看《国家宝藏》的时候就有所了解，今天更加深了印象。据说，藏医的始祖活了一百二十五岁，他创办了第一个医学院，写了很多医学著作，其中最著名的就是《四部医典》——是现在学习藏医的人必学科目。

这个环节中，除了藏医始祖的石刻雕塑和藏族同胞们碾药的雕塑，我们还看到了手掌参、红景天、松茸等药物的展示，藏医手术刀、雾化器等医疗器械的展示。特意凿制的石壁中，我们在医学唐卡中惊艳地发现早在一千多年前，藏医就把人体胚胎发育描绘的和现在八九不离十；且藏医比欧洲最早做外科手术的时间早了一千两百多年。末了，我们牢牢记住了藏医的修行地点——南伊沟的甘露洞，留待以后去朝拜。

如农耕文化。

这个环节，让我们记住的有察隅的手抓饭，酥油茶的制作手法，用玉米和鸡爪谷发酵制成的黄酒，还有二牛抬杠的耕种技艺，只能顺流而下、到了目的地就晒干保存的单程使用的牛皮船。

如生活习俗。

这个环节,知识可就多了。有藏族同胞们的秤砣,是用石头做的;有鏊锅,只用来炒青稞,锅把可以直接拿下来,当铲具使用;有三口一杯的年节迎客习俗;有厨具越多越富裕,小灶和大灶通用的厨房展示,其厨具有铜、银、木不同的材料,与我们现代使用的厨具迥异。

还有藏族同胞们现代的客厅,以红色和黄色为主,红色寓意日子红火,黄色寓意吉祥如意。通常,还会在主要位置悬挂领导人照片。最有趣的,是白天当沙发,晚上抽了木板当床的夫妻床。如果藏族夫妻们吵架了,就把中间的木板竖着隔离两个人,一旦和好就抽开恩爱如初。

短短五十分钟的游览,我边听讲解员细致介绍,边记录主要内容,深觉受益匪浅。我们一致觉得,被派遣到林芝提供法律援助十分幸运,更对我的服务地朗县和工布江达、察隅等县产生了极大的兴致。

如果没有今天的游览学习,可能我们对藏族文化的知悉大多是靠猜测或传闻。经过了这一遭,方觉不同民族文化差异带给人们的不同观念和影响。想来,当我们以后到达博物馆中提及的地点,或者使用、品尝到博物馆中提及的物品、食物,或者经历博物馆中提及的风俗时,必然有更深度的体验。而这,也是博物馆的价值所在吧。

这天的博物馆之行,足够我们好好静心吸收,兴尽而返了。

比日神山一游

2021 年 8 月 8 日这天,我跟随两位援藏姐姐去林芝市比日神山生态景区游玩。

据小援藏姐姐说,今天的行程由她同校的师兄安排,除了在比日神山生态景区游玩,还可以去山上的灵芝基地、虫草基地看看。

坐上小援藏姐姐师兄的车时,副驾驶空着,等待师兄的藏族同事。这位藏族同事是位美丽的藏族姑娘,据说还是位抖音达人,拍摄的林芝经济开发区等内容的视频博得了很多人关注。也是在闲聊中,我才发现这位师兄居然也是江西人,颇有点老乡见老乡的亲切。

比日神山生态景区是个自然风景区,不用门票。不过,前不久山被烧了一片,于是山上设了几个关卡,一般人不能上去。我们今天能上山,还多亏了师兄的身份和工作证。

上山的路上,听师兄和藏族姑娘闲聊,提到她们各自都去过多次比日神山生态景区。不过,姑娘只去了半山腰的博物馆,每逢藏历初一十五等还会到木栈道转山,而师兄则去的是山顶的天边牧场和灵芝培育基地。

由于师兄以往都是跟随朋友上山,并没有自己开车前往,角度和感官不同,导致他一路上时不时疑惑地自言自语——咦,好像是这条路,应该没有错。真是让我们哭笑不得。没料到的是,师兄带我们前往灵芝基地的路上,还真是来了四次,走错三次。路况不复杂,这样的经历还让我们饱览了一些额外的美景,也是有趣。

适逢当地藏族同胞们收割小麦的季节,开往山顶的途中,看到不少农民在田地收割小麦,另一些人就负责在马路上晒小麦。小麦占据了路面,任路过的车辆碾压,一旁的藏族同胞们司空见惯,倒让我们疑惑是不是她们借着车辆的力量给小麦做剥离工作。

到半山腰附近，我们路过一处观景台，纷纷动心下车拍照。据师兄讲，有一次他恰好在这里看到了彩虹，真是十分幸运。

到达灵芝基地后，迎接我们的是源瑞公司的李总。这位李总可不简单，他来西藏二十多年了，专门负责培育灵芝、贝母、桃儿七、红景天等药材，已经凭借技术成为公司股东之一。他热情地向我们介绍了基地的情况：

公司的培育基地大致分两块，一块是温室大棚，另一块是自然土壤。培育基地的海拔高达 3300 左右，选择这里就是为了更接近藏药材们的自然环境。且这里的水质质量高，没有污染，十分适合藏药材生长。

首先参观的是藏贝母大棚。藏贝母，止咳润肺的效果最佳。大棚里面的培育土壤，上面特意洒了木屑，起到保湿和降温的作用。藏贝母第一年种植只有绿豆大小，第二年就变成香烟头大小，第三年是卖相最好的，第五年药效最佳。

这里的藏贝母，在大棚成长到第二年后，就会移植到外面土地自然生存。每年六月，逢藏贝母开花，这时候与公司合作的养蜂人饲养的蜜蜂就会云集采蜜，产出的贝母蜜比日常的百花蜜更多了一些润肺止咳功效。

其次参观的大棚种植的是白肉灵芝。大棚大门推开的一刹那，入眼的茁壮成长的灵芝，让我们惊呼连连。探头往里一望，一股热气扑面而来，直接让我的眼镜起了水雾，看来培育灵芝对湿度和温度要求都很高。

听李总说，他培育的灵芝是从野生灵芝植株中分离，由自己培育，菌种就是第一代。他每年都会找野生灵芝，通过自有技术繁殖。其中,种植在青冈木上的灵芝是极品,多糖和三萜成分更高,如果通过孢子粉繁殖则变异太大。有些机构只保留菌种培育,所以越往后培育的品种越容易变异。且他们多用锯末培育,这样培育出来的灵芝品相和药效都比青冈木培育的差点。

灵芝白边消失,孢子粉没弹射之前就已经成熟可以采摘,一旦孢子粉出来就会影响药效。分辨灵芝有没有喷射孢子粉,有两个方法,一是灵芝菌盖手指摩擦,没有喷射孢子粉的菌盖会有灰尘样物质;二是菌背没有喷射过孢子粉的,菌孔肉眼可视比较小。

成品灵芝吃的话,一次用五到十克就行,可以配合红枣、西洋参煮水,大火煮开再小火炖半个小时以上,一边喝一边加水,直到没有味道为止。成熟后的灵芝味道微苦,白边没消失的嫩灵芝不苦菌味更浓。当然,灵芝也可以和鸡肉、排骨等肉类一块炖汤。保存的话,冰箱冷藏比较好,不长霉不长虫可以保存两到三年。

除了成品灵芝外,李总公司还有灵芝粉出售。灵芝粉制作工艺十分复杂,先要先粉碎成香烟头大小,再将其烘干,之后经破壁机于零下二十度低温碎成粉,最后才是灭菌消毒封装。据说他们购买的破壁机几十万元一台,经过这些程序加工的灵芝粉携带方便,能更完整保留药效,粉末颗粒目测和面粉近似,可以直接吸收。

另外,当我提到我家乡的九连山风景区也有灵芝出产时,李总说内地的灵芝基本属于赤芝,掰开根茎是黑色的,入口很苦,孢子粉含量也比白肉灵芝低。而这里培育的白肉灵芝,含量比市场上的高四倍。

第三个大棚，种植的是桃儿七和红景天。这两样药物，前者是抗癌的中药，根和果实入药，种植第三年才会结果。后者以根入药，种植十几年以上才有药效，植株越粗年份越高，人工培育比较慢，正在试种。

除了大棚种植的药材之外，培育基地部分土地上还生长了许多野生药材：有当归、野生鸡头黄精，还有零散的松茸。不过，培育基地并没有特意培植这些野生药材，毕竟为了商业效果已经有主要的推广药材，且工作人员的精力也有限。

走出大棚后，我们还看到了和培育基地合作的养蜂人。据这位老伯自我介绍，他是国内第一个来西藏养蜜蜂的人。

这个时节养蜂人饲养的蜜蜂分泌的是百花蜜，价格比超市出售的贵多了。不过眼见为实，看到那浓稠的蜜汁，看到那辛勤采蜜的蜜蜂们，再看到养蜂人桌上割下不久的蜂巢，贵一点也值得。

培育基地分边缘，生长了一片随风摇曳的柳兰，还有茂密旺盛的黄刺玫。它们都是野生的植物，柳兰紫红色的花朵灿烂绽放，夺人眼目；黄刺玫的果实甜美可口，给我们增加了一些野趣。

灵芝基地参观完毕，我们在殷勤的李总邀请下，品尝了灵芝煮制的水。灵芝水外观呈微黄色，入口确实有点苦，不过停顿些许时间略有回甘，且喝完之后挺长时间不会口渴。

亲眼所见、亲口品尝，这样体验式的销售自然让在场的大家纷纷解囊。哪怕我和家人视频得知家中有灵芝，也忍不住买了几斤。同时，又给亲近的朋友们推荐了这里的灵芝，至于买不买，就随个人了。

购买完毕，接下来的行程，是往天边牧场方向继续前进。

越往山顶开,空气越清冽,顺着窗户吹进来的风,十分舒适,并没有高海拔可能带给我们的高原反应。路旁,看到很多当地人在过林卡。她们有的带了遮阳伞,有的就坐在车旁,还有的带了帐篷,在午后的时光,享受着当下的闲适自在。

抵达天边牧场的时候,牦牛没有我们想象中的数量多,我脑海中浮现以前去鲁朗牧场的记忆,顿觉缘分之奇妙。彼时,我就曾暗暗在心中生念——必要再来西藏。眼下再次看到这一风吹草低见牛羊的画面,多么美好。

下车游玩,拿车厢的水果、牛奶,随意站立(随处可见的牛粪,实在没处可坐),假装我们也在过林卡。旁的也就罢了,援藏姐姐们一位穿着红色卫衣,一位披着红色围巾,居然都敢和牦牛亲密接触,我远远地看着,甚是佩服。

最后一站是虫草培育基地,据说那边还有瀑布和小湖,风景十分秀美。可惜的是,通往那里的路上被铁栅栏关住,或许只能留待下次再来了。

不过,虫草基地附近有一条欢快流淌的小溪,溪水很清澈。时值正午,阳光耀眼,小援藏姐姐见状直接脱了鞋袜快活戏水,引得我们忙不迭拍照纪念。

而师兄呢,被溪水中的石头吸引了目光。他认真搜寻可心的石头,捡出几颗,说从硬度、色泽初步推断为玉石。如果在这里捡了原石自己打磨,可以直接佩戴或出售。当然,这里的石头自然比不上南伊沟的石头。这么一说,更加深了我们想去南伊沟游玩的兴趣。

兴尽而返。

下山简单吃了碗面,又回援藏姐姐们宿舍稍事休息,我就准备乘坐火车打道回府了。

林芝站离市区有十几公里，我约了个“滴滴”，冒雨前往，两位姐姐还十分贴心地送我上车。这时候，我心中涌现的不是离别之情，反而是对下次见面的期待——两位援藏姐姐，一个做主拿主意不用我操心，一个细心体贴十分暖人。我这两天蹭吃蹭喝，买单还时常抢不过，真是觉得幸福。

情谊记在心间，留待下次再见咯。

爬了个坡，独自看风景

2021 年 8 月 15 日，这天我没有去别处游玩，选择待在朗县。

周五晚上散步回来，就想着假如周末天气不错，就爬坡去半山腰的朗县中学看看。这不，周六晚上早早睡了，晨起睡到自然醒，不过才八点二十分。清晨有点微凉，一看窗外，太阳还没有出来，云层挺厚。看来，天公作美啊。

洗漱吃早点不提。

我特意在食堂拿了瓶酸奶，又拿了点水果，想着没准到了目的地还能找个地方过林卡呢。回到宿舍，又将登山杖拿出来，穿上护膝，戴上围脖和攀岩手套。全副武装，正式出门。其实，我知道这身行头大材小用了，不就是一个半山腰，至于嘛。但一想到以前爬山久了，膝盖会出现微酸的情况，咱还是谨慎一点吧。须知，千里之堤毁于蚁穴呀。日常形成保养的习惯，总归是好的现象。

言归正传，且说说我这一路行去的风景。

往朗县中学的路，是顺着山势蜿蜒向上的马路。山脚下，两旁还能看到不少民居。有一户人家的房子十分具有藏式民族风格，让我忍不住拿出手机拍照。正摆弄角度的时候，忽然又被他家小院果实累累的苹果树吸引了目光——真令人眼馋啊。

继续向上，路过了朗县小学的后门，听到里面有孩子们欢笑的声音。前两天小学已经开学了，可当天是周日，难道也需要上课？没有认识的老师，这就不得而知了。从小学后门往远处眺望，恰好看到正对面的山巅尚有云朵漂浮，这场景看得真是舒服。

走不多会，看到一侧植被茂盛的地方被铁丝围起来了。定睛一看，哎哟，有两头小牛犊子正在美滋滋地进食呢。这两头小牛犊子也不怕生，看到我走近拿出手机拍照，居然直愣愣地看着我，也不知是在想我在干嘛，还是在配合我拍照留念。

再往上走，看到路面的牛粪越来越多。有些已经干燥了，有些还是新鲜的。有些是一大坨，有些则只有一小瓣。别问我为啥看得这么仔细，实在因入眼皆是，无法忽视啊。而且，我心里尚忍不住嘀咕——看样子这边的人地里是真不缺肥料，也不缺燃火的材料，不然怎么会没人捡拾牛粪呢？

到了每天在县委大院抬头就会看到的玛尼堆附近，发现另有一条小路直通。我当然不会错过这个地方，径自往下走去。远远的，就看到猎风阵阵，经幡随风摇摆。走近一瞧，经幡重重，地面有一些塑料瓶等垃圾，不是很干净。接着，我闻到了一股轻微的藏香味，藏烟袅袅升起，也不知其间被人们寄许了多少愿望和祝福。

我略作停留，从小路回到了向上的大道。回首一望，玛尼堆在蓝天白云的映衬下，显得十分神圣，人造的景观与自然的景象分外和谐。

接下来没走多久就到目的地——朗县中学了。

说着快,实际经历的时候费了一些时间的。一呢,这毕竟是高原地区,我走得快了,有点喘。我又是一个人,不能出啥乱子。二呢,我边走看到了动心的风景,就会边停下来拍照。光是云朵与山巅的缠绵就拍摄了很多张,更别说从山腰俯瞰朗县全城的全景图、半景图了。

朗县中学建造的很规整,路旁矗立着教育改变未来等字样的宣传牌,我还依稀听见了学校传来的琅琅读书声。这不由又让我生疑——难道当天就开始正式上课了?

平整的马路到中学门口就是尽头,中学左侧另有一条未经修缮的土路直通山顶方向。想必,上山途中时不时路过的车辆、摩托、三轮车就是往那边去的。

我正在犹豫要不要继续登山的时候,遇到了从山顶方向来的骑着摩托车的藏族同胞,遂询问了一下山顶那边有啥风景。岂料,他们听不懂汉语。这时,从山底方向又行驶过来一辆轿车。于是,我转移对象,问了下轿车内的车主和他的朋友。

经过短暂的打听,我才知道,原来通往山顶的地方并没有什么景点,不过是当地藏族同胞畜养牛羊的合作社,还有种植蔬菜的温室大棚基地罢了。既然如此,就不需要再往上攀登了。毕竟是一个人出行,仍是要小心为上。

短暂调整,拿出水果和酸奶补充点能量,准备下山。

我回望朗县中学,想着没准隔不多久就需要上来普法了,届时再找机会探探中学的全貌吧。眼下,就算我想去看看,没准还不能进去呢。

下山的时候,感触另有不同。

诸如,上山的时候,太阳已经出来了,斜射在脸上的阳光晒得脸有点烫,而向上行走很自然的就出了些汗,有点热。下山的时候,云层越来越厚,将太阳挡住了,风儿见此越发得意,吹得身上凉凉的。

诸如,上山的时候,眼睛望着的是远处的山峰,天上的云朵,感受到的是俯瞰全城带来的舒畅。而下山的时候,风景照已经留存了许多,走到转弯处,发现不同方向看到的景观又不一样,不由生出一种新鲜感。

诸如,上山的时候,虽说慢悠悠行走,可惦记着要去往目的地,一些小景色在心头一触而过,并没特意停留。等下山的时候,就把这些小景色留念了——如那潺潺流动的溪水和一旁的绿草相映成趣;如那单独陈列的经幡,插在小土坡上,衬得远处山尖格外庄严。

走到山脚,看了下时间,从登山时起算,才过去了一个小时而已。

顺势发个朋友圈,码个文,纪念来朗县第一次单独出行:

未来,在保证安全情况下出行,希望依然有这样悠哉享受的心情,希望会遇见更美的风景。

顺路游玩的惊喜

8 月 20 日这天下乡,路上与同事们聊天,提到援藏干部们前两天下乡,据说有个村也在山顶,不仅能看到猴子还可以看到熊。同事提到路过的嘎贡沟没准能看到猴子,就决定走老路顺路带我去看瀑布找猴子。

我心里既讶异又有点小感动——这莫名的惊喜是咋来的?

驱车在老路行走,果然比平常走的公路更惊险,风景也更宜人。

时而有凸出的石头好似戳到你面前那样需要闪避,时而驶上铁桥从缝隙和窗户上看江水滔滔激流吓人,时而瞄到奔腾向下的雪溪正欢快流淌。

行不多时,就到了瀑布跟前,这条老路居然可以直接通到瀑布底下,实在是观景好去处。只见瀑布从山巅蜿蜒喷涌而出,两侧明明都是怪石嶙峋,树木稀少,偏有这亮眼的瀑布增色,真让我大为惊奇。

我抓紧拍照,乐呵呵发朋友圈,被美景感染的心情美滋滋。

或许是时间晚了,太阳已经出来,我们并没有看到传说中的猴子。不过,能够近距离看到瀑布,就已经不会让我产生遗憾之感。

工作忙完,按计划返程。我忽然看到前方的山顶有成群的鸟儿鸣叫、嬉戏,遂轻声嘀咕了一句。没想到,同事说那是回程顺路经过的列山墓葬群。

列山墓葬群的大名我在游览尼洋阁之时就有所耳闻,据说这地方有时候还不让人上山的。我们今天上去的时候,进山的小铁门开着,倒是幸运。

车子顺着一段没有经过修缮的似乎让牛羊行走的路攀登向上,走了不多会,颠簸得很。好不容易,看到一段修葺过的路,却堪堪只供一辆轿车通行,根本没有让路的空间。窗户往外看就是通往山顶高处和山腰平坦处地势落差形成的小悬崖,怎不让我惊心。

路的尽头,我们看到了一块简单的介绍牌。彼时,我的注意力已集中在远处的墓葬群，压根没注意上面写的是啥。再往前，石头山坑坑洼洼，这样的路面实在难以前行，为了车子不受损考虑，我们决定下车步行上山。

眼前的景象，并不算多么好看，纵然有青山、蓝天、白云陪衬，仍让我心中生出一种荒凉、不可思议之感：

只见入目所在，除了裸露的石头，灰暗的灌木，还有不知道多少座大致正方形的，凸出地面数米高的巨大土坑。偏四下寂静无声，倘若不是我和同事一块来，真是有点吓人。

我正喃喃自语——这些究竟是怎么形成的？同事故意提到这边的传说，如幼时有人在这放牧睡着了，偏从另外一个地方醒来；如据当地人说这些墓葬群本来是普通的坟墓，某天突然发现全部变成了房屋倒扣形状；如有些人上山了就走不出去了，总是在一个地方绕来绕去……

上山那会，恰好太阳出来了，阳光灿烂之下听鬼故事，我当然不会害怕，甚至配合着哈哈大笑。不过，心里头对这样称得上壮观的景象也不是不好奇。

有问题找度娘。我检索墓葬群信息一看，好家伙，这里的墓葬群最早是吐蕃时代的，足足有 180 多座，延绵几公里呢。而且，来过的游客都被惊呆了，个个声称非无人机不能拍出全貌。

对墓葬群的历史有了基本了解，瞬间有一种面对老祖宗的敬畏感。

当我们接着往上走的时候，看到路旁有一座宏伟壮观的墓葬，举目四望，它的前后左右都是更低矮、做工更粗糙的墓葬，就好似它被拱卫在中心一般。难道这座墓葬来头更大？

同事说考古学家们曾试图找出墓葬群的具体历史，可是发掘后并没有重大历史发现,所以就不了了之了。想来,是西藏的墓葬文化没有其他地区的那样奢华残忍,幸好如此,倒让这些吐蕃时代的祖宗们能安眠至今。

回去的路上,我们还闲聊了几句西藏的水葬和天葬风俗。据说朗县这边以前时兴水葬,所以当地藏族同胞不吃鱼,现在则大部分顺应潮流了。而天葬的地点要么是拉萨那边,要么是山南那边,一般人还看不到。

讲着这些略显诡异的话题,车里播放的音乐正好响起听不懂的诡谲声音。我一边笑自己联想力丰富,另一边又忍不住想会不会真的有灵异事件发生。

不过,码字的当下已是晚上十点,目前尚无异样,足见:乐乐呵呵过就行了,想法不要太多哦。

巴尔曲德寺一游

2022 年 8 月 22 日,这天定的计划是去参观朗县的巴尔曲德寺。

这座寺庙是林芝市最大的寺庙,恰逢当日是盂兰盆节。既是游玩,也有祈福的意思。

晨起,睡的迷迷瞪瞪之时,闹钟响了。挣扎了许久,还是决定按计划起来。一看外面,阴云密布,果然天气不好就会睡得更香。

且说我本来打算用“滴滴打车”约车去,没想到约了半天都没有人接单。无奈之下,就发信息问同事——之前她和一个认识的司机打听过价钱。就这样,我顺利让的士司机来县委大院接我。

的士司机很健谈，讲得普通话很标准，他说自己通过了普通话二级，我差点信以为真。路上，我顺便询问了去朗县其他景点的费用，发现大致和同事打听的差不多。而且，因为朗县只有6位的士司机，这些价钱还都是他们商量好的。不过，对比之前“滴滴打车”显示的价格，这些的士司机定的价格也确实没有太高。

抵达巴尔曲德寺的时候才过去了十几分钟。

或许是时间还早，我走进寺庙的时候，没有遇到别的游客或藏族同胞。一路行去，十分安静，在外不觉得，踏入寺中的时候都可以听到自己的心跳。

我并没有随修葺好的大路蜿蜒向上，而是从半途楼梯处随意上行。

巴尔曲德寺的外观和布达拉宫相似，都是白底围墙，上方插入不知名树枝，又粉刷成红色——想来也是起到防虫的作用。顺着石梯行走，我并没有看到喇嘛，却远远的听到了他们诵经的声音。这样只闻声不见人的境况，忍不住让我怀疑寺庙的回廊还有回音的效果。

转了个弯，主殿出现在我面前。进去一看，和其他地方的寺庙不同的地方在于，入门处除了有四大金刚，两边壁画中间还分别对应绘制了六道轮回和西方极乐世界。

主殿内设有供僧人就座念经的条凳，铺设了红色幔布。供奉的佛像，前面一排是大小不一、形态近似、面容安详的宗喀巴大师。中间一排似乎是不同民众供奉的佛像，有宗喀巴大师也有喇嘛照片，我还看到有一个孩子身着佛袍微笑端坐——难道是活佛？最后一排只有一座在正中陈设的佛像，原谅我对佛教文化的不了解，只猜测似乎是文殊菩萨。

一圈转完，准备出门。这时候，恰好看到两个藏族姑娘进门。她俩看到我，不以为意，兀自虔诚三拜九叩的进行朝拜。我急忙悄悄离开，不打扰她们祈愿。

出门走到一处拐角，我发现有一处铁皮包着的木楼梯通往楼上——既然门没有上锁，也没贴不准上楼的标语，我就直接上去了。

楼上的空间，比我想象中大。除了支撑大殿的绘制了各种花纹的木柱，还有一些没有掌灯的空置房间，黑魆魆的，我一个人都不太敢进去。正殿另有青色棉布门帘挡住，我掀开一看，里面供奉的是弥勒大佛，没有细看，只觉得藏香味十分浓郁。

二楼转了一圈，除了供奉弥勒佛的正殿，其他房间都是空的，不知道是不是还没有开始使用。接着，我发现角落里还有楼梯通往三楼。

三楼是个阳台，正中间是遮挡二楼的玻璃顶，想来用玻璃做顶是为了起到采光的作用。对面是屋檐，金闪闪的颜色也不知道是铜还是金，雕刻的图案有动物有花纹还有转经筒一般的设计。

再回头一望，居然还有第四层和第五层。第四层有几个房间，门没有打开，我从窗户中往里望，似乎是私人供奉的一些佛像。第五层则是阳台一般的存在，没有其他设计，倒是起到了登高望远的作用。尤其，看寺庙背后的山顶，好像还有碉楼模样的建筑，难道是曾经战争留下的痕迹？

这座大殿被我转了个遍，再也没有其他发现，顺势下楼。正踏上通往一楼的楼梯时，听到二楼楼梯处有脚步声响起。我回头一看，见是一位身着红袍的喇嘛。我们四目相望，我双手合十示意，又走上前询问他是否会汉语。这位喇嘛虽然听不懂我说什么，却满面笑容，指着上面，我猜测是让我上楼观景的意思。于是，我连忙说已经去过了，随后告别。

下楼之后，又在巷子里转了一圈，终于看到了一处指示牌——简单的写了几个字“朝佛由此去”。我顺着指示牌的方向，发现朝佛的地点就是藏族同胞们经常祈福的转经塔。也是在这里，我才看到了来寺庙朝拜的人群。朝佛的人都是藏族同胞，我们素不相识，她们看着我，我也看着她们，互相不知道该说什么或者不想打扰对方，仅仅微笑示意而已。

从转经塔往回走，我在指示牌附近正好碰到另一位年轻的喇嘛，连忙抓住机会问他会不会汉语。他还真的会，我又顺杆子往上爬，表明是刚来朗县工作的人，问他能否给我讲解一下寺庙的文化。

这位喇嘛可能经常遇到这样的情况，一边喝着牛奶，一边说可以。我跟着他走上了另外一栋大殿的阳台，听他说寺庙旧址原本在雅鲁藏布江对面一处隧道附近，后来搬到了这边。

我又将前面游览完的寺庙格局和疑惑之处拿出来请教：

原来，我之前登顶的新大殿是花费三年时间新建的，而我当下站的主殿已经修建三十年了。现在，寺庙新设建筑管控比较严格，哪怕是一个护法塔或者单独陈列的酥油灯都需要特意批准。而之前大殿屋檐雕塑的各色形象，是藏传佛教文化中起到保护、祈福等作用的设计。

在和我讲解上述内容的时候，他询问几点钟了，我答快上午十一点钟了。他回说，他是寺庙的敲钟师傅，必须在十一点的时候敲钟，提醒喇嘛们到大殿上课。这时候，又上来一位留着络腮胡的喇嘛，前一位喇嘛说他们是一起负责敲钟的，我也向他合十致意。

得到可以观看的允许后，我站在他们附近看他们敲钟——额，确切地说不是敲钟，而是留络腮胡的喇嘛拿起一个小铜铃用力摇晃，听起来好像没有什么节奏，不过是提示声而已。接着，他们两个拿起法螺共同吹响，顿时让我产生一种神圣的感觉。

跟随他们的步伐下楼，一楼有个侧门标识着“主殿”二字。当天是盂兰盆节，可这里不像其他城市的寺庙会特地准备法会，喇嘛们只是按照以往的习惯诵读经文。同样经得允许，我入殿默默围观了一会儿，就出门了。

正当我觉得不虚此行，差不多可以离开之时，又碰到了站在厨房门口的一位喇嘛。他也不太会说汉语，只是指着框里的苹果让我吃，又指指房间说酥油茶。想来，是让我进屋去喝酥油茶。

我正想拒绝，却被房间的喇嘛邀请进去——这房间正是厨房，不过这里叫伙房。他们断断续续说着汉语单词，我才知道坐在位置上的是寺庙主任。主任丝毫不见外，拿出一份文件让我帮忙念一下——他表示自己会说一点汉语也大概听得懂，就是不会写。而寺庙大部分喇嘛都不太会汉语，只能磕磕巴巴交流。我给他们朗读了文件，并简单解释了内容，主任频频点头，貌似听懂了。

随后，我就坐在主任旁边，边喝酥油茶边聊天。主任和其他喇嘛得知我是过来援藏的，啧啧称奇——大家语言不通，可从表情上来看，我也被当作稀奇之人被围观。

不好意思多打扰，我见时间差不多了，就合十告别。主任表示，可以找管委会的人讲解寺庙文化，他们不懂汉语就爱莫能助了。

这倒是一个小惊喜。我出门后寻到大门口，还真有一个指示牌写了管委会成员的名字和电话。可惜的是，或许因为当天是周日，管委会的人不上班，我并没有在办公室看到他们。

兴尽而返。

下山的时候，我看到不少藏族同胞们陆陆续续来朝拜了。他们看我一副游客打扮都好奇地瞅过来，我见有的还是个宝宝呢就被家长要求自己单独走路也注目不断。

佛教文化讲究因缘际会，像当天这样一场缘分，也不知道是不是有啥寓意。不过，撇开旁的不说，开心就好啦。

有朋自远方来

（一）

子曰，有朋自远方来，不亦乐乎？

从周五晚上开始，这份愉悦一直持续到周六，可以想见也将持续至明天晚上援友们离开。这份愉悦心情起源于援藏律师团的三位援友这周来朗县做客了。

他们周五晚上从林芝搭乘火车抵达朗县。我一直想着带她们吃什么，却因为对县城的饮食不够熟悉迟迟没有确定。问了几位同事，有的推荐藏餐，有的推荐川菜，有的推荐火锅，五花八门。最后，在援藏小妹子的带领下，我找了一家火锅店吃自助火锅。

3 位援友抵达的时间比我想象中早——因县里只有 6 辆的士，没有滴滴打车，我早就把的士师傅的电话告诉了她们。

我还沉浸在和小妹子聊娱乐圈八卦的情绪中,这头群里刚说具体位置,那头援友们就突然出现了。不过,因为大援藏姐姐开庭耽搁了时间,周五晚上她并没有过来,是乘坐周六当天的火车才到的。

各自就座,颇有他乡遇故知的快乐感。随意聊天,提到各自的工作、今明两天的游玩安排、天气变化导致的衣服增减,诸如此类。同在异乡做同一件事,又时常在群里交流,让我们即使隔了一阵没见面,可身为一个队援友的情感依然迅速拉近了我们。

吃罢饭回去的路上,开始下雨了,风吹到身上有点冷。不过,援友们兴致勃勃,压根不被那点风雨吓到。我边为她们指引方向边介绍朗县情况,看着她们咔咔照相,颇有一种身为东道主的自豪感。甚至,我才意识到夜幕降临下的朗县风光,我也是第一次在镜头下看见。

是夜,大家都住在我的宿舍。小援藏姐姐和我共眠,工布江达县的异性援友睡沙发。出门在外,大家伙都秉持着节省和便利的原则,不会过多在意生活细节。

一夜安眠不提。

(二)

8 月 28 日的行程,包括三处,分别是巴尔曲德寺、千年核桃林、冲康庄园。

三处景观都是免费游览,在同一个方向。不过鉴于景点附近吃饭不方便,我们就买了馒头和凉菜——正好趁此机会找了个好地方体会当地人过林卡的乐趣。

巴尔曲德寺我上周才去过,这一次作为东道主,直接把从喇嘛那里学来的现学现卖了——譬如进门需要登记,譬如从哪个方向游览,譬如大殿的壁画有何蕴意,譬如喇嘛们上课的时间点等。

神奇的是,我们出发的时候下着雨,抵达巴尔曲德寺没多久太阳就出来了。阳光照耀下的寺庙,每一处都格外神圣,引得援友们频频找各个角度拍摄。

负责到点敲钟还有负责伙房做斋饭的喇嘛们都认出了我,看着我微笑,我也双手合十示意。当我告诉援友们哪些角度拍照更美观时,伙房的喇嘛们连连邀请我们去喝酥油茶和甜茶。

盛情难却,不如欣然前往。

再一次坐在巴尔曲德寺的伙房,喝着地道的酥油茶和甜茶。喇嘛们很健谈,援友们对巴尔曲德寺的文化又特别感兴趣,我看着她们一会去尝试烧柴火,一会询问酥油茶的做法,忽而提到藏香的功效和价钱,忽而又被伙房蒸制的馒头和自制糌粑吸引了注意力……两方人员,语言不通就加上动作辅助,交谈得不亦乐乎。这场景,忍不住让我想起自己独自来巴尔曲德寺感受到的热情好客,不由深深地被藏族同胞们的真挚感动。

援友们还坐着不想走,我忽然接到一个电话——居然是寺庙门口的警卫室打来的。原来,时间接近下午一点,他们要下班了,而我们还没有从寺庙出来,身份证彼时留在那边登记,需要我们出寺庙的时候取回。这也是巧了,恰好让我们顺理成章与喇嘛们告别。

第二站,是距离巴尔曲德寺十公里左右的千年核桃林。

这里的千年核桃林我早有耳闻,据说最初是 56 棵,种植在千年以前,正好和56个民族相对应,十分契合汉藏民族一家亲的理念。此外,既然是千年核桃林,每年依然能长出的核桃必然比他处的更美味,我已经期待良久了。

我们顺着修葺好的木栈道往下而行,映入眼帘的第一棵核桃树,是被称为"世界核桃王"、距今2100年的"老祖宗"。站在它面前,我尝试着用广角、全景,试着蹲下、站起从各个角度拍照,发现根本没有办法照全。且,每当我以为拍摄的照片差不多可以之时,走到另外一边,又会发现更美的一面。

尤其,处在它的正面,抚摸着斑驳的树干,抬头仰望遮住天际的树枝,感受着岁月流逝的痕迹,对着援友们的镜头摆出各种动作,更油然而生岁月静好之感。

与核桃王分别后,我们继续往下走。接下来的核桃林,依然有很多看起来就十分古老的核桃树,不过都比不上核桃王带给我们的震撼。

忽然,几匹悠闲吃草的马儿进入我们的视线。援友们纷纷拿出手机拍照留念,马儿也不怕生,兀自开心进食。见此,我们也找了一处地方,席地而坐,将各色食物拿出,乐乐呵呵的过林卡。美中不足的是,很多小昆虫不晓得是被食物的香气吸引,还是被人类的血肉味道诱惑,前仆后继地飞过来凑热闹了。

进食完毕,稍作休息,我们收拾东西离开核桃林,继续前往对面的冲康庄园。

正在冲康广场观看冲康庄园的介绍,我听到一位藏族同胞询问是否要游览冲康庄园。相互打招呼后,先测量体温登记信息。当我询问他是否可以给我们讲解时,他犹豫了一下说讲解员不在,不过却可以带我们参观。

听到我们刚从核桃林逛完，想买点核桃回家。他又说今年千年核桃林的核桃还没有成熟，目前是村里每两户分一棵核桃树，每年九月底十月初统一采摘。言罢，还主动送给我们一包去年采摘的核桃，让我们先品尝——这可真是意外惊喜啊。

随后，我们跟随他游览了整个冲康庄园。

冲康庄园，就是电影《红河谷》的场景所在地。这里是十三世达赖喇嘛的故居，我们首先进入的不是庄园里面，而是侧门专门介绍的庄园历史展览馆。据说，这里展示的文化展览图，从起草到审批公开就经过了三年，可见措辞之严谨和彼时环境的复杂。比起后人通过历史描摹的印记，我更喜欢冲康庄园本身述说的故事：

如，庄园的房屋原料与布达拉宫一样，以阿嘎土建造而成，所以历久弥新，经得起时间的考验。

如，庄园从下到上分别设置了储藏室、酿酒室、石磨房、接待室、厕所、管家起居室、佛堂、度母殿、厨房、藏经堂、主卧室……完全可以自给自足，独立于附近的民居。

如，庄园墙体宽一米有余，窗户格局小仅以两三根木条隔开，虽说采光不太好，可房间十分阴凉，青稞、小麦、水果、肉类等食物可以直接摆放在储藏室，多日都不会变质。

如，庄园的格局后世经过多次修缮但都没有明显改变，里面陈设的基本都是流传下来的原物。一方面是遵从当地民族文化传统，另外一方面也是想在这些文物基础上增设文案介绍和蜡像，以此更形象的还原当时的境况。

如，庄园有很多有趣的故事。好比织毛毯、打青稞的工具十分别致；好比被后藏孩子们从小当饮料喝的青稞酒；好比藏经堂里不管从哪个角度看都像在看你的画像;好比平日基本不开放当日得以参观的文物最多的厨房;好比主卧室建在高处的缘由;好比佛堂、接待室、主卧室悬挂的唐卡故事……

游览冲康庄园途中,另有两个额外的缘分。

一是我们一楼游览完毕,正准备上二楼的时候,居然遇到了带着朋友过来游玩的援藏干部。不期而遇的缘分自然要珍惜,于是,大家就自然走在一起游玩,倒增加了别样热闹。

二是,当天带我们参观的工作人员,隶属于朗县旅游局,当日只是代班。可他不仅格外尽责为我们介绍每个房间、每个文物的历史和故事,还询问了据说是庄园后人的一位老爷爷,把存放了最多文物的厨房打开给我们参观——要知道,这个房间即使来过庄园多次的援藏干部都是第一次来。

这两个意料之外的缘分,无疑为当天的旅程增加了更多意趣。

游玩结束,回到县里的时候才不过傍晚五点钟,大家伙都不是很饿,可天公不作美,又开始下雨。倘若回到县委大院再出来吃饭,就比较麻烦。

几经商量,下午到来的大援藏姐姐一锤定音,决定去菜市场买菜回来涮火锅吃——我来朗县近一个月,第一次的厨房开火,就这么热热闹闹的于当天展开。

听着两位援藏姐姐在厨房操作传来的可和吴侬软语相媲美的粤语对话,看着桌面渐渐丰盛起来的菜式,平日缺少烟火气的房间,此时显得分外温暖。

一顿家常又美味的火锅宴,几张和睦温馨的合影,结束了当日愉悦的一天。

(三)

8月29日的计划是到朗县的隔壁县加查县的拉姆拉措神湖游玩。

昨天就和的士师傅谈好了价钱,我们约了今天早上8:50集合。清晨,七点钟闹钟响起,外面还一片漆黑。想到昨晚听到的呼呼风声,估摸着今天又是一个阴雨天。挣扎起来洗漱,用冷水洗了脸,觉得清醒了许多。

早餐是昨晚没吃完的新鲜蔬菜,还有排骨汤。大援藏姐姐切了新鲜的西红柿,添加土豆粉进去煮。早上吃一碗面,热热乎乎,格外舒服。吃罢早点时间还有富余,收拾厨房,接着出门去市场购买甜茶、馒头、凉菜——这就是我们的午餐了。

一路行去,一路聊天,行不多时,困劲上来了。这时候,师傅说他们出门游玩都约定不可以睡觉,谁睡觉了就罚款。哈哈,被他这话一激,又想着不能错过了美景,我们去的路上还真没有再睡觉。

一路行去,聊天总有停歇的时候,冷不丁会安静一阵。我想起之前和闺蜜在西藏游玩时伴随我们很长时间的歌声,于是让司机播放音乐。果真入乡随俗,司机是藏族同胞,我们听的歌就全部是藏族歌曲——那音乐和旋律,直到我码字的这会还回荡在耳边。

经过一座朗县竖立的牌坊分界点后,进入山南市加查县地界。我发现加查县的植被要比朗县茂密一些,此外,两岸的石头很多形状都有点像如来佛祖的头顶——接近椭圆形,且有很多小石块自然拼接形成的隆起。

一路行去,我们连续经过了四处管控点。每到一处,要么我们自己下车拿着身份证去登记、出示行程卡,要么就是司机收集大家的身份证去备案。每个管控点都要询问我们从哪里来,到哪里去,信息核对还是蛮严格的。

等进入拉姆拉措景区,空气变得更清冽,两岸的风光越发迷人。

只见山巅云雾缭绕,山间绿树成荫,山底雪溪潺潺。清澈的溪水像洁白的哈达点缀在山脉,好像在热烈欢迎我们的到来。山底平坦处,还时不时出现逐草而居的牧民帐篷和悠哉吃草的牦牛和马儿。这风光,让人心旷神怡。

我们总是忍不住想让司机停车拍照,没想到司机说如果才进景区我们就觉得美,那今天就别走了——因为景区的风景越往里越美丽,我们可不能捡了芝麻,丢了西瓜。

话虽如此,每每路过美景,我们依然无法克制叫停车辆拍照的欲望。里面美景暂时没看到,但眼前的美景肯定不容错过啊。

越往里走,海拔越高,气温越低。我穿着加绒的冲锋衣和冲锋裤,从车上走下来拍照依然觉得冷。不过,为了吃上沿路随处可见的黄刺玫果,为了拍上时不时路遇的小瀑布,为了让牦牛和马儿待的高山牧场入镜……这点冷是可以承受的。

渐渐地,眼睛和手机都忙不过来了。一晃而过的美景,有时候眼睛看到想用手机记录,可动作不够快,还没等手机拿出来风景就倏忽而过。我们进景区的那会还是阴天,厚厚的云层遮住了蓝天白云,虽说雨天的风景是别样风光,可心里多少有点小遗憾。

及至抵达五千米海拔的山坡,两旁的山顶都挂满了雪霜,这时候的遗憾就转为愿望实现的惊喜了——我们忙不迭地拍照,觉得昨儿个讨论的山下下雨,山顶降雪的景象今天就见到了实在是天遂人愿。这时,我从一旁的山坡,还意外看到了萌萌的土拨鼠。而车子也来凑热闹,它第一个表示了产生高原反应——爬坡的速度明显有所降低。

到达拉姆拉措神湖山脚下,推开车门,我本来以为迎接我的是凛冽的寒风,没想到温度却比想象中高一点。此时,阳光从云层微微透出一点,四目所在皆是一片雪白——看来,戴上墨镜十分有必要。

登山之前,我把带上山的甜茶趁热喝了点,又吃了半个馒头补充体力。然后,我先把登山杖拿好调到合适高度,接着在小店买了双手套——不然裸露在外的手估计受不了,最后解决了生理问题,把衣服束紧,正式攀登。

通往神湖方向的山顶,有一条蜿蜒向上的石栈道。昨儿个才下的雪,今天栈道仍有不少积雪滞留其上,最多的是被来神湖游玩或朝拜的人们踩踏的冰脚印。

雪后的天气,平路尚且难走,何况处在海拔五千米高度的石阶?我靠登山杖支撑,才稍微走的稳当些,不过有时候还是避免不了打滑。更多的人,则是没有任何登山设备径自向上攀爬。走不多会,我们就停下来歇一会,实在是氧气较平地稀薄。不过,大家的身体状况比预计的好,都没有出现需要吸氧的情况。

途中,除了我们正登山的人之外,还有一些人来得比较早,已经从山顶往下走。这些人中,有些是藏族同胞,有些是内地游客,年龄最大的有七十好几,最小的还被爸妈抱在怀中。石阶狭窄,上下山的人们均自觉互相搀扶,相互道一声注意安全。我们还听几位擦肩而过的人表示,他们登顶早,上午拉姆拉措被云雾遮挡,他们没看到神湖。

不知道,我们能不能幸运地看到拉姆拉措庐山真面目呢?

抵达山顶所用的时间比预计的短,不晓得是不是边走边拍照,边走边互相加油鼓劲的气氛起到鼓舞作用的缘故。就连载我们来的司机都对我们这样精力充沛表示惊讶和佩服。

山顶的泥土是黑色的,最上面几阶石梯的雪已经融化了,地面泥泞不堪,但大家伙都被即将看到神湖的激动情绪笼罩,至于会不会把衣裤弄脏,这时候也顾不上了。

站在玛尼堆前面,往远处眺望,拉姆拉措神湖赫然在前,我们禁不住一阵低呼。可很快,大家不约而同被眼前的圣景震撼,肃穆的气氛悄然生出,即使拍照,也都自觉笑得开怀却静悄悄不出声。再往另外一个方向走,能从更近的角度观赏拉姆拉措神湖美景。这时候,我依稀听到有人在吟诵经文,结合当下情景,更觉神圣不可侵犯。

拉姆拉措,藏语的意思是仙女的湖。然而,我们只能在山顶远远眺望,目前已经不享有下到山底近距离和神湖接触的条件。

山顶的玛尼堆,祈福经幡日日经受风雨考验,有些已经松动了,藏族同胞们见状主动扎紧。有位路人见我凝望,特意解释,经幡祈愿,每被风儿拂动就寓意着祝福被带走的意思。

停不多时,考虑到援友们还要搭乘下午的火车返回林芝,我们就打算下山。

下山的时候,头顶的云层薄了些,温度上升,导致石阶的积雪化了些许,倒更方便行走了。半山腰,可以清晰看到山峰对面的阿古顿巴湖。据说,阿古顿巴是一个最聪明的人,貌似还跟当地牧民的传说有关。

走到山脚边，我们各自捧起雪，挥洒向空中，笑得格外欢畅。这一刻，真恍若人生什么烦恼都没有了。

回到山底，在小店买了两小壶酥油茶，就着凉菜馒头，对着雪山神湖过林卡。几个人拿着筷子、举着杯子、吃着东西，不用特意摆造型，就拥有了最简单的快乐。

吃饱准备走，远处飘来了雨夹雪——老天爷又一次眷顾了我们。

回程是一样的风景，不过看的角度和心情不同，自然感触也不一样。最重要的是，到了加查县崔久乡附近，竟然阳光普照了。

我们简直欣喜若狂，觉得今天太幸运啦——不止看到了拉姆拉措神湖，且一天内观赏到了春夏秋冬的风景，还得以在不同场景留下了珍贵的照片和美妙的记忆。

今天，恰好是我来朗县提供法律援助满一个月的日子。我想，今天一行，这样愉悦的心情，必将回味无穷。

再游巴松措

9 月 4 日的计划是先去工布江达县巴松措，接着到新措，最后去秀巴千年古堡。

计划是好的，不过一整天的行程结束告诉了我啥叫计划不如变化：

首先，本来周五晚上定的是私家车带我们去工布江达，我们包车两天，给他算好价钱且包食宿。没想到，早上八点钟收到信息，说车子打不上火了。没办法，我们只能另想办法。小援藏姐姐紧急联系其他人，约定我们从林芝包车去工布江达，价钱不变，但行程只限当天。

其次，我们今天进入巴松措景区游玩才知道，原来新措是景区其中一条线路，以前我和闺蜜游玩的时候根本没有进入里面的支线，只在湖心岛游玩了。由于到新措的路线十分难走，我们玩的又很尽兴，导致从景区出来的时候天已黑，无法再去秀巴千年古堡了。

最后，原计划今天在工布江达玩一天，晚上住工布江达，周日再和待在林芝的同事一块回朗县。没想到今天直接坐夜车返回了林芝，周日说不定还会在林芝游玩。

罢了，出人意料的变化常常会带来别样的意外惊喜。且说说我们当天的满满行程：

第一站，巴松措湖心岛。这地方以前和闺蜜去过，对它清澈的湖水记忆犹新，这一次再次来，感受又有不同：

诸如，从巴河镇往巴松措走，路过一座牌坊，上面雕刻着巴松措字样，还挺别致——这我在之前游玩时却没有印象。

诸如，进入景区，我们路遇一处水闸，水喷射而出，水雾腾空而上，还挺壮观。彼时，恰好有一线阳光从厚厚云层射出，很美。

诸如，此次我和援友们一块游玩。闲聊中，开车的司机提到他们家三代当兵，父亲在林芝修路过程中牺牲，儿子是边防兵，他自己在西藏待了二十四年。不由让我再次意识到各省各界人士对西藏的帮助，甚至待得久了，异乡成为家乡。

真正抵达巴松措湖心岛的时候，天公不作美，是个清冷的下雨天，风儿呼呼地刮。我撑着伞，脑海中想起上一次和闺蜜游玩的景象，对记忆中的美景没有重现觉得失望。不过，不翻记忆，只看当下，感受不同情景貌似也是不错的选择。

从浮桥上岛，我们听到擦肩而过的路人聘请的导游讲解，说到湖心岛的三大奇观。人比较多，我们不好意思蹭导游讲解太明显，所以且走且听。等上岛一看，措宗寺门口有一块讲解牌，赫然注明三大奇观——桃抱松、哈达沉底、生肖树。而这些，在我的记忆中，居然也是空白的。想来，是和上次来的时候一门心思关注自然风景有关。

措宗寺，我已来过，所以没有随援友们一块进入一楼。我坐在寺庙门口穿鞋套处静静等待的时候，看到寺庙上空袅袅藏香升起，一时有些痴了，好似身心离了周遭，一切不在当下一般。这种抽离的情绪，待援友们从一楼出来，很快被打破。我们一块穿上鞋套爬上二楼，我发现这里每尊佛像都贴有对应名称的标签，有助于游客了解佛像的故事。

等我们下楼顺着寺庙左侧的路径走去，冷风飕飕，和上次来的时候感觉截然不同。尤其，我注意到很多景点多了二维码扫码的语音解说，能够更便利让游客了解民俗文化。显而易见，这是这几年才有的变化。

发图给闺蜜看，闺蜜让我在转经筒前再次照相，看到信息的时候我已经走过了，不想再回头。焉知此处的随缘不是最合适的安排呢？

从湖心岛出来的时候，天还阴着。我一边埋怨着老天爷这回没有赏脸，另外一边又积极和大家伙一块合照——无他，雨中的湖光山色，依然能吸引我们的目光呀。

午间就在湖心岛一楼吃了个快餐。老板们态度很好，但味道嘛就确实一般了。

饭罢，前往第二站新措。

一开始,我以为新措是和巴松措完全没有关联的景点,是这几年才开拓的。等我们抵达新措徒步处,看到巴松措景区游览图才明白,原来巴松措景区分为了五条线——湖心岛是主线,剩余四条支线分别是新措、普措、仲措、扎拉沟。至于为什么旅游公司只带游客们到湖心岛游玩,一方面是因为旅行团通常赶时间,对一个地点一般不会有太深度的游玩;另外一方面则是除湖心岛的其他支线,路程远且难走,都还没有进行充分的开发。

援藏姐姐们虽然对我一再提到往年对巴松措湖心岛的惊艳印象没有持反对意见,却表示光看湖心岛景点,巴松措实在配不上五A级景区的称号。巴松措配不上五A景区的称号这个看法,当我们抵达新措徒步起点后,才发生了根本改变:

且说,我们进新措的路程,一比我们想象中颠簸,二比想象中费时。那段路,看起来和平常的路没啥区别,真正走在其中才发现真是坑坑洼洼,不但不能走快,连说话都会出现颤音。

一开始我们还有心情谈笑,觉得此情此景很适合唱忐忑。时不时还评价一下两旁掠过的风景,有那昭示着环境良好依附树木生长的苔藓类,有那看似和红豆杉近似的好看松树或杉树,还有让我们想起来味蕾就复苏的黄刺玫果。两边时不时出现清澈的小溪,还有和我们行驶方向相反的碧绿河流,风光十分宜人。窗户没有打开,不过空气可以想象的清洌,可惜雨水越来越大,倘若是蓝天白云必然更加令人神往。

走了一阵之后,我们经过一个村庄,人没多少,房子却蛮多,散落在各个方向,都十分具有藏族特色。隔不多会,我们居然看到有人在路中央拍婚纱照。这个天气,也真是佩服穿着裸肩婚纱的小姐姐。

一路上,很长一段路程只有我们的车在行驶,感觉像包了整个景区一样。好不容易和别人的车会车,正好是在一处铁桥——奔涌而来的澄澈溪水,两岸深绿、碧绿、淡绿层次感十足的绿树,让坐车好似受折磨的我们连连感叹。

接下来的行程,我们看到了通过溪水冲击转经筒旋转自然祈福的设计;经过了人工搭建的拦牦牛出走的铁丝网;还看到了河岸为了防洪用铁丝网钢钉固定兜住石头的堤坝。

云杉、草场、溪水、小野花,构成了一幅纯天然的山水画。我们前进的方向仍在下雨,背后一望无际却是蓝天。再远眺高山,不知道那里会不会有松茸呢?

浮想联翩中,司机师傅播放的音乐成了最佳背景——或为契合森林风光的轻音乐,或为奔向未知远方激情四射的摇滚乐,或是跟随土路颠簸的电子乐,均与眼前经历的一切相契合。

这一路上的风景,美的让我根本不舍得闭上眼睛。

终于,新措徒步的起点到了。彼时,已是下午四点,我们从巴松措湖心岛到新措就花了两个多小时。据说,从新措徒步的起点出发到新措湖,还需要徒步来回行走六公里。

话不多说,抓紧时间徒步,只见到:

远处,雪山羞涩的露出一个尖,山巅云雾还时不时调皮的遮挡一下;山间,有一处被援藏姐姐形容搞怪我现在已经记不起来啥词的瀑布垂流而下;近处,牦牛和马儿随意行走在草甸,时而低下头啃食,时而抬起头思考;眼前,是一汪不拘泥于方向的碧溪,忽而向左忽而向右,冷不丁还转了个弯让你大为惊奇。

这场景，让我连连感慨和稻城亚丁的景点很相似。

但，越往里走，新措景区带动我们的情绪越高涨，也让我意识到和稻城亚丁的不同。路旁的风景，草甸和溪水已经不足为奇，让我们享受其中的：是那被我称之为雄壮，被大援藏姐姐追着合影的牦牛；是那耸立在山巅，不知具体模样却看着令人神往的雪山；是那粗糙搭建的木桥，席地而坐灿烂微笑就美轮美奂的场景；是那踏入其间被阳光一照就好似误入仙境，美的让我们词穷的原始森林；是那泥泞不堪的土路，我们踩在上面频频惊呼又时而大笑的欢乐；是那随着雨水滋润冒出头来，颜色漂亮、长相可人，却根本不知道能不能食用的野生菌……

最后，我们跑上一处小土坡，看到了木桥搭建的观景台，新措湖在阳光的映衬下，正朝我们发出邀请。

三步并作两步走上观景台，饶是我已看过稻城亚丁的珍珠海、巴松措阳光正当时的湖心岛风光，见识过羊湖的亲切、纳木措的优雅、拉姆拉措的神秘，还是被新措湖间的那一抹绿小小的惊艳了一把。

新措湖正对面有顺湖而下被时光冻结的冰川，两岸有怪石嶙峋的山峰、种类丰富的植被，背后则是一望无际的森林。我们顺着观景台的各个方向，趁着阳光正当时，时而各自拍照留念，时而合影记录；时而手机拍照不停，时而寻找角度念念有词录影。

受闺蜜和码字带来的影响，现在的我，出门除了拍摄美景，也开始喜欢上被别人拍照的感觉——当然，离我自己拍美照的技术还有些距离。我想，照片的意义，不光是为了还原当时的情景，更多的是事后翻看之时嘴角不觉上扬的美妙。

我们逗留在新措湖迟迟不愿意走，这时从我们来的方向又先后走来了几位游客。其中有一位爷爷级别的旅客，不光精神矍铄，脖子上还挂着相机，连给我们拍照时都能时时指导动作——真是让人佩服啊。

再美的风景，都有离开的时候。

回去的路上，大家提到巴松措景区的路线，纷纷觉得这样才值得被评为五 A 级景区。而我先后来了两次都没有把景区走完，剩下没有走完的路线，或许只能留待未来，等深秋或冬季风光不同的时候再来一趟了。

至于被我检索了相关知识才知道的秀巴古堡，据说距今已有 1600 多年历史，是西藏最古老、历史最悠久、古堡群最密集、结构保存最完整的古堡群，内设有整个西藏最大的转经筒。据说，在那里能欣赏到西藏最大的转经筒、格萨尔点将台、经幡塔、蓝孔雀等文化自然奇观，另外古堡还有许多神奇故事等待人们去发现……

这么精彩的景点，只能留待以后有机会再去慢慢感受了。

夜了，码字之前已经发了朋友圈。很多朋友羡慕我工作和旅游两不误，我却深知这是我的幸运，更是命运给我的恩赐。

码字，是记录，也是惜福和感恩。

世界柏树王景区一游

周日，饱饱地睡了个懒觉，醒来的时候，大援藏姐姐已经做好了早餐。

餐间聊起今天的行程，大家伙前一天在巴松措游玩的疲惫还没有完全消除,就决定不走远,只去上次没有去成的林芝市区景点——世界柏树王景区游玩即可。

世界柏树王景区离援藏姐姐们的宿舍很近,打车不过才十几分钟。抵达后,我们先出示行程卡,刷身份证进入售票台,接着购票进园。

映入眼帘的,首先是林芝各色琳琅满目产品的展示区:

如藏香区。不仅有线香、塔香,还有精美的香炉、香囊,真是令人大开眼界。对比小援藏姐姐上次去巴尔曲德寺购买的塔香,这边的藏香包装更美观,还特别提供了点香的小用具。

如首饰区。这边的首饰大多数都锁在玻璃柜中,材质有天珠绿、松石、珍珠,款式有项链、耳环、手链,还有藏族同胞们转经祈福使用的专门用具。

如香皂区。与之前在三亚游玩时类似,这里的香皂原材料有玫瑰花的。不同的是,这里还有原材料为桃花和藏药的。我们随手拿起一块一闻,香气扑鼻。

如食品区。这块的食品就多了,既有供人饮用的雪菊、茶叶,也有供人直接食用的苹果干、牦牛肉、藏香猪产品。包装都挺有特色,就不知道味道是不是和想象中一样美味。

墙上,特意规划了整齐划一的宣传牌,讲述了以林芝和工布江达为主的一些民俗文化。有些是我已经知晓的,有些却是第一次听说,让人十分好奇。

走入另外一个隔间,我看到了西藏特色产品:

如仅供宣传不售卖的易贡茶场产品——刻着易贡茶场的茶砖茶饼,看起来品质就不错;如包装精致价格也不便宜的藏红花、虫草;还有藏红花面膜、玫瑰精油等衍生产品。

不大的隔间,我们在其中逗留了半个多小时。虽说只有大援藏姐姐购买了里面的产品赠送朋友，但我们经此一行，对林芝的产品都有所了解。尤其，这些产品都是广东援藏工作队牵头开发的，让我们特别有亲切感。

顺着规划好的路径，我们正式进入世界柏树王景区：

按照路线图的介绍，我们今天游览的柏树王园林只是其中一个区域而已。未来，这里还将打造康养中心、民俗村度假区、花海世界游览区、田园综合观光区。想来，将巨柏部落形成的天然氧吧发挥出更大的功效，引领当地人们走向更好的发展，促使当地经济形成更佳效应，就是广东援藏工作队的目的。

走在通往巨柏部落的石阶，首先让我注意到的是生长在格桑花中间兀自开得灿烂的蓝色小花。我既被它独特的颜色吸引，又好奇它怎么和格桑花丛和谐共处的。等我们攀爬至福地亭附近的时候，发现岩壁上生长着格外茂盛的一丛。于是，巨柏尚未入眼，蓝色小花先引起我们停住脚步，拍了不少照片。

随后，就是巨柏们的震撼出场了：

只见到，巨柏们舒服地伸展枝干，遮天蔽日、盘根错节，每一棵巨柏看似长相相似，认真端详又各有风姿。大部分巨柏前专门贴有标签，备注了树龄、树高；有的则只是傲立其间，我们绕了个圈，依然对它的一切毫无所知。

这里的巨柏年份最短的都有千年以上，年份最长的则是称为“巨柏王”的三千多年老祖宗。这里的巨柏，最高的据我们所见是 59 米，最矮的也有 5 米左右。

我们每个人都举着手机，或仰头或蹲坐，或正面或侧面，试图从不同角度拍摄出巨柏们的全貌。然而，不管怎么尝试，手机都根本拍不出巨柏矗立在我们面前，抬头望不到天际的令人惊叹的画面。

景区特意修了木栈道供游客行走。不过，路程有点复杂，栈道顺着山势和巨柏部落分布位置设计，我们走着走着发现前面居然是死路，当从另外一侧出发又柳暗花明。

鸟鸣唧唧，溪水潺潺，空气清新。缓步行在其中，不知道在我们之前有多少人为巨柏的寿命感叹过，又不知道它们见证了多少人的悲欢离合的短暂人生。有那么一瞬间，只觉得人的一生放诸在世界长河，显得那么渺小，那么不堪一击。

最后，我们来到了巨柏王面前。它是世界上自然生存最年长、直径最大的柏树，距今已有3235年，树径18米，树高57米，据说需要14个成年人手拉手环抱才能绕完一圈。

站在这样一棵巨柏面前，我不由自主觉得做任何举动都显得对它不太尊重。不管是站在它面前拍照，还是按照当地习俗顺时针走一圈祈福，我们期待着沾沾它的福气，不晓得它若有灵，是不是会对我们这些行为懒懒的不想睁眼，根本不予评价？人们总是在追求一切看似虚无缥缈的东西，等真正得到或经历过，不知道会不会反而怀念没有得到或经历之时的单纯呢？

游览完毕返回福地亭过林卡。

坐在福地亭，把冲康庄园接受馈赠带回来的千年核桃林结出的核桃拿出，又将小援藏姐姐爱人寄来的爱心坚果、猪肉脯摆上，另外还携带了牛奶若干、水果几样、面包一袋。大援藏姐姐就地取材，从千年巨柏树下捡起经受日月精华的石块，砸开了核桃。配着其他种类齐全的食物一起，让我们享用了一餐别有风味的广式过林卡。

饱餐完毕,提及不久之后的中秋和国庆假期安排,兴之所至,工布江达援友直接网络连线未到场的另两位援友。大家你一言我一语,定下了国庆合体的计划,末了,还截图云纪念——科技的进步,果真让我们能够做到零距离。

回去的时候,老天爷再一次眷顾我们——景区游览时,时而阳光灿烂,时而云层微微。等待的士司机接我们回去的时候,对面山中已下起暴雨,我们这头则是山雨欲来风满楼的景象。

抵家略作休息,准备傍晚坐火车打道回府。大援藏姐姐在我返程之前煮好了晚餐,一再让我多吃点。出门的时候,援藏姐姐们不忘提醒我带齐东西,送我离开。每一次分别,姐姐们都能让我感受到家人般的温暖。

说来也巧,在林芝市的时候,雨下个不停,可刚到火车站,雨竟然停了。莫非老天爷知道我拎着行李箱不方便,特意打开了方便之门?

坐火车码字不提。

相聚和离开,似乎已成为我在西藏周末和节假日的日常。今天,忽然觉得,眼下的万千思绪,在经历了岁月流逝、目睹了沧海桑田变幻的巨柏面前,实在不值一提。

罢了,想那么多做什么呢?朗县已遥遥在望,我能做的,不过是活在当下,留住美好而已。

中秋游之波密行

(一)

中秋三天假期如期而至,我和援友们的计划是在这三天到波密县一游。

晨起，微凉，颇有秋意。屋内尚嫌冷，时不时搓搓手取暖。走到屋外，沐浴在阳光下，只觉得温暖非常。隔不多会，就被晒得身上发烫了。紫外线散发的威力让我不敢小觑，早早就准备了墨镜戴上保护眼睛。

吃罢早点，收拾好东西，我和援友们到林芝客运中心坐班车去波密。虽然有点晒，可为了沿途的风景考量，我还是特意挑了副驾驶的位置入座。这边的班车都不限时间，啥时候车上坐满了人，就啥时候出发。我们购票后上车，算上我们，旅客不过才四个人，等了好一会才出发。

旁边停车点依次停放的是到察隅、朗县的班车。询问了一下到察隅的时间和价钱，师傅言每天只有早上六点半一趟车，大概今天晚上六点半能到达，车票价钱要三百多一位。朗县班车咱就不考虑了，坐火车更方便，价钱也不贵。

眯了一小会，我因舍不得沿途风景，就开始寻摸拍照的角度。打开窗户拍照，固然拍摄比较清楚，可是迎面吹来的风可真是冷啊。一路向上爬，同行的援藏姐姐不断报海拔，她说心里头有点慌，心跳加速。我却被沿途风光吸引，再者也多次经历随车旅行，虽说这次是班车，也不在话下。

经过鲁朗小镇的时候，我们居然看到了南迦巴瓦峰的真面目。这真是“踏破铁鞋无觅处，得来全不费功夫”——要知道2018年来西藏旅游的时候可没有这个幸运看到。望远镜正好派上用场了——虽然，我也没有在山顶发现啥不寻常的事。

司机师傅不知道啥时候开始播放藏族音乐，配合着窗外飞驰而过的青山绿水白云，还有原始森林散发出的松枝清香，一路伴随我们前行的雪山,感觉契合得不行。

路旁,时不时看到正在修路的人。得知我假期计划来波密游玩,朗县的领导同事朋友都说最好等十一月份再来。为啥?因为波密虽说因桃花沟、冰川出名,但是来往的路途都是盘山公路,容易发生塌方、泥石流。今天路上,虽说一切顺利,可因为工作人员修路的缘故,我们抵达的时间愣是比平常晚了一个多小时。时间晚一些没啥,深觉工作人员的辛苦。

路旁的景色看得久了,阳光刺眼的厉害,不得不让自己闭目休息。可小憩的时间不长,我总会因为援友们评价外面风景的声音惊醒。外面旁的也就罢了,最美的是时不时出现在窗外,不知名、长相类似、又各有特色的雪山。

进入波密县域内,印象最深刻的有三处。

一是通麦特大桥,桥高59.5米,不管从哪个角度拍,都让人感觉高耸入云,蔚为壮观。尤其观景台特意设立的"此生必驾318国道"指示牌,算是进入波密县域的地标了。

二是波密冰川之乡的牌坊。这个称谓确实名副其实,沿途让我们手机停不下来拍照留念、眼睛刺疼也舍不得闭上的雪山就是最好的例证。

三是刻画着"藏王故里、静好波密"的指路石。该块石头兀自静立在路旁,任来往的旅客膜拜,自有一番气韵。

将近六个小时的路程,有了美景相伴,其实不会觉得难熬。

波密的援友早就在汽车站等我们了。到达之后,大家伙兴致勃勃聊天,虽说隔了几个月才见面,可平日群里时常沟通,倒没有产生生疏之感。波密的援友边指领我们前往他宿舍略作休息,边和我们介绍波密的情况。他还特意购买了昌都的葡萄,当地的苹果,盛情备至。

波密县城,是广州市的对口援藏城市。县城主干道是穿城而过的318国道,两侧的房屋均为藏式风格。不过,从菜市场中书写的“新鲜海鲜”字样,从餐厅门前标志的“砂锅粥”,从占据市中心位置的“演艺中心”,都能找出粤式风格带给我的亲切感。

晚餐,波密的援友带我们在当地著名的藏式餐厅就餐。该家餐厅装修皆为藏式风格,最引人注目的是挂在大厅两侧和墙壁上,被来餐厅就餐的旅客们留下纪念的长长签名布。

除此之外,餐厅正房贴有藏族传统“猛人驭虎、财神牵象”的画,供奉有放置了青稞等粮食的香炉,还有一排不知道放了什么的藏式储物壶。

席间,各自畅谈。大家伙商量明儿个去波密著名的米堆冰川游玩。如果时间充裕的话,还能去附近的嘎朗王宫遗址看看。此外,很自然地提及了各服务地的地理风情、相似或有差别的服务情况,大伙或给出实用建议,或就某件事吐槽。相聚之时,拍照留念必不可少,每个人都因这次相聚而笑逐颜开。

饭后,出门的时候已近十点。夜华如水,月亮正发出迷人的光芒。即便冷意已浸润身体,我们仍然忍不住趁着美景当前,站在桥头,和那美好的月色,和那亲切的援友,一起拍照留念。

是夜,各自回宾馆休息不提。明天的米堆冰川,期待呢。

(二)

9月20日这天,天空万里无云,蔚蓝无比,透澈的很,据说是个十分适合看冰川的天气。

上午十点左右,我们从波密县城出发前往米堆冰川。318国道波密段,据说是其中最美的路段。沿途,没有太多的车辆,我们可以尽情欣赏两岸的风光。

从波密县城出发,松树、杉树、杨树等树木开始渐次出现,灌木丛慢慢递进为参天大树。阳光从树枝缝隙折射下来,印在马路上,一片光怪陆离,定神看得久了,不觉有些头晕。路旁有些杨树的叶子已开始变黄,秋色渐浓,可以想象,再过一阵子来,必将是更加令人赞叹的风光。

隔不多会儿,车辆驶入的路段显现出不同风景。

两岸的山开始变得如同朗县的山峰一般,树木绿植少,石头土块多,河边的植物也被灌木丛取代。山间,多了不少雪水滑落留下的痕迹。那些痕迹横亘在山体,不仅没有让人觉得危险或丑陋,反而为山峰增添了不同的风采。

抵达米堆冰川景区前,我们在沿途已看过不少知名或不知名的冰川。有的如同米堆冰川一般,形成了一个景区。更多的,则是远远露出一个雪顶,可远观而不可亵玩焉,擦肩而过之时徒留一声感慨。

进入米堆冰川景区,离冰川尚有一段路程。

单行道的马路,虽说修缮的挺好,可开车仍必须小心谨慎,不然一旦和对面来的车辆相遇,会车时就比较危险。米堆冰川的真面目总是在不远处向我们发出魅惑邀请。其雪顶时而出现在绿树梢头,时而躲避在青山背后,越发惹得我们心痒痒。

车辆停放在登山入口,可以选择骑当地藏族同胞出租的马匹上山,也可以选择徒步登山。既然出来玩,当然就要有锻炼的觉悟,所以我们大部分人都是选择的徒步上山。

登山小道上,我们时而三五成群,时而独自行走。水声潺潺,鸟鸣啾啾,微风徐徐。抬头就是蓝天绿树雪山,低头尚能看到结了不少果子的黄刺玫、沙棘,令人心旷神怡。

我脖子上挂着望远镜,从镜头前看冰川感触又不一样——冰川山尖厚厚的不知道多少年没有融化的雪顶,山腰冰雪融化的痕迹,山底裸露的石块,一一跃入眼前。

看得太过清晰有一个不好的地方——把我对冰川的神秘期待打破了。至少,幻想的冰川中出现某个缥缈的身影或某个幽深的洞穴,在现实中根本没有发生。

徒步区沿途还经过了不少景点,有些是人为设置,有些是天然形成。印象最深刻的,莫过于同根而生的高原冷杉夫妻树和无数被旅客们用以祈福的许愿堆。“在天愿作比翼鸟,在地愿为连理枝”,这句诗形容的是对爱情的向往和坚贞。可实际生活中,我们几乎没有看到过比翼鸟,因此,当发现了同根而生的树木简直如获至宝——至于是不是真的连理枝,倒好像不必刻意较真了。

许愿堆呢,一路皆有,通往冰川的石径两旁尤为壮观。数目不可知,摆放人不可知,知晓的只是指示牌中所说——原本为了清理路障而捡开堆起来像房子的石头,渐渐被人们寄许拥有一处类似住所,能够一路平安、幸福美满的美好愿望。

徒步区,最让我惊艳的是通往冰川观景台的石径。

那处石径,蜿蜒向上,曲径通幽,但并不稀奇。最美的,是远看秋意浓浓,走近方觉岁月如梭的凄美。顺着石径行走,森林将圣洁的雪山遮挡住了,我们可以安静的行走,恰如奔赴一场动人的约会。金黄的树叶随风飘落在石径,是落叶归根的自然选择,不免令人生出淡淡忧伤。可转念一想,秋叶用它生命中最后的璀璨时光,给我们提供了一场华美的盛宴,此情此景,正该大饱眼福,永存心底才是。

路途再美,终点仍会如期而至。

终于走到米堆冰川观景台上,照例先看指示牌——旁的也就罢了,有一处冰川和岩石形成的熊猫脸让我很好奇。顾不上拍照,我对着望远镜找了半天,愣是没有发现熊猫模样的图案。

等我和大伙拍完合照,再比对着冰川细瞧,这才发现冰川底部有一处类似熊猫眼睛的图案。好吧,原来这就是熊猫脸的来源,也真是佩服想出这名头的人。

或许是沿途冰川不断露出面容让我少了期待,或许是石径给我留下的感觉太强烈,真正到了冰川面前,我居然没有太大感触。只不过想着——嗯,到了,可惜不能和冰川近距离接触啊。

下山时候,我们选择了马匹上山的方向。这条路,是纯正的马路——路上留下了无数马粪,那味道,真是清新脱俗啊。

下山回波密县的重复路程不提。

午饭时间,我们完美的在游玩和返程中错过了。到达县城的时候,已是下午四点二十左右。这个点,波密援友的朋友们直接把我们引进一家林卡店,大家伙坐在蒙古包中过林卡。

这种餐馆,不知道是不是西藏的特色。选择的地点必须有一大片草坪,四周安置了几个蒙古包模样的帐篷,每个帐篷里面再摆设一张案几、几张条凳。想想朗县喜欢过林卡的同事们,虽然我没有去过,想必场景相似。

这地方,抬头可望雪山,低头能见青草,白天视野开阔,夜晚星空低垂,确实待着很舒服。至于食物,是简单烹煮的牦牛肉、土豆,没有加任何配料的白饼,看似不起眼,入口足以把握住每个人的味蕾。何况,波密的朋友们还自带了无数零食、各种饮料,更是一顿丰盛餐饮。

略微填饱肚子后,气氛开始松弛。啤酒上桌,大家启动了轮番喝酒、敬酒、劝酒的模式。酒过几巡,天色渐晚,气温降低,可帐篷内的氛围变得更加热烈。两位藏族朋友依次高歌,歌声中既有欢迎之意,又有对我们的挽留和殷殷期盼。

接着,又来了新朋友。他们或端着酒杯以劝酒歌对饮,或对我们这几个外来的朋友表达祝福。甚至,考虑到我们都是内地人,自个儿喝啤酒一口闷,却劝我们量力而行,喝白开水、酥油茶、清茶皆可。

考虑的周到,招待的热情,盛情备至,真是让我们感激不已,宾主尽欢。

这餐欢宴,从下午四点二十进行到晚上八点半。想到明天一早要返程,我们不得不提前离开。朋友们又特意让没有喝酒的朋友之一送我们回酒店,这份体贴再次让我们感恩。

夜了,洗漱收拾不提。

想想今天一游,真是酒不醉人人自醉,人景迷人人自迷。

(三)

中秋假期最后一天的计划,只有一件事——返程。

西藏这边公路四通八达,可铁路系统还没有完全开发。从波密到朗县没有直达的汽车,所以我只能先返回林芝,再从林芝返回朗县。出乎我意料的事不断发生:

首先,是从波密回林芝的方式改变了。

早上，我们从酒店出门，背上行李打算去客运中心乘坐汽车。结果在酒店对面，被私家车司机们围住了——应该是我们背着大包小包的旅客模样，让他们十分熟悉，很清楚这是生意来了。

原本我们是不予理会的，没想到司机师傅很聪明，说了两句话瞬间让我们停下了脚步。他道，从波密返林芝每人只需要 120 元，且可以随时停车拍照——这价钱比汽车便宜，还可以随时停车，着实吸引人呐。

大伙正打算答应下来，没料到司机师傅又说，四个人才能发车，我们一行只有三人回林芝，还需要再等一人。波密的援友见状，不由分说，坚定地表示他多出一份钱，让我们早点出发，免得路上有什么事耽搁了。我们当然不愿意平白无故让援友增加负担，所以宁愿多等一阵。然而，波密援友的盛情难以拒绝，最终我们还是坐上了私家车返程。

其次，是波密返林芝的风景撩动人心。

按说，我们返程走的是同样的路，美景基本都已看过了，没什么新奇。然而，这次是私家车，在好看的景点都可以停下来拍照，又是不同的感受。

如，318 国道 4000 公里自驾标志。这处自驾标志点，据说是从上海出发至此的距离。前一瞬我说着这次路上都没啥车，后一秒就看到这处标志点停满了拍照留念的车辆。

如，鲁朗小镇靠近 318 国道那侧的湖。彼时，恰逢蓝天白云在空，湖水又清澈见底，蹲下来从湖面拍摄天空、雪山的倒影，呈现出照镜子般的重叠美感。尤其，微风徐来，在湖边席地而坐，怎一个爽字了得。

如，南迦巴瓦观景台。抵达这处景点的时候，厚厚的云层把太阳挡住了，下车后，一阵风刮过，真是蛮冷的。处于海拔4720米的高山顶上，背对着正和云朵缠绵不休的南迦巴瓦峰，拉起牦牛头许愿堆的铃铛，咔嚓一声，快乐定格。

再次，是波密返林芝的私家车师傅开车态度吓人。

我也算是个走过南，闯过北的人，搭过不少私家车。今天这位藏族师傅，名字十分吉祥，是藏族同胞们经常会用的，有祝愿的意思。他驾车技术不赖，波密到林芝四个多小时就到了。

可是，他转弯不减速，溜得很，那大弯拐的，让我晕乎得不行；人挺好强，不喜欢屈居人后，一路经常超车。途中，因为某个没有路德的司机，他还气得把安全带解开，险些就下车干架了。这脾气，咱真是挺无奈。

然后，是从林芝返朗县的火车居然停运了。

清楚地记得，是到南迦巴瓦观景台的那会儿，我下车极其自然地拿出手机，发现有一条来自铁路12306发的短信——提醒我之前购买的，今天傍晚返朗县的火车停运了，让我注意退票。

我第一个反应——这是遇到骗子了？可打开12306APP一看，好家伙，还真是因故停运——连理由都不告诉我。这可咋办呢？明天就要上班了，我可不想耽误。

没办法，只能去林芝客运中心问问汽车的情况了。想到前两天从火车站搭乘汽车去林芝市区之时，曾留下的林芝客运中心司机师傅电话，我连忙询问他是否知晓回朗县的司机师傅的电话。这师傅人挺好，帮我问了电话，我又急忙联络。

好在，林芝回朗县下午有汽车，时间是三点钟。距离发车时间也很接近了，和大援藏姐姐分别后，我和工布江达援友一块往车站去。结果呢,到车站一问,三点钟那趟车的车票卖完了,幸运的是,今天新增了一趟加班车,下午四点可以回朗县。

等车的间隙,我问了下司机,正点到达朗县的时间是晚上八点半。看来,今年的中秋夜晚,倒是可以在路上度过了。没准赏月、看星空正当时哦。

最后,是中秋夜晚竟然没有月亮?!

回朗县的司机师傅开车靠谱,路上好好补了个觉,把旅途带来的难以掩饰的疲惫略微消除。八点二十五分,朗县县城到了。我在县委大院附近下车,边和家人视频边走路回宿舍。

抬头一望,咦,月亮去哪儿了?我以为是角度问题,再四顾张望,额,还真的没有。八月十五没有月亮,这不科学呀。所幸,浩瀚星空正当时,一颗一颗正调皮地眨着眼睛——有它们陪我过中秋,也不错。

到宿舍放下行李,拿出藏式月饼、面包、牛奶祭祭五脏庙。

想想今天的经历,或许就像另有安排的林芝小援藏姐姐昨天回林芝被堵车三个小时发出的感慨一样——一切都是最好的安排。

如果没有早上从波密返林芝之时,援友盛情让我们早走,就不会有我们一路享受美景的悠哉;如果没有波密司机师傅的一路狂飙,就可能无法及时发现火车停运进而采取措施;如果没有林芝客运中心司机师傅的善意反馈,就可能赶不上回朗县的汽车。

今年的中秋,虽说做不到天涯共此时,可凡此种种已不同凡响啊。

快乐地捡石头之行

这周依然待在朗县。今天的计划是和朗县援藏医疗队的姐姐一块,跟随玉石店老板到河边捡石头。

捡石头是朗县这边很时兴的一种活动。前来援藏的人,有的是喜欢不同样式石头,有的是喜欢这边特有的藏玉石材,还有的则如同我们这样完全是外行,纯粹是凑热闹。不管哪一种情形,总之基本都体验过这种活动。

十点钟左右我们准时出发。

在我的想象中,捡石头必然要去一个山清水秀的地方。这个认知倒是也没有错——捡石头的地方基本都是在河滩边,风景必然不差。但最重要的不是风光,是那一片河滩是否有适宜的石头。

玉石店老板带我们去的是朗县某个镇的河边。

小轿车越往河边越难走,一路裸露在外的石头越来越多,有大有小,形态各异。等车子停下来,环顾四周,发现远处是不见植被的荒山,脚边是低矮有刺的灌木,踏着的是已沙漠化的土质,再往后才是静静流淌的小河。

我们朝着河的方向行走,看着近,走起来却挺远。尤其是沙漠化的土质,踩下去灰尘飘起,一会儿陷下去一点,一会儿又被灌木扎两下,走了没多会,感觉身子就发热了——看样子为了保暖穿上的羽绒服是失策之举。

深一脚浅一脚到达了河滩,走在前面的老板早就寻摸起来了。我和援藏医疗队的姐姐完全是外行,所以就问老板怎么捡石头:

老板倒是不怕我们泄露机密,说捡石头需要看形、质、色三个方面。形是形状,质是质感,色是颜色。但是,从另外一个角度来说,每个人对石头都有不同的观感,只要自己喜欢就行,不追求完全统一的美感。在他的介绍下,我们才知道河滩上看起来外形相似的石头其实分为了石英石、黄金石、藏玉、彩石、翠石、大摆件等种类。

听着好像不难的样子,等我们真正找起来才发现其中的门道深着呢:

一开始,我们被石头的颜色吸引了。

河滩上的石头,没有靠近河边的地方,或许是裸露在外的时间久了,石头表面都被风吹雨淋清理过,很是干净。认真查看,各有各的特点。有些是像绿松石一样的颜色,有些是像砚台一样的黑色,有些是带着铁锈的黄色,有些是在阳光下泛着光泽的白色,有些是乍看不起眼,拿在手中一掂量却发现是花纹紧实的土黄色,有些是耀眼的紫色,还有些则是五颜六色均有……实在让我们大开眼界。

然则,不是每一块有颜色的石头都具有价值。

在老板的眼中,五颜六色自然形成的彩石虽说是自他开始开发售卖的,但必须挑其中颜色鲜艳、外形完整、大小适中的;黄金石是他给一种外形不起眼,被水一冲洗却能看出花纹紧实、外表光滑的石头起的名字,据称有的顾客最喜欢买了放入鱼缸,还能越泡越透;藏玉呢,在我们今天寻找的河滩中可谓万里挑一,可能看起来和其他石头没两样,一旦被水冲洗就会露出玉化的外表;至于其他颜色各异的石头,多半是价值不大的石英石和含有矿物质的普通石头。

接下来,我们发现石头有很多奇特的形状。

我率先发现了一块心形石头，举在手中认真查看，觉得大自然真是神奇，居然是天然形成没有经过任何人工雕刻的。然后，援藏姐姐发现了一块看起来和腊肉模样相似的石头和一个看起来像动物的蛋一样的石头，真是趣味盎然。最后，我找到了一块颜色深外形独特的石头，水一冲洗，竟然看到有自然形成的一条纹路，底部则是彩石点缀。

没想到，当我们兴致勃勃拿给老板查验的时候，老板却连连说不行，道我们捡的只是普通的石头而已。当然，假如我们就喜欢那模样，留下来观赏或纪念都无可厚非。

再一对比老板捡的石头。

有些是特别明显的彩石，水一冲洗，颜色好看得很，都让人怀疑不是天然形成的——据说，彩石论斤出售，动辄就被人买走几千元之多。有一块是藏玉，没有冲洗之前看着不咋地，冲洗之后，拿在手中感觉表面光滑，里面是肉眼可见的玉翠——据说，只要手电筒对着照，必然可显玉质。

这样瞬间看破表面、直击内质，对石头里层构造也可推测一二的经验，看得出来是经过时间和市场检验出来的结果。

我们从兴致盎然捡一块中意的石头去询问老板意见，到渐渐拉长和老板寻找的距离，对路过的石头不再上心，觉得百无聊赖，不过才隔了几个小时而已。而老板却说，他每次看到河滩都会被吸引，每次碰到石头都习惯性看看有没有价值，有时候更是趁着小雨天的便利来河边捡石头……这样将兴趣和生意融为一体，还乐在其中，不由让人敬佩。

同时，石头虽然多，但老板并不贪心，每次只根据客户需要或存货多少定捡的数量。他更在其中延展了思路，对我们谈着他未来的玉石店发展计划——姑且不论真假，至少人这敬业和钻研的态度值得学习。

在河滩停留三个小时,被太阳炙烤得双眼昏花,明明是冬日的气候,我们愣是感受到了夏日的燥热。

于是,顺从心意,打道回府。

原本我和援藏医疗队姐姐特意带了不少食物和饮料,打算简单过个林卡。没想到老板却拒绝了这番好意,送我们回到县里,让我们各自挑选了中意的石头,互道再见。

几个小时的捡石头之行,时间不长,步数不多,心思却费了不少。既要学习老板的捡石经验,又要锻炼从万千石头中挑选的眼力,还在捡石头期间和援藏医疗队姐姐戏谈石头的发展历史……甚是有趣。

当我把今天的收获发朋友圈分享时,很多朋友都被造物主的手段惊艳了。只是,倘若问我下次是不是有兴趣再去捡石头,或许就不会像今天这么目的单纯了。

工布新年之工布江达

(一)

西藏的工布新年会放五天假,今年的假期从 2021 年 12 月 4 日开始,我依然和援友们一块儿度过。

大家伙沟通后,确定假期去工布江达县巴松措景区,计划到结巴村和措高村游玩。

巴松措景区是西藏我唯一来过三次仍然流连忘返的地方。

第一次,我和闺蜜报团游玩,虽然只去了湖心岛,却被巴松措的湖水之洁净惊艳了。第二次,则是和援友们去景区的新措支线，徒步之余，对好像会突然出现精灵般的原始森林印象深刻。这天则是第三次，我们选择的是游览措高村和结巴村，且计划徒步游览仲措。

12 月 5 日早上，我们从林芝出发去工布江达。路过的风景，多了丝冬天的荒凉，可一旦有蓝天白云碧水的加入，画面就变得灵动美好。到达巴松措景区的时候，我们短暂停留。虽然已近中午，可这里的温度明显比城区低一些。经报备后，我们按照景区人员指示进入。

刚开始，景区并没有发现让人眼前一亮的景色。倒是窗外飞驰而过的沙棘果，黄澄澄的模样，看着就诱人。我们忍不住在路边停车拍照，顺便摘一串沙棘果品尝。

沙棘果已到了非常成熟的时期，如果单独摘一个果子，手一触碰就会挤破了皮流出果汁来。只有将果枝和沙棘果一块摘下来，才能保证果实的完整。野外吃野果子，也不讲究，我们只是吹了吹上面或许有的灰尘，就直接张口食用。那味道，酸得很正，刺激的人一个激灵，很是提神。

继续行走。

沿途路过一个不知名的措，下车拍照的时候，除了我们没有别的游客在，我们站在湖边，深深被那份静谧吸引，好似来到了世外桃源。尤其从岸边的玛尼堆角度拍摄湖景，更增添了一丝神圣气息。

接近措高村的时候，又看到一片湖。这次我们可以直接顺着沙滩走到湖边，越往湖边走越能近距离看到湖水之澄澈，彼时微风拂来，碧波荡漾，在阳光照耀下显得分外美丽。这次除了我们之外，还有当地藏族同胞过来欣赏美景。虽然人声、手机播放的音乐声破坏了景色原本的宁静，却另有一番俗世热闹。

不久,我们到了措高村古村落。这里的原住民已搬迁到政府新开发的地段,目前没有人居住,只有悠闲觅食的藏香猪和牦牛、还算齐整的木屋告诉我们这里曾有人烟的事实。行走在古村落石头垒成的小径,只闻鸟鸣和虫叫声,除了电线之外,看不到其他现代化的标志,一恍神,会生出不知身在何处之感。

当我脱离援藏小分队,独自走在木屋环绕的古村落时,四周一片寂静,关闭的门户,看不到光的房间,甚至会让我产生一种被幽冥之人窥视的幻觉。而与援友们会合后,我们的注意力又分散到别处:比如,木屋的卫生间在哪里——实在是群落里单独的一个小木屋,看起来像卫生间,可却没有排污系统,令人疑惑。比如,门口的木洞是做什么用的——门旁一个独立的小木洞,一开始我们猜测是不是用来放钥匙或别的物件,等走近一摆弄才知道原来是活动门闩。

从古村落离开,我们终于要接近目的地措高村了。

没想到的是,因为路上没有指示牌,我们先是走错了方向,等寻觅到正确路径,准备祭祭五脏庙的时候,却被老板告知今天不营业。

好在措高村的驻村干部,得知我们从林芝而来又是援藏律师的身份,就让老板帮忙做一餐饭。至于晚上的住宿和餐饮,就需要另行协商了。基于这种情况,我们原本打算吃罢饭返回结巴村,下午在结巴村游玩和住宿,等明天再过来措高村徒步游玩。没想到吃完饭,再和老板一沟通,让我们意料之外又惊喜的事发生了——老板说晚上和明天早上可以提供餐饮,且有民宿提供。

既然如此，我们自然选择更便利的方式——住在措高村。且，考虑到今天的行程，和想象中能亲自参与工布江达的新年活动不同，我们没有见识到当地集中展开的活动。所以我们改变行程，计划明儿个徒步前往仲措，之后返回林芝，后天去林芝真巴村近距离体验工布新年活动。

接下来的时间比较充裕，我们干脆在措高村溜达起来。

在措高村村委会的荣誉墙中，我们这才知道措高村不仅是我国十大最美乡村之一，还是我国历史文化名村、生态文化村。想一想之前驻足游玩过的古村落，再对比目前这道路畅通、科技与文化相结合的新村落，不由为祖国之发展而自豪。

顺着村里的马路行走到尽头，打开为了防止牦牛和藏香猪窜出而设置的铁门，我们往河畔走去。那段路未经修葺，一旦有藏族同胞开车或骑摩托车经过，灰尘就非常干扰人。看到旁边就是一大片草床，我们干脆不从正道上走，而是从草床往河边走去。

刚踏入草床的时候，太阳还挺烈，晒在身上暖洋洋的，草床也被映照的金灿灿的。可没过一会，一旁的高山就把太阳挡住了。为了拍出阳光照耀的效果，我们不得不向着还有太阳照射的远方跑去。这场景，真是无奈，可回想起来又觉得甚是有趣。

这时候，天上忽然传来几声“呱呱”的叫声。一抬头，嘿，几只黑颈鹤从不远处慢慢飞过。看样子，村委会干部提到的黑颈鹤保护区还真有其事，也越发让我期待明天的仲措徒步行了。

拍照纪念完毕，我们继续往河边走去。面前是一大片灌木丛，看起来已经没有路了。但我们岂会那么容易被打败？

没有路,就钻灌木丛,只要保护好自己,不被灌木露出的针扎疼就行。要知道,为了寻找美景而去钻灌木丛,也是别有趣味的体验哦。

不记得钻了几丛灌木,河流总算出现在我们面前。

还没从灌木丛出去的时候,就听到了挖掘机工作的声音,想来是在河畔运输作业吧。等一出来,视野开阔之后,环顾四周,我顿时被仍有余晖照耀的雪山倒影惊艳了。明明是普普通通的一条小河,一旦连接了雪山、绿树,被光阴和倒影添色,就好比妙笔生花一般,令人惊叹。

时间过得好快,我们尚沉浸在美景不愿离开,夜幕就已渐渐降临。

返程,还是没有找到直接修缮好的路,我们只能选择继续钻灌木丛。这一次,我们从另外一个方向钻,倒没有那么多灌木阻拦。

且,回程途中居然偶遇一座独木桥。看起来很简单的过桥行动,真正站上面往前走时,腿却忍不住有点颤抖。以至于,援友让我保持姿势拍照时,我止不住大喊快一点,还因此忽略了头顶的日照金山。

所幸有照片为证,才将那一瞬间的情绪完整留存。

即将走出灌木丛时,我们又看到了硕果累累的沙棘树。各自再吃一串沙棘果,准备结束今天的旅行。

是夜,仍旧在老板家就餐。

除了我们这三个外来旅客之外,老板家的餐厅坐满了她的亲朋好友、乡亲父老。他们就着一锅菜吃着馒头,不时闲聊几句。饭后他们有的打牌,有的看电视,还有几个小孩时不时来回跑动。气氛十分祥和,让我们都不忍打破。

晚饭后回民宿,不经意间抬头,发现头顶有不少星星。刚从饭店出来的时候有灯光映照尚不觉得如何,等走到没有路灯的地方,再仰望星空,就被满幕低垂的星海美到了。

没料到,在阿里没有看到的星空,却在今夜给了我一个大大的惊喜。手机拍摄的星空尚且如此清晰,倘若有相机或望远镜在手,想必效果更令人震撼。

细想想,命运之安排,真是不可测呀。

(二)

12 月 6 日晚上,我们住在巴松措措高村。可一晚上我睡的不太踏实——山里的温度,下降得很快。刚开始睡觉的时候开了电热毯挺暖和,等睡得热了关掉,凌晨又被冻醒了。这或许,也是高原牧区的一种特色吧。

晨起,还早。同房间的援友,一把拉开窗帘——惦记着拍摄早上日照金山的景象呢。还别说,不同时间段的风景各有不同风味。

洗漱完毕到饭店吃早点。

老板家的大堂已坐了几个人,他们热情地邀请我们到火炉旁就座、喝酥油茶。闲聊中,提到我们是来西藏提供法律援助服务的,大堂的几个人很是兴奋——原来他们是老板的亲戚,同时也有亲朋好友在林芝市某县司法局就职。这距离,就在笑谈中拉近了。

早餐是充满着老板深情厚谊的一碗榨菜肉丝面,够味够量。但吃罢早点我们并没有马上出发,原因在于去仲措的话,按照要求,需要村里派人带领才可以进入,不然岔路太多容易迷失方向(其实这亦是增长村里经济的一种方式)。且为了公平起见，村里安排了值班表，按顺序安排人带队，所以我们需要等待村里的通知。

目前呢，措高村由于处在巴松措景区最里面，开发尚不够完整，连景点观光车都进不来。据说明年会引进旅游公司开发民宿和景点，很是令人期待未来的变化。

短短的交谈，越发让我觉得，待在西藏深度游的地方越多，越发现如果只是报团旅行，会无形中错失很多风光。

等到带我们进山的导游过来，时间已接近上午十一点。

这位导游是位年轻的藏族小伙子，名字叫白玛。由他带着，我们先沿着柏油马路从村里走出来，再从一个铁门进入山区。

铁门的不远处恰好就是我们昨天路过的一座桥。那桥的两边，各设置了几个大大的转经筒。通过水流的冲击，经筒自然转动，既有祈福的意义，和河流、雪山结合，又别具民族风味。河流两岸，我们还看到有许多柱果铁线莲——这长相可爱的植物，倘若不是特意识别检索其名称，还真叫不出名字来。它们正处于成熟期，裹着种子的毛团，被轻风一吹，就顺势到别的地方安家了。

铁门是锁着的状态，却和以往直接打开大门不同，我们这次需要从旁边放置的木头楼梯爬进去——这体验，倒让我又产生了一种新奇的感受。

走不多会，相似的感受又来了一遭。在一座木桥上，进入的地方被铁丝网和树干一起堵的严严实实。导游站在树干的一侧，依次指引我们顺着树干的方向攀爬到铁丝网另外一侧。当看到我们有点颤颤巍巍的模样，还体贴的将手臂给我们借力。这封闭的措施，要说只是为了防止牦牛或藏香猪跑出来，就太过了。想必,是村里保护景区的措施之一吧。

过桥之后,我们并没有马上离开,而是不约而同拿出手机从各个角度拍照。看着原木桥底下清澈的河水,眺望着远处巍峨的雪山,我顺从迫切的心,径自走到桥中央,坐下让援友们帮忙拍照。这姿势,这景色,很快就吸引了援友们也过来拍合影。

拍摄完毕,继续行走。

不过走了开始的一段路程,就让我发现穿羽绒服着实不适合爬山。虽说保暖吧,可并不透气,走得久了还觉得衣服很厚重。偏偏气温还不算高,咱也不能直接脱掉怕受凉感冒,只能先撑着,等太阳越过山巅照耀大地再说。

行走途中,我们一行三个人加上导游,很自然地随着各自脚程的不同分成了三个梯队。时不时,只有我一个人和大自然亲密接触。山中称不上万籁俱寂,毕竟是白日,虽说还没有阳光,却能听到鸟鸣湫湫,水声潺潺。山林植被茂密,倘若不是知道前后有同行的援友在,还真会有点小担心。毕竟,这山林据说是有熊出没的。

边走边看。和新措相比,仲措这边景区进入后就是山林,虽然也有河流,但浸润的面积没有那么广,且是冬季,整体显得比较干燥。

拍照的时候,发现手机信号变得不好了,而且天气也不太好,云层很厚,不见阳光。这场景,不由让我担心到了湖边会不会影响美景的观赏。当然,一切担心都为时尚早,天气时有变化,且抱有希望吧。

路过一个牧区,看到不少本地村民搭的木屋,他们都散养牦牛,任随牦牛分布各个角落、自行觅食。这边的牦牛和常见的还不一样,很多牦牛头面是白色的,身上却是黑色的,更像是奶牛和牦牛的结合。

这时候,还有个尴尬的问题——牧民家中没有设立卫生间,我们的生理问题只能到野外解决。说实在的,这在西藏出门旅游是常有的情况,咱也习惯了。问题处理完毕,在河边洗干净手,跟上援友们接着走就是了。

越往仲措方向走,路两旁树上挂的松衣越多,甚至呈现出漫山遍野的趋势,入目蔚为壮观,可见这边生态保护的多好。想想早上闲聊时,村民提到巴松措为了保护环境,树木不准乱砍滥伐就罢了,连自然死亡或脱落的树枝都不准捡回家,而是全力恢复环境生态,任树木自然生长。采取这样严厉的措施后,足见成效之显著。

路程走了三分之一时,我略微有点疲惫。导游见状,主动帮我背上背包,顿时减轻了我的压力。

渐渐地,我们看到了结冰的路面和被冰层覆盖的小溪。山高林密,没有太阳直射的地方,气温又低,这里的冰估计整个冬天都不会化呢。援友特意取了一捧冰拍照,近距离观看,发现这边的冰都不厚,可很是晶莹剔透,菱形的面非常耀眼。

一路上,尽管知道导游说来回最少都要六个小时,可我们都是第一次来,一开始还想着尽快赶路,但等看到美景时都忍不住驻足停留,顾不得去准确把握时间了。时不时,我们还交流下各自拍摄的照片,看看从哪个角度拍摄的效果最好,只为了游玩尽兴不留下遗憾。

行至大约一半路程时,我们到了导游家的小木屋。

导游家的小木屋不像"荒野求生"中嘉宾们制作的木屋,将缝隙都用草木堵住了,而只是直接用木头垒起,用中心的火塘取暖。当我们都惊奇的询问他们这样难道不怕冷时,导游却说他们都习惯了这样的方式。

我们接受导游的邀请进小木屋坐坐,环顾四周,发现甚是简陋。其间,导游还热情地招呼我们喝他家自产的牦牛奶。虽说第一杯是常温放置口感略冰,可味道却特别纯正。看到我们小口小口抿着,不太习惯的模样,导游后来还特意帮我们热了一下。围着火塘,第一次亲身体验铁锅煮牦牛奶,这记忆也是蛮深刻呢。

能量补充完毕,满血复活,继续走。

彼时,太阳升上了高空,晒在身上暖和多了。得知接下来的路程距离目的地不会太远,且大部分路程都有阳光直射后,我选择把羽绒服脱下放在导游家的小木屋,轻装上阵。

之后,我们经过了实至名归的高原牧场——在那宽阔的草地上,纯黑色的或黑白交加的牦牛们全都悠闲地趴在草地,只在我们盯准一个目标走近的时候才会受惊起来,其他时候都睁着萌萌的大眼睛任随我们路过。还有不少黑色、白色、棕色的马儿,它们兀自站在草坪,对我们的擦肩而过习以为常。

牧场一过,后面基本没有成型的路了,四面八方似乎可以随便我们从哪个方向走。要是没有导游领路在前,说不定还真存在走错的可能。

慢慢地,土地越来越湿润,渐渐出现了和新措相似的原始森林路段。翻上一个坡后,地上的土和松针、树叶形成了草泥,踩上去的触觉是松松软软的。在那里,四周只闻鸟叫声和哗哗的流水声,除此之外再无其他声音能够打破那份宁静。

两旁的石头上,基本长满了青苔,阴面的尚是绿色,阳光能照耀的地方则成了金黄色。环境之好,空气之清新,再次让我们频频惊叹。眼看即将走出森林,我们找了个好角度,或蹲坐或站立,或合影或独照,总之用各种方式留下了这段好似绿野仙踪一般的美景纪念。

终于,沿着山坡走下去,我们抵达了此行终点——仲措。

不像新措有独特的木桥指引方向,仲措是按照地势自然而然的延伸。没料想,比我们先抵达的是一群牦牛,它们正安详地趴在河边晒太阳。走近一看,河滩有许多牛粪,看来呀,牦牛们才是这里的主人呢。

美景在前,我们一时都被吸引,说不出话来,只各自拿着手机按照自己喜欢的角度连连拍摄。

最神奇的是,河边躺着不知道从哪里来的大树,每一根树干都不规则的倒在不同地方,恰好形成了天然的桥梁,让我们能够与仲措的距离更近一步。

据导游说,这些树木都是从仲措上游漂下来的,不是人为砍伐。我近前认真查看,居然在树干中间发现了嵌入的石块。也不知道它们曾经历过怎样惊心动魄的故事,最后才选择在仲措安家。

彼时,太阳恰好直射在空旷的仲措,湖面的颜色由青绿色变成了青蓝色,甚是美丽。我们抓准时机,找好角度,摆好姿势,又是一轮开心的拍照留念。

眼瞅着时间不早了,也无法停留太久。离开的时候,牦牛们都回头看着我们,好像在跟我们道别。

返程时,已经是下午四点,进入林子后,感觉到风力越来越强。有一瞬间,好似看到风刮的一侧的树都摇摇欲坠了。且地势变化很明显,从坡上下来后,土质又变得干燥,步伐略重,就会掀起一阵尘土。

回来走的是同样的路,再次路过导游家的小木屋,我穿上了羽绒服,顿时觉得温暖了许多。幸好之前有大援藏姐姐友情赞助她暂时不穿的冲锋衣加绒内饰扛一扛,不然呀,都极有可能受冻。

导游的父亲回到了小木屋,还盛情邀请我们进去喝酥油茶,吃他自己炕的饼。坐在火塘边,配着奶酪吃饼,虽然没添加任何配料,却自有一股原生态的美妙滋味。导游的父亲不太会说汉语,只是殷勤让我们吃饼。他白天放牧,晚上就住山上的小木屋,也没有什么高科技的工具解闷,日子看起来乏味,却是他安之若素的一生。

这样的场景,让我想起藏族同胞们不愿意赚很多钱、更甘于过辛劳平淡日子的说法。因为,他们觉得物质太富裕、资产太富足,反而会让心灵不够纯净。很多时候,我们觉得他们生活很辛苦,可子非鱼,安知鱼之乐呀。

略作休息后,等我们再次出发,已是傍晚五点有余,天色渐渐暗下来。

太阳即将落山,气温骤降。脚底板有点累,小腿有点微酸,裤腿还被路途的尘土染上了痕迹,可以想见一路经历了什么。虽然是没有信号、没有和人多加交流的一天,16 公里共 7.5 小时的高原徒步,让身体上有点疲惫,可精神上却感觉很是满足。

下到山脚,收拾好行李,包车返回林芝已是晚上九点半左右。洗澡、收拾、发朋友圈、码字,转瞬已至深夜。

今天,又是充实的一天呀。

（三）

原定于12月7日去真巴村游玩的计划，因大援藏姐姐朋友通知活动没有正式开启而取消。在没有新计划的时候，昨儿个徒步又疲惫，我们今儿早上干脆都睡到自然醒，起来后再决定去哪玩。

早上，随便蹭了点援友宿舍的零食当早餐，边吃边计划去哪里游玩。一开始呢，大援藏姐姐提议去真巴村附近过林卡，倘若那边活动开启，随时可以过去。之后想到当天和第二天尚有两天的假期，没准能够多去几个景点，于是决定租辆车自驾游玩。

附近的景点大家伙基本都去过了，眼下是冬季，景色也并不是特别美。所以，我们计划以雪山为中心，到南迦巴瓦大本营附近游玩，如果遇到美丽的风景随停随拍即可。计划完毕，车辆也租好，出发在即，时间已近中午。草草吃了个午饭，趁着天色尚好，我们的自驾行开始了。

从林芝市区出来的路段，都是司空见惯的冬景，并没有特别吸引人的地方。直到抵达尼洋河风景带，才略微有点亮色。

这个时间段，尼洋河两岸的树木叶子都掉光了，没有太阳照耀的时候，显得光秃秃、灰蒙蒙的一片，并没有什么特色。可一旦有阳光加入，碧绿的河水、红色的灌木丛，再加上蓝天白云的衬托，就显得生动许多。

云层厚有一个坏处在于——阴影面积折射过大，拍出来的照片整体光线度不够。我采取的措施是将阴面的照片反光消除，再调亮，瞬间就提升了照片的美感。不过，坏处也有点明显——照出来的景色比实景更美，被大援藏姐姐吐槽失真。

略作停留，继续行走。接下来，我们一路从219国道行驶到派墨公路。

派墨公路是米林县派镇前往墨脱的一条公路，虽说眼下并没有全线开通，可因沿途的景色美丽，所以总是能吸引游客前来。顺着公路向山顶攀爬，越往上走，感觉风越大。接近山顶时，肉眼可见暴风雪正在降临。等我们到达多雄拉山口时，恰好和风雪正面相逢。

那场景，正应了今天的节气——大雪。尽管外头是凛冽的风，刮着的雪粒，玩了一会儿就会手脚冰冷，衣服被淋湿，可因路遇下雪的时机比较少见，我们一个个都兴致勃勃。

周围的景色其实只是一般，可有了冬雪的加入，画面瞬间就变得灵动起来。在援友的招呼下，我们或拿着雪团扔向天空，或两两互相打雪仗，或手持自拍杆忍着寒冷露出微笑，玩得不亦乐乎。及至回到车厢，每个人都冻得瑟瑟发抖，身子缓了好一会儿才暖和起来。饶是如此，我们离开的时候仍然觉得依依不舍呢。

下山时，真正体会到什么叫"一里不同天"。似乎只不过转了个山头，才驶出多雄拉隧道没有多远，阳光就变得格外灿烂，气温也显著回升。

时间还早，我们计划再去别的地方逛逛。

不远处是雅鲁藏布江景区，可那个地方大家都不止去过一回，因此兴致缺缺。倒是连接对面两岸山峰的派镇大桥，据援友说在那里能直接拍摄南迦巴瓦峰，听起来有点意思。

将车辆停在派镇大桥附近，我们步行上桥。这时候，尽管阳光还在，可云朵密集，时不时就出现太阳被遮挡的情况。越往桥上走，风越大，如果是特别瘦小的人，没准都要直接被吹得东倒西歪。河岸边,肉眼可见风卷起了沙滩上的灰尘,它们结合在一块形成了沙尘暴,径自被吹落到河中。

南迦巴瓦峰并没有露出真面目,它被山尖的云层挡住了。想起检索时提到它和加拉白垒峰的相爱相杀传说,顿时生出一种揭开它面纱的感觉。当然,神话故事不作数,咱也只是瞎想一番而已。

返程,我们走了河对岸的另外一条路。

不知道是不是返程的路处于南端的原因,河岸边的风光明显胜于对岸。不仅红颜色的灌木丛更多,连绿色的草坪、挂着金黄叶子的树木也都还在。这番情景,令我们纷纷感慨景色更佳。美中不足的,是返程的路上沙尘明显更多,阻碍了空气质量,不少地方甚至直接影响了光线。

行驶没多久,我们路过了丹娘佛掌沙丘。

这片沙丘甚是壮观,就在马路的旁边。它的沙质细腻,颜色浅黄,在阳光下熠熠生辉。当我们行驶到半山腰的时候,比照它的高度,还会生出一种它能与远处的雪山交相辉映的感觉。

因都近距离感受过沙丘的神奇,我们没有再下车逗留,只是远远观望。翻过一道弯,还能看到有游客正在沙丘玩耍。妙就妙在,大家伙的注意力集中在——这么一大片沙丘,为什么不见有人直接装沙子回去使用呢?想来,其中有它被作为景点保护的原因吧。

返程路上还有一个有趣的点——牛拦路。

西藏的牦牛真是哪里都能看到,而林芝地区的牦牛们经常会成群结队集合在马路散步、觅食。冬日的季节,气温比较冷,牦牛们为了晒太阳或取暖,更是经常躺在马路上。偏偏牦牛的主人经常找不到,为了避免碾伤牦牛,途经的游客,唯有按动喇叭,以此催促它们挪动位置通过。

就这样慢慢行走,等我睡醒一觉,已接近林芝市区,天色也暗下来了。

开车的小援藏姐姐,一开始却找不到车灯的开关。毕竟是租的车,就是不如自己的好使。一阵摆弄过后,我们接着前行。

回到市区,我们先按照约定到加油站给车辆加满油,然后回到租赁公司还车。这时候我们才知道,租赁车辆除了支付今天的租车费、交付押金后,还需要抵押一部分押金,直到确认没有违章罚款全额退款或直接扣除违章罚款为止。看来,车辆租赁公司的保护措施做的不是一般的好呀。

夜了,在援友宿舍附近的餐馆简单吃了顿晚餐,一天又过去了。

相对而言,今天的行程比较平淡。明天还有一天假期,暂时未做安排,还是要好好修整,毕竟后天又要恢复上班的作息时间了。朋友们经常因我朋友圈发的状态表示羡慕,我对目前的生活也挺满意。但有时候也会生出恍然的情绪,总觉得不太真实。

罢了,想不通的问题照例不去多想,咱就按照当下的心意,过好每一天吧。

林芝桃花的美,你值得拥有

清明假期开始了,我和援友们计划到波密看桃花。

虽说这节日与祭祀祖先有关,可对于从小习惯了冬至祭祖的我来说,这样的节日更多是象征着踏春之行。

昨儿个晚上去火车站的途中,在县委大院遇到了之前帮忙审核过合同的某部门工作人员。车上闲聊几句,得知他是墨脱人,提及林芝到墨脱有班车,是个很值得去的地方——这让我坚定了五一必去墨脱的决心。下火车后,又偶遇了朗县的援藏医生,原来她们也出来游玩了。假期就是这样,每个人都用自己的方式尽可能愉悦度过。

是夜,抵达林芝援藏姐姐们宿舍,闲谈休息不提。

晨起,伴随闹钟的铃声苏醒。林芝的海拔比朗县的低一些,让这些日子睡眠不佳的我得以拥有了一个满足的好觉。

洗漱完毕出门吃早点。路上,大援藏姐姐给我指点远处云遮雾绕的雪山,又提到附近有好看的桃花可以观看。我本来不想去,只计划快点吃完早点去汽车站坐车。可大援藏姐姐悠哉的态度让我领悟到——生命的旅程在于整个过程,不要因急于赶路反而错过了身边的精彩。

于是,我们信步前往,趁着阳光正当时,趁着蓝天白云在天际,从不同角度,好好拍摄了几张照片留念。这样的好心情,似乎跃然纸上一般,一发到朋友圈,就迎来了朋友们一片赞叹——果然,生命的美好,每个人都看得到。

饭罢略做收拾,抵达汽车站。林芝前往波密的汽车,是滚动发车模式,时间不定,令人有些无奈。且这时候的天气,晴转多云,风儿吹到身上有些清冷,也让我担忧波密的天气变化影响观景效果。

不过,不同气候看相似风景,带来的观感必不一样。各种环境都经历过,想必会带来更丰富的体验。

在汽车站等了近一个小时,才知晓原来是我们的车票没有给司机登记，验票员又没有亲自过来车内核对人数，所以才延长了发车时间。这令人郁闷的乌龙，真是让人哭笑不得。

沿途去波密的路上，风景都已看过多次，且天气并不是十分好，我就闭上眼睛小憩。再睁眼，是感觉到一阵寒冷，抬眼一看，原来到了色季拉山口——外面赫然是一片美景白雪皑皑的。

汽车师傅显然是对这一路的风景习以为常，所以车停都没有停，很快与色季拉山口、南迦巴瓦、鲁朗景区、自驾 4000 公里观景台擦肩而过。直到接近波密的地界，他才停下来略做休息。

已过饭点，我们路上吃了点面包片，而停留的地方也没有甜茶或现做的点心，所以我们就没有再吃东西。找老板补充了点开水，我又顺着汽车师傅的指引去找卫生间。

嘿，这供来往行人打尖的地方，卫生间设置的也特别——直接在顺流而下的石渠两侧搭了平板房，女厕和男厕进入的方向不同，连门都省了没安装；也不需要设置冲水设备，直接用溪水冲刷即可。简陋是真的，环保便利也是真的。

之后的路上，汽车师傅依然保持着盘山公路开车不见减速、一路鸣笛超车、车技猛烈迅速的风格，颠得坐最后一排的我连抱怨的力气都没了。幸运的是，这师傅处事风格和开车风格迥异——他会照顾并满足乘客的需求，见到路旁有人招手也会主动停下来询问，等我们指定了下车地点也会准时到达。

和波密的援友已提前沟通，他先按计划租了辆车，在前往倾多镇的路口等我们。待我们汇合后，彼此熟稔到不需要客套，很快换乘的士进入桃花谷。

路口没多远，先到了一处标记着“桃花世界”的地方。刚下车，一阵春雨突如其来。让我们扫场所码进入的工作人员，见惯不怪地说道“没事，这雨一会儿就停”。还真是，等我们进入拍照的时候，春雨骤歇。

不过，仍是和朗县截然不同的春寒料峭气候，待了没多会就觉得凉意阵阵。且，这里的桃树虽然不少，可基本聚集在一个不大的地方，无甚出彩之处。因此，尽管我们欣喜相遇了波密援藏队友的同事，还是选择不多停留。

顺着省道继续往里走。想起《孤独星球——西藏》一书的推荐，我建议大家去倾多寺观赏桃花。

行不多时，目的地到了。令人奇怪的是，倾多寺大门紧闭就罢了，旁边张贴的牌子居然显示是写着“波密派出法庭”。恰好有本地村民到了这里，援友询问后确认地方没错。当他走向大门准备敲门时，竟然发现钥匙就插在门上，我们可以直接开门进入。嘿，这就很有意思了。

寺院内的空间比较大，首先吸引我们目光的是两只在草坪嬉闹的小狗。再往里走，有个分岔路口，一条路通往法庭，另外一条路则通往倾多寺。

我们径自往倾多寺走去。乍开始，没觉得风景多美，但环境确实静幽，感觉很舒适——不管是略显陈旧的，在桃花和绿柳掩盖下的藏式民居；还是特意用篱笆围住的，已春意盎然开出小花的草坪。

主殿旁边，我们恰好遇到了寺院的喇嘛。援友是虔诚的佛教徒，主动上前介绍自身情况，同时了解寺院的信息，而我询问的则是寺院哪里最适合观赏桃花。喇嘛师傅虽然并不是十分精通汉语，但非常热情好客，听闻我和援友不同的需求，一边和援友闲谈,一边指引我们去寺院最佳观景点。

接下来,我邂逅了一场名副其实的桃花雨:

从一个小门进入,顺着小径往下走,沿途两侧均有不等数量的桃树,落英缤纷,甚是美丽。再往里走,地面上铺陈着满满的鹅卵石,一角还有一扇关闭着的门,从黄墙红瓦的墙头能看到桃花与大殿相映成趣。

我正环顾四周,连连惊叹,频频拍照。突然,一阵急雨落下。顾不得再加一个帽子,我的目光就被急雨摧残而飘落的桃花雨牢牢占据。迫不及待打开视频,录制下当时美轮美奂的场景,不由感慨——倾多寺,真不愧是一处世外桃源呀。

在石径上面没有走下来的援友和喇嘛见雨势越来越大,招呼我赶紧离开。气候着实不适合,我虽流连忘返,也只有和美景道声再见了。

喇嘛接下来带我们到了倾多寺的主殿避雨。

这时候,除了我们之外,还有几位当地的民众一块进来了。当我以为她们也是进来躲雨时,她们进入后殿的举动却让我有点发愣——原来,这些民众是来倾多寺祈福的。她们虔诚的匍匐跪在地上,而后向着身前的另外一位喇嘛微抬头。那位喇嘛则从一旁的保险柜先后取出两个物件,边念念有词,边将物件依次轻触跪着的民众额头。

等这个仪式结束,民众离开,另外一位喇嘛主动向我们介绍倾多寺主殿供奉佛像的来历和相关佛学知识。此外,他还询问我们是否需要灌顶赐福——我这才知道,刚刚那两件和民众额头轻触的物件,一是金刚佛,一是莲花生大师的法帽,都是寺院存留至今的圣物。而很多民众到倾多寺来,都会寻求它们的庇佑。我并不是佛教徒,所以没有参与该项仪式。

信仰佛教的援友见此,则非常感恩这样的缘分,欣然接受。

之后,负责主殿事务的喇嘛逐一和我们介绍主殿的相关佛学知识,带我们进来的喇嘛时不时插两句,更多时候是看我对哪个地方感兴趣,就解释一二。

最神奇的是,带我们进来的喇嘛或许意识到语言的不便,直接把手机收藏的照片、视频打开给我看——在他的介绍和展示下,我对倾多寺藏历三月底的祈福庆典活动(喇嘛们在广场一边念经一边跳舞,共有27种不同的舞蹈形式);每年藏历新年手工制作的酥油花(供奉在佛像案头,甚是庄严);每日或主要活动的大殿念经(身着整套正式服饰的喇嘛们齐声诵经,还时不时配合摆动法器)有了更深入的了解。让我印象最深的,是他展示给我看的视频,有位喇嘛在跳藏戏,其中一个肩膀恰好有只鸽子停靠。可即便喇嘛动作一直未停,鸽子却始终安之若素,极是殊胜。

主殿参观完毕,带我们进来的喇嘛才说起他的身份——正是倾多寺的诵经师傅。离开主殿前,他特意挑选了哈达,友好馈赠我们,并口诵“扎西德勒”赐福。

出门之时,雨还没有停——这样的天气,可真是留客天呀。喇嘛热情邀请我们去他住所小坐,我们各有留恋之处,索性随心而至。

在喇嘛师傅住所,他盛情为我们现场制作了酥油茶,又拿自家的糌粑让我们品尝。不晓得是当时的气氛太过美妙,还是因为这是喇嘛师傅自家制作的纯手工食物,总之,这顿下午茶的滋味,让我回味无穷。

席间,喇嘛师傅提到援友长年茹素的行为很是赞赏,谈到他们信奉的教派经典佛学又极力推荐。当我说到朗县的巴尔曲德寺时，惊讶地发现他们属于同一个教派，原来这样的慈悲，早有缘由。由此，我也郑重答应喇嘛师傅，回头好好拜读一下他们教派的经典佛学知识。

再美的相遇，也有不舍分别的时候。

回程路上，一路烟雨朦胧，雨落不休。风景美不胜收，让我们时不时惊叹出声。想起朗县的同事说桃花沟的桃花不好看，我差点因这说法误了这番际遇。而当我将照片发到家族群，姐姐说照片极美、让我考虑再留一年西藏的评论，无疑是对桃花沟最好的称赞。

终至县城，冒雨入住酒店办理手续不提。

晚餐，还是在援友中秋假期时带我们来过的地方。这家当地极负盛名的餐厅，丝毫没有因为天气不佳带来不利影响。我们到的时候，整个大厅坐满了食客，还有不少人围在前台等候安排。好在援友是这里的常客，又先打电话预订了位置，所以能得到老板的优先安排。

我们就餐的房间，和大厅角落聚餐的一群年轻人相邻。这群年轻人，就餐气氛相当热闹，时而听到各种奇葩祝酒辞，时而听到擅长唱歌的人嗨唱，倒让我们享受了一把在音乐餐厅就餐的快乐。

佳肴饱腹，随后我们又征得老板许可，去参观她家的房子。

老板家的房子就在一路之隔的餐厅后面。进门之后，仰头一看是辟邪的鹿角，右侧的墙壁悬挂着一幅老虎的刺绣图案，左侧则悬挂着吉祥八宝的刺绣图案，靠近地面的位置，还有精致的藏式风格瓷砖。

客厅外，尚挂着挡风的门帘。进去之后，我们被琳琅满目的藏式风格家具诱惑得目不转睛。当我们正拿着手机四顾张望时,老板的爸爸拿出一顶藏族女同胞的经典头饰戴在大援藏姐姐头上,示意我给她拍照。而后,大援藏姐姐手持银壶假装倒酒给援友,让我拍照留念的时候,老板的爸爸又拿出一顶藏族男同胞的经典帽子给援友戴上。这相当机灵又配合的举动,逗得我们捧腹不止。

准备离开的时候,餐厅的老板回来了。得知我们还没有叫上车,他主动联系了出租车司机,还预先支付了车资,一再让我们不要客气。有着这样善解人意又大方坦荡的主人,无怪乎他们经营的餐厅客似云来了。从另外一个方面来说,这亦是藏族同胞本身具备的特质吧。

而我们多么幸运,在当天既能够收获美景带来的种种震撼,又能够感受到藏族同胞们带来的种种礼遇。

凡此种种,令我感恩不已,更觉不虚此行呀。

周末朗县过林卡

今天的计划是和局里的同事们一块过林卡。这还是第一次在朗县过林卡,还是蛮期待的。

我们过林卡的地方,是朗县沿江河畔一家专门提供地方和相关工具的餐馆。进门向下走,进入了一个很开阔的院子里,院中种了很多树,搭了不同颜色的帐篷。五颜六色的帐篷、青翠的绿树,与蓝天白云交织在一块很是和谐。再加上徐徐吹来的微风,草坪上悠闲啃草根本不怕人的羊儿,这一切的气氛让人感觉格外舒适。

找了一个合适的帐篷,放下东西,大家不用特意招呼,就开始分工合作了。

有些同事将携带的蔬菜水果拿去洗；有些同事找老板拿了盘子，将清洗好的水果装起来，将携带的藏族点心摆放在桌上；有的把菜切好，再把铁签和竹签洗干净，准备串好了做烧烤；还有的同事已在烧烤架前就座，就等串好的肉拿去烤了。我呢，就跟着旁边帮忙。一会洗个菜，一会串用来烧烤的菜。

这串菜看起来简单，实际也要讲究技巧。比如豆角，如果随意串，就很容易断裂；只有对准豆角的那根纤维线串，才能准确串好。比如串菜的签子，铁签串牛肉或羊肉，要对准一块肉的前后两个点，不然烤的时候容易脱落，熟的程度也容易不同。再如，铁签和竹签为了串菜，都有一个锋利的尖，如果角度不对，很容易就戳到手了。

串菜的间隙，有的同事没有吃早点，先点了面条吃。我早上只是简单吃了个小面包，所以也一块吃了一碗肉丝面。面条的味道不错，不过一吃完，其他的食物就没有多余的胃口吃了。

同事们先后烤了牛肉串、羊肉串，豆皮金针菇串，口蘑串，茄子，韭菜，豆腐干。这些食物看着诱人，可在饱腹的情况下，就不怎么美味了。饶是如此，食物摆在面前，时不时被同事送到嘴边，我又时不时吃点水果或饮料，嘴巴还是没停过。

当我以为今天就是这样边吃边玩过去的时候，餐厅的工作人员端了两大盘食物进来——里面摆放着热气腾腾的牛肉块、萝卜、土豆块，还有一小盘烙好的饼子。同事们见状纷纷招呼我继续吃，我连连摆手，尽管知道味道不错，可也实在吃不下了。

因为人多，我们分成了两桌。一桌的同事们边吃东西边互相敬酒,嘻嘻哈哈开心的不得了。我和其他不喝酒的同事坐一桌,大家就边吃东西边随意聊天。

之后有些同事去打麻将了。这喜好倒是和内地没多大差别,估计就是打的方法有所不同。而我们留在帐篷的人,互相用各种祝酒辞敬酒,时不时还遇到认识的人,于是开始招呼不同的人来吃饭聊天。

听到餐厅里放的音乐,我和主任提了句我喝酒不太行,可唱歌是没问题的。一开始呢,同事去别的帐篷找了音箱,可惜的是连不上信号。后来,主任特意找老板开了个包厢,让我完成了唱歌的小心愿。

这里毕竟不是专门的 KTV,唱歌的音质有点差强人意。而同事们都在喝酒,就我一个人在包厢唱歌。这样的寂寞感是在一个人做事产生的寂寞感中能排上排行榜前几名的,我算是真切体会到了。没过多久,有两位同事先后过来了。“90 后”的女孩子,唱歌的水平高低在其次,关键非常投入,一会跟着音乐翩翩起舞,一会随着音乐发出搞怪逗趣的声音,特别好玩。

或许,这就是一个人唱歌和一群人唱歌的区别吧——一个人唱歌,虽然嗨唱无限,可没有观众捧场仍有点孤单;而一群人在一块,自然热闹很多。

等我唱得嗓子哑,不再想继续的时候,就回去了原来的帐篷——发现同事们还聚在一块喝酒聊天呢。

这会儿,所有人聚在一块,坐在屋子里,玩起了“抢数字”“抖一抖”等游戏,输的人则要喝酒。我不想再喝酒了,因此只是参与了最后的游戏,也算融入进去,体验到了大众一块玩的乐趣。

这样全然放松的方式,比之前的单位聚餐相对来说氛围轻松一些。

或许是此处餐厅环境适宜的原因,也有藏族同胞在职场上相对不会被职位高低束缚的原因,当然还不排除藏区假期和我之前所处地区假期休闲方式不同,藏区人们更喜欢聚一块过林卡的原因。

时间不知不觉就到了晚上,快乐的时光总是容易过得飞快。或许,周末有时候就需要这样的方式,纯粹来消磨时间吧。

五一墨脱行

(一)

心心念念许久的墨脱行,于2022年“五一”假期开启。

4月30日,我们从林芝自驾出发,路上的风景都已看过多遍,可依然能收获惊叹。

这两天雨水比较多,被雨水滋润过的林芝,虽说温度有点低,可是山巅云遮雾绕,路边绿植开怀绽放,能让人收获欣欣向荣的快乐。色季拉山山巅还是保持着大雪覆盖的景象,只有在上下山途中两侧,从开的灿烂或已过花期的一丛丛毛棉杜鹃花才感受到春天的气息。河畔,古旧小桥边对我展开笑脸的杜鹃花,让我很是惊艳。而这种花卉,总让我想起深圳梧桐山的杜鹃花风光。倘若只是拍摄花卉,不标注地点,还真可能猜不出这里是西藏呢。可惜我们着急赶路,没时间停下来好好欣赏。

抵达鲁朗,发现那里果然已是绿油油一片了。当然,来鲁朗旅游过的我,知晓它最美的季节仍在酝酿中。不过,似现在这般生机勃勃的景象,已叫人难忘。

一路上,和我们错身而过的几乎都是城市越野车和大卡车,小轿车相对少一些。一路上,道路两边的树木抽出来的新绿最惹眼,很多已探出路面,郁郁葱葱的模样,看着就养眼。

当我们正式进入前往墨脱的路段时,才发现并不需要进入波密县城,而是径自前往多东寺方向。顺着盘山公路绕行十几公里后才进入扎墨公路,很自然的就明白为什么墨脱要限制双号进单号出了——只因这公路是单行道,一侧基本是悬崖峭壁,不管是考虑保养路基,还是为了安全出行,都需要有所保留。

扎墨公路旁边的路标显示是559国道,沿途果然如攻略所说,几乎都是入内的车辆,外出的车辆很少。在我们上山爬坡时,沿路都能看到美丽的冰川。它们大面积的顺山势往下蔓延,有些甚至直接覆盖到了路边。美中不足的是,不知道是不是这边发生泥石流的情况较为常见,冰川表面并不太干净。

满世界雪白一片的场景,延续到从嘎隆拉隧道出来,才渐渐结束。也是经过这个进出墨脱的隧道之后,我们就基本持续走下坡路了。下坡的路段,拐弯的幅度都比较大,有时候大卡车一次性还拐不过去,得缓慢短暂行驶。我们路上遇见的大卡车司机果然如攻略所言很有素质,他们会特意找到最近的错车道,按单闪或双闪给后面的车辆让路。

进墨脱的沿途,风景甚是宜人。

时有小溪从青山蜿蜒而下,满山的绿树,从高原冷杉过渡到杨树,接着出现了热带雨林气候才有的蕨类、竹子、芭蕉,端的是山高林密好风光。及至穿过墨脱牌坊,我们能清晰听到森林的蝉鸣,看到石壁上长势喜人的青苔。

墨脱著名景点——亲水叠瀑,出现的猝不及防。我们拐了个弯,它突然出现在路边,我连连提示停车,这才没有擦身而过。我先走到河畔,拍摄瀑布的远景和溪流的近景;接着爬上瀑布前面的亭子,近距离欣赏瀑布的美丽。坐在木凳上,脸上能感受到水雾弥漫过来,滋润得很。

等经过了这个大瀑布之后,接下来的行程我们又看到了很多大小不一的瀑布,每一个都有独特的风姿。时不时,我们会遇到桥被泥石流或塌方或雪崩等自然灾害损坏的情况,只能按照指示,直接从瀑布落下的水洼处通行。

继续走,两旁的树木,肉眼可见的变得粗壮许多,目测年岁都比我大。这还仅是靠近路边的树木,更别提山林深处的情景了,原始森林的风貌可见一斑。

路遇一座木桥,我们停车下来游玩。只见到,一条碧溪欢快奔来,流水呈现出澄澈的绿。站在连接山峰两端的木桥上,不需要摆什么动作,风景已足够吸引人。让我有点头疼的是,从这里一下车,我们就被很多蚊子围着转,幸好它们看着很大一只,却不会咬人。再想到令人闻风丧胆的小蚂蟥,我们只能浅浅一游,不敢深入森林。

随着海拔不断降低,温度上升了,随后的行程我们干脆开着窗户,任随清风自来,舒服得很。

时间跳动到傍晚六点钟左右,彼时因下着雨,天色已开始有些暗淡。我们再次经过了检查站,意识到目的地——墨脱县城终于到了。

是夜,晚饭在援友推荐的一家餐厅就餐。这家餐厅,位于墨脱县城的高处,能俯瞰县城风景,又能和对面的山峰遥相辉映。这家餐厅的石锅鸡,配料仅有铁棍山药一种,再加香葱少许,滋味已浓郁可口到我们吃到撑也不愿意放下汤碗。

饭罢回酒店,酒店附近恰好是莲花广场,恰好雨歇人暖。于是,我们顺着广场慢慢溜达,边将灯光映衬下露出别样风采的风景一一拍照留念。

墨脱,因其航拍形似莲花而被称为莲花圣地,又因莲花生大师曾来宣扬佛法而闻名。在这里,莲花造型的物件随处可见——如迎接我们的莲花雕塑,如广场的莲花灯,如就餐使用的莲花盘子,如酒店提供的莲花标志睡袍……

诸般花卉中,我最爱的就是莲花,这亦是我对墨脱念念不忘的原因之一。从林芝到墨脱,路程合计跋涉八个半小时有余,虽然身体上感觉疲惫,心理上却获得了极大的满足。

这是一趟非常值得的旅程,墨脱也不愧是称得上世外桃源的秘境。

而明日,我们将开启具体景点游玩之旅,期待墨脱能带给我更多惊喜。

（二）

在氧气充沛的地方,睡得就是比较沉。5 月 1 日一早,我是被窗外马路上车辆轰鸣声吵醒的。厚厚的窗帘遮挡了光线,我以为时间很晚了,打开手机才发现还不到早上九点。

想着今天要去游玩的景点,索性起来了。

来墨脱之前我就做好了攻略,计划游玩的景点包括果果塘大拐弯、德兴民俗村、藤桥、仁钦崩寺、博物馆、背崩瀑布、布群湖、老虎嘴瀑布、莲花广场。这些景点,前三者在一个方向,后二者可以考虑一块去。至于最后四个景点,瀑布其实并没有特别想要去，毕竟路上已看过很多。莲花广场呢，昨儿晚上已看过夜景，抽个时间，可以再看看白天的盛景。

拉开窗帘，发现今儿的天气真是蛮好——阳光普照呀。当收拾完毕准备出门的时候，看到酒店前台小妹子都直接穿着短袖了。

去果果塘大拐弯，按照导航的路线行走，倒是不难找。这条单行道，不知道经过了多少道弯，一侧就是雅鲁藏布江，落差很大。这样的悬崖峭壁，有些路段甚至是在峭壁上凿出来的，蛮惊险，也越发让人敬服当初修路的工作人员。

这条单行道，植物很是茂密。当我从树木的缝隙中眺望，能看到对面山腰有个小村庄。可惜，芭蕉树和其他植被挡住了视线，不能拍摄沿途的美景。

第一个景点，一开始出现在我的镜头中的是墨脱的藤桥，供以前的民众穿越河两岸的山峰。

而现在，藤桥已成为历史，不再供人使用，溜索过江也成了故事。与藤桥并列的还有另外三座桥，材质有铁丝也有钢筋。几座桥在一块，谱写着墨脱人民的过去和现在，听着过往车辆在最新一座桥行驶发出的轰隆声，让我感叹科技进步的同时，又会遥想曾经的传奇。

挥别藤桥，再往后就直奔果果塘大拐弯了。

雅鲁藏布江围绕某座山峰转弯的情况，在西藏并不少见。昨儿个我们在来墨脱的路上，就看到了林多大拐弯。可雅江拐弯的地方很多，称之为果果塘的却只有一个。

当我们站在果果塘大拐弯正对面的山腰拍照时，恰好是日头猛烈的正午时分。不少游客已然是夏天的装扮，让我再次产生自己并不在西藏的错觉。将这墨脱的经典景点拍照留存，没打算多待，就准备离开。抬头，意外看到天上盘旋着一只老鹰，它时不时鸣叫几声，不知道是不是正在觅食呢。

离开果果塘大拐弯的时候，我并不知道自己因阳光照耀带来的燥热降低了理智比例——轻易地道别，使我错失了发现神奇一幕的机会。

接下来，我们前往的景点是德兴民俗村。

这里的村落，房屋由当地政府统一建造，很具有藏族特色，看着很是规整。如果只是单纯游览村落，就没什么出奇。我来这边的目的呢，是找一个可以采摘水果的地方——这是酒店前台小妹子推荐的。

据酒店前台小妹子介绍，德兴民俗村有供人采摘的桑葚、芭蕉、火龙果基地。水果咱都吃过，关键没有亲自采摘过呀，听起来就蛮有意思。基地不晓得在哪里，我们就随意找了户人家，询问是否有这样的场所。当地村民说，现在有桑葚可以采摘，可是芭蕉和火龙果却没有。好的吧，聊胜于无。很快，我们跟随村民前往了桑葚种植基地，那里位于村落的后面，藏在另外一座山峰的山腰。

烈日炎炎，地处偏僻地段的基地除了当地的四位年轻男性村民和我们，就没有其他人了。虽说这里很安全，可毕竟防人之心不可无。基于这个原因，我们最终只是购买了采摘好的桑葚，没有体验亲自采摘桑葚的乐趣。

返程路上，发现路边的手工艺品店参观了一下。这里有当地村民编织的各项手工艺品，虽然达不到精致的程度，不过还别有一番趣味。

行至一个交叉路口，我们决定去果果塘大拐弯对面的山峰看看。根据路标提示，果果塘大拐弯对面的山峰是果果塘茶园。沿路下到茶园,并没有遇到当地村民,只有漫山遍野的茶叶在欢迎我们的到来。

茶园中央的建筑,屋顶有着不规则的形状,离得近了也看不明白究竟是啥。等我们看到门口的介绍,这才发现果果塘茶园的整体形状是我国地图的模样,中间的建筑,屋顶是特意修成的五角星模样——而这,是我们在对面拍照的时候,完全没意识到的一点。

无怪乎,果果塘大拐弯是备受称颂的那一个呀。

发现这点之后,一方面我再次感叹西藏地区一颗红心向国家的思维,另外一方面又很遗憾彼时拍照留念的自己太过粗心。幸好,果果塘茶园的欣欣向荣景象弥补了这点。走在返程路上,我们找准角度俯拍了一张茶园全景,完美再现了那片错落有致的感觉。

回到县城的时候,不过下午三点有余。时候尚早,干脆去其他景点也看看好了。

按照导航,我们先去了墨脱的博物馆。可惜的是,博物馆并没有开门。希望明天再过来的时候,能顺利入内参观。

最后,我们打算前往仁青崩寺。

又是一路爬山,拐了不知道多少道弯。旁边的树木,越发古朴,很有原始森林的感觉。等我们抵达景区附近的时候,热门景点常见的景象就展现在我们眼前——一长溜的越野车,都停在路边呢。

仁青崩寺景区,不同的于西藏大部分寺庙入门即可看到佛堂,这里映入眼帘的房屋虽然很多,却几乎都是当地村民的住所,或工作人员提及的生意人经营的宾馆。我们顺着指引,从一条貌不惊人的小路才找到寺庙。

进入寺庙，顺着人工修葺的石径一路攀爬向上，佛堂就在顶端。主殿门口有一片已绽放绿意的草坪，想必夏天在这里过林卡会特别舒服。主殿供奉的主佛是伏藏莲花生大师，呈站立姿态，威风凛凛的面相，不知道为什么让我联想到了内地的龙王。

据介绍，仁青崩寺的信徒信奉宁玛派，主佛伏藏莲花生大师以前由天然矿所塑，却在1950年因地震毁坏。后来信徒们复原寺庙，又在“文化大革命”期间被破坏。现在的二层建筑，是第三次由信徒修建所成。

看起来位于世外桃源一般地段的寺庙，在过往的岁月也曾经历种种磨难，让我不由生出命运莫测之感。

兴尽下山，上车之后天空已晴转多云，光线变得暗了一些，戴着墨镜视线不够明朗，我打算换回近视眼镜。可四处一望，并没有眼镜盒的踪迹，我这才想起近视眼镜落在门口的休息椅上，忘记拿了。原本以为返回寺庙应该能找回，没想到居然没有找到，也不知道是不是被人当做钱包拾走了。

嘿，前一刻尚在感慨寺庙的遭遇命运莫测，这后一瞬自己的遭遇就让我哭笑不得。最让我啼笑皆非的是，下山后以为可以顺应天意购买新眼镜，没想到距离最近的眼镜店居然在波密。好的吧，看来我明天即将的景点游玩，只有在墨镜带来的别样色泽和不戴眼镜的朦胧中度过了。

眼镜丢了，可景点照旧要看。下山返回县城的途中，我们只在一个地方停留——海市蜃楼。

海市蜃楼是一座二层小阁，位于前往仁青崩寺山峰的半山腰。进入这座楼阁的二层，能够俯瞰墨脱县全城，风景算是壮观。只是，我在看的时候，一直想找寻墨脱县城是否整体为莲花的形状,却并无所得。

也许,这只是一个噱头。又或者,莲花的模样,需要有缘人才能感知呢。名为“海市蜃楼”的楼阁,不知道是真的能看到海市蜃楼,还是有墨脱的美不似真实之寓意呢。

晚餐,同样选择了一家援友推荐的餐厅进食。就餐过程不再赘述,单说我们兴致勃勃采购的诸般货品——如墨脱石锅,经过货比三家,发现这里的石锅价钱普遍比林芝打听的石锅内部价格便宜近一半,质量看起来却差不多,甚至能够直接在煤气灶中使用。如白酒,买来不是为了直接喝,而是用来浸泡桑葚,自己制作桑葚酒。如本地的柠檬,我们并没有买,只是顺路在一家石锅店老板家看到,那体积,比一只手还大,真是超出我想象。

入夜,雨水突如其来的再次降临,温度也随之下降了一些。

诚如援友所言,墨脱的景点虽然分散,可基本一天就能走遍了。不过呢,旅游就是从我们看惯的地方去别人看惯的地方耍的过程。期间的美好需要自己找寻,其间的快乐也只有自己才能深刻体会。

伴随窗外淅淅沥沥的雨声,一天的经历落下帷幕。

明天将是墨脱城内的休闲之旅,虽说没有近视眼镜弥补视力的缺陷,可朦胧美本就是墨脱的特质吧。

咱就好好享受呗。

(三)

5 月 2 日晨起。昨儿个睡得甚是舒服,都不太想起来。直到闹钟响起,想到要起来吃早点,才慢吞吞挪动。

拉开窗帘,换了一个房间的好处体现出来了——窗外是被雨水滋润后分外清新的莲花广场,依稀能听到有人在跟随音乐做早操。而远处山巅覆着的薄雾轻纱,即便没有眼镜带来的清明也一目了然。墨脱晨间的山雾是不可错过的一景,而我得以在窗帘掀起即可享受,真是美好的很。

当天的计划,很是轻松。先看看山腰的墨脱门珞历史文化博物馆有没有开放,再在小城随处逛逛,近距离感受墨脱的美。

时间还早,天气又好,距离也不远,所以我们决定徒步前往博物馆,还可以一路看风景。雨后的墨脱呈现出一派清纯唯美,漫步期间,手机一直忙个不停,只为了捕捉云海仙踪和县城融为一体的独有韵味。

爬坡抵达博物馆,腿微酸,却并不喘。虽说同在西藏,但这就是不同海拔地区的差别。

墨脱门珞历史文化博物馆是座四层楼阁,楼阁叫作莲花阁,门口有一座莲花的雕塑。进入一楼大厅,博物馆的名称亦有莲花的衬托。在莲花圣地,处处能看到莲花的踪迹,我已习惯得很。

博物馆一楼,介绍了墨脱的地理概况。

墨脱共计 3.4 万平方公里,平均海拔 1200 米,全县人口 14889 人,是门巴族和珞巴族的民族聚集地。墨脱被称为“隐秘的莲花”“天然博物馆”,这里的民众具备“万物有灵现”的信仰和崇拜的思想基础。

墨脱的农耕文化,在耕种、收获、刀耕火种都有不同的仪式。饮食风俗,以玉米和鸡爪谷为主食,烧烤是常见加工食物的方式,石块烙制也常有。同时,当地民众喜欢用大米、鸡爪谷、玉米、九曲一块酿酒,具体流程是炒玉米—浸米—蒸煮—拌曲—发酵—入缸—发酵—滴流。猎物分配习俗,坚持的是共同劳动、平均分配原则。

博物馆的一楼,分类不是特别明确。整体装修风格比较原生态,或许是特意呈现的状态。上楼的地方形似一个洞穴,还有石刻的莲花、塑料制成的树枝装饰,非常有趣。

二楼一上来,看到的场景更规整一些。

首先是宗教文化。当地民众具有自然崇拜、图腾崇拜、祖先崇拜等不同信仰。鬼神统称为乌佑,可以凭附在任何自然物和人身上,使自然物和人也具有其中属性。几个有意思的文化——如登龙坎,是送鬼走的意思;本波,觉母,把莫,是当地供奉的神佛;还有占卜,通过纸糊面具、供品、彩线等方式解读答案。

其次是语言文化。墨脱有萨玛、东三巴等民歌形式,仓央嘉措的情歌最早就起源于门巴族民歌。

接着是音乐文化。当地的乐器,以口弦(吉斯冈)、四孔笛(堂堂那不鲁)和六孔笛(甲令那不鲁)、鼓、萧、二胡、钹等为主。舞蹈,门巴舞专用于祭祀的鼓舞称为绰,果谐的风格则轻快活泼和锅庄接近。

最后看到的是建筑文化。博物馆内直接还原的场景,让洞穴、茅草屋、吊脚楼活灵活现,生动展现了当地的民居风格。

三楼,是墨脱的非物质文化遗产概况。

其中,久负盛名的有墨脱石锅、门巴服饰编制技艺、竹编编制技艺、乌木筷子、藤网桥等。

墨脱石锅,选取的是雅鲁藏布江两岸悬崖的天然皂石,手工艺人用凿子和铁钻经过 12 天制造而成。我们在墨脱的街头巷尾均可以看到售卖石锅的店铺，里面既有人工凿制的石锅，也有电工制作的石锅。它们大小不一，形态各异，但整体的价格比林芝等地区要低廉的多。想来，有本地竞争大的原因，也有道地产品没有额外费用增加的原因。

服饰按民族分为门巴族服饰和珞巴族服饰。门巴族服饰，以棉麻制成，女士喜欢用彩色线装饰，着花色裙子。珞巴族服饰，男子穿羊毛织的黑色套头坎肩，女子穿羊毛、麻、棉制成的短上衣和筒裙。门巴族服饰较为简朴，珞巴族男女普遍喜欢戴串珠、项珠、银制饰品。两个民族的男女都会蓄长发。

三楼的最后一个展示，是扎墨公路的修建历史。这段公路，1974 年就进行了设计，1980 年因各种原因停工下马。1994 年全线贯通，但一直有塌方、泥石流，使全线中断。1998 年确定每年保通波密到扎木镇 80 公里，可在 2000 年受易贡特大自然灾害影响，墨脱成为高原孤岛。2004 年到 2012 年，公路分期修建、贯通、养护，终于在 2013 年正式通车。这段历史，虽然只是以年限为数简单说明，可光看修建的总体年份，就知道里面有多少感人肺腑的故事，实在太不容易了。

四楼的展示主题是城乡发展。

墨脱公路通行后，先后在电力、公路等方面有了长足发展。其中，尤以扎墨公路、派墨公路的发展最可喜，要知道，以前的墨脱人想要进出，只能通过步行、过溜索、藤网桥的方式。

援墨工作组，以广东省和福建省为主，同样是三年一批。这个博物馆，就是福建漳州援建队投资建造而成。

四楼的展示栏末尾，我们看到了琳琅满目的特色植物和特色动物。植物有红豆杉、香橼、盖裂木、大花鹤顶兰、马蛋果、球果假沙晶兰等；动物有孟加拉虎、豹猫、小熊猫、黑熊、银耳相思鸟、云豹、墨脱竹叶青蛇等。不少植物和动物我都是第一次听说,不由让人惊叹墨脱资源之丰富。

从四楼的展厅出来,是一个四面敞开的阳台。站在合适的角度,我们能够看到对面山巅的云海翻腾,也能俯瞰墨脱县城,看到最新的变化。

博物馆的结束语,有一句话让我印象深刻——“征途漫漫,唯有奋斗”。并没有额外的解说,却让我浮想联翩。今天的墨脱,不知道背后有多少人曾默默作出贡献呢。

从博物馆出来,时近正午,我们同样是徒步下山。找了家面馆,简单解决了午餐。

饭罢,绕行进入莲花圣地公园,慢慢游览。

今天天气暖和,游鱼都浮出水面了。红色的鲤鱼嬉戏在绿色的莲叶之间,颜色很搭配,场面很和谐。顺着齐整的石径往公园里面行去,在不同的角度能看到不一样的美。我最喜欢的,是站在绿荫底下,从绿树垂下的枝叶一角,拍摄对面红白相间的藏式建筑,或者拍摄被风拂动的波光粼粼湖面。

墨脱午后,空气中水分十足,可依然有些许阳光穿透厚厚的云层洒下人间,使温度保持在最适宜的体感。有当地民众,趁势邀三两好友,带几多食物,在公园悠哉过林卡。

不同于夜晚灯光映衬下的妖娆,白天游览莲花圣地公园,风景多了一丝清丽。尤其看着桥下新发的嫩绿莲叶,能感受到生命焕发活力的快乐。

灵动的风景,让我想起了之前路过县城其他路段时看到的墨脱壁画。那些壁画颜色已有些陈旧,但仍可以看出墨脱民众的服饰风格,能看到墨脱的经典景点,还能让我们为那份用心为之感动。

游览完毕，准备回去。

奇怪的发现，今天负责巡逻的机关人员比较多，不知道是不是发生了什么事情。且，手机居然没有信号，经询问，才知道今天全城移动公司的网络都没有信号，据说是下雨天导致断网的缘故。

想到这边找不到的眼镜店，想到检索地图查不到的首饰店……看来呀，墨脱的整体发展还有待加强。而来这旅游，仍需要跋涉良久才能亲身体会，同样有利有弊呀。

夜了，又开始淅淅沥沥下雨。

晚餐，还是在初到墨脱的那家餐厅，再次品尝石锅鸡。这次我们来得早，能看到白日的藏式民居经过雨水的清洗，更加精致美观。而我们坐的卡座，白天供顾客喝茶赏景，晚上则提供位置让人就餐，很是便利得宜。

墨脱之行，以一顿美味的石锅鸡开始，又以滋味可口的石锅鸡结束。明天即将返程，再美好的日子，也终有挥手道别的时刻。

期待明日依然能收获惊喜。

（四）

5月3日，我们从墨脱返程，没有做别的计划，只期待沿途收获惊喜。一整天的经历，就一句话总结——计划不如变化。

晨起，推开窗户，发现还是阴雨连绵的天气，温度也下降了不少。

昨儿个晚上和大援藏姐姐聊天，她询问我，返程路过波密要不要去易贡茶场游玩。这个提议倒是蛮吸引人，可是如果我们绕路去,就要考虑另外包车,会有点折腾。而据去过的小援藏姐姐所说,那边茶场经常关门,单纯只是去茶场就没什么意思,只有深入易贡里面才好玩。

基于此,我犹豫了一晚上,最后还是决定不去了。

从墨脱出来,没想到也要安检,沿路四个关卡,倒是让我们有了停下来歇息的机会。彼时烟雨朦胧,山间薄雾飘摇,着实美得很。我这一路上,都忙着不停拍照,饶是如此,还是有很多擦肩而过的美景没办法存入相册。而即便只是穿梭而行,留下的记忆也足够深刻。

尤其,每到公路转角的地方,景色往往最美。只见到对面山峰云遮雾绕,那仙意渺渺的情景,直让人忍不住猜测会不会有仙人在其间生活。时有两旁山峰都是高耸入云、中间则是落差很大的奔腾雅江之跳崖式场景出现,一面让我心惊悬崖峭壁之险,一面又因这美景沉迷。

上午十点半左右,阳光从厚厚的云层透出了丝丝缕缕的暖。山雾渐渐有些消散,可它们从树梢缓缓浮起的美,正是“又疑瑶台镜,飞在青云端”的感觉。再一转弯,有一挂玉带从林间坠落,可不正是“疑是银河落九天”。

快到墨脱游客中心的路段,我们难得遇到了堵车。那一段路恰好是连续上坡,偏偏多辆越野车被排头缓慢行驶的大卡车挡住了,更巧的是居然还有多头牛正横穿路面——这境遇也是挺逗的。

及至抵达攀升嘎隆拉隧道的不知道多少道拐路段,路边山巅的雪山已清晰可见。扫了眼地图,海拔从 1200 米到了 2400 米,而我们要继续爬坡到 3800 米左右。

等从扎墨公路回归到 318 国道,两旁的树木肉眼可见的干燥了一些。山头也浅浅的铺了一层雪，比我们进入墨脱时看过的风景又胜几分。

离开墨脱，尽管有不舍、有留恋，可想想那边的气候，还是忍住了驻留的念头——只因环境着实太湿润了，短短几天，我就长了湿疹，看来真不适合我久待呢。

前往墨脱路段的318国道出口附近，是波密著名的寺庙——多东寺。正好到了正午时分，我们进去短暂停留，并解决午餐。

第一眼看到多东寺的主殿，只觉得太精致了。不管是雕工还是房屋的造型，还是背靠青山白云的氛围，都称得上美轮美奂。不过，我这想法，倘若让佛教徒听到，又该说我着相了。

在多东寺收获的最大惊喜是，我终于在西藏看见猕猴啦！猕猴群齐聚在巨树底下，大猕猴守护着小猕猴，时而给小猕猴挠痒痒，小猕猴们则相互在嬉戏打闹，分外怡然自得。好玩的是，树底下除了猕猴群，还能看到几头牦牛、藏香猪，它们同样正悠哉地享受着午后时光。

这样和谐共处又不惧怕人类频频拍照留念的场面，看样子是这里的常态了呢，看着就让人欣喜不已。

离开波密区域的下一站，是前往大援藏姐姐想去的温泉——这并不在计划之内，着实增加了新奇的体验。

按照导航提示和以往来回该路段的印象，我们径自前往了迫龙沟大桥附近。原本以为一家酒店名称中带有温泉二字，能直接入住并泡温泉，没想到最近的野生温泉距离有七公里。而后，我们又询问了另外一家提供附带服务的温泉地点，准备前往——按照网友的评论，那里挺有原生态的感觉。

很快，我们到了目的地。

看温泉中心的建筑，是传统的藏式民居，一角的墙壁，还专门镶嵌了两扇陶瓷壁画，整体还不错的样子。进门之后，我们先在观望台遥望了温泉池，人不多，一墙之隔就是欢快流淌的雅江，环境看着还凑合的样子。等按照收银台工作人员提示，购买了泳衣、一次性浴巾、缴纳门票之后入内，才发现我们想得太美好了：

先说更衣室，地上随处丢弃着垃圾无人清扫，储物柜看起来很陈旧，淋浴室非常简陋。再说温泉池，露天的两个居然是男女共用的——好在我们等到了一个刚清洗好的池子，不然我真不想下池了。可在温泉池换水的时候，来了一群当地人，她们直接开始脱衣服，两个藏族阿佳①说她们不洗，是要给随行的三四个小孩洗。我们……

经过确认，这里的温泉池虽说是天然温泉，却只有两个公共温泉池，不分男女老幼都可以使用；假如想单独享用一个温泉池，需要再交一笔费用，且温泉池没有额外的功效。好的吧，原来这就是所谓的原生态。咱只能说，这次体验印象足够深刻。倘若再想泡高原温泉，就必须找准地方了。

简单冲洗过后，倒是驱除了一些寒意，可这环境实在让人不想居住。于是，我们继续返程。

从排龙沟开始，天气又开始由阴转雨。沿途的风景都已看惯，且有着墨脱沿途风景的珠玉在前，我没有太高的拍照兴致。

直到我们开始爬色季拉山，天气变成雨夹雪了。两旁的

---

① 此处非笔误，藏族人习惯互称女性为“阿佳”，可视年龄理解为“阿妹”“阿姐”“阿姨”的意思。

树木，渐次从薄雪往浓妆素裹过渡。不少地方，有了雾凇乃至雪凇的美感，在暗淡的天色下，格外耀眼。经过色季拉山那么多次，还是第一次看到弥漫了整个天地的雪景，虽然视线会受阻，可这样雪天一色的美，让人沉醉。

七点半左右，我们在跋涉一天后回到了林芝。

一块吃了个晚餐，一碗诚意十足的羊肉汤喝下，整个人都暖和了不少。随兴拍了几张合影，闺蜜评价：开心让我变得更美丽了——或许是的吧，旅途中的风景，很难让人没有好心情呢。

从墨脱返程的路上，云遮雾绕的山峰让人几乎以为里面是仙界；多东寺主殿的精美、猕猴的安然，让人感受到身在红尘之外的静谧；排龙温泉咱真的只是体味而已，有意向的人慎入哦；最后是色季拉山风雪弥漫的情景，要有极好的际遇才能遇见。

离开墨脱时，看到关卡的牌坊有一句话：世界只有一个墨脱，而墨脱拥有全世界。这句话初看觉得有点狂妄到自负，可我相信只要去过墨脱的人，就知道墨脱敢这么说就有足够的底气。

五一假期接近尾声，明儿个的目标是配一副近视眼镜，摆脱眼神迷离的状态。而后返回朗县，好好调整，准备后天上班。

愿此刻的好心情能陪伴我每一天，还能感染到看我文章的朋友们～

再游拉多藏湖

6月12日，大援藏姐姐来朗县游玩。当天的计划，是陪援藏姐姐再游拉多藏湖和嘎贡沟瀑布。

早上七点钟,闹钟准时响起。虽然周公一直拉着我不要我走,可想到今天的计划,咱还是迅速起身了。早餐,是昨儿个剩下的鸡汤,放入了一些新鲜的青菜,再加入了一包面条。简单却美味,能量十足。

八点十分左右,我们出发了。

这个时候的朗县蛮安静,大部分店铺都还没有营业。遥想我平日的作息,这时候才刚起床呢。街上几乎没有行人,天上阴云密布,看起来今天的天气没有昨天好。

及至行驶到了盘山公路,我开始感觉到阵阵寒意。这种冷和昨儿个晚上散步的凉意不同,是让你恨不得人整个缩起来,再把手藏在暖和的地方取暖的冷。大援藏姐姐见此,让我将她的冲锋衣加绒内衬穿上,这才让我感觉好一点。

前往拉多藏湖的路段都是走过的,一开始我的注意力全在如何让自己更暖和上面,后来,才渐渐被两侧的原始森林吸引了目光。

天气果然不好,我们到拉多藏湖区域的时候,外面已下起了雨。但是,“空山新雨后”,下过雨后湿漉漉的环境,空气很是清新。时间很充裕,我们索性看到哪里值得一观,就停下脚步欣赏美景,顺带拍照留念。

首先让我们留意到的,是一个所谓的圣泉。

这个圣泉的水很稀少,只有两条肉眼可见的溪流从山顶慢慢滑落,底下没有人供奉也没有哈达祈福。倘若不是司机师傅特意提到,想必我们直接就忽略了。

一路相隔的山涧,倒是个意外惊喜。我们从马路牙子探头往下望,能看到山泉喷涌而下,发出热闹的轰鸣声。泉水很是清澈，因为水势比较大，还激起了白花花的泡沫。

接着，是位于拉多藏湖区域海拔最高的那个湖对面山腰的雪瀑。

山腰的树木郁郁葱葱，却有一条溪水见缝插针顺流而下，或许是因为最近总是下雨，山上温度比较低，还不待溪水全部流到湖中，就被冻成了雪瀑。

于是，我们借此看到了悬挂在原始森林中间洁白无瑕的雪瀑，又看到了尽力往湖水方向靠近，最终却徒劳的被冻结在原地的溪流。绿与白的结合，美的纯粹又格外自然。

然后，是顺着盘山公路继续往上走，抵达的能拍摄到拉多藏湖全景的乱石平台。

这时候，盘山公路已是泥泞不堪，被来往的大车行驶留下的车轮印迹很深。我们租的是普通的的士，行驶在这样的路上，颇有些吃力。可以想见，不远处已覆盖了薄雪的山巅，必然更是难行。

下车后，水雾扑面而来，不一会儿就把人和手机都润湿了。抬眼望向山顶，那里云遮雾绕，偏传来阵阵吆喝声和藏语歌声。云深不知处的神秘，很令人向往呢。

再转个方向，俯瞰到了拉多藏湖三个湖的全貌。它们互相依偎在一起，因为观看的距离比较远，显得在群山环绕中的它们格外娇小。目光收回，回到脚下。一侧苍松林立，树下有碧绿的青苔，又有很多黄色、白色、紫色的花朵兀自在雨中笑的灿烂。

最后，是下山路上能够顺着草坪走到最低处的第二个湖和第三个湖。

上一次来，我和上一批朗县援藏队医生、老师站在同样的位置。彼时，正是秋意渐浓的时刻，不少灌木丛叶子都变成了金黄色，在阳光的照耀下显得分外动人。

而这一次，我和大援藏姐姐、司机师傅三人看到的，却是雨后生机勃勃的景象。这里的草坪，绿油油一片，远看让人恨不得躺上去滚个几圈。而近看，好的吧，随处可见牛粪滋润的功劳。草坪上，同样开满了各种颜色的小花，虽然小小的只有走近才能看到，却非常夺目。风吹过来，冷飕飕的，但比秋天过来的那次，更具有活力。

我们在这里待的时间最长。逐一将第二个湖和第三个湖拍了远景、近景，又各自独照、合影留念。神奇的是，尽管此前山上还在下雨，这里的湖水却根本没有受到影响，近的地方依然清澈见底，选的地方则是碧波浩渺。

第三个湖的湖畔有个小木屋，不知道是供放牧的人休息的，还是给牦牛们躲雨避寒的场所。我们没有走近细瞧，只是将它作为背景与藏湖一块留在了照片中。

这样的氛围，甚是祥和，很有一番世外桃源的感觉。

回到县里，时间到了正午十二点半。大援藏姐姐返回林芝的车是下午三点四十五分左右，她不想再奔波，我们就放弃了继续去嘎贡沟的想法。

饭罢分离，各自回去休息整理不提。

今天的行程很简单，却玩得挺开心。虽说咱一向不太喜欢旧地重游，不过风景四时不同，与不同的人游玩必然会有不一样感触。

珍惜缘分，活在当下最重要。

三　日喀则、阿里、昌都

珠峰，我来了

万万没想到2021年国庆之旅的开端竟然是这样：

9月30日晚上到日喀则的时候已经是凌晨十二点半。为什么这么晚呢？是因为火车居然晚了一个多小时，原因是外地过来的火车遇到了强降雨晚点了，而我从朗县坐车到拉萨后，再从拉萨出发到日喀则的火车必须与外地过来的火车头衔接才能出发。

等待的过程心情自然不是特别美好。尤其候车室数百人的嘈杂、随着深夜一块到来的疲惫，都让我有些烦躁。为了打发时间，也为了转移注意力，免不了挑喜欢事的做——看小说，如此才能熬过彼时未知多长时间的等待。

及至上车后，看到同座的旅客是几个背包客，且都是年轻的女孩。她们背着硕大的登山包，里面能依稀看到登山杖、帐篷等物件，身上穿着的是短袖运动装——在普遍都穿两件衣服的旅客中，格外引人注目。

瞧她们那架势，一看就是常户外徒步的大咖。我被周公逗引得迷迷瞪瞪间，听到背包客女孩说她们这次的计划是去希夏邦马峰环线徒步。哇塞,这真是厉害了。且不说希夏邦马峰那边的高海拔带来的高原反应,光是这么多行李带去的累计负重和辛苦就令人却步。对这类人物,咱真是敬仰,轮到自己,感觉需要下大决心或者拼命才能做到。

胡思乱想间,日喀则终于到了。这里不得不赞扬一下这条线路的工作人员——知晓大家伙等待的久了,进站之时没有查验身份证缩短了时间,只在上火车之前刷身份证验证。路上,快到某个站点之前有列车员来回询问有没有人下车,无人回应后列车就没有停顿,加速前进。等我们出站的时候,也只是经过了刷身份证和测体温两道关卡,快速通过,节约时间。

对这些工作人员的辛劳,甚是感恩。

抵达日喀则火车站的时候,还有一个让我很意外的事情。同行的波密援友,知悉我凌晨才到火车站,十分费心的和酒店沟通,随酒店的司机师傅一块去火车站接我。这举动,让习惯了单独出行的我很是感激。再想到我们互动频繁的微信群“援藏一家亲”,每个援友都曾经带给我一些惊喜和感动,实在是我援藏生涯的幸运。

到酒店洗漱睡觉不提。

10 月 1 日早上七点左右,我就被酒店大堂的嘈杂声吵醒了。没办法,国庆旅游的人还是蛮多的,不少旅游团得抓紧时间赶路呢。

吃罢早餐收拾好东西,等待带队师傅联络。按照行程,当天的计划是去阿里,会路过草原。没想到,出发时候师傅的一席话让我瞬间怔愣——由于团里有去新藏线的旅客,他们不走回头路,所以我们当天的行程改成上午去扎什伦布寺,下午直接去珠峰大本营。

好吧，决定权在带队师傅，咱就调整心情适应吧。

话说回来，扎什伦布寺 2018 年和闺蜜参观过，彼时还曾经因为穿裙子被拒之门外，而后换了藏服才入内参观。① 这一次，虽说同行的是波密援藏队友，可我却兴不起再游故地的想法，所以干脆就待在旅游车码字，顺带和带队师傅聊天。

带队的师傅姓王，他说他待在西藏九年了，跑阿里线都已经七八年了。阿里那个地方，拍照是拍不出眼睛看到、内心感受到的震撼之美的，那是没有语言能形容贴切的广阔。在那边驰骋，有时候全程只有一辆车，天高地阔，十分舒畅，且藏羚羊等精灵更是时常偶遇。

这么一形容，让我的心真是痒痒的不行。不过，稍安毋躁，我且好好游览这两天的日喀则景点吧。

上午十点二十分左右，去游览扎什伦布寺的旅客们陆陆续续回来了。和邻座的旅友聊天，她提到可以去广场帮忙拍我和国旗的合照。这个方式我倒是没有试过，略有点兴趣。

她带我到扎什伦布寺对面的广场，让我面向国旗立正站好，而她从后面拍我的背影。阳光很刺眼，我定睛看着国旗，内心莫名生出一种感动——为这海晏河清，为这国泰民安，也为此情此景。

接下来，我们继续出发。越往珠峰方向走，沿途的风景越荒凉。除了偶尔让人惊艳的和阳光交相辉映的金黄杨树林，两侧的风景实在乏善可陈。

路过上海人民广场 5000 公里纪念点，大伙儿纷纷下车拍

① 在西藏，进入寺庙需摘掉帽子、墨镜，不能穿短裤、短裙进入。

照留念。这处人为建设的纪念点,景色倒是其次,更重要的是其中包含的自驾纪念意义。

透开的窗户传来泥土的味道,或许是因为这边植被不够茂密的缘故,略微有点呛人。晴朗的天空渐渐变成了多云,两旁的山峰虽说没有树木,可光影交错,形成了一种迷幻的美。往窗外看,能看到路旁很多人在路边招手拦车,可停下来装载乘客的却少。田里,不知道是小麦还是青稞,都已经收割完毕,剩下苗杆堆成了高高的草垛。

午间吃饭,大家伙商量傍晚抵达珠峰保护区住哪里。大部分旅客想着来都来了,怎么都要在珠峰大本营体验一下住在世界之巅大通铺的感觉。我呢,定位比较明确,想着自己就是个游客,身体舒适更要紧,倒没有特别想住珠峰大本营。

最让我担心的是,天气已是多云转阴,倘若傍晚看不到日照金山,才是遗憾的事情。至于能否看到珠峰大本营的星空,我心心念念的是未来去阿里暗夜公园看星空,对这里倒没有特别的念想。

饭后在车上打了个盹,睁开眼就到了珠峰保护区的牌坊面前。前几天降温,远处的山尖都是雪。拍照完毕,我们眼睁睁看着天边的云朵飘过来,好一阵雨夹雪。虽然气温骤降,可着实有些惊喜。

做好了可能看不到日照金山的心理准备,没想到十里不同天,拐了几道弯后,太阳又开始释放热量。两侧的山坡,都是已染上秋意的草甸,在蓝天白云的映衬下,格外美丽。

路上,我们时不时需要停下来,不是因为意外事故,而是需要根据检查站的要求排队出示身份证、行程码登记。到珠峰检查站的时候人最多,路上排满了车辆,偏指挥的人只有一个,还不时有车辆从后面驶过来插队,着实费了番功夫。

终于,我们到达了珠穆朗玛峰国家级自然保护区。

和想象中进入景区不久就能到达珠峰大本营,看到珠穆朗玛峰真面目的场景完全不同。我们进入景区后,据说转过了 66 道弯上山,又经过了 108 道弯下山,才到达观光车起始点。

彼时,天色已暗下来。我们在珠峰 108 拐观景台并没有看到一排 5 座 8000 米以上的雪山,反而意外和彩虹一般的祥云邂逅。不知道这算不算"失之东隅,收之桑榆"呢?

"珠峰 108 拐"观景台,除了能看到雪山、108 拐之外,还有在凛冽寒风中不断飞扬的壮观的经幡祈福堆。这里有当地的藏族同胞售卖经幡,她费了不少口舌,又是撒娇又是扮可怜,然而大家的心思都飘向了远方,均没有意向购买。

打算住珠峰大本营的旅客们乘坐观光车上山去了,剩下我们几个打算住山下的,就随同师傅去附近村庄找宾馆。

珠峰自然保护区并不只是拥有珠峰这一处地标,据师傅介绍,里面还有几个乡镇。光我们上山下山就绕了上百道弯,去村庄又行走了近半个小时,而出口在哪里,我依然不知道。

另外,当地藏族同胞,充分发挥了"靠山吃山"的精神,将自家房屋改造成民宿或宾馆对外开放。条件不见得多好,价钱比同类型的高一些,且餐饮另外计算。就这样,依然供不应求——我们晚上就是找了好几家才找到合适的宾馆。

珠峰的情况每个来之前做了攻略的人都能查到,条件称得上简陋甚至艰苦,可依然止不住人潮汹涌。或许,每个人来珠峰,并不真的只为此山而来,更多是心理上的慰藉,情感上的自我激励,精神上的寄托。

头部隐隐作痛，这是高原反应在作怪。当天一整天，喝的都是葡萄糖粉泡的水，倒是起到了一些作用。

今夜再不好眠，想想在珠峰大本营那些更高海拔住宿的旅友们可能更为不适，也算有心理安慰了。也罢，不多想，早些休息，明儿还要早起去珠峰大本营看看呢。

珠峰再见，佩牯措你好

不知道是昨晚晚餐的一大杯甜茶起了作用，还是身体已经适应了高原气候，总之，昨儿个晚上一夜好眠。

10 月 2 日早上，惦记着要早点坐环保车上珠峰大本营，七点半闹钟还没有响，自个儿先醒了。考虑到时间紧，琐事多，就没有去餐厅吃早饭，而是随便啃了个面包和月饼了事。

接着，匆匆走到酒店对面等待环保车的到来。没想到，这环保车的时间不以我的意志为转移啊，原地等待，寒意飕飕钻进身体，即便我穿得厚实也不顶用。于是，我干脆朝珠峰大本营方向行走。

话说我带了登山杖，但目前都没有派上用场，且待在车上的时间比走路时间多，所以能走一走还是蛮舒服的。更何况，彼时太阳已出来，阳光又不会特别刺眼，晒在身上暖暖的。远远的，我还惊喜地看到珠穆朗玛峰和其他雪山的真面目，着实开心呀。

边走边等，环保车终于出现在视线中。我遥遥招手，司机师傅顺势停车，第一句话是问有没有票——那还用说嘛。上山的路程不用多提，左不过多道拐弯加攀爬。

到了珠峰大本营，第一件事找个地方解决生理问题。嘿，一排的简易厕所,虽说不是很干净,可对于见识过纳木措原始厕所的我而言,已然足够。唯一郁闷的是,冲水设备坏了,洗手又得另外找地方。

事必,顺着珠峰的方向,找人最多的地方去——那必然是值得拍照留念的地方。穿过一段土路,看到有一大串人在排队,原来那里就是珠峰高度测量的纪念碑,背后赫然就是珠穆朗玛峰的身影。

我迫不及待拿出手机拍照,人虽多,放大焦距,再调高角度,倒不会受大影响。接着,我就打开微信和家人视频。家人们在我镜头的指引下,注意力不是珠峰有多么美丽,而是我怎么穿那么多还打哆嗦。好吧,咱对这一波关心表示无奈的同时也倍感温暖。

排在我前面的旅友们,听到我兴奋地大呼小叫,也纷纷拿出手机和家人连线。嘿,看来,我还引发了一阵小风潮。

队伍排了很久没动静,原因在于每个到这边的旅友都想留下最美好的记忆,所以免不了多个角度纪念。波密援友从绒布寺方向归来后,在我的指点下,也先去一侧土坡近距离拍摄珠峰。

我们今儿早上的运气着实不赖。抵达珠峰的那会儿,虽然温度超低,可太阳已渐渐升起,遮挡珠峰的云朵开始散去,珠峰露出了它令人惊艳的面容。

见缝插针拍完和纪念碑的合影,我连忙下坡去拍摄和珠峰大本营海拔5200米的纪念碑合影,然后又马不停蹄走向世界海拔最高的寺庙绒布寺、世界海拔最高的邮局珠峰主题邮局。

路上,看到不少旅友拍照玩出了花样。一会儿是拍摄奔跑跳跃的模样，一会儿是摄制朝珠峰方向行走的视频——“城里人”真是会玩呀。

绒布寺不愧是观赏珠峰的最佳地点，尤其太阳正在珠峰斜上角，藏式风格建筑、阳光、云朵、雪山、蓝天，极其生动的定格在镜头，那一瞬间，我的内心很自然地生出无限美好之感。

邮局是一个藏式帐篷，工作人员对旅友们的往来早已司空见惯。这里的明信片不单独出售，购买的话必须买一盒。价格比山下的邮局贵一些，需要 35 元。不过，想到自己没准只来这一回，买一盒明信片留存也好，送朋友也罢，都有非常好的纪念意义，所以，就不计较这贵一些的价钱了。更何况，每一张明信片，都是珠峰经典的场景，还弥补了我没看到的一些景观之遗憾。

该走的地方走完，从珠峰下山的时间，比预计集合的时间晚了一个小时左右。一则，是大家伙早上游览的景点必须等候时机，难免会觉得时间有限，目的未达成，不想离开；二则，游人还蛮多的，经典地方都需要排队，免不了耽搁了。

从珠峰大本营下来后，我们先乘坐环保车到带队师傅要求的地点集合，然后再从另外一个方向出景区——不走回头路，我们下午的目的地是希夏邦马峰景区和佩枯措。

那一路，少了雪山的点缀、阳光的衬托，显得群山分外荒凉。且这地方真是大呀，我都睡醒一觉了，还没走出珠峰保护区。

抛开中午停下来吃饭休息的时间，差不多行驶了一个半小时，我们才看到希夏邦马峰景区。这时候，我发现国道变成了 219 国道，这可是能直通朗县的国道，让我感觉格外亲切。

下午的天气，由多云变成了时而降雨。带队师傅说今年的天气反常，往年这个时候通常是不会下雨的。好吧，看样子我们又赶上了一个好时候。

希夏邦马峰景区，两边的山脉不少已沙化了，路边时常能看到起着挡泥石流作用的，以铁网装住的石块列阵。在我们通畅行驶的国道边缘，还依稀能看到老路的痕迹，足见这边历史之悠久。

经过漫扎拉山口时，秋色怡人。即便雨水淅淅沥沥，可两侧山峰从金黄浅黄过渡到深绿淡绿，层层叠叠的落差感，仍然美的让我目不转睛。

到扎扎拉山之时，国道变成 216 国道了。我一直往窗外看，希望一睹藏羚羊等野生动物的风采。可惜，不晓得是天气影响，还是过往游客不少，除了牦牛群和藏马，我没有看到其他的动物踪迹。

正当我失望之际，佩枯措悄无声息地出现在视线中。一开始，它保持着和山脉平行的水天一线模样，随着距离接近，它渐渐将整个身姿展现在我们面前。我一直试图拍出这种曼妙的变化，然而并不得其法。罢了，眼睛所看的美妙，心内感受到的快乐，足以铭记。

走到佩枯措湖边的时候，我第一个反应是忘记携带小瓶子了。犹记得当年在纳木措之时，我特意用一个小瓶子装了纳木措的水，至今仍好好保存着呢。

佩枯措是日喀则地区最大的湖泊，这个湖泊神奇的地方在于，它一边是淡水，一边是咸水。而且，是一座整座山峰处在我国境内的 8000 米高峰——希夏邦马峰就在湖畔不远处。

当天，虽说我们在佩枯措面前的时候，雨儿仍下个不停，可云雾缭绕的希夏邦马峰依稀可见，也算是幸运吧。湖水清澈见底,同行的旅友们有的忍不住直接喝了一口,连连道滋味略甜很是可口;有的调皮地捡起石片,玩起了打水漂的游戏。

停顿些许,依依不舍从佩枯措离开,我们今儿的目标景点就结束了。不过接下来的旅程,并没有特别单调。

我看到了特意设置成藏羚羊角形状的高压电塔,可爱至极,据说是往尼泊尔输电的工程,内心油然而生骄傲之意;我看到了今夜入住的萨嘎县城一派昌盛的景象,这个县城主打旅游经济,虽然萨嘎没有特色景点可以吸引游客参观,但因处于日喀则和阿里必经之外,所以光住宿一业就足够令当地繁荣;我还遇到了好客的当地人,不仅耐心给我们指引道地藏餐所在地,还热情地和我们挥手再见。

有意思的是,当我们抵达萨嘎的时候,我先后接到三拨人的消息,均是落后于我一天时间计划去珠峰的朋友们。他们知悉我住在珠峰大本营山下后,都询问我具体的程序和对应要注意的事项。看来,大家对珠峰大本营的向往之情与高原反应带来的威力,情感都同样复杂呀。

这一次旅游,或许是因为我在朗县提供法律援助服务的缘故,不知不觉不再是单纯的游客心态,反而生出一种身为西藏本地人的觉悟。

话说回来,西藏,本就是一个让人流连忘返的地方呢。

阿里,不愧是眼睛的天堂

早早就和带队师傅确认,10 月 3 日将正式进入阿里地区,前往冈仁波齐,再朝拜圣湖玛旁雍措。

都说阿里是身体的地狱,眼睛的天堂。幸运的是,今天我的眼睛确实沉浸在天堂,身体则没有经历地狱般的折磨。

凌晨五点半,我被外面的嘈杂声吵醒,接着就睡不着了。收拾东西,随便吃点零食,等待八点钟集合不提。路上沉沉的补了个觉,醒来的时候,已到达了仲巴县域内。这一整天的旅程,从仲巴拉开序幕,全都是让我目不转睛地视觉盛宴:

路上,时不时看到画着跳跃的藏羚羊、标志着保护动物的牌子,可是我只看到了牦牛、羊群、鸟儿、野狗,却并没有寻觅到藏羚羊等野生动物的踪迹。

车辆行驶在修整的笔直的219国道中,两旁是染上了金黄的天然牧场,再远处是连绵不断的山脉,时而还有雪山露出面容。神奇的是,尽管已处于海拔平均在4800米以上的高原地区,但四周的山峰看起来都不高,让人产生很容易就能征服的错觉。

路途大部分时间不限速度,在这样天高地阔的地方会忍不住想开快车飙一把。目之所及,皆为妥妥的西部大片,不由生出一种想策马狂奔的狂野感。

阳光很刺眼,可我很长一段路都不想戴墨镜,实在不愿意这样自然的景象被墨镜折射后的光遮挡那份天然美。某个瞬间,还会莫名涌出一种感动,为看到这样的美景倍感荣幸。

路途中,变化最多的是天上的云朵。时而一层接一层的堆积,层次感分明;时而上下皆为厚厚的云层,只中间露出一点蓝天,好似云朵撑开了天幕一般;时而云朵低垂,似乎人只要站在山头,扬手就能触摸到一样。

没有水的风景和有水的风景又截然不同。有水的地方,往往能倒映蓝天白云的模样,增添了一份美好。没有水的地方,注意力会集中在草原、荒山,生出一种天高任鸟飞的感觉。

219国道,或拐弯,或笔直向前,或有个小坡往下走着又延伸出其他路段,或与草原齐平有一种开车行驶到天边的感觉。常常是相机打开想记录此情此景,却发现压根拍摄不出眼睛看到的美感。

渐渐地,路上能看到来自其他各省的自驾车辆,宁夏、湖北、四川、湖南、江苏、安徽,等等。也唯有在西藏,才有这样自发组织的大规模自驾群体吧。

沿途还遇见了无数经典景致:

如高原沙丘。

这地方位于雅鲁藏布江和马泉河交汇处,远处就是延绵不断的喜马拉雅山脉。我下车后特意走近,又从多个角度尝试拍摄,可手机压根跟不上眼睛捕捉美的速度,拍摄出来的照片体现不了真实的美。且这里的沙丘,沙子看似绵软,人走在其上却有一股托力,还挺舒服。

如骑马放牧的牧民。

他们席地而坐,以天为被,以地为床,吃点食物,侃个大山,惬意得很。时而出现的一大群牛羊,并不需要牧民时时看顾,让我们惊叹大户人家富裕之余,又让我忍不住疑惑究竟什么样的人生才是最好的人生。

如天上阿里的地标牌坊。

藏西秘境,天上阿里。当我们看到牌坊之时,每个人都趁无过往车辆经过时,激动地跑到了路中央。或直接坐下,或蹦跳拍照,或单独留念,或合影记录,似乎不如此就不足以表达兴奋之情。

如公珠措和纳木那尼峰。

遥望公珠措和纳木那尼峰,环顾四周,发现附近荒无人烟。人类在这里没有太多的活动痕迹,最多就是过路车辆呼啸而过,像一个外人般闯入了野生动物的地盘。

如古加措。

这个知名度不太高的湖泊,带给了我今天最难忘的记忆。

马路向下接近湖泊的地方,有铁丝围起来保护,里面有草鼠和水鸟的家。可惜的是,草鼠动作太快,水鸟离得太远,我们只见其影,只闻其声,却看不到具体的模样。

越往湖边走,草甸越茂盛。金黄的枝叶下面,隐藏着不起眼的水洼,一不小心就踩到一个坑。离湖畔大约十米的距离,我们再也无法靠近——一大片沼泽地般的地势让我们不敢轻易踏入。饶是如此,美景已足够动人。随便一坐,拍个背影,就美的可以替换头像了。

有趣的是,当我们回到旅游车停留的地方,发现风更大了。从远处刮来的风,一吹就把一大堆草团吹跑了,远远的看着,就好像小动物们在集体奔跑一样。这情景,逗趣的很,然而手机又无法拍摄出那效果。

如圣湖玛旁雍措湖和鬼湖拉昂措。

玛旁雍措,看着很近,开车行驶了好久,难怪当地藏族同胞转湖需要一个礼拜呢。下车后,看着它的全貌出现在视线中时,我着实被迷住了。这哪里是湖泊,分明就是一片蔚蓝的海洋呀。

想着三大圣湖都走完了,内心油然而生一种满足感。与在纳木措一样,为了纪念,我特意从山坡往湖边走,在湖水的自然涌动声中装了一瓶水带回家。藏族同胞称玛旁雍措为生命的象征,愿它的生生不息能够带给我一些引导和触动吧。

与玛旁雍措仅几公里之隔的拉昂措,在阳光的照耀下其实很是光彩夺目。不过,即便我没有走到岸边,从放大倍数的相机视角中也感受到了恶浪翻涌。

一想到拉昂措被当地藏族同胞称之为鬼湖,象征死亡,即便很大程度上是心理作用,已让我望而却步。换一个角度想呢,生与死本就是一个循环,不应该区分那么明确。我眼下这样退缩,恰是因为没有勘破而已吧。

如冈仁波齐峰和纳木那尼峰。

这两座雪山,一座是举世闻名的神山,向阳一面终年不化,附近的山脉都很荒凉,唯独它始终露出一个雪白的角,不少人过来就是为了转山朝拜。另一座呢,沿途都能看到它的身影,矗立在玛旁雍措和拉昂措湖畔,与冈仁波齐遥相辉映。

我们抵达冈仁波齐大本营的时候,已是晚上八点十分,彼时,太阳正徐徐降落。我们冒着凛冽的寒风,怀着一定要看到日照金山的决心,等待了将近二十分钟,最后守候到了美景一点一点在眼前绽放。当日照金山出现在眼前的那一刻,所有的等待都成为了心愿达成的满足。

阿里真不愧是眼睛的天堂啊。

虽然,我清楚的知道,照片拍摄出来的效果只是零散的、短暂的时间定格,根本不能完整的反映让人惊艳的美景。甚至,笔墨和照片都难以贴切形容和还原丰富的感受。

我想,唯有亲身体验、身心结合,才会产生今天这般神魂所摄,难以言表的感觉吧。

这一天,满足啊

10月3日晚上睡得不错,不晓得是不是白天玩得太嗨的缘故。今日晨起,集合在酒店附近吃早点,老板做的早点都是早上新鲜手工制作,味道不赖。

这时候,发现有别的旅友加入。这在报团旅游的过程中也正常,毕竟每个人想法不同,肯定会有不一样的路线。而旅游团呢,考虑到时间和经济成本,通常会将相似路线的人聚一块,有不同的路线时再调换带队师傅和旅游车。

今天的行程是去扎达土林和古格王朝。

路上,发现周围环境比昨天的更似荒野。行驶了将近一个小时,还没有发现有地方可以上厕所。大伙商量了一下,决定入乡随俗,在路边解决生理问题,用原始的方式回归大自然。这种体验,有点尴尬,不过在阿里地区确实难以避免。

继续行走,发现一侧的山脉云层变厚了,看起来已是雨夹雪的天气,好在我们今天前往的方向仍然是晴朗的天空。师傅说我们今天去的地方海拔只有 3700 米,相对比较舒适,温度也会比较高。

随意和邻座的旅友聊天,她来过西藏多次,阿里大北线也走过。可她说,来这里不是为了有什么炫耀的资本或者追求心灵的救赎,就是喜欢这样的方式,想来就来了。这番对话,不由让我想起前两天和援友们的聊天,其中提到每个人不同的价值观,有时候并没有谁对谁错,不过是选择和取舍的问题而已。又似乎,在这样壮阔的天地,很适合想这些问题。

旅游车沿途从山底爬到山头,科技带来的便利让我一再感慨。试想,倘若没有公路的畅通,没有车辆的发明,没有电的使用,那人类去寻找美景的路上将增加多少阻碍啊。

路旁两侧,长了很多小灌木丛,都已经是金黄和金红色,一簇簇圆滚滚的,很漂亮。饶是在这么荒芜的地区,依然能看到生命的生机勃勃。再转了几个山头，看到了一片红的、黄的、绿的、黑的，各种颜色集合的山群。这颜色的矿山，好看之余，又让我想到了阿里的水质不达标，最好喝矿泉水的建议。

行至低洼处，是一片浮着白光的盐碱地。正当我在想有没有鸟类在这边聚集的时候，一群藏原羚猝不及防地出现在我们面前。藏原羚傲娇的很，不理会我们的靠近和逗弄，始终以臀部对着我们。好吧，知道你们心型的屁股是主要特征，也很可爱，可咱能配合露个正脸嘛。

低处走到头，又开始爬坡。上山的弯道好危险，有些人不走自己的道，差点就和上面下来的车辆相撞了。在这样的路径行走，司机师傅的开车技术显得尤为重要。

车辆行驶在山顶的时候，有一种驾驶在地平线要往天尽头开去的感觉。四周一览众山小，隔不多会，一条路到尽头就拐到另外一个山坡去了，真让人感慨路线设计的厉害之处和建路工人的辛苦之处。

快到古格王朝指示牌的时候，一侧出现了连绵的雪山。带队师傅说，雪山那头靠近印度边境。

午饭在札达县解决。这里地方不大，却属于通往扎达土林和古格王朝的必经之地。占据了绝佳的地理位置，很自然的衍生了不少商机，为不少人提供了岗位。

观赏扎达土林，有两个方式。

第一种方式，直接在观景台远观。只见宏伟的土林延绵不绝，据指示牌介绍其横亘 5000 多公里，形成距今有 200 万年至 2000 万年。站在土林面前，感觉人真是渺小，且照片和视频都不能真实反映其宏伟，唯身临其境才能体会大自然的鬼斧神工之美。

第二种方式，是顺着国道穿土林而过。近距离观看土林，每一次觉得土林已够壮观，下一个转角又再次让人惊艳。我学着邻座旅友，用手机录制了一段视频，第一次在微信视频号上发布，还别说，比照片更吸引人。

下一个景点是古格王朝。

刚到古格王朝景区门口的时候，我还以为依然在扎达土林范围内——无他，目之所及同样是土林模样的建筑呀。这份不以为意在我踏入古格王朝正门后马上被推翻了。

古格王朝虽然同样是土制建筑，可与土林完全由大自然雕琢不同，这里是根据自然地势人为建造而成。尽管入目都是一片土黄色，甚至遗迹都是残缺不全的，可我们行走在其间，几乎一步一景，着实让人心神所摄，不可自拔。

身在古格王朝遗址，看着顺地势挖掘、随处可见的似乎供修行使用的窑洞；目睹已无法起到遮风挡雨作用的残垣断壁；进入能看出有明显修缮痕迹的四座大殿；钻进光线暗淡、楼梯高耸、蜿蜒曲折通往顶楼的隧道……那个时候，脚上踏着的是百年前古格人同样走过的路，内心感慨的是王朝覆灭后成为历史的沧桑。

当然，作为尚算年轻的妹子，同行又有“90后”旅友，必不可少的项目就是拍照。上午加入的两位旅友，姐姐负责商业吹捧，对我给她拍的照片赞不绝口；弟弟呢，脖子上挂着个相机，总是找角度给我们拍照，关键边拍还边频频赞叹。有了这两位活泼的旅友，今儿的纪念照片真是不用操心了。

古格王朝最让我在意的是它保留至今的壁画。壁画分布在古格王朝四个大殿中，我们游览完古格王朝的建筑，才从上到下依次参观。

四座大殿殿内均不掌灯，纯靠自然光线展览，只因壁画保存至今实属不易，如果掌灯就会对壁画有影响。此外，工作人员下午三点到七点才开放四个大殿，并且有专人负责讲解，很是体贴。

金刚殿，这里的壁画从 15 世纪传承至今。里面供奉的主佛是金刚佛，壁画既有男女双修佛，象征慈悲和智慧，又有形象逼真的千手观音；既有宗喀巴大师，又有白度母、财神爷、阎王爷。看似风马牛不相及的人物形象，却分别绘制在大殿两侧，场面还挺和谐。

红殿，里面的壁画保存的最完整。大门亦是古迹，雕刻着六字真言，中间有一枚莲花，分外夺目。讲解人员从大殿进门后的右手边开始讲解：

右边的佛像，眼睛从每个角度看都好像在看着你，既有普度众生的含义，又象征人在走，天在看。左边的壁画，则有四臂观音、文殊菩萨、绿度母、白度母。下侧绘制了红殿的建筑故事、佛教庆典故事、外交故事、贵族形象。

讲解人员特意强调，古格的壁画接近印度风，佛像腰都比较细，且均为彩绘艺术，除了大殿两侧，天花板也绘有壁画。同时，红殿的建筑有接近一千年的历史了，壁画则至少有八九百年了。遗憾的是，红殿供奉的主佛被损毁了，只能从保留的照片瞻仰主佛的庄严神圣。

度母殿，是我们错过讲解的大殿。这里供奉的就是度母，殿内有明显被焚烧的痕迹，所以也看不出到底是绿度母还是白度母。两侧的壁画、千手观音雕像也被毁损了，真让人觉得可惜。

白殿，这个殿离古格王朝大门最近，里面的殿堂高度也是最高的。

白殿供奉的主佛据说是古格王朝的第一任国王,遗憾的是也被损毁。此外,大殿的四大金刚雕像,有两尊被损毁;两侧的壁画和雕像也有多幅被损毁,着实让我看得心疼。白殿的壁画相对较少,可它有最多的佛像雕塑。不少被损毁的佛像雕塑,仅保留了雕像的照片和遗骸,真是让人痛心疾首。

古格王朝游览完毕,倘若不是必须抓紧时间返程,真恨不得多待一会。即便我们回去的时候,被风沙刮的叫苦不迭,可那美景也确实让人流连忘返。

回去的路上,十分困顿,偏脑子里思绪万千无法安眠。从弯道下山时,还感觉头晕犯恶心。就算路上偶遇了野驴、岩羊,短暂的惊喜后也并没有让我好受一点。

直到气温逐渐降低,夜幕拉开,回到了普兰县附近,我才舒服一些。和带队师傅聊起,这才知道,原来我先前的不适就是传说中的醉氧反应。

嘿,这一天过得,滋味复杂,体验丰富,真是满足啊。

阿里返程,心灵之旅

10 月 5 日,就要离开阿里回日喀则,走的是回头路。这种方式其实是我并不喜欢的,可报的团有规定的路线,没有办法。不过,据同行的旅友说,日喀则自驾到阿里的路线怎么都需要走回头路的。

早上出发的时候,前天选择转山的波密援友和旅友在车上分享这两天的经历。

转山是援友的心愿。据他讲,在山上最难过的时候,喘一口气不知道下一口气能不能呼吸上来,脚提起来下一步都不知道怎么踏出去。可是,这一趟转山尽管让身体体会到了抵达地狱的感觉,精神上却十分富足,更别提眼睛饱览的一众美景了。

对比援友的经历,我前天下午和昨天的旅程则更多是美景的大饱眼福和心灵上的慰藉。不管是各种措的灵动,还是札达土林、古格王朝的壮观,或是陪同一块旅行旅友留下的欢乐记忆,都让我印象深刻。

或许是前面两天投入心神过多,今儿回程的路上,兴致明显差了些。

再次路过古加措的时候,彼时天气为多云,和前天下午艳阳高照形成的美景截然不同。我们这次没有走近,只是远远拍了几张照片,古加措依然那么平静,我却有一种就要分别的忧伤感。

车辆继续行走,路过很多转玛旁雍措圣湖的藏族同胞,他们正在三拜九叩,虔诚的进行转湖仪式。我静静地看着,脑中一片空白,心内已生不出其他情绪。

时不时,窗外会出现一大群野驴和藏原羚,或许是因为正处于上午,野生动物都出来活动了。路边很多自驾车停下来拍照,带队师傅特意将车停得远远的,还关掉音乐,怕把这些精灵吓跑了。数量稀少时,每出现几只总让我们惊喜,可这会路过好多群了,又有点担心泛滥成灾,造成植被的破坏。

经过玛旁雍措观景台,绑在经幡上的哈达被吹落在路边。我随手捡起,重新绑紧。好歹是人家祈愿的心意,不要被辜负了呀。

基于时间原因,我们这次并没有去玛旁雍措湖边,也没有再去拉昂措湖边。心内有一点点遗憾，是因为动过再去拉昂措近观的念头。不过，既然前次是自己选择不去，此番又是机缘巧合去不成，那是不是证明死亡于我而言还是一个无法平静面对的事情呢？

一路前行，我试图拍摄出正在行驶的路程视频，发现这确实不是件简单的事——毕竟，既要选择好看的风景，合适的路线，又要兼顾天空、云朵、雪山的完美增色。试过几次之后，发现几十秒的视频都需要费挺多心思。罢了，咱还是用熟悉并喜欢的方式——码字和拍照记录吧。

吃罢午饭，即将离开阿里地区。

我特意让带队师傅在阿里牌坊那里停留一下，让波密援友们帮忙拍摄了一个挥手告别的照片。下一次再来阿里，就不知道什么时候咯。眼下的场景，少看一眼，就少一秒美妙记忆咯。

抵达仲巴县的时候，再次回到曾经让我赞叹不已的西北大片路途。这一次，我没有了身临其境的体验感，就好像一个旁人一般，眼睛看着，心里默念到了哪个地方。环境依然很美，也没有审美疲劳，只是或许心情不一样，再也兴不起跳跃而起拍照的冲动。

更多时候，我跟随旅游车播放的应景音乐，随思绪飘荡。一会觉得，这样美的景色，不被人看到真可惜；一会又觉得，也许没有太多人来也好，毕竟人来的太多，或许就造成环境破坏了。这么广阔无垠的天地，并没有留下多少人的痕迹，也算是一种保护和平衡吧。

进入日喀则之后的路段，与阿里的旅程相比，果然是阿里天高地阔任我行的场面最舒服。尤其昨天前往札达土林的山巅一行,那种与天齐平开到尽头的感觉,让我想起来就恨不得一直持续下去。

只不过才走了一天的回头路,截然不同的心情和状态,就产生了不同的效果。由此,让我对昨天分别的旅友和带队师傅格外佩服。

昨天分别的旅友,这条路走过两三次了,可每一次都能保持对美景的好奇心。而带队师傅呢,这条线路连续走了七八年,还能保持对同样路线美景的兴趣和对大自然的敬畏之心。

反观自己,着实缺少了对生活始终饱满的热情,对不同际遇淡然处之的态度。出来旅游,确实不应该只关注美景,还应该珍惜和每个擦肩而过之人的缘分。行在路上,体会生命的每一份馈赠,不论收获了多少,都应持感恩之心才对。

抵达萨嘎了,明天就是最后一天旅程,生出一种不舍的情绪。既有不想离开美景的不舍,又有不想回归工作想继续旅游的不舍。可是呀,生活就是这样吧,总是时刻面临分别和选择。

或者说,既然活在当下,就享受其中吧。

散团前的快乐行

10 月 6 日,国庆旅行团就要解散了,团里的人昨天晚上一块吃饭。

目前同行的旅友,有 66 岁身体情况特别好,一个人几乎游遍全国的大姐,有波密的援友,有来自武汉的“80 后”夫妻,有“90 后”还在读书从成都骑行到拉萨再报团旅游的学生。

每个人都来自不同的地方,有不一样的对旅游和生活的观念。有幸同行的这几天,聊的不多,可印象足够深刻。行万里路,确实是生命中特别有意义的一件事。

今天仍然八点钟集合出发,昨天晚上睡得还可以,路上就没有补觉,一路听歌,走的很舒畅。遇到喜欢的歌,我很自然地跟着哼唱,冷不丁发现带队师傅也会应和几句。这就不容易了——带队师傅60后,居然也会唱周杰伦、周笔畅等人的歌呢。

日喀则的地势与阿里截然不同,总是需要山路十八弯。不过,每个山头的风光都别样,倒是和音乐相得益彰。不一会儿,看到了雅鲁藏布江的支流。比较起阿里的象泉河,雅江的水要清澈许多。不过,景色还是阿里的空旷灵动一些。

带队师傅说我们走的是老219国道,目的地是新疆叶城。219国道一路的风光着实不赖,无怪乎网友评论为可与318媲美的路线。

路上,不时遇到有人在修路,路上挖出一块重新填补,提醒着我们公路养护人员的辛苦,让我们行驶在平坦大途不忘感恩。还有人发生了车祸,小轿车驶入沟渠,驾驶员位置的充气囊都弹出来了,估计是疲劳驾驶拐弯太快时造成的,这又提醒我这一路的平安是多么值得庆幸。

越往日喀则方向行驶,植被越茂密,颜色次第由金黄夹杂黝绿。忽然想起任贤齐和杨千嬅主演的一部电影,某个情节是几个月内走遍全国,寻找四季的药引。

彼时,我很奇怪几个月内怎么能收集齐全四季药引。可现在想想,西藏阿里地区现在是冬季,日喀则和其他地方是秋季,深圳还依然停留在夏季的天气,再找个春季的地区似乎也不困难。我中华泱泱大国,真是太厉害了。

抵达今天第一个景点桑桑大草原了。

坦白说,有点失望。那里的草光秃秃的,而且颜色是土黄的,然后还不让人直接进去,只能站在人工修葺的亭子里和走廊远观。同行的旅友们说这样的风光一路见得多了,都有视觉疲劳了,还不如阿里纯天然的景色美丽。但我还是随手拍了几张照片,毕竟出来玩,玩的就是一个心情嘛。

离开桑桑大草原后,渐渐地,两侧的山坡出现了一片片的高原草甸。绿颜色的草甸像符号一样点缀其间,黄颜色的草甸则如同画出来的图案贴在山上一般。

我们在林芝的时候,看染上了秋意的黄色植物稀奇,到了日喀则和阿里这边,则变成了看绿颜色的植物稀奇了。果然地方不同带来的别致风景,就会让观赏的人心态也不一样哦。

第二个景点是浪措湖。

如果说桑桑大草原让我失望了,那浪措湖就承包了今天的惊艳点。看过了那么多个措,浪措湖是我唯一一个近距离看到水草的。那水,清澈见底,微风一吹,碧波荡漾。

尤其天公作美,彼时正是天气晴朗的时候——阳光下蔚蓝一片泛着光泽的湖面,金黄耀眼的山坡,碧蓝的天空,洁白无瑕的云朵……它们组合在一块的画面,让我激动地拍摄了多张照片仍觉不够,又录制了一段视频纪念。可惜我们返程时间太紧了,不然以天为被,以地为床,在湖边短暂休息,围坐一块过个林卡,该多么惬意呀。

离开浪措湖的时候,我依依不舍,突然带队师傅提醒我看窗外,我一望,竟然看到了黑颈鹤。这又是额外的惊喜呀。

不知道是一家三口还是三个朋友关系的黑颈鹤,悠闲地在湿地漫步。即便我们停下来拍照,也没有被吓得飞走,而是淡定地观望我们的行为。足见这边环境保护的多好,也足见这边的动物们多么有见识。

一路行来,我拍摄的照片都没有添加滤镜,饱和度也没有调整。可是,发布在朋友圈之后,一再被朋友们质疑修了图。我想,这一方面是西藏的景色足够美,让人不敢置信;另外一方面,就是华为手机的给力了。

中午饭是在拉孜县解决的。到了这里,就从 219 国道回到 318 国道了。

作为 318 国道和 219 国道的衔接城市,这里能遇到诸多旅游车和自驾车辆。同理,附近的餐厅也都是爆满。我们走了这么多天,头一次遇上人多到需要更换餐厅的情况,且更换完毕后老板的上菜速度也是够慢的。

继续找餐厅的路上,遇见很多当地藏族同胞在收稻草(不知道是青稞还是小麦),这个时候还有交警在路边执勤,可以想象过去一阵的繁忙程度。

或许带旅游团的师傅们都差不多是这个饭点。在餐厅,带队师傅和他好几个相互熟识的小伙伴,都操着一口川腔打招呼。从这里,亦能看出带队师傅的人品和经验。我们这个带队师傅,不光走到哪都有认识的朋友,据说路线走过一次就记住了,且每逢拐弯、超车、遇到阻车的障碍,行驶都特别稳当。同时,每次中午的就餐,晚上的住宿,均安排得比较合理。

很快,行程接近尾声。

到了日喀则市附近,发现有很多人在林子里过林卡。他们有的席地而坐,没有任何遮掩的东西;有的则装备齐全,把遮阳伞撑开,坐在野炊毯上面。不管是哪一种,从神态上来看,都特别自在。且这里的草坪呢,是一大片绿色的,神奇的是,一路之隔的田地则都是金黄色。

到了日喀则站,大部分旅友直接乘坐晚上七点的火车前往拉萨。未来几天,将各奔东西,回归到自己原有的生活状态。

国庆游,今天就结束了。

回想一下,这几天的游记,最常用的形容是“惊艳”“大饱眼福”“照片和视频都不足以完整反映实景的美”。而这些,全都是实话,我也不止一次安利朋友们来西藏游玩。

至于未来是否会再来阿里,那就随心吧。至少,眼下体会到的快乐和满足,无与伦比。

元旦昌都行

(一)

我和援友们,迎接2022年第一天的方式就是自驾前往昌都区然乌镇。

早上九点半,吃过大援藏姐姐亲手制作的一顿鲜美百合粥和茶叶蛋早点,我们又打包好面包、果汁、芝麻丸、沙糖桔、猕猴桃等食物,规整完毕就准备出发。

林芝往然乌镇的方向,三分之二以上的路段是我们走过的——前阵子去波密的米堆冰川走的是一模一样的318国道。一路行来,因着路程都是熟悉的,风景也看过了所以我并没有太大的新奇感。直到抵达色季拉山口,才因雪景的美丽停下前进的步伐。

色季拉山口被厚厚的积雪覆盖,人从温暖的车厢下去,不一会儿就被冻得手冰冷,鞋子踩在雪地上发出嘎吱嘎吱的声音,再环顾四周美景……这氛围瞬间让我觉得兴致盎然。

彼时天气晴好,我们能够直接看到南迦巴瓦峰的英姿。雪山巅巍峨,山腰和山脚都有一层薄薄的积雪,再有蓝天白云映衬,风景格外宜人。我们都不约而同第一时间拨打微信视频,将此情此景和家人分享。之后迫不及待地选好背景,用自拍、他人拍、合照、单人照的方式记录下此刻的美好。

美景欣赏完毕,继续行走。

路上,大家伙睡眠的时间少,更多时候是在看风景和聊天。就着各自的工作、日常兴趣爱好、对西藏食物的评价、来西藏后的变化等内容展开讨论……倒不一定非要明确得到什么结果,而是通过这样的方式了解彼此,顺带打发时间。

大援藏姐姐说,她坐车从来不睡觉,而是希望陪伴司机一块度过车上的路程。我和小援藏姐姐倒是觉得,能放心坐司机的车睡着,恰是对司机信任的表现。

越往波密方向走,脑海中浮现出的关于路边风景的记忆越多。尽管都是看过的风光,可在冬日又有别样的感受。

途经通麦特大桥的时候,小援藏姐姐特意找出我们刚到林芝游览尼洋阁之时相似拍照姿势的合影比对。往昔和今日,夏季和冬天,鲜明的对比,霎时让我们乐的开怀,颇感时光之妙。

接下来的路程,经过大家短暂的协商,我们确定为了未来两天的行程更顺利,今天就辛苦点赶路到然乌镇入住。

傍晚五点左右,我们一路悠悠哉哉地抵达了波密县。

波密县是个好地方,318 国道穿县而过。饶是我已来过一次,依然为它满布县城的藏族特色建筑、随处可见的冰川美景赞不绝口。考虑到波密县离目的地然乌镇还有两个半小时的路程，且时间已晚，我们很大可能需要走夜路。因此，我们并没有在波密县过多停留，只是简单解决了生理问题，笑称体验了“五星级卫生待遇”，就很快继续出发了。

波密县往米堆冰川的路线是走过的，这次走呢，印象更加深刻。

一是时间已晚，多少有些担心安全问题；二是眼下正是冬季寒冷时节，路面时时有暗冰路段出现，延长了行驶时间；三是晚上的风景我们都是第一次看到，路旁时时掠过被积雪压得弯下了腰的松树——这天然的圣诞树，虽说因夜幕降临我们无法拍摄出真容，可仍能感觉出景致极优美。

走得久了，暗冰路段越来越多。所谓的暗冰，就是看起来路途平坦可上面的冰已被来往车辆碾压的硬邦邦，或者被阳光炙烤的冰雪融化又结冰的路段。

乍看过去，不甚难走，可实际上车辆行驶在暗冰路段中很容易打滑。且假如车辆是两驱，车轮又窄的，很可能过不了暗冰路段——即便装上了防滑链，依然可能被积雪包裹陷入难以行走的境地。

我们在某个积雪更深的暗冰路段，遇到了第一处堵车点。这里堵车的原因，正是因为两驱的小轿车车轮陷入暗冰路面无法正常行走，导致跟在后面的车辆无法超车被堵。

后来，我们又碰到了第二处堵车点。这里的堵车原因尚不太明确，从我们前面车辆下车人员做的事情猜测，可能是他们车辆的防滑链需要下来处理，也可能是大卡车打滑停止行驶导致道路瘫痪。

经历了让我们有点心惊胆战的黑夜暗冰路段，晚上九点多，我们终于抵达了今天的目的地——然乌镇。

入住的地点是提前预订的评分最高的宾馆。虽说环境一般,可有热水和电热毯,且从三人间因故变成了两个标间,在寒冷的地方有个尚可的落脚点,我们都还算满意。

安顿完,大家伙到镇里面找了一家火锅店吃晚饭。

热气腾腾的牛肉火锅,一碗汤喝下去,整个人都暖起来了。每个人的杯中,还倒有特意带来庆祝的红酒,浅浅轻尝,不必想什么祝酒辞,快乐的感觉油然而生。

饭桌中,偶然得知今天恰好是小援藏姐姐的生日,又给大家增加了欢乐的理由。借着祝福,我们饮尽杯中酒又分享了长寿面,为今天的行程划下了句号。

今天,除了上述美好记忆,还从真实的经历中学习到一点东西——处在不同角色,关注点真的格外不同。

以这几天的旅程为例,我是计划的召集者。可因为不用自己开车,我只关注景点的大致位置,注重的是景点带给我们的感触,却忽略了三天紧凑行程由此给同行朋友们带来的压力。

所幸朋友们都给予我极大的包容和理解。她们一方面配合我的原定计划赶路,另外一方面又用玩笑的口吻善意提醒我日后考虑问题要全面一些。

整体而言,今天作为 2022 年的第一天,是一路笑逐颜开的一天。

最后的想法,无非是愿我们都笑容长存,快乐常在;愿身边的每个人都能在未来的岁月收获满满,事事如意!

(二)

话说昨天晚上我们住在然乌镇一家宾馆。这家宾馆呢,虽说没有空调，可有热水和电热毯，咱还是比较放心的。

没想到我低估了高原寒冷的威力。即便洗了热水澡，出来的时候几乎是秒速就被冻得发抖。飞快钻进被窝，被窝早就打开了电热毯，可温度一时间仍觉不够。好在宾馆另外备有褥子，我把褥子放在被子上面，又再把羽绒服放在最顶层，躲了好一会，身上才渐渐暖和起来。

幸好晚上睡得还算暖和，中间被热醒了一次。但也不知道是不是这里海拔更高，还是生物钟到了一个陌生地方就更警觉，总之早上我很早就醒来了，之后辗转反侧再也睡不着，都不需要闹钟提醒起床了。

这些情况无疑都在提醒我——网上订房不要轻易相信评论，还是眼见为实亲身体验来得真切。

1 月 2 日早上，洗漱完毕，喝了杯黑糖姜茶取暖御寒。看了下群里，大援藏姐姐居然在早上六点多就起来了，已发了多张美图。

我拉开窗帘一看，第一感觉是阳光刺眼，第二感觉却是美呆了。

只见窗外是一片纯天然的乡村雪景图——太阳绽放着灿烂的光芒，蓝天用最完美的姿态映衬，白云依偎在太阳附近；近处的道路尽管有被践踏的痕迹，可仍能捕捉到纯洁的迹象；远处被栅栏围起来的路段，大雪遮挡了土地，越发显得纤尘不染。另有几棵不知名的树木，叶子已经掉光，徒留下光秃秃的树干和树枝。可雪一添色，就成就了雪凇的美感。

一早看到这样的美景，让我愈发对来古冰川和然乌湖期待起来。

出门，将东西放车上，发现昨天落在车上的矿泉水竟然结冰了。嘿,零下十四度的气温,再次证明了它的威力。趁着车子预热的时间,我们放好行李,兴致勃勃地跑到雪堤和栅栏处拍照留念。

走近之后才发现,这里的雪和我们之前看到过的硬邦邦的雪粒不同。这儿的雪捧在手上是软绵绵的,挥手洒在空中,顿时成了一片细碎的雪雾。

每个角度的雪景都不一样,我们又分别不同搭配合影。虽说每个人都冻得瑟瑟发抖,但是美景当前,这点忍耐度还是有的。

吃罢早饭,我们按照导航的指引前往目的地——来古冰川。

来古冰川距离然乌镇有一个小时左右的路程,途中会经过然乌湖。眼下这白雪皑皑的季节,然乌湖的碧波荡漾是看不到的,留给我们的只是沿途转一个弯就有不同感觉的雪景。

然乌湖的湖面均被积雪覆盖了,看起来倒是蛮厚实,可我们不敢轻易踏足。所以,当看到挨着湖边建造的一排藏族风格建筑时,我第一个念头就是倘若雨季来临然乌湖顺势涨水,那藏族同胞们的房子岂不是遭殃了。不过转念一想,既然这里的民居能够保存至今,必然就有解决之道或者不存在我所猜测的问题。

聊着天、拍着照,一个小时的时间倏忽而过。

抵达来古冰川的时间是上午十一点左右。这里并没有像米堆冰川那般设计规模宏大的景区中心,只是由当地藏族同胞随意拉了一根栏杆以示需要接受管理。由于眼下是冬季,当地藏族同胞并没有收取门票,只是积极推销他们提供的骑马服务。

但咱们这一行都不是没有徒步或运动经验的人,因此当我们确认入口到来古冰川来回仅需要一个小时的路程时,很快统一决定自行走路前往。

车外的气温寒冷更甚几分,即便我已穿上新买的内衬有绒的藏族裙子,即便戴上了手套、帽子、围巾,仍然觉得寒气逼人。走了一阵子马路,正在犹豫路程是否正确时,冷不丁远眺到了蓝冰的踪迹,嘿,这正确路径真是得来全不费功夫。

顺着土路绕行一圈,当整个来古冰川全景映入眼帘之时,大家都不由自主发出“哇”的一声惊叹——只见来古冰川的整片区域被冰川、冰层、积雪覆盖,恰好那时阳光热烈、碧空如洗、白云和雪山交相辉映,一派童话般的景象。

行至湖边,我这才发现供游客行走的路分成两种。

第一种是冰面上的白雪层。有的薄薄一层铺陈其上,有的一脚踩下去直接覆盖到靴帮位置。看起来雪层不好走,可实际走在上头不会打滑,且一直在行走,也不会觉得寒冷。

第二种则是冰面。入目晶莹剔透,能清晰看到冰层冻结的尚有气泡的结晶。然则,这冰面看着很漂亮很光滑,走在上面却要格外小心,不然一不小心就会滑倒。我们行走的时候,都尽可能踩在雪层中,避免摔倒。碰到冰面相连的地方,只有互相搀扶才能放心走过。

来古冰川的美景也分成了几个类型。

靠近岸边的冰川,大部分都小范围矗立在冰面。它们形态各异,有些像巨型的冰糖,有些像卧倒在冰层的鲸鱼躯体,还有些则棱面锋利触之却滑润。

占据中间一大片位置,最吸引人的是整片蓝冰森林。这里的蓝冰目测约有四五米高,人站在它面前只余阵阵惊呼。

在阳光的折射下,这里的冰川肉眼呈现出蓝色,是名副其实的蓝冰。

这里作为冰川的中心游览点之一,排队入内拍照的人有之,现场直播的人有之,忙不迭和家人或朋友视频分享快乐的人也不少。

正面看蓝冰森林已足够令人惊艳,绕一圈到背后,又另有一番趣味。这头的蓝冰,有的像城墙一样耸立护卫蓝冰森林,有的像山峦一般起伏不定,还有的则随地势形成了天然回廊。形态壮观就罢了,关键大部分蓝冰森林都很是纯粹——入手微凉,入目澄澈,还有不少边缘晶体在阳光照耀下闪烁着璀璨光泽。

最后一类则是零落分布在冰层的小冰川。这些冰川大部分肉眼看去都是透明的,它们大小不同,有可以捧在手上直接拿走的,也有和冰层粘连在一块让人好奇如何形成的。

沿着雪层行走,时不时会在冰面看到这些小冰川的存在。倘若不是无法长期保留,倘若不是保护环境的意识滋生,我还真想揣走几块留作纪念呢。

进入冰川之后,我们一边频频惊叹,一边不住拍照——哪怕手只要伸出衣兜,就被凛风刮的刺痛。

没到来古冰川之前,本来以为这么冷的气候,我们顶多就游玩一个小时。没想到,真正进入冰川区域,看了这个冰川,发现前面有更美的冰川;等在下一个冰川停驻良久,又发现了不远处更新奇的冰川。本来想着照片够多了,可以不留遗憾离开了,结果看到角度不同的美景又忍不住再一次掏出手机。等我们恋恋不舍离开时,才发现原来已在冰川中待了三个多小时。

彼时，已是下午三点多。

考虑到从来古冰川返回林芝的路程过长，走夜路不太安全等问题，我们决定今天不着急赶路，而是当夜入住波密。换言之，按照这个变更行程，我无法按既定计划在三号返回朗县了。

我一向不太喜欢请假，何况工作日还有事情。可毕竟和大家出来游玩不能只考虑自己，进行调整后尽快返回朗县也就罢了，毕竟玩得开心最重要。

回程路上的风景，对比美轮美奂的来古冰川，自然逊色良多。不过，昨儿夜里赶路途中没有拍摄到的高山雪景，在下午明亮的光线中，会时不时出现让我们眼前一亮的美景。

诸如，连绵不断在两侧山峰出现的松林，在雪花的点缀下，颇有林海雪原之势。诸如，道路旁形状奇特的石头，有的突兀出现有些吓人，有的则形似经文或人像，实在让我感慨造物主的神奇。再如，转了一个弯之后让我们忍不住停车拍照的冰剑群，与一众常见的美景对比，甚是不凡。

傍晚，我们顺利抵达波密县城。

晚上，吃的是石锅鸡，住的是当地盛名酒店。原本因睡眠不够带来的精神不济，在大家连哄带闹的玩笑中，在美食当前的享受中，在码字和发圈的紧迫感中，消失殆尽。

我想，今日份的快乐，或许就是和这群志同道合的人，到惊艳绝伦的来古冰川，一起乐开怀吧。

（三）

1 月 2 日晚上一夜好眠。

或许是住宿的地方更好，设备比较齐全，重点是有空调御寒;也或许是白天玩得很投入,身心比较疲惫的原因。好眠带来的好状态,为今日返程打下了良好基础。

吃完早点略作休息后,我们从波密打道回府。今天天气不太好,没有阳光,以至于路旁的景色都感觉逊色不少。

回程路上,照例打开音乐听歌。这几天的旅途,考虑到我们一行人年龄段有差别,所以我特意选择了耳熟能详的经典歌曲。听到尽兴处,大家很自然的一块哼唱,算得上是小型KTV现场了。

行驶途中闲聊,话题不限。因职业不同,会产生有人无法参与的情况。但更多时候,当我们提到某个共同记忆,不禁笑成一团。

视线时而转向车窗外,发现无论是去然乌的路上,还是回来的途中,总能看到路边朝拜的藏族同胞。他们有些是三五成群拄着树枝当拐杖稳步前行,有些则是独自一人三拜九叩一路朝他们选定的地点前行。在西藏这样的情况很多见,外地人司空见惯之余又难以身体力行,对他们本地人来说则应该是人生中特别神圣的时刻。

每每见到这样的情景,我总是忍不住想起藏族同胞的价值观。有些人有时候难以接受藏族同胞们朴素的生活观和行善修来世的观念,又对他们死亡之后一切归零不必惦念的洒脱有些不解。

于我而言,这样的观念我是蛮认同的。倒并非绝对追求来世,而是觉得行善必然会形成一个善意循环,说玄妙一点,会产生特别的磁场,带来特殊的际遇。至于物质需求,咱并不是没有,可相对而言我更注重精神层面的满足。

最后就是对待死亡的观念。我常和朋友们说,人本赤条条、孤零零一人而来,遇到的所有人、经历的所有事,都是在后来的人生才渐渐成就的缘分。是故,人一旦死亡,或许真不必太过惦念。终归,谁也说不准交集是不是在什么时候就再次出现,或者哪怕从此天人永隔,就此新生也十分正常。当然,眼下想到的这些,都只是处在理智阶段十分冷静的想法。也许,真处于某个情境,身为局中人时,就难以看得透彻、处理得果断了。

自在的长途行走路上,思路可以天马行空,话题可以随意改变,唯一让人无奈的就是生理问题的解决。

自从西藏“厕所革命”之后,在外旅行找厕所倒是不难。可偏偏眼下是冬季,由于气温太低,冲水系统都被冻住了,因此我们路过的大部分卫生间都锁住不能使用。

之前在日喀则、阿里旅游时,也曾经有野外解决的情况发生。这几天走的路线,烟火鼎盛处较多,所以我们只需要在地方不合适的时候忍耐一阵,到地方合适的时候快速解决即可。

继续行走,中午一点左右我们到了鲁朗小镇。

想到中秋时期看过的美景,我们再次停留打算到湖边欣赏。可惜彼时天气依然不好,当下那片地区又在修路,且正处于冬季,风景和我们中秋时候的惊艳记忆对比,差异不是一般的大。不过,同行的人不一样,四季带来的风景又不一样才更有意思。即便这次留下些许遗憾,也创造了下次再来的机会。

等我们靠近湖边,美丽的景色才出现在眼前。

从堤岸旁干涸的湖床往下延伸,是流水潺潺、清澈见底、夹杂浮冰和冰雪的湖水;正对面,清晰可见藏族建筑群,别有一番风味;斜对面则是山顶尚在下雪的雪山,另外增加了一份感觉。

气温比之早上的寒冷不遑多让，因此大家拍摄美景结束后，没有过多停留，很快就集中在一起合影。

依旧是不同搭配和各种姿势的合照。用自拍杆拍照的时候，我们相互“礼让”想对方站前面——毕竟后面显得脸小一点；我和两位援藏姐姐拍照时，则相当注重细节，每次摄影师都能看到需要调整的地方，直到笑得脸僵、拍出最美姿态才被放过。

合影结束，我们继续往鲁朗小镇方向行走，准备到美食街祭祭五脏庙。

时下已是下午三点左右，我们按小援藏姐姐的推荐，去了鲁朗小镇一家景致很美、被评为网红店的地方吃饭。这家店还真没有辜负它的好名声：小店门前是一条已经冻住的人工湖，上面有人工摆设的荷花。站在挂满了花饰的小桥拍照，完全看不出这地方是西藏，美的如同江南古镇一般。

率先迎接我们的，不是老板本人，而是他饲养的狗狗们。有条不知名的小狗，一见到我们根本不怕生，没犹豫就扑过来嬉闹。一旁的回廊，还有一条乖乖静坐的阿拉斯加犬，看起来体型有点大，可懵头懵脑的，与我目光对视后，轻声低吼了一嗓子，特别可爱。

小店大堂一侧是落地门窗，外面不远处就是一个湖泊。湖水小部分已结冰，更大一片地方仍旧保持着流水的活跃，有几只不知道是野鸭还是野鸟的鸟类正在湖中安详游荡。湖的斜对岸，是某公司特建的藏族风格休息楼，与我们这边的藏族餐厅相互呼应。更远一点，则是在暗淡天色下显得颜色灰黄的森林、山巅同样在落雪的雪山。可以想象，如果我们在秋色正当时或春暖花开时过来，这里将会有多么美丽。

冒着严寒，饱览了美景，我们快速回到餐厅。

小店的老板声称去过广东，他学习了广东人吃饭前烫碗的习惯，还为石锅鸡增加了不少养生气息。石锅里面，除了事先炒制后才进行煲汤的鸡肉，更美味的是和鸡汤一块煲的红枣、枸杞、手掌参、百合、薏苡仁、菌菇等配菜，鸡汤更是浓郁可口到可以让人一气喝个几碗。

虽说这里的食材因处于冬季，并不都是新鲜的，但搭配得甚是合理。且石锅鸡里面的食材大部分先由电压锅做熟，再倒置石锅边煲边吃，称得上是美味了。

慢慢悠悠吃完午饭，已是下午四点半左右。

最后一段回林芝的路程，中间我们没有再做停留。路过色季拉山口，恰好天空正在飘雪。虽然还是看不到太阳的踪迹，可景色仍然美的让我们将车窗打开连连拍照。

抵达终点站林芝的时间比预计的早，不过才傍晚六点出头。

如果说旅行是拉近人与人之间距离最好的方式，那我们大家伙在一起的快乐就是促进情感升温最好的添加剂呀。

赏景，交心，道因果[①]

（一）

藏历新年假期我是和援友们一块度过的。第一天，在拉

① 藏历新年的假期从 2022 年 3 月 2 日至 8 日止。因该段旅程包括拉萨、日喀则地区，故游记分别收录在不同章节。涉及内心感悟部分的内容，也在对应章节收录。

萨游玩并等待援友汇合。今天,也就是 2022 年 3 月 3 日的计划,是和援友们一块从拉萨自驾前往江孜县。

昨儿晚上我们定的是今天早上九点半出发,但等我们真正出发的时候,时间已到了上午十点半。为什么推迟 1 个小时之久呢?一是因为大家伙都是出来游玩,对时间并没有那么在意;二是大家伙吃罢早餐,想着在拉萨入住的酒店五楼天空之城拍照留念。

一群人旅游和独自旅行不同。如果说独自旅行,能够更深入的将身心与风景融合,那么一群人旅游的快乐,很多时候就是在合影时体现。

这不,人工设置的玻璃走廊,看起来名不见经传,就因着对面是布达拉宫,能够通过玻璃走廊反射倒影,于是成了一个网红打卡点。我们几个人,在此或拍独身照或合影,玩得不亦乐乎。

独身照,是最能体现天空之镜状态的。拍照的人,必须挺身坐在玻璃走廊边缘,侧首回眸一笑,风姿分外动人;或者可以拍正面照,脱鞋盘坐,纯朴真实,笑得灿烂,格外到位。

合影呢,我们是按照酒店工作人员的指示拍摄。六个人站一排,一会儿站在玻璃走廊边缘,每个人自由发挥拍正面;一会儿站在阳台的铁栅栏边,伸手比耶,只留背影;一会儿又侧身四十五度,露出最完美的轮廓,纪念最经典的风景。

不管是哪一种拍照方式,所为的,不过是将此刻最快乐的心情记录,最美丽的笑容保留。

拍照完毕,很快出发。

这一路的行程,计划中有三个景点,分别是羊卓雍措、卡若拉冰川、满拉水库。当然,计划是如此,可旅游嘛,我们更愿意且行且游且享受。

抵达第一处景点时，记忆和现实交错，让我有一阵子恍惚。

雅江河谷、羊卓雍措，这是曾经和闺蜜来过的地方。这次再来，尽管季节不同，记忆也已模糊，可处在同样的位置，仍不由感慨时光之荏苒。

想要近距离和羊湖接触，必须走一段路行至湖边。羊湖的湖面，尚是冰层覆盖的状态。安全起见，湖边有巡护员，不允许游客下至冰面。虽然我们面对圣洁的冰层蠢蠢欲动，也只能停留在岸边拍照留念。

有趣的是，我和大援藏姐姐的合影，本来是拍照，无意中变成了七秒的视频。等我们翻阅的时候，发现视频恰好记录了我和大援藏姐姐四目相对、微笑以对、亲密挽手的瞬间，两个人的心情反而变得更加愉悦。这或许正是“无心插柳柳成荫”咯。

羊湖的湖岸线很长，基本和我们盘旋向前的路并行。继续行驶一段时间，我们又找到了一条能直达湖边的路径。

风光还是那样美，可和之前不同的地方在于，这里的温度似乎高一些，表现在此处羊湖的湖水和冰层相连，不完全是被厚厚冰层覆盖。靠近岸边的湖水，碧波荡漾，有不少野鸭欢快嬉戏，对我们的靠近丝毫不害怕。果真完美展现了“春江水暖鸭先知”的说法。

有湖水在侧，就实现了我装水留念的小愿望——西藏三大圣湖的水，纳木措、玛旁雍措我都在游玩的时候装了一小瓶留念；唯独羊湖的湖水，彼时游玩时没有留存，这一回倒是满足我了。

援友听闻我留存湖水的缘由，十分感慨的提到“知者乐水，仁者乐山”。一下拔高了境界，倒让我觉得有些不好意思。

或许，正如小援藏姐姐所提，志趣相投的人，大多有相似的爱好，想来这就是缘分。虽然，我们的过往没有相同之处，可共行千里路的经历，冥冥之中必有一番因果。

转念，又想到闺蜜提及和情商高的人在一块特别舒服。可不嘛，同行的朋友们，每个人发自内心地夸赞，乐在其中的享受，无形中都散发出一种磁场，让我每每念及就不由微笑。

第二处景点，是卡若拉冰川。

卡若拉冰川，不同于藏在深山中需要花费很多时间寻觅的其他冰川，其坐落地点很具有亲和力，就在前往日喀则的国道路边。它规模并不大，样貌类似一双展翅高飞的翅膀。

有过来古冰川的绝美视觉冲击力，卡若拉冰川显然给不了我们太大感触。我们仅仅短暂停留，打卡拍照。接着，就继续从冰川往日喀则方向行走。

这时候，一侧结冰的路面上，两三位踩冰的旅友，牢牢吸住了我们的目光，让我们也迫不及待走向冰面。光溜溜的冰面，踩上去的感觉和想象中不一样——明明看起来晶莹剔透，踩上去却是硬邦邦的，鞋子也不会陷进去，很是神奇。虽然有点滑，必须时刻提醒自己不要摔倒，可这感觉真是好玩得紧。

再次前行，我们和另外一辆车的援友联系，意识到她们已落后良久。

细细询问，这才知道，一开始她们是拿着相机拍风景，根本停不下来，而后，却在羊湖景区遇到了受伤的黑颈鹤。她们深知黑颈鹤的珍稀性，所以无法视若无睹，很快就决定打电话报警。经过沟通，当地警官联系了林业草原局的工作人员，她们等候在侧,一块帮忙对受伤的黑颈鹤进行救治。

虽说路上的时间耽搁了,可这事一说出来,就让我们每个人都不由点赞。这样一件善事,即便对旅游计划有所影响,也只会增添美好的回忆。想来,有这样一份善念在,受伤的黑颈鹤,其境遇必能有所改观。

注意力转回我们的路程。

接下来的路段,时不时看到路旁藏族同胞在过林卡。有个村子更是热闹,居然组织了小朋友们拔河,还有一群孩子在打台球。这场景,让擦肩而过的我们再次想起,对呢,现在可不正是过年期间嘛。

第三个景点,满拉水库,在热火朝天地聊天、专心致志地看风景中,很快抵达。

入目是与羊湖湖水迥异的绿色湖水。乍一开始看到,有了羊湖的珠玉在前,并不觉得满拉水库有多好看。直到我们顺着路线到观景台停留,又穿过重重经幡,走到悬崖边。

从山顶向水库眺望,让我想起了当初在山顶远眺拉姆拉措的感觉。再细致观看,冰湖相接,水天一色,另有阳光落下一缕光泽添色,此情此景,还真是颇难忘怀。

三处既定景点游览完毕,离晚上入住的目的地只剩半个小时车程。

彼时,正是夜晚将近,余晖未散的时刻。落后的援友还没有和我们会合,时间比较充裕,有着这样悠哉的心绪,我们看到路旁景点的指示牌干脆一路打卡过去。

就这么,机缘巧合额外增加游览了两处景点。

一处是加热寺,规模很小,可从大门的房梁、门上精致的雕刻能看出其历史悠久的痕迹。另外一座寺庙是林布寺,看起来新建不久，整体外形像个学校，广场正中央悬挂国旗，门口还有一群村民围坐在一块吃饭过节。

同样是寺院，却带给我们完全不同的感触，这也正是旅行带来的好玩之处——不亲自目睹，亲身体验，何来难以忘怀呢。

顺着高高低低起起伏伏的山路上下，一恍神，会觉得这莫非就是人生的本质。在某个瞬间，游离在窗外的心神，徜徉在歌声中的情绪，会带来时间和空间的穿越，让我想起过往，对比当下，莫名感伤。

入夜，顺利到达目的地。和援友汇合后，美美品尝了一顿晚餐。

席间，大家伙的心神和话题，一会儿震撼于今天看到的美景，一会又担忧起那只被救治后不知道最终结果的黑颈鹤，再一会儿则心心念念明儿个的出行计划。

旅游最容易促进人与人的关系，也着实考验人的耐力和精神呀。

（二）

2022 年 3 月 4 日，也是藏历新年假期第三天，我们入住在日喀则江孜县的酒店。

外面依然是灿烂的阳光，温度和朗县差不多，并没有更冷。不过，江孜县内的住宿条件果然比不上市内，即便我们入住的是全国连锁的酒店，这里也只是提供电热毯，没有空调。热水供应的倒挺及时，就是卫生间的设备不太便利。

也不知道是一晚上电热毯没关使身体燥气没有疏解，还是这两天吃的比较燥热，早上起来感觉嗓子干痒，难受得很。

这也是旅行在外常因环境变化而产生的小插曲,只能通过多喝水,吃点降火药调理了。

今天的既定景点有两个,一是白居寺,二是宗山古堡。想观看的江孜印迹舞台剧,问了当地藏族同胞,却说已好久没有对外开放了。而《孤独星球——西藏》中列明的电话,一个无人接听,一个处于停机状态,毕竟是 2017 年的书了,看来有待更新呀。

早上临出门前,小援藏姐姐问我,白居寺和白居易有没有关系。这疑问一出口,我们俩都乐了。因为不用查百度都知晓,在唐朝那个年代,西藏还属于吐蕃王朝,即便白居易流放也不可能到这里来。

白居寺之所以称之为白居寺,是因为寺中有一座驰名中外的白居塔,正名也叫"菩提塔"。白居寺塔中有寺、寺中有塔,寺院内的佛像、壁画数量号称有十万余。白居塔共有 9 层,由塔幢、覆盆、塔腹、塔基等部分组成。整座塔从下到上,由大到小,逐层递收,有 77 间佛殿、108 个门、数多神龛以及经堂等等。故此,白居寺深受佛教文化爱好者的欢迎,又每每吸引诸多信徒前来朝拜。

白居寺另外一个特别出名的地方在于,它是西藏唯一一座萨迦、格鲁、噶当等各派和平共存的寺院。每个教派都拥有数个扎仓,众多教徒;寺内供奉及建筑风格也博采众长。

因着游览景点的时间充裕,我们并没有很着急出门,时至上午十一点左右才踏入白居寺。为了详细了解寺庙的文化,购买门票后,我们还特意请了寺庙的一位师傅讲解。

这位师傅倒是有趣,见到当地百姓很是慈悲,时不时合十微笑,或者抚摸藏族小孩子的头顶加持祝福。而面对我们,却是一种官方的态度，一会叮嘱人到了再讲解不然会重复；一会提醒哪里可以购买酥油赐福；一会拿起百姓捐给寺院的大额纸币统一归置；时不时还来一句“你明白吗”，希望我们不要走神。

这位师傅的介绍，仅限于大殿的基本情况和白居塔的基本信息，没有对十万佛塔的信息详细说明，让我略微有点失望。当然，我们还是在他的讲解中增长了许多知识：

如，白居寺于明朝时期建造，距今已六百多年历史。“文化大革命”时期，寺院很多建筑和佛像被破坏，目前寺院的东殿就是后来修建。

如，白居寺的大雄宝殿，供奉的文书、壁画、唐卡都是流传至今的真迹。而佛像百分之九十以上是泥塑，因距今时间久远，看上去如同木雕。且寺院的建筑、佛像、壁画，包含了尼泊尔、印度、藏族、汉族等多种风格，非常有特色。

如，寺院有专门的展佛台，每年展佛的时间不一定，基本是在阳历六月初。寺院展出的佛像是释迦牟尼唐卡真迹，平时用牛皮包好保存在西配殿，只在每年展佛的时期会按照年限循环展示过去佛、现在佛、未来佛。

如，寺院的喇嘛们，每天早上都会在大殿修行功课两个小时，这几天因藏历新年放假，都回去探亲了。虽然教派不一，但大殿大部分喇嘛是学习格鲁教派经书，属于显宗修行的内容。逢每月或每年的药师佛诞生节、宗喀巴大师酥油灯节等庆典，寺院均有活动。

如，大殿主佛门口，因昨天是藏历第一天，就特别设置了一个佛龛。按西藏的传统，供奉了糌粑、小麦、酥油花、青稞苗。而主佛面前的酥油花，一旦供养就会持续一年，且每年供养的酥油花图案都有所不同,有时候是当年圆寂的喇嘛,有时候是信奉的佛像,有时候是活佛,有时候是吉祥八宝。每当酥油花需要更换的时候,寺院会散发给当地百姓,加持过的酥油花非常受百姓欢迎。

如,大殿的东配殿名为甘珠尔殿,供奉的是大宝法王母亲的舍利子。长寿殿,供奉长寿三尊,即白度母、无量寿佛、尊胜佛母。而在护法神殿,既供奉有喇嘛们亲手捏出来的酥油花,还悬挂了很多跳神祈福时候佩戴的面具。那些面具,大部分面目狰狞,看起来挺厚实,居然也是泥巴做的,只是表层用胶、棉花、布相连。

从大殿出来后,我们和讲解师傅道别,按照大殿二层、黑殿、白居塔、黄殿、白殿的顺序依次参观。

大殿的二层,主要有三个殿。道果殿,供奉泥塑的胜乐坛城,样式看起来比昌珠寺的更质朴。能言度母殿,区域比较小,进入的人多了,转身都困难。十八罗汉殿,这里的佛像背后刻有森林、山等背景,让人很自然就联想到了佛所在的极乐世界。

黑殿,据称是花教萨迦派的主殿,可僧服也是黄颜色的。让我印象深刻的是其中一个配殿,墙壁粉刷成黑色,供奉金刚手,很是别致。

黑殿的一层,有位年长的喇嘛在念经,听不清楚具体经文内容,只觉得氛围格外祥和。二层,壁画斑驳,有明显被破坏的痕迹。二层入口处有个小房间,供奉了千尊蓝顶的释迦牟尼佛,其中央有座镂空雕像,形态很特殊。近看能看出来是镂空的,而且随着你移动步伐、观看角度不同,会感觉佛像跟随你往前的时候低下了头,往后的时候却抬起了头,其逼真立体的状态令人瞠目。

终于,我们进入了白居塔。这座九层宝塔,按照寺院要求,只能参观一到五层。

第一层,我们参观的最细致。

有些佛殿的壁画和雕像是同一尊佛,相对矗立,交相辉映。不知道,这样的设置有没有特别的意义——是找寻自我,还是开解众生呢?很多佛殿,能看出来一开始应该没有设置投放纸币的箱子,后面才根据需要增加。而且将佛像和壁画隔离保护,又为信众提供了便利条件。

白居塔一层,让我印象深刻的佛殿还有很多:

如,净土殿。主佛是红色,左边侍者是白色,右边侍者是黄色。按照佛学理论,净土殿供奉的是西方三圣,分别对应的是阿弥陀佛、观世音、大势至菩萨。这个佛殿的空间比其他佛殿更高,且以佛像为主,壁画只是点缀。

如,不动明王殿。供奉了三尊一模一样的佛像,按照佛学理论,中央毗卢遮那佛为自性轮身,金刚般若蜜多菩萨为正法轮身,不动明王为教令轮身。

如,增禄佛母殿。这位据说是藏传佛教中的女财神。她有着印度佛教的形象,裸露着上身,面容安详。主佛位于中央,四面分别是四个姿势形象一致的小一号佛像伴随。对面的壁画,不是增禄佛母,有点像欢喜佛,是一尊佛抱着另一尊佛。

如,兜率宫。这里供奉的弥勒佛,跟内地开怀大笑的大肚形象不一样,比较庄严肃穆,对面则是佛陀舍身饲虎的壁画。

进入二层的佛殿,名为入大解脱城门殿。

二层的佛殿,入口都有小门锁着,不让人进去观看。如果想观看佛像或壁画,只能从小门上面留出的空隙探身进入。

二层的佛殿,大多供奉的是耳熟能详的佛,诸如观世音殿、长寿殿、度母殿、文殊菩萨、普贤菩萨殿。不像一楼的佛像,除了四个正方位,护法的佛像居多。

三层上楼的地方,方位和二层一样。

这层的佛殿也是开放的状态,能直接进入参观;这层的佛殿,蛮多佛像的称呼都是第一次听说,不清楚是不是不同地区对于相同化身的别样称呼。

另外,三层的佛像,和内地佛像多背负光环不同,大多数佛像背后装饰有一圈花环。或许是考虑到光线折射度的情况,佛殿里面还特意开着灯,让参观的人能看得更清楚。且,三层佛殿的壁画更新,或许是没有直接被太阳照射,参观的人相对少,被破坏的程度也相对小的缘故。

行至四层,每座佛殿的空间更小。

这里的佛殿又像二层一般,封闭起来了,必须探身进入才能参观。看小门上面封闭已久的各种痕迹,我们猜测有可能是为了更好保护佛像才采取的措施。在这一层,能看到不少露出铁丝网的送风口。凑近一看,里面正是一层诸佛的顶部。这样的设计,无疑是空间合理运用的结果。

我们可以参观的白居塔最后一层,位于五楼。

和想象中逼仄的环境不同,这里仅供奉了东西南北四尊主佛,每尊佛殿的空间都相对宽阔。且每座佛殿,门口都有不同的雕塑,除了主佛和侍者,两旁的墙壁上不仅有壁画,还镌刻有经文。

东方大日如来佛,唯有它是单独一尊,没有侍者在旁,也唯有它是铜身。或许是因为方位的缘故,阳光普照,甚是暖和。北方智慧佛母殿，唯有它是女性形象。恰好在我们参观该殿时，看到了五只鸽子停靠在门口的雕像中，咕咕低语，甚是有趣。西方释迦牟尼佛和南方如来佛殿的殊胜之处，在此不再赘述。

整座白居塔，均由阿嘎土建造，其质量不必质疑。且越往上攀爬，我们越惊叹于宝塔排水设计的优秀，越感慨上下楼梯间隙设置石台供休息和让路的人性化。

美中不足的地方在于，白居塔佛殿的高度普遍偏低，我今天进进出出时被佛殿顶结结实实的磕了好多次头。转念一想，这或许是佛教导我们要时刻记住人要谦卑；实际上，又何尝不是我不够虔诚的缘故。

我们就这样顺着白居塔能够参观的区域走了一圈，因为对佛家文化和壁画还不够深入知悉，难免有些遗憾。倘若是对佛像和壁画比较感兴趣又有一定见识的人，想来在此待几个月都不会感到厌烦，只会兴致勃勃投入其中。

从白居塔出来后，我们最后简单参观的地点是黄殿和白殿。

黄殿，是格鲁派的大殿。主殿簇新，能看出是近些年修缮的。里面供奉的是宗喀巴大师，有藏族同胞自己的文化特色，很有识别度。白殿，里面的喇嘛戴红帽子、穿黄色上衣、着红色袍子，不清楚具体属于什么教派。且里面供奉的佛像，既有释迦牟尼等身像，又有宗喀巴大师，配殿还有个大转经筒，或许是文化融合的结果。

我们在白居寺待了足足五个多小时，饶是如此，我还是意犹未尽。

再看援友们的状态——信仰佛教的援友，每到一处佛殿都会虔诚膜拜,临走之前还特意请了佛香带给家人好友接福;援藏姐姐们和她们的朋友,集中在照片拍摄,或对建筑风格的迥异津津乐道,或因藏族同胞的服饰、慵懒晒太阳的猫咪转移了注意力。

而我,一方面是对佛家文化和壁画感兴趣,所以才心向往之;另一方面,寺院于我,不是信仰,仅仅是心灵安宁的场所。我不拜佛,也不敬香,是因为我相信佛度有缘人,心诚则灵。

每个人兴趣不同,观念不同,就此产生的因果必然也不同吧。

一整天参观下来,整个人的精神格外兴奋,又因着专注而略微有点疲惫。回归到游客状态,决定明儿个再参观宗山古堡,而后返回拉萨。

期待,明天再感受一场心灵锤炼之行。

(三)

2022 年 3 月 5 日,是藏历新年假期的第四天。今日的计划是游览宗山古堡,再从江孜返回拉萨。

宗山古堡就在白居寺不远的地方,且供感兴趣的民众免费参观。

从标志着"宗山公园"的门口进入,映入眼帘的不是山顶巍峨雄伟的宗山古堡,反而是一个非常具有藏族特色的柱子。这根柱子上宽下窄,成圆柱形。上面绘制有吉祥八宝的图案,下面则是藏族同胞们身着藏服载歌载舞的图样。也不知道它具体是起什么作用的,总之很是夺人眼球。

沿着修葺良好的小径走向古堡门口,穿过象征性阻拦行人的铁栅栏,而后是蜿蜒向上的长长甬道。

坚实的围墙保护着古堡,向外看是悬崖峭壁,向内则是需要走一会儿歇一会儿好似没有尽头的甬道。同样是建造在山顶,同样是作为某个时期政府办公的场所,同样有历史遗留的痕迹,这相似的场景勾起了我游玩雍布拉康的记忆。

参观古堡的游客不多,没有人流量阻碍的情况下,我们按自己的节奏攀登即可。很快,我们就抵达了一处相对平缓的平台。

平台两侧的残垣断壁看起来很像古格王朝遗址,不同的地方在于,古堡特意还原了彼时保家卫国的场景——按照指示牌的介绍,这里曾发生的事件是在清朝准噶尔战争时期。一群身着战袍和清装的壮士,有的面向江孜县城指点江山,有的骑在马匹上随时准备出发,还有的守候在一旁等待吩咐。可以想象,为了守护家园,彼时曾经发生了多么激烈的战斗。

继续向上,左侧方向,是江孜古堡历史文化陈列馆。

历史文化陈列馆不大,且不知道是不是参观人数少的缘故,灯光比较暗淡。按照历史文化陈列馆的介绍,江孜的藏语意为"胜利顶峰,法王府顶",曾是西藏第三大城市,被誉为西藏粮仓,也是中国最美的县城。

在历史文化陈列馆,我们按照馆内的设置,先后参观了议事厅、法王殿、斯觉拉康、江孜帕拉家族、解放江孜雕像、现代江孜发展等场所。

旁的也就罢了,在看到议事厅和解放江孜雕像时,让我找到了一种类似游览解放农奴博物馆的感觉。或许是因为两个馆都从不同角度,讲述了那个年代的故事,在感受当时贵族和贫民之间的差距之时,尤为感慨今天人们地位平等的不易。

而看到现在江孜的发展,让我印象深刻的是对弱势群体的援助,这就是出于职业病的因素了。而其他唐卡培训、陶器艺人培训等照片,也是结合江孜的民族特色针对性的发展。遗憾的是,眼下正是藏族新年假期,想必我们是体验不到这些活动了。

历史文化陈列馆往上的路程,显得比入口附近的甬道更陈旧,不少地方,甚至根本没有修缮,是纯天然的泥土回廊。且古堡的指示标志,越往上越少,很多地方需要参观者自己寻找线路。

我们顺着楼梯爬到平台,居然看到一处标志了“地牢”的场所。尽管有木楼梯指引向下的方向,可看着下面阴森森的,我们还是没打算近距离接触。

越往山顶,路越难行,一旁的房间还都是空置的,它们目前只是作为了历史的见证,是残存的符号。

在一处陡坡,我们又一次看到了还原的惨烈战争现场。

两位士兵,站在斑驳城墙前,一位中箭了身子被迫后仰,另外一位则手持铁枪极力反击。一沟之隔的山坡上,四位士兵竭尽全力举起大石头,显然是要以此支援同胞。

战争的结果如何呢?我们在顶上的山崖找到了答案——1904 年,西藏军民们面对英国的侵略,坚守在宗山长达三个月,他们顽强抵抗,却因弹尽粮绝、寡不敌众面临宗山失守的局面。他们不愿意成为俘虏,最后选择跳崖自尽,英雄牺牲。

看到“跳崖烈士永垂不朽”石碑的那一刻,我突然明白了宗山古堡没有经过刻意修缮的原因。我想,这就好比圆明园被焚毁对于国人的意义一样,宗山古堡的遗址,对于江孜乃至整个藏区同胞来说,是历史留下的刻骨铭心印记,它一直在默默提醒着民众今日和谐社会的来之不易。

下山时,我们并没有选择原路返回,而是抄羊肠小道,直接从峭壁沿山崖,步步后退的行走。这么做,其实还真是挺惊险。倒不是图省事,只是内心深处想体验下这样的刺激,就好像就此能更深入明白当初藏族同胞们的艰辛一般。

整体游览完江孜宗山抗英遗址,让我更深刻意识到,保家卫国,从来不是简简单单的一句话。昔日的同胞们,用热血和生命奠定了当下和谐社会的基础,真心期盼世界和平,岁月静好呀。

心潮起伏间,该做的事还得做。很快,我们打道回府,返回拉萨。

回程的路上,因时间比较赶,我们没有再做过多停留。路上,看到了很多指示牌,指引着附近的寺庙和景点,无怪乎江孜被称为古城呢。而这个遗憾,或许只能留待以后再来弥补咯。

一路行来,某一瞬,我的脑海会突然产生一个场景很熟悉的感觉,尽管很清楚这是第一次来过的地方,第一次经历的事;又在某一瞬,我会殷切希望某个美好的状态能停住,能持续到地老天荒,尽管知晓这是不可能发生的事情。

或许,这就是旅行带来的魅力吧。

四　山南

独自旅行之山南市的善意

2021 年 9 月 12 日这天是周日，计划是到山南市一游，目标景点是雍布拉康、昌珠寺。

周六晚上，我独自从朗县乘坐七点半的火车到山南站。火车顺着上次去拉姆拉措的旅程方向行驶，途中，我看到了巴尔曲德寺的全貌，又路过了千年核桃林。

路旁的石头，好多都刷上了五星红旗的标志，也有很多忠于党的宣传口号。路过一处铁路养护站，三位养护铁路人员正朝火车敬礼。接着，是欣欣向荣的加查县，在火车上就可以看到县城全貌。

途中，还经过了很多隧道，可以想见建设铁路期间工作人员付出的辛苦。两旁形态各异的山峰，从车窗看去颇具神韵，可惜拍出来的照片压根没有亲自目睹那般惊艳。

一路行去，倘若不是处处皆有藏族风格的建筑，我几乎会以为这是在其他哪个城市。目之所及，看到是西藏发展正当时的一小部分，心头泛起些许的小感动。

抵达山南站的时候，第一感觉是冷。风儿飕飕吹，不过仿雍布拉康风格建造的站台就在面前,直接让我将体感的不适忽略了。

出站后,迎来了当地藏族同胞们不停歇的招呼声。我惊讶地发现外面并没有的士车,全都是私家车。面对几个主动招揽生意的司机师傅,我一面确认到底谁来承接我的生意,一面向他们提出我的疑问。

接待我的司机师傅对我从火车站到酒店的路程原本报价是 15 元,我提出今天要包车去景点玩,遂马上降价到 10 元。途中,我们商量好今天去雍布拉康、昌珠寺包车一共 100 元——这个价格,比地图上显示的每次单独打车的价格便宜一些,不过司机师傅既然愿意承接,肯定也有可赚之处。

宾馆的外观看起来不起眼,但里面的环境比我想象中好点。晚上还有专门的值班人员值班,确保旅客的入住安全,倒是让单独旅行的我放心不少。

提前添加了微信沟通的山南市援藏律师,特意将周六找到的路线共享给我。他说,去雍布拉康和昌珠寺都可以直接乘坐公交,不过可能等待的时间比较长。我很感激他的费心,可考虑到旅行的便利性和时间的充裕程度,还是决定包车前往。

是夜入睡不提。

早上九点半左右,联系司机来宾馆接我,我听从师傅的建议先去雍布拉康,再返回昌珠寺游览。

今天天公作美,阳光格外的灿烂。我既高兴于拍照会取得更佳的效果,又发怵于紫外线散发的威力——走在外面,不戴墨镜阳光会直接刺得流眼泪,不撑伞阳光会晒得人发烫。

边闲聊边去雍布拉康的路上,司机师傅操着一口藏族普通话，时不时有几个语气词助阵。有时候，我需要靠猜测才明白他所说的具体含义，想必他亦是如此。

雍布拉康映入眼帘的时候，比照片中更震撼一些。山脚下，我意外邂逅一只悠闲进食的骆驼，拍照的角度恰好与雍布拉康全景融合。再结合山脚藏族同胞们此起彼伏招呼乘马上山的声音，我忍不住想这会不会是从第一任藏王建造宫殿伊始就一直存在的情况——当然，以古代君王和百姓的阶级意识，显然这只限于想象。

不过，从山脚顺着长长的栈道攀爬至山顶，这段路想来被很多历史闻名的人物同样走过——光这样想，就有一种共游在历史长河的感觉。作为第一任藏王聂赤赞普在雅砻地方建造的宫殿，它的存在，更多是历史上的代表性意义，而不是本身有多么豪华或珍藏了多少宝贝。

实际上，真正踏入宫殿里面，对外开放的区域仅限于一楼和二楼的大殿。侧殿喇嘛们居住的地方或者存有文物的场所，以及最高处的殿堂，都挂着请勿入内的标志。

我很想找宫殿的喇嘛们解说一下历史文化。然而，一楼年长的那位喇嘛不会说汉语，二楼稍微年轻的喇嘛自顾自打着电话没空理我。无奈之下，我只能通过宫殿中壁画的记载，想象曾经发生的故事，猜测表达的含义。

从山脚攀爬的栈道，一路上都没有碰到旅客，到了宫殿门口反而听到游客们各自招呼拍照的声音。好在她们都有基本的素养，进殿的时候会主动消声，当得到我友情示意——脱帽、摘墨镜时，也都很配合。

下山时，我特意走了白塔方向的另外一侧。从上往下俯瞰，长长的栈道比正面的更破败，不少路段已经被旁边茂盛的植被遮挡住了。一路下行,全程只有我一个人,不由让我产生一种天地之广唯我独行的荒凉感。

及至山脚,回头仰望山巅,雍布拉康的宫殿耸立,遥想当年守卫森严之景象,深觉世事变幻之无常。再看广场中第一任藏王聂赤赞普的雕像,背靠连绵的青山,远倚雍布拉康。他若有灵,必也为盛世之太平欣慰不已吧。

第二站,是一个临时增加的景点。

从雍布拉康返回市区的时候,经过扎西雪巴村,我听司机师傅说里面有个寺庙,就问顺路经过能不能进去看看。司机师傅反应够快,直接说进去可以要加钱。好吧,毕竟是生意人,那就罢了。没想到,经过村口时,司机师傅突然改变主意免费带我进去参观——莫非是我先前请他吃的饼干让他觉得要有所回报?总之,这份善意我心领了。

村内的寺庙看起来规模也不小,司机师傅说名为扎西雪巴寺,等我匆匆拍了几张照片,因不想耽误他太多时间赶回路口时,却发现路牌标注的是扎西曲登寺。经检索,赫然发现此地称之为藏戏之乡,每年在雪顿节上都有精彩演出。

哎哟喂,车子已经离开扎西雪巴村,我顿时产生一种错失良机的感觉。不过,即便我再次返回,也并非一定能碰到会藏戏的村民。罢了罢了,随缘吧。

第三站是昌珠寺。

昌珠寺就在马路主干道的一侧,和对面广场矗立的文成公主雕像交相辉映。

进寺庙之前,先购票再登记信息——这管理倒比雍布拉康严格。踏入寺庙那刻,我被正殿两旁坐在台阶上的老阿妈叫住了。她们不会说汉语,只噫唔示意。我以为是提示我摘墨镜和帽子,遂坐在一旁整理,察觉到殿内更阴凉,又把搭在手臂的线衣外套穿上。没想到,这个举动获得了老阿妈一个赞许的微笑——我这才想起来,来西藏寺庙游览有衣冠不整不得入内的规矩。看来,细节问题真是不能不注意呀。

昌珠寺比我想象中大,陈列的文物也比想象中多。

进门两侧是四大金刚,一楼主殿是释迦牟尼雕像,两旁有侧殿和无数个小隔间,分别陈列了莲花生大师、观世音菩萨以及我叫不出名的诸多佛像。且,不管是正殿或侧殿,墙上泛着暗黄的壁画,殿内色泽陈旧的佛像,都在诉说着被岁月侵蚀的过往。

一楼有几处境况让我印象十分深刻:

第一,回廊上隔不多远,就有一处雕塑精美长燃不熄的酥油灯。有些有特制的玻璃罩防护,有些则直接是开放式的大铜盆。

第二,有个小隔间,门口两旁摆放了汉语、藏语双文的标志“女士勿入”。我看到的时候有些惊讶,这是为何呢?从敞开的门口往内看,供奉的是一尊蓝面瞠目的不知名佛像。莫非,这里边有啥特别的典故?

第三,看到了一座被玻璃罩保护得严严实实的珍贵物件。这物件不知名称,模样类似佛塔。我询问一旁守护的工作人员,征得他允许后拍下了照片。可惜他不懂汉语,问及物件涉及的文化,统统回应不知道。一旁的藏族同胞见我停住久久不愿意走,就走过来和看护人员闲聊。据这位藏族同胞翻译,该物件花费了数千万元打造,金子锻造的景、中间镶嵌的天珠、绿松石、蜜蜡等珍贵物品都是真物件。且该物件历史悠久,建寺之初就已存在,据说是和莲花生大师一块入驻的。

转了一圈,我顺着楼梯爬上了二楼。

首先进去的是侧殿。这里供奉的基本都是怒目圆睁或恶行恶状的佛像,门前有个面具,门内有个喇嘛边击鼓,边吟诵,边敲击法器。

佛像有怒目金刚一说,可寺庙通常供奉的都是慈眉善目一面,专门设立一殿供奉夜叉等佛像的非常少有。也不知道,这殿内的佛像是否属于护法神呢?

关键是,耳边正传来叮叮当当的法器敲击声、不明觉厉的吟诵声时,我忽然被一位怀抱婴儿的女士叫住——她在佛像面前放下一张纸币,然后让我帮忙抽走佛像面前一条哈达。她的意思我莫名懂了,想来是想借殿内的祈福场所给孩子带去祝福吧。

二楼的主殿,终于看到了镇寺之宝——珍珠唐卡以及文成公主亲绣的释迦牟尼佛像唐卡。

唐卡被玻璃罩隔离,上贴禁止拍照录像的字样。我在唐卡前静默几息,对珍珠唐卡的精美绝伦惊叹不已,又对文成公主亲绣的唐卡产生了一丝亲近之意。出门之后,回首还是没忍住拍照留念——没有正面拍照,应该不会对唐卡造成损害吧?

下楼的时候,看到扶梯左侧门楼上又有一个形状怪异的面具,还被游客们塞了不少纸币。这可真是,莫非还能生财不成?

昌珠寺的主要殿堂我走马观花游览了个遍。回到门口,按照正殿前的转经筒顺时针走一圈。刚开始走的时候,心内一片宁静,但越走心越惊——无他,这是我目前遇到过的规模最大的转经筒,整整绕了寺庙一周。拐弯的时候,我常常以为即将到尽头,却发现面前依然是长长的祈福路段。某个瞬间,甚至让我产生无穷无尽之感。

事实上这当然不可能。转经筒走完的时候,我回头拍照留念。遇到一位嘴里念念有词的阿妈,我微笑合十,她感知到我的善意,并没有停止她的动作,却示意我去摸转经筒尽头的柱子,还有地面上不怎么引人注目的藏玉。无心之举引来的善意,再次让我动容。

既定行程结束,我却迟迟不愿意离开。

信步走到昌珠寺对面的广场,将格桑花和文成公主雕像定格在一个场景中。我想,文成公主在天有灵,也愿意自己如格桑花一般,开遍西藏,为人们带去快乐和幸福吧。

正欲离开,忽然听到一阵悦耳的藏族音乐。闻声寻去,居然发现广场一侧有一个“乃东区非物质文化遗产展厅”。身着藏服的阿姐阿妈们,正随着音乐摆动着身体,翩翩起舞。

我既好奇又不好意思走近,而且司机师傅还在等我,我无法静下心来好好欣赏。罢了,此时的遗憾就留作未来再来的寄许吧。又或者,在西藏的某个地点,会与民俗文化不期而遇呢?

果断离开,距离返程的时间还早,就让司机师傅送我到车站附近的甜茶馆。举杯豪饮,坐在屋中感受到太阳的热情,忽然体会到专门有人来西藏晒太阳的快乐。

甜茶馆内有一群藏族同胞在玩牌,时不时响起一阵热闹的吆喝声。一旁一个藏族同胞看着我有趣,主动搭讪问我从哪里来,又将回哪里去。我心想,这可是亘古难解的问题,让我怎么回答呢。终究放过自己也放过他,只说去朗县,别的就不多提了。兴许,我觉得人家是好玩,人家看我也是稀奇呢。

返程，戴着墨镜，戴着口罩，戴着帽子，不说话的时候我自己都觉得自己很酷。可不知道车站的工作人员从哪里感觉到我是只纸老虎，一会儿叮嘱我注意往后站，一会儿告诉我先下后上注意安全，丝毫不管我只是嗯嗯回应——好吧，人家这些没准只是职权范围应当做的事，咱就别自作多情了。

但，山南市的善意，在我独自旅行的今天，感受满满哦。

玉麦乡一游

2021 年 10 月 23 日的计划，是和朗县援藏队的同事们去玉麦乡。

一大早，整理好一切，按计划的时间九点钟准时出发。

同行的援藏老师们，格外兴奋，一路都在不停说话，频频为路过的风景惊叹。而我呢，看过了阿里的辽阔广袤，看过了日喀则的雄伟壮观，倒不觉如何。

直到抵达强吉拉山时，我们惊喜地发现山顶已覆满了薄薄的雪，这感觉才开始变得不同。同行的援藏老师们下车后一个个都在欢呼雀跃，忙不迭的拍照、合影，甚至打起了雪仗。我的心神却被当地藏族同胞、司机师傅的动作和语言吸引了。

只见司机师傅一下车，就向天挥洒了一大叠切割成方方正正的纸片，且嘴里念念有词，看起来，是祈福用的。而后他聊起强吉拉山名字的来源——据说，这座山一开始没有名字，由于山顶常年有云雾缭绕，藏族同胞们经常迷路。某一天，有位藏族同胞救了一只神鸟，神鸟居然口吐人言，为他指明了方向。为了纪念神鸟，也为了给藏族同胞们指引方向，从此这座山就被命名为强吉拉山了。

从强吉拉山恋恋不舍地离开,风景开始变得宜人。

路旁飞驰而过的灌木,上面轻掩着一层水雾,远远看着像雾凇一样的美丽;往下看,山腰处却是秋色迷人,虽然没有阳光,也映照出别样的风采;还有不少岩石的背面,悬挂着冰柱,看起来就是水往下滴落时被寒冷的温度凝固了。更有趣的是,这边山脉的弧度肉眼可见的优美,实在让人感慨造物的神奇。

遗憾的是,很多美景拍照却看不出真实的效果。有时候是车速太快来不及抓拍,有时候则是路程太抖,拍不好的缘故。或许恰如同行的援藏老师所言,最美的风景其实就在我们的眼中。

走了一段坑坑洼洼的路,被颠簸得有点痛苦,司机师傅却说这比他以前来转山时候的路好多了。直到我们抵达了玉麦乡域内,路程才变得好起来。而这段修好的柏油路,足见国家对玉麦的扶持力度。

接近玉麦的时候,远远的就看到了山腰上的标志"家是玉麦,国是中国"。

下车后的初印象是——这真的不像一个乡,与西藏其他各地区环境比较,都可以媲美市区了。不管是远处巍峨的高山,还是山巅滑落的冰川,抑或簇新的藏族民居建筑,宽阔又充满了藏族风味的广场……都让我们从下车开始就忙不迭的拍照。

跟随援藏工作队前来参观学习,接待我们的人是乡长,由他来解说玉麦的历史,生动具体,让我受益匪浅。

据介绍,玉麦乡 1962 年至 1996 年年间只有一家三口人驻守,1996 年从热龙乡等高海拔地区搬迁来 32 人。截至目前,玉麦乡有两个行政村共 67 户 234 人,我们所在的地方有 56 户,另外一个行政村有 11 户在开车仅 10 分钟路程的地方。

玉麦乡处于喜马拉雅山南麓,山顶常年云雾环绕,山间植被茂密,山底粮食却种不活。因这边常年下雨,半年有雪,所以修建的房屋都很坚实,足以抗地震。乡里现在每年人均收入可达 38000 余元,享受着国家多项补贴政策。村民们可以根据自己的能力选择护林员、联防队员、巡边员等不同岗位工作。

玉麦乡最著名的,就是坚守戍边 34 年一家三口人的故事。这一家三口当家做主的人是桑杰曲巴,他们家的老房子因时代久远过于破旧,乡里已在原来基础上仿造了民居,作为纪念馆供人们参观学习。

带我们到民居参观并给我们讲解的正是玉麦乡第五任乡长。民居内,陈设有桑杰曲巴的雕像、玉麦精神宣言、桑杰曲巴两个女儿的信件、当时他们住宅原有的家具(石锅、沙发、猎具)、缝制的国旗(仿制)、照片墙等,据说玉麦乡下一步打算在民居内制作真人蜡像。

据介绍,桑杰曲巴是玉麦乡第一任乡长,他已于 2001 年去世。他生前,念念不忘的是驻守边关,不流失国家一分一毫土地。去世前,更是殷殷嘱咐女儿,勿忘“不要因我去世就离开玉麦,如果我们走了,这块国土就没有人了”。桑杰曲巴的大女儿卓嘎是玉麦乡第二任乡长,与二女儿央宗一块,继承父亲遗愿,迄今为止一直生活在玉麦,被评为时代楷模,被称为“最美格桑花”。

他们这个家庭,原本的成员远不止一家三口。桑杰曲巴的妻子,某一年感冒了久久未好,在冒雪送医的路上不幸病故；桑杰曲巴的小女儿，和家人一块翻山越岭放牧的时候，迷失了方向，被找回的只是冻僵的尸体，那时候小女儿年仅十四岁；二女儿央宗的丈夫，来玉麦探望央宗回扎日的路上，不幸发生车祸坠入悬崖……

即便家庭中发生了这么多痛苦的事情，即便两个女儿曾经无数次央求桑杰曲巴搬出玉麦，即便桑杰曲巴需要忍受分离之苦将儿子从小送到山外学藏医，即便坚守玉麦缺粮少食，需要忍饥受冻甚至和侵占国土的人发生冲突……桑杰曲巴仍坚定地认为，玉麦是他祖祖辈辈居住、放牧的地方，放牧转场就是最好的守护。他亲眼见证过每一分国土的来之不易，他坚信国旗插到哪里，哪里就是我们的国家，国旗升起处，就是我中华！

这一家三口的故事，对外发布后，感动了无数人。

而被无数人称颂的最美格桑花两姐妹，她们的生活却和以前并无二致。国家尽管给了她们很好的政策，让她们能够凭借自己的本事开办旅馆，可她们做得最多的事仍是放牧戍边，她们的孩子们则为了建设玉麦美好生活，在各个岗位贡献力量。

现在的玉麦，原本艰难的路自 2001 年公路修建后已改善良多，不仅有了学校、医院、派出所，村民们还开办了餐厅、家庭旅馆，装载了太阳能和网络。现在的玉麦，不再有国土被侵占的冲突事件发生，顶多会遇到少数民族跨境打猎。现在的玉麦，尽管粮食还需要从外面运进来，但蔬菜已可以通过大棚培育。现在的玉麦，冬季有专门的人员倒班清理路况，不会发生封山半年没法进出的情况。现在的玉麦，依靠畜牧养殖、矿泉水场、竹制品、旅游文化等各种产业，吸引了全国人民来学习，各界人士来投资，到处呈现一派欣欣向荣的气象。

现在的玉麦，早已是宜居乡镇，成为了享誉全国的生态小康示范村。

正如组队的援藏队干部所言，玉麦乡一直在想办法改善环境，让人留下来，而不是像以前一般走一味搬迁的老发展思路。而这样的改变，固然离不开国家的大力扶持，但又何尝不是人思想观念的改变呢。

在玉麦乡充分吸收了精神食粮，我们兴尽而返。

回程路上，路过山腰，我们恰好看到了正在清点牦牛数量的卓嘎和央宗姐妹——那一刻，整个车厢的人都如同见到了明星般激动。可是，看着她们如同普通牧民般放松的状态，我们又不忍心去打扰她们。也许，对她们来说，外人的祝福再多再好，也不如安安心心生活来得真切吧。

返程走的是原路，我迷迷糊糊歇了一阵，似乎并没有过多久，就回到了朗县县域内的拉多藏湖附近。

拉多藏湖位于朗县拉多乡，这个湖，在山顶远眺的时候，能依稀看出三个湖的模样，近距离下到湖边却只能看到相连的两个湖。神奇的是，我们早上从这边经过的时候，尚是薄雪满山的模样，这会儿原途返回，却再也找不到积雪的痕迹。虽然，在山顶的时候天上飘着雨夹雪，可等我们走到湖边，天竟然放晴了。

在阳光的折射下，我们看到一个湖的颜色是绿色的，另外一个却是蓝色。而且，站在一边有阳光照耀，比较温暖，染了秋意的灌木也特别上镜；走在另外一侧，感受到的却是凛冽的寒风，让人恨不得马上离开。

略作休息，我们再未停顿，直奔县里。

一回到朗县,刚驶过粮食局附近的河,阳光猛烈的绽放它的威力,和对岸的阴冷好似是两个世界般,让我们都不由哇一声感叹——真不愧是光明之城呀。

这一天:

同行的同事们,有的带了吉他在玉麦弹奏,有的带了相机抓准角度拍照,还有我这般随时以文字记录……每个人都在用不同的方式纪念今天的旅程。

"家是玉麦,国是中国,放牧守边是职责。"简简单单的一句话,背后是桑杰曲巴一家坚守34年高原孤岛的赤诚丹心,是无数个前去玉麦支援建设同志们的无私奉献,是来到实地受到启迪国人们的感动与洗礼。

跟随朗县援藏队的同事们经玉麦乡、拉多藏湖一行,我见证了秋意浓也见证了初冬寒。即便转了多圈盘山公路,导致下车还晕乎,但,依然值得。

闻名遐迩的桑耶寺

桑耶寺是西藏第一座佛、法、僧俱全的佛学研究中心,集合了藏族、汉族、印度三地的建筑风格,汇集了宁玛派和萨迦派诸多高僧,整合了须弥山、十二洲、四大天王等宗教象征地点,犹如从天而降的坛城一般,不可想象。

2021年11月13日,我终于踏上了去桑耶寺的旅程。

早上十点,和朗县援藏医疗队的哥哥姐姐们一块坐火车去扎囊站。我们是各自买的火车票,位置在不同车厢。为了方便上、下车,且路上互相照应,我在上车后就去她们的车厢集合。和我在硬座车厢的位置不同,援藏队哥哥姐姐们的位置是由卧铺车厢改成的硬座票。或许是因为位置多的缘故,这个车厢每到一个站,上、下车的人都挤的满满当当。

路上短暂休息不提。

抵达扎囊站大约是中午十二点半。按原计划,是在火车站打个车去桑耶寺。没想到,一出站,我只看到了空空荡荡的广场。我问了下出站口检票的工作人员,他告诉我,扎囊是个小县城,目前没有的士师傅也没有“滴滴”可以约车,我们想要去县城,只能找私家车司机。

我不信邪的打开了“滴滴”,发现到桑耶寺半个小时的车程显示需要一百多元的路费。正在犹豫要不要下单试试的时候,我们看到火车站的辅警开着车准备出去。嘿,其中一位援藏队姐姐灵机一动,上前询问能否搭我们到方便打车的地方。辅警很是热情,得知我们去桑耶寺后,就把我们送到了私家车司机的聚集点。

一通讨价还价,我们顺利坐上了去桑耶寺的车。顺便,还让司机师傅推荐了一家藏餐厅,打算吃罢午饭再去参观。

按照网上攻略和《孤独星球——西藏》的推荐,参观桑耶寺最佳游览路线是先从东门进入,首要景点为主殿乌孜大殿,接着是四方神殿、八个配殿,最后是四塔。

我们在门口购买了到乌孜大殿的门票——依然是40元钱,然后直奔大殿行去。

桑耶寺的主殿包含了藏族、汉族、印度三地建筑风格,又被称为“三样寺”。在我的想象中,既然是三地的风格,区别应该十分明显,观感则各有千秋。可游览后我们却发现,其实单从大殿左右两侧供奉的佛像角度比较,三层楼的特征真不是很明显。

值得一提的是,我在现场看到的景象与《孤独星球——西藏》所述略微差异。其中,主殿一楼供奉的主尊是释迦牟尼,二楼供奉的主尊是莲花生大师,到了三楼则是四方主佛。从主尊的形象,才能推测哪一层楼属于哪一地风格。很有意思的是,每一层楼除了主尊之外,另外一层楼的主尊等也会供奉在一侧。比如,一楼主尊是释迦牟尼石像,一侧则供奉了莲花生大师、宗喀巴大师、七觉士等大德。①

我们的目光还时常被两个相对拥抱的佛像吸引。这种造型的佛像,并不全部称之为欢喜佛,每一层楼都有姿势相近、模样各异、名称不同的佛像。我询问了一位喇嘛,他也说不出是什么原因。经过"百度"检索,才发现这样的佛像,寓意着男女皆可成佛,象征智慧和慈悲。

除此之外,主殿的各类安全宣传画也很好玩。几乎每个殿堂门口都张贴着一幅画,里面描绘着僧人在进行各种动作,角落用汉语和藏语写着禁止乱接电线等宣传语。不注意看,还以为那是祈福的唐卡呢。但这样式,确实和寺庙的整体环境融为一体,很是和谐。

当我们观赏完三层楼的景点,惊讶地发现有楼梯直通四楼。上去一看,顶楼是空荡荡的走廊,四面有交叉相接的木制窗棂采光和通风,从窗口往各个方向拍照,别有一番风味。

主殿游览完毕,我发觉即便来之前已做了攻略,但看到不知名称、各有特点的佛像,仍觉知识储备不足。那种根本叫不上名也说不出典故的滋味,某一瞬甚至会让我生出意兴阑珊之感。

---

① 此处根据寺内喇嘛介绍,可能存在误记内容。

既来之则安之，继续紧跟步伐前行。乌孜大殿游览完毕，接下来是去十二洲和四塔。

桑耶寺的十二洲——即四神殿、八配殿，它们远看分不清谁是谁，反倒是象征四大天王且有四种颜色的舍利塔特别耀眼。

绿塔，代表大成佛，背后的神殿外墙刷的是绿色的漆，与之遥相呼应。绿塔可以进入参观，一楼是个大大的转经筒，二层四个方向供奉了叫不上名字的佛像，绿塔的顶端有铁线悬挂铃铛并连接在石狮子上，风一吹叮铃作响。

绿塔背后的神殿，主殿门口悬挂了藏羚羊、牦牛、龟等动物的头颅、角和躯壳，很是夺目。神殿一楼供奉了骑着马、象、虎等坐骑，拿着武器姿态威武的战士佛像。二楼供奉的主尊是莲花生大师，让我印象深刻的是两侧供奉的是独一无二的女相佛像。

黑塔，代表小乘独觉，背后的神殿外墙刷着黑色。考虑到四塔内容近似，我们就没有进入黑塔游览，只去神殿参观。神殿供奉了面容相似的多尊铜制佛像，里面的内殿不让参观，四周的壁画均为宝相庄严的佛像，相对比较完整。可惜的是佛像底座张贴的介绍均为藏语，我们都不知道其含义，只能通过外形猜测大殿供奉的佛像属于哪个派系。

红塔，代表大乘菩萨，比较不一样的地方在于，后面的神殿外墙刷的是黄色。我们进入神殿，绕着大殿走廊一圈看壁画，发现这里相对拥抱的佛像形态又不同，而墙壁上绘制的全部都是红色的同一尊佛像。最让我讶异的是，只有在这个神殿，才陈设有大的转经筒。

第四个游览的是白塔，据说该塔底座有108座小黑塔，可不知道什么缘故，我并没有看到。无所获之后，我的注意力转移到了白塔后面的赤松五明佛学分院。这里的大殿应该是喇嘛们学习的经堂,为了方便查看经书,还特别供应了几盏水晶灯。

走完四塔和神殿,我们每个人都被灿烂的阳光炙烤得无精打采,腿部也变得微酸。桑耶寺,或许是建筑比较多,距离比较近,看似地方不大,走起来才发现还蛮累的。

耐住性子,去了最后一站——大门正对的文殊菩萨殿。看过主殿和各神殿,就会觉得这里的大殿没有什么特别之处,反而是内殿供奉的多尊佛像,让我们感觉像陶瓷所制,还有点别致。

当我们准备离开的时候,已是傍晚五点左右。

想起一路擦肩而过,带着茶壶、端着酥油,边添酥油灯边念念有词边布施纸币的藏族同胞,忍不住感慨万千。

没有宗教信仰的我,其实理解不了他们对待寺庙的虔诚。不过,这不妨碍我们尊重他们的习俗。所以,我们会按照顺时针的方向围着转经筒绕一圈,对萍水相逢的藏族同胞露出一个善意的微笑;也会在游览四塔和神殿,发现走的方向和藏族同胞不一致时,为这份特立独行,略有些抱歉。

准备离开的时候,意外看到大门旁的一棵树上,立了许多只不怕人、正叽叽喳喳热闹聊天的小麻雀。远处,正有一队藏族同胞,聚在一块载歌载舞即兴表演。

那一刻,只觉岁月静好呀。

打卡山南市博物馆

2022 年 3 月 19 日一大早,我就乘坐火车前往山南,计划到山南博物馆打卡。

春天的气息越发浓了,朗县县委大院里有几棵树,迫不及待地绽放了美丽的花朵,灿烂的模样让人看到心情就倍加愉悦。而坐火车一路向山南方向行去,虽说山头依然还是光秃秃的旧景象,可靠近河边的柳树已长出新枝,那样唯独在春天才能看到的新绿,让人目睹之后心旷神怡。

抵达山南站很准时,恰是正午时期。

出站后,我直奔的士方向。这边的的士比朗县的多,成排有序的停靠在马路边。司机主动过来招生意,原来是和朗县一样的策略——拼车前往市区,每人 10 元。

第一站的目的地是在网上预先看好的酒店。这处酒店是山南市的老牌酒店,来到现场,发现规模比网上的图片看起来更宏伟。外观仿西式的建筑,让我想起了欧洲游玩时候让人仰望惊叹的宫殿。难得的是,价格尚算亲民,且距离山南周边的景点都不远。

略作休息,祭祭五脏庙,下午两点左右,我乘坐“滴滴”前往博物馆。

正值周末,又有疫情影响,到博物馆参观的人屈指可数。进门惯例扫码、登记,或许是人少,工作人员也没有要求我必须戴口罩。遗憾的是博物馆没人讲解,而语音导览也还在完善中。

刚踏入大门,我的目光就被正对面墙上的油画吸引了。这幅油画占据了对面一整面的墙体,绘制了山南地区人们从古至今的生活,蔚为壮观。而油画前面立着一个玻璃柜,里面放置了一个距今两千多年历史的彩陶,经询问,工作人员说这是山南地区唯一一件彩陶,也是山南博物馆的镇馆之宝。

顺着地上贴置的路线指引，我进入了一楼的山南历史陈列展。

进门后，馆内的感应灯自动亮起。略作打量，发现展厅内主要展示的展品下面，都设置了可以触屏点击介绍的显示屏；有个别地方还有数字影院，正在播放展品相关的内容——这倒是方便参观者了解展品的知识呢。

按照陈列馆的展示顺序，我首先看到的是“泽当出兴”。

山南以前的名称是雅砻，这里有第一座宫殿雍布拉康，第一位赞普聂赤赞普，第一座佛法僧俱全的寺庙桑耶寺……在西藏的历史中占据了极高的比重。

山南的昌果沟遗址、邦嘎遗址，距今三千多年，在新石器时代晚期就已有文明痕迹。达隆香达岩画，博物馆在岩画上特意设置了电子投影，将科技和历史相结合，很是新奇。再看其他发掘出来的文物，如罐、碗、釜、杯等造型各异的器具，如头饰、牌饰、发饰、戒指、耳坠等陪葬品，足见山南历史之悠久。

其次是“吐蕃兴亡”。

山南旧时为五茹（五个军政区）之一的约茹管辖。但作为王朝奠基之地，山南依然有特殊地位，赞普和大臣们经常回到雅砻祭祖、省亲、盟誓。

吐蕃政权变更时期，禄东赞请婚，桑布扎创造藏文，赤桑雅拉设立早期法律，山南涌现了一大批杰出人物。吐蕃末年，拉隆白吉多杰刺杀朗达玛，青朴奴隶平民起义，山南经历了一阵动荡期。

十世纪末，佛教进入后弘期，山南的寺庙如雨后春笋般设立。如桑耶寺，是佛、法、僧俱全，第一座为僧人剃度的寺庙；如拉隆寺，属于噶玛噶举派道场；如桑顶寺，是西藏唯一女活佛多吉帕姆主持，已传12世；如敏珠林寺，属于前藏宁玛派；如洛扎拉隆寺，从遗留的图片、瓦当、建筑构件，可以想象彼时的恢宏。

接着是“乃东称王”。

元朝时期，西藏进入萨迦地方政权。帕竹万户在乃东扩建王城，领导者绛曲坚赞后世称为乃东王，取得了卫藏地区统治权。这一时期的重要办公场所洛扎杰顿珠宗，被称为龙神的宫殿——宗堡外围建有五十余座碉楼，上部和山体齐平，冷兵器时代几乎没有攻陷的可能。

元朝萨迦派独尊一派，到了明朝则教派共存，明朝末年建立甘丹颇章政权，格鲁派当政。清朝大力扶持格鲁派，实行噶厦政府、基巧（专区）、宗（县）豁（政府庄园）三级行政体制。

这一时期，噶举派的唐东杰布，为募集善款修桥、造船，挑选能歌善舞的信徒传扬佛教故事，无意中创立了藏戏。亚桑寺，以传统中风治疗法闻名；曲德沃寺，以壁画和木雕出名。还有清朝的瓷器、茶马古道的盛行、佛教人物的刺绣，甚是吸引人。

最后则是“山南新生”。

1951年西藏和平解放，山南地区先后经历了封建农奴制度的平叛、寺庙封建特权的反对活动、民主改革行动等历史，于2016年设立地级市山南市。

一楼参观完毕，依然是顺着地板贴置的道路指引，沿着楼梯去二楼参观。按照楼梯口的指示牌导引，二楼共有山南文献档案展、西藏传统艺术展、山南民俗民风展三个展厅。

楼梯间的墙壁，非常用心地选取了山南主要景点的图片投影滚动展示，藏族风格的窗棂，人到才亮的感应灯，还有设置成转经筒模样的宣传语。

二楼入口，正对面居然摆放着几个积木桌，看样子是供孩子们休闲游玩的；左手边则是还没有开放的简餐吧，未来可供游客就餐。往展厅走的回廊，一侧用图片和文字展示了山南地区诸多历史上排行第一的景点，另一侧则是雕刻着山南十二区县的介绍。

二楼参观的第一个展厅是西藏传统艺术展。

这里有造像艺术，分别用木材、镀金铜、铜、合金、石头等材质雕刻的佛像，精美绝伦。展厅特意陈设了很多展柜，佛像大小不一，形态各异，一些是放大镜才能观看的骨质微雕，大部分是手掌可以托举的坐像，还有宝相庄严的石雕。

也有被称为藏族文化的百科全书——唐卡。展柜中，底座放置了制作唐卡的颜料，墙壁则悬挂着莲花生大师八名号系列彩绘唐卡。还有供器、法器。展品多为净瓶、沐浴瓶、供水杯、僧帽壶、油灯、佛冠、法螺、法号等，借鉴了中原和印度佛教形式，也加入了藏族自身文化的特色。

二楼第二个参观的展厅是山南民俗民风展。

刚进入展厅，看到对面就是按藏式风格建造的民居。山南的民居建筑，普遍存在石砌平顶式民居，多为一宅一院的封闭式院落。展厅内通过特色民居照片、按比例还原的实景、文字介绍三结合的方式，逐一展示了山南特色民居。

而后看到的是山南节庆活动。这里的婚庆，在择亲选偶、定亲迎娶、婚后回门等环节，都有非常多的具有民族特色的仪式。民间舞蹈，如山南卓舞，又称为腰鼓舞，有震慑邪魔、祈求吉祥的美好寄托；如嘎尔巴谐玛舞，由舞蹈、歌曲、打击乐三部分组成，属于民间祀歌舞，是非物质文化遗产；如琼结拉玉谐钦,旧西藏常见于官员就职、活佛坐床、迁居新家、婚娶等重大庆典喜庆集会表演的歌舞,被称为吉祥歌舞。

然后是传统手工。有藏香、藏医藏药、制陶、酿酒、石锅、竹编、藏刀、邦典技艺等,这些传统手工涉及藏族同胞日常生活的方方面面。末尾部分则是民族服饰。分为羊卓服饰、门巴族服饰、曲松服饰、加查服饰等。

第二个展厅内的展览,采用了真人蜡像、实景照片、文字介绍、视频解说、影视播放等多种形式结合的展示方法,即使没有讲解员,参观者也能做到对相关文化知识了然于胸。

二楼参观的第三个展厅是山南文档陈列展,也是山南博物馆的最后一个展厅。

这个展厅略微小,里面展示了山南地区流传至今较为宝贵且具有历史意义的物品。如文书,包括公文、书信、契约等;如佛教典籍,最早可追溯到十二世纪,采用朱刻、蓝靛金和银汁等方式制作;如近现代文学,包含汉字藏语、山南文艺、山南壁画、班禅文集等。

从展厅出来的时候,时间接近傍晚五点,博物馆的工作人员即将下班。

出去前,和工作人员闲聊中得知,原来馆内除了两个大的石刻是复制品,其他都是流传下来的文物原件。且馆内大部分文物都是政府保存至今的,很少有对外征集或外界捐赠的文物。

短短几个小时的参观,我了解到了山南的政权变更、历史变迁、佛教发展、传统艺术、民俗民风、珍藏文献等多方面的文化知识。

真是收获满满呀!

山南市区深度游

今天是 2022 年 3 月 20 日春分，从今天开始，白昼更长，夜晚更短，非常适合晨起玩耍至黑夜。

早上闹钟响起时，我和昨晚上赶来相聚的小援藏姐姐还沉浸在梦乡。没有赖床，略作收拾，下楼吃早餐。

餐厅的自助餐有很多食物，我终于抓住机会尝试了一下糌粑。将半杯酥油茶、半勺糌粑粉、半勺酥油条、一小丢白砂糖放入杯中，共同搅拌混合——味道有点奇特，不是咸也不是甜，嘴巴还有酥油条的颗粒感，略微带点酸味；颜色看起来接近朱古力色，模样和芝麻糊接近。虽然第一次喝，感觉比不上牦牛奶的醇厚和甜茶的清甜，不合自己的口味，不过人总要入乡随俗，品尝一下当地食物才称得上深度游。

饭后，整理完毕出门。

按导航指示，我们入住的酒店到第一个目的地泽当寺，步行仅需要半小时，很适合饭后行走。一路行去，街道两旁越来越繁华，看样子属于山南市的商业街。不一会儿，我们抵达了标志着“藏源民俗村”的地方。

这条笔直向前展开的街道，两旁有着眼镜店、服饰店、餐厅等各种常见店铺，中间则特意设置了一条回廊，除了用花圃点缀，最吸引人的就是矗立期间的三根柱子。

山南地区古称雅砻，意指猴子生活的坝子，这里的人们坚信自己是神猴和罗刹魔女结合的后代。回廊三个形态不同、大小不一的柱子，前后两个的神猴雕像更明显，是凸出来的雕像，中间的则是雕刻在圆柱上面的浮雕。

继续前行，街道尽头是一个小广场。广场正中有着一座山南特色民居的建筑，背后则立着三座屏风。走近一瞧，我们看到屏风依次雕刻着山南的民俗文化、历史人物。可惜的是，这里没有附上文字介绍，咱只能凭借画面猜测里面讲述的故事。

给我留下最深刻印象的，是靠近路途左边的屏风。这座屏风正中央的图案，雕刻着神猴和罗刹女一左一右跪拜在菩萨面前，看来这是藏源民俗村的核心典故。

从广场绕出，顺着左边的巷子一路向上走，就能看到我们的第一个目的地——泽当寺了。

泽当寺，当地称为甘丹曲果林。结合昨天山南博物馆的民俗介绍，我才发现这座寺庙是由乃东王绛曲坚赞建造。还没有踏入大殿，我们的目光就被回廊精致的壁画和主梁的浮雕吸引了。彼时，最真切的反应是——“哇”的一声惊叹，而后不间断地从各个角度拍照留念。

进入大殿前，惯例将墨镜换成眼镜，再脱帽致意。殿内有名喇嘛身着常服正在念经，看到我们进来，声音未停，动作不变，只是以眼神示意我们自便。

我向他合十致意，接着心神迅速被大殿左侧悬挂的多幅唐卡牢牢抓住。这里的唐卡，绘制的人物和别的寺庙看似不同，其中的典故不得而知。最让我们目眩神迷的，是唐卡在阳光的折射下闪烁的耀眼夺目光泽。再配合着佛龛前供奉的满满当当罗萨德格①，不知道从哪里钻入鼻腔的袅袅藏香和无

① 即切玛盒，音译为罗萨德格。是藏族同胞们过藏历新年装载食物并起供奉祈福作用的吉祥物。

风自动的酥油灯芯,这一切,愣是让我生出一种脱俗的宁静。

泽当寺的左配殿,主要供奉观世音和度母;主殿,主要供奉宗喀巴和弥勒佛;右配殿,主要供奉米拉日巴尊者和玛尔巴译师。值得一提的是,殿堂绘制的壁画佛像面相大多圆润,而雕刻的佛像面相却比较方,给我的直观感觉是没有其他寺庙佛像的慈眉善目。

泽当寺的二楼,头顶是透明的遮雨棚,两侧是僧众的起居室。透过一楼显现在二楼空间的穹顶玻璃,我们能看到一楼诸佛的头部,这也是大部分寺庙常有的格局。有趣的是,我们爬石梯上来二楼,而石梯两侧有可以上锁的木门,看来这边的安全防卫工作还挺到位。

泽当寺的第三层,既有开放式的天台,也有供奉不同佛像的佛堂。刚上楼,有两个阿妈正要下楼,她们通过手势比画,让我们按照顺时针参观。在天台,我们可以俯瞰泽当寺附近的民居,也可以遥望山头的祈福经幡。三层的佛堂,虽然也分成左右配殿和主殿,看起来更接近家用性质的小佛堂。

泽当寺看似不大,却有三层,内容还很丰富,尤其是精美绝伦的壁画和唐卡,让我们流连忘返。这边参观的人很少,大部分是本地藏族阿妈来惯例转寺,倒给了我们充足的空间慢慢欣赏。

从泽当寺出来后,我发现寺庙的外墙上,安置了一个小佛龛。里面供奉了一尊白度母壁画,有当地民众将食物、酥油、水供奉其上。再看泽当寺的外墙底部,特意设置了绕寺一周的转经筒,我自然不例外的跟随民众转了一圈。

泽当寺的街对面,另有一座小殿堂。里面陈设了两个相连的巨大转经筒。从泽当寺出来的民众,每个人都不约而同在此转三圈才离开。

从泽当寺离开后,我们依然顺着街道往上行走。

路过的民居中,不少大门很有特色。有的是在门口两侧装饰了猛人御虎、财神牵象的瓷壁画——有位热情的藏族阿姐看我们止步端详,解释说这是防止鬼进屋。有的,在大门上贴了藏族人的年画——一男一女手捧哈达,满面笑容站在布达拉宫前面,背后各有一黑一白牦牛相伴。还有的,大门的房梁雕刻了美丽的图案,最顶端则摆设着一个小佛龛,不知道供奉了哪尊佛像。

边走边拍边游览的时间总是过得很快,第二座寺庙——安曲寺,就那么恰到好处地出现在我们面前。

安曲寺外头看着不大,进去才发现别有洞天。这里的院落很大,生活气息浓郁,好像某户人家的家庙一般。院子里,既有单独的转经筒,也有一个特别的房间——里面放置了不知道是专门制作用以出售的酥油灯,还是被人请去供奉的长明灯。

主殿的回廊,除了常有的四大金刚壁画,两边还各安置了一个大大的转经筒。我们进入大殿前,学着当地藏族同胞的行为,将帽子放在了台阶上。

大殿内,旁的也就罢了,最特别的是正对门的两根主梁,各悬挂了不同款式的藏戏面具;两边的大梁下部则倚靠着两根长长的法号——这不由让我觉得,安曲寺的存世方式,或许更多与节庆活动有关。还有一个特别的地方在于——安曲寺大殿的两侧,供奉了如来的各种化身,如无忧如来、珠华如来、善华如来等等,上面则整齐摆放着经文。

此外,安曲寺大殿没有左右配殿,只有一个单独的后殿,供奉了弥勒佛、金刚手菩萨、普贤菩萨等常见佛像。当然，我的注意力更多集中在中央位置精美的酥油花中。

安曲寺的二层，是从寺庙惯用的铁皮包木头的梯子攀爬而上。这里的设施没有什么新奇，也是天台和小佛堂的组合。好玩的是，从大殿二楼的天台能够通过楼梯直通旁边的佛殿——我看到一座佛堂供奉了三位菩萨，有尊三只眼睛的佛像令我凝神；另一座邻近的佛堂，则供奉了诸多罗汉，不知道又有什么特别含义。

离开安曲寺前，小援藏姐姐询问工作人员是否有卫生间能解决生理问题。神奇的是，工作人员听不懂卫生间是什么意思，在喇嘛的提示下才明白那是厕所的意思。他们指引着我们去到门口拐角的隐秘处，在那里，我们找到了寺庙传统的旱厕——地方小，却清理得很是干净，足见工作人员的细心。

按照计划，我们未停留休息，准备前往第三座寺庙。

第三座寺庙，在路边没有看到指示牌，所以我们就跟着当地藏族同胞往山上行走。

山脚下，有人工制成的木梯顺着山势蜿蜒向上，直通山顶的寺庙。才走了数十步，我们就打了退堂鼓——因为目测爬到山顶再下来估计要一两个小时，不管是从时间还是体力上来说，我们都觉得很难。

于是，我们索性从木梯一侧通往干涸的山涧下行，将这个没有打照面的寺庙记在了心中。

下山的时候，已近一点，正是午餐时分。

我们在路口找了一家藏餐馆祭五脏庙——上山时候看到这家店客流量爆满，足见受当地藏族同胞欢迎。进门先扫场所码再点餐——按藏族同胞就餐习惯，点了藏面、藏鸡蛋和饼子三件套，再来一壶甜茶，坐下来美滋滋享受。

饭罢已是下午两点左右，我陪同小援藏姐姐前往昌珠寺。

昌珠寺我在去年九月份已单独前往参观，对镇馆之宝珍珠唐卡，和一楼的黄金坛城、寺庙悠长的转经筒道记忆犹新。这次我不再前往，打算去看看昌珠寺广场的非物质文化遗产展。

令我意外的是，不知道是周末的原因，还是展厅已不对外开放……当小援藏姐姐进入昌珠寺后，我坐在昌珠寺广场，足足候了一个半小时，仍然没有等到展厅开门。

独自在树荫底下的木凳上坐下，广场上来来往往的藏族同胞，在我面前路过的时候，总会投来好奇的目光。有时候我不在意，将心神聚集在码字记录中；有时候，则忍不住出神，揣测她们经过这里的缘由。

鸟鸣啾啾，阳光灿烂，我时而低头码字，时而抬头望天。有一瞬，冷不丁恍惚，不知今夕何夕，不知身在何处。

有人同行的好处在于，当你心神放空的时候，她会主动提醒你回归当下。当我把草稿整理完毕，头脑正处于天马行空之时，收到了小援藏姐姐从昌珠寺出来的提示信息。

再次不死心地到非物质文化遗产展厅门口瞧了瞧，确认它确实没有开门。没办法呀，看来有些地方就是得抓准时机参观才行——上次单独来山南因为时间关系没有进入参观，这次特意来它居然没开，或许这就是机缘未到吧。

和小援藏姐姐汇合后，我们先回宾馆取行李。走了一整天，两个人都有些累了，不由自主瘫坐在大堂。歇息一阵，将照片上传，又聊了聊分开后的见闻，随心而为。

时间接近傍晚，很快，我们就要为返程做准备了。

考虑到返程的时间,我们没有再去别的地方游玩,只是在附近转了转,顺便买些生活用品。而后随意吃点东西,互道再见,又约了下次同行的时间,就各自打道回府啦。

山南市区,我是第二次来。与前次纯游客心态不同,这一次的深度游,私以为更贴近山南人们本地的生活常态。

又或许,改变的从来不是景区或地方,只是人心而已。

谁知道呢。

趣味桑日行——瑰丽的旅程,有趣的人

(一)

桑日游终于成行了。

桑日是山南市的一个县,因闺蜜老公的妹妹在这里支教,所以对我来说有了特别的含义。我和闺蜜老公的妹妹加了微信后一直没有见面,就盼着桑日游成行呢。之前和小妹子约过几次碰面,要么就是各自计划不同,要么就是时间不合适。有一次,我已经订好了火车票,和小妹子初步拟订行程,结果小妹子临时收到加班的通知,只能遗憾取消。

这次出行计划呢,也是一波三折。

一开始很顺利,我和小妹子约好了时间,订好了火车票,计划好了行程,小妹子还包好了车,可昨晚我突然临时收到通知——周末可能调研组要来。突发意外,真是有点令人郁闷,我赶紧联系对接人员询问具体情况,经过一番沟通,最终确认周末出行应该不耽误。等我这边事情解决了,结果之前计划一块来的援藏姐姐们又在纠结要不要同行。又一阵紧急交流,最后小援藏姐姐确定一块过来游玩了。

好事多磨,行前计划搞定,接下来就是期待这两日的游玩啦。按照计划,我们打算今天(2022 年 5 月 14 日)去桑日的达古景区,明天去贡德林草原和思金拉措。如果时间充足的话,那我们还可以考虑游览桑日县内的寺庙和其他景区。

正式出行。

上午踏上火车的时候,朗县的天气是阴天,经查看桑日的天气是小雨转阴,温度倒是相差不大。朗县距离桑日只有一个小时十分左右的车程,车上看会风景,再翻翻正在看的电子书,很快就到了。

因车厢相互之间未连通,抵达桑日站的时候,我和小援藏姐姐才汇合。下车之后,我们光顾着拍照,环顾四周之后才发现,这个站今天居然只有我和小援藏姐姐两个人下车,这可真是有趣。

站外,小妹子已在等候。与照片中对比,她本人身材显得更加修长,我这个一米六八的人站在她面前瞬间衬的又矮又胖了。尽管我们只是第一次见面,可因着早已在微信中聊过天,又有共同的亲人或朋友,性情也相投,所以压根没有觉得生疏。这不,才见面不久,就能如老友一般自如相处了。

从桑日站步行到了小妹子支教的学校。这里环境挺好,一块出行的又都是女孩,彼此都没有客气,很快决定晚上住小妹子宿舍。小妹子很是周到,早早订好了教工食堂的小炒,辣子鸡丁、火锅鱼、辣炒猪肝、干煸豆角,都是大菜,即便三个人大口吃,又一直以笑语佐餐,仍没有解决完。秉着不浪费的原则,我们一致同意晚上继续吃。

饭罢略作休息,提前约好的师傅来接我们出去游玩了。

午后,正是一天中最热的时候。坐在车里,太阳一晒,困劲泛起。可牵挂着窗外的风景,我们并没有睡得很沉。睁眼之前,就听到小妹子说外面风景开始变得很好看了。睁眼一看,果不其然——对岸的山峰不再光秃秃,已有绿树成荫,而悬崖下的雅鲁藏布江,颜色绿的犹如翡翠。

过不多时,我们看到前面路段有不少来往车辆停靠在一边,山坡和马路护栏底下,有不少猕猴丝毫不怕人的围绕着。好几只母猴怀里还搂着个小猴,看到我们停下车,对着我们怯声怯气地叫几声。有大胆的猕猴,直接窜上车窗,向我们讨要食物,可惜我们忘记带食品了,只能忽略它们可怜巴巴的眼神。走到靠近悬崖的一侧,我还看到一只猕猴正好要往悬崖底下走。它也不管正紧紧盯着它的我,自顾自撅起屁股,两只前爪一用力,翻转身躯攀着崖壁慢慢往下走去。

嘿,这里的猕猴可比波密多东寺看的猕猴灵动多了。

司机师傅看我们对猕猴感兴趣,也兴致盎然地提到了他遇见的猕猴故事。据他说,达古景区附近的猕猴相对比较善,既不怕人,也不凶人,猕猴有时候还能骑在牦牛背上,双方和谐相处。可勒布沟的猕猴就很野,看到游客拍照,会直接抢走手机甚至挠伤人。看样子,不同地区的猕猴也有不一样的个性呢。

伴随着司机的话语,我们继续往前走。猕猴的叫声还在耳边回荡,再转头望一眼青山绿水,遥想古代的舟、今日的车,此情此景可不正是——“两岸猿声啼不住,轻舟已过万重山”。

还不待我因猕猴带来的兴奋情绪平复,尚在建设中的大古水电站突现眼前。

大古水电站,属于第2级电站,是西藏在建最大的内需水电项目、清洁能源项目，也是世界海拔最高的鱼道和鱼类增殖站。我们坐在车里俯瞰水电站，既能看到它积水成坝后的波光粼粼江面好风光，又为其规模之宏大、利国利民之意义而叹服。

继续前行。

路过达古村，经司机提醒，小妹子特意到小店买了两包花生米，准备一会喂喂路遇的猕猴们。此时，我才意识到，原来达古景区不是内地划圈筹建的收费景区，而是沿途都可以自由欣赏美景的自然风光。尽管途中也有人工修葺的观景楼阁，可有些是免费，还有些则因资产移交不让人通行——最重要的是，比之人工修缮的特定观赏点，当然是沿途不同地方的美景更吸引人。

走不多时，天气晴转小雨。

我们再次遇到了一群猕猴，抛洒下花生后，它们很快从各处窜出，围绕在我们车旁。这些机智的生灵们，两爪不住地往嘴巴塞，嘴巴塞的鼓鼓囊囊之后，又紧紧抓在手上，眼睛还不忘盯着我们的动作，渴望食物给得再多一点。有些猕猴，甚至跑到车头处，大有不吃饱就不放行的架势。

当然，咱毕竟坐在铁皮车厢内，所以根本不怕猕猴们的虚张声势。所以，我们很快继续前进。

沿路一直走到了加查县藏木水电站附近，这才停下。在这里，我们看到了一条可通行铁路的拱桥，它一跨过江，矗立在雅江上空，似彩虹的形状，为此处风景又增添了一丝风采。

略作停留，一看时间已到了傍晚五点左右，且小妹子说前方也没有其他特色风景了，于是我们决定打道回府。

回程路上，我们时不时会遇到猕猴群。每当看到它们，就会稍微停留,从车窗洒下一些花生给它们食用。猕猴们闻风赶来围在车旁的阵仗还挺大,我们既怕它们跳上车伤人,又怕车辆不小心伤到它们,索性边走边喂,也顾不上有没吃上花生的猕猴追赶的身影了。

很快,我们回到了来时没有停留的达古溪流景区。

顺着指示牌的指引向上,马路边是沿山势而下的小瀑布。它虽然占据的地方不大,可水量充沛,能轻而易举就发出水声轰鸣的声音。再靠近溪畔,水雾直接弥漫在四周,脸颊都被润湿了。

拾级而上,路段时有坍塌的迹象,一侧还能看到转经筒立在阶梯不远处,想来等夏日溪水更多的时候,能够看到流水的力量在默默祈福。略微瘆人的是提示牌显示这里有熊出没,让我们不由深思要不要继续爬山。

最终,我们只停到了半山腰的野桃林就不再上行。这里既有泉水喷涌而出的小瀑布群,又有结了青涩果实绿荫阵阵的桃林。再顺着石头堆积形成的野路往里,吹着习习微风小憩,甚是舒适。

我们各行其是,拿着手机或相机从不同的角度拍摄瀑布——明明风景近似,却可以拍摄出不同的美感。或是瀑布垂流下的晶莹剔透水珠,或是融合整体风景的天然美,或是山石与山泉的合而为一。真是让我们目不暇接。

走到崖口,我发现顺着对面的峭壁,有一条纯石头铺设的道路,虽然不太平整,但似乎能够直通山底。小援藏姐姐和小妹子一边问我们能不能够安全探险,一边又兴致勃勃地跟随我向前。一路往下,石路通到溪畔不见踪迹。不过,裸露在溪水中的石头,为我们提供了另外一条路径——直接踩在石头上，横跨溪流回到对岸即可。

小妹子自告奋勇第一个过去。只见她一只脚踩在干燥的大石头上，另外一只脚踩在湿润的还长有青苔的滑石上，距离有点远可手没地方支撑，她干脆就揪着头顶的树枝硬是跨过去了。我在后面，看着她脚下湍急的溪水，很是为她捏了一把汗。

等我们过的时候，更是感到心惊胆战——只因可供踏脚的两块大石头既不平整距离也不短，所以需要整个人趴在石头上，手脚并用齐使劲，才能抓准角度踩稳。饶是如此，如果不是已在对岸的小妹子伸手帮忙，我们能不能顺利站起来都是个问题。

最大的难关过了之后，接下来我们就需要顺着山势攀爬回主干道。沿途或是凹凸不平的土路，或是乱石林立的陡坡，好在都有尚算稳当的立足之处。

等我们顺利在主干道会师，三人都很是激动，不由互相击掌鼓励——这达古溪流探险之旅，算是圆满完成啦。

之后回程的路上，我们时而能在路边看到鹿群的踪迹——它们非常警觉，我们只不过停留了一会儿拍照，它们就飞快地跑到山坡去了，只留几个光溜溜的屁股对着我们；时而能看到已荒漠化的山坡大片紫色的灌木丛——经过图片识别，我才知道它们是砂生槐。经检索，砂生槐是生长在西藏的植物，能够起到非常好的水土保持作用。

及至抵达县城，已是傍晚六点半左右。

和师傅约好了明天的出发时间，又去超市选购了明天的食物和水果，再回到小妹子宿舍加热中午的剩菜简单就餐。随后，整理照片的、发朋友圈的、码字的，互不干扰，又格外契合。

这一天，顺利和小妹子“网友见面”，很快如老友般熟稔；丰盛美食伴笑谈，了解各自近况；遇见猕猴，心神因那些灵动精灵兴奋持久；达古溪流景区，从野径直下溪畔，再横跨清泉，最后翻乱石回到主干道。

得遇良友，趣味同行，幸甚至哉！

（二）

昨夜淅淅沥沥下了一夜的雨。晨起，从窗外望去，路面还是湿漉漉的。等洗漱完毕再看，好的吧，雨还在下呢，看那架势还会持续一阵。

5 月 15 日的计划是去桑日贡德林草原和思金拉措。

虽说咱不排斥雨中漫步赏美景的情景，可毕竟出太阳的话拍照更赏心悦目，出行也会更便利一些。等预计出门的时间到了，外面的雨势居然更大了，偏偏我们只有一把伞，着实让人纠结。只能多等一会儿，等雨势小点冒雨到门口和司机师傅集合了。

罢了罢了，寄希望于今天天气在之后有所改变吧。或者，风景四时不同，也自有趣味之处。

出门后，先到茶馆吃早点。一人一碗藏面、一个肉饼、一杯甜茶，将冒雨而行带来的微凉祛除，很快浑身就暖乎乎的了。考虑今天的行程，还打包了一壶甜茶，这样一整天都能喝热热的饮品了。

师傅开车直奔桑日县增期乡驶去，我们一路均是欢声笑语——天气如何咱决定不了，但我们可以左右自己的心情。

窗外再次看到了砂生槐，紫色的花朵点缀了雨后略显暗淡的天气,甚是养眼。到增期乡的时候,天气已由雨转晴,老天爷对我们真是友好呢。

增期乡往贡德林草原行走,爬山途中我连上了司机师傅的车载蓝牙,一边听着喜欢的音乐,一边看着已开始出现绿色灌木丛的山脉,右侧玻璃有阳光透进来洒在脸上,暖暖的,很舒服。

到了一处空旷的观景台,停下一看却发现没啥特别的景色。不知道这里到底是起什么作用的,难不成是给人们到高海拔之前的缓冲?再往前开,恍然大悟——一处公厕立在那呢。

转了个弯,司机师傅眼特别尖,看到右侧山坡有马鹿群。我们停了车在路边,没有下车靠近,所以它们并不害怕我们,只是乖乖站在那边等我们拍照。继续往前,我看到山坡上有俏生生的一朵朵小紫花开得很灿烂,它们的形状像蒲公英的椭圆形,美好的模样让我忍不住下车走近拍摄。

看到贡德林草原的地标,这才发现原来名字写错了——以前以为是"功德林"。这也正常,毕竟都是音译出来的,文字不一样也常见。

贡德林草原地域,车辆在中央的公路行驶,两旁是大片的牧场,有着成群悠闲吃草的牦牛。可惜的是,草原只有部分靠近溪流的地方泛绿,大部分区域还是微黄景象。听小妹子说这边的草原不会全部泛绿,或许只能通过脑海中绿油油的草原记忆幻想这里可能会有的场景了。

等我们到了海拔 4707 米的地段,远看一侧的草原总有白色的一小块、一小块不知道是啥。走近一看,才看到那是贴着地皮长的小白花和小紫花。看似枯败的草原,实际已绽放勃勃生机，真是让我感叹生命之旺盛。我们在这里略做停留——各自摆好 pose，或手牵手笔直站着，或席地而坐开心大笑，或站立搞怪踢腿，总而言之，快乐就好。当然，在这样美丽的地方，少不了跳跃至半空的拍照姿势。这次我学会了一个新技能，让小援藏姐姐摁住拍摄键不放，就能自然截取彼时的动作，也就不用耗费太多精力啦。

继续往前。

拐进思金拉措的路旁，忽然看到了一只狐狸。那小东西，有着一身黄皮毛，灵活非常，还不待我们掏出手机拍照，它已经跑进了草丛，宛若一体，不认真看都找不到。看来呀，大自然的动物们都进化出一身绝佳的保护色。

当我看到外面多云的天气，感叹当天天不够蓝的时候，小妹子来一句——不下雨就是老天爷给面子了，小援藏姐姐连连称是。哈哈，对比昨晚和早上的天气，还真是如此。咱就不得陇望蜀了，珍惜当下的美最重要。

很快，今日第二个目的地——思金拉措到了。

司机师傅带我们到的是一处距离思金拉措湖畔最近且免费的区域，不过车辆不能开到湖边，需要我们徒步一小段路。考虑之后都会在思金拉措游玩，尽管我们都不饿，为了不带食物，还是垫了一下五脏庙。

彼时，天气由晴转阴，越往湖边走风越大。我们翻越草场，踏着的是软软的黑土地，入目是泛青的草原，远眺能看见湖畔数不胜数的玛尼堆，还有地上时不时跳跃前进、丝毫不怕人的叽叽喳喳的小麻雀……此情此景，真是舒服。站在坡顶，附近有一个不知道用来烧什么的白塔，还有雕刻着藏语的巨石。走到崖边，意外看到了一块似心形的石头。崖底湖畔旁，有着长长的祈福经幡,猎风阵阵袭来,很美,也很冷。

下到湖边,我们顺着玛尼堆行走。思金拉措的湖水很清澈,不过对于已经见过西藏大小各种措的我来说,并没有特别的惊艳。湖畔,不少当地藏族同胞在捡拾石头堆属于自己的玛尼堆。玛尼堆大小不一,形态各异——有的是规整的数不清数量的方堆,有的是小小一堆按石头从大到小堆积,还有的只有三两块石头却必有一块特别大的兀自矗立。

我们找了一位藏族小哥哥帮我们合影。我们忽而蹲下用手撩起水花,忽而成排站立露出笑脸,忽而搞怪伸手比耶到一人头顶……玩得不亦乐乎。时间刚刚正午,如果仅是在岸边拍照,时间太过充裕。小妹子提到,环湖一圈据说只需要两个多小时,如果不走很是可惜。

我们遂决定顺从心意,环湖走走。

顺着湖边的乱石滩前行,乱石的颜色由开始完全的灰色变成了下段橙色上面灰色的模样。想想这片湖曾经是思金龙王的道场,我不禁浮想联翩——这些颜色会不会是曾经的龙涎留下的痕迹呢?

环湖的过程中,天气时阴时晴。如果停下来不走动,风儿一吹会觉得有点凉,哪怕戴上两层帽子,也不管用。湖畔有很多不知品种的小飞虫,时时被我们的脚步惊飞,环绕四周,好在它们不咬人。

渐渐地,我们发现了不一样的玛尼堆——有人在玛尼堆上面放了一个很有藏族特色的小坛子,不知道这里面装的是不是青稞酒。按照西藏的习俗,怎么也不会是骨灰吧。

再往前,顺着特别接近湖边的乱石滩走。那里的乱石更碎,走起来会顺畅一些。也有不好的地方,走着走着,有些浅一点的地方直接顺延到湖里去了。如果一个劲儿地闷头走，很容易就走岔了。而且，这里毕竟是高原，我们略微走得急了，就感觉有一点点喘。

户外徒步，最麻烦的地方在于没有地方解决生理问题。当然，在西藏这样的情况相当常见，所以我们已习惯了野外如厕——也算是给这里的草木做一点贡献吧。

琐事完毕，忽然想到可以和家人视频一会。家人接听视频后，她们第一句话是——你又去哪里玩了？我先告知地点在哪里，又简单说了思金拉措是财神湖的意思。姐姐特别逗，让我去湖边撩拨一下湖水，帮她们传递下财气。好吧，虽说思金拉措是我在西藏第一个转湖的措，咱也有点小奢望能沾沾财气，可毕竟体验整个过程才是最重要的呀。

思绪万千间，我们快接近湖畔第一个拐弯的地方了。

这边的玛尼堆，又有不同的风格。很多玛尼堆，上面都额外围了哈达，看来又有不同的寄许。真正走到拐弯处，密密麻麻的围着哈达的玛尼堆突现眼前——那一幕，瞬间让我有点震撼，似乎冥冥之中有一份神秘的力量在发酵。当我们继续从玛尼堆群穿过的时候，我甚至产生了背后有一群人正默默注视我们的错觉。

安静且不停歇地走着，能听到不知名鸟儿时而“啾啾”叫一声，听到湖水轻轻拍打碎石滩发出的声音，再看一眼深处那澄澈的绿——就如小妹子所说，恨不得走进去不再离开。

我们边赏景边慢悠悠前行，开始有当地环湖的民众赶上了我们的步伐。但他们没有走湖畔，而是从山坡的小路环湖。他们还随身带着青稞和哈达，路过玛尼堆群，会上前围上哈达祈福，又保持着边走边撒青稞的姿势。大家伙虽然同路，却并没有互相打招呼。忽然，一只土拨鼠从草丛窜出来，进洞之前还回头望了我一眼，引得我一阵激动尖叫。可惜这小家伙动作特别敏捷，压根没给我拍照的机会。

亲身经历环湖，这才发觉眼睛真是会骗人——明明我们在起点看对岸很近，明明我们看到的湖是圆形，可真正走在路上，才发现思金拉措的形状是不规则；而对岸的距离看着很近，却真是应了“望山跑死马”的俗语，似乎总是走不到尽头。

好不容易，我们走到了起点处的正对面。

在这里，湖畔的碎石更多，也没有看到玛尼堆，不知道是不是方位有什么讲究。在这里，湖畔的土壤更湿润，居然还能看到成块的冰。我严重怀疑，我们走着的路面，前一阵子可能还被湖水淹没，只不过现在退去了一些。在这里，水浪明显更大，湖水也多了一丝浑浊。神奇的是，当我们再次沿着湖畔转了一个弯，明显感到风儿迅速弱化直至没有。一行人颇觉诧异，都差点忽略了思金拉措湖中央出现的湖心岛。直到我们又拐了一个弯，回首再看此处，这才发现那里背后有一座山峰，正好把疾风挡住了呢。

持续不停地走。

湖畔的水中，突然隔不多时就出现一个和前面看过的款式相似的小坛子。一开始，我以为这是风把玛尼堆边供奉的小坛子刮下水的，可是环顾四周却没有看到玛尼堆。后来，联想到思金拉措每年都会有喇嘛来祈福，就猜测这是每年祈福期间特意放置的。也不知道是不是有什么特别寓意呢。

这时候，我发现路边的乱石变成了有青苔的石块。而这转湖的路，越走越感觉无穷无尽。

我们看了下时间，已是下午两点半左右，但终点遥遥无期,而回程据说要三个小时,我们的火车发车时间是傍晚七点。掐指一算,很是担心时间不够,所以就再也顾不上看风景,完全变成赶路了。

这时候,我们才明白,一直顺着湖边走,围绕着思金拉措的山脉会挡住我们的视线——这就让明明看起来没多远的湖对岸实际要远得多,当我们转过一个弯,就会看到还有无数个弯在前方等着。

好的吧,这样子子孙孙无穷尽的错觉,这样时间紧迫不等人的压力,终于让我们决定放弃转完思金拉措全程。

我们目测了一下对岸一处祈福经幡很多的场所,距离在可坚持范围之内。且,那里隐约有一条公路垂直向下,应该是个车辆可以通行的所在。因此,就赶紧联系了司机师傅,又发了定位,让他到对岸接我们。

又是一通马不停蹄地前进,我们爬上了往外走的马路。虽然爬行过程中喘得不行,可回头俯瞰思金拉措,视线之中目测接近三分之二的路线已被我们徒步丈量,还是很有成就感的。

这时,小妹子看见旁边的草甸有很多土拨鼠。刚开始,我就算用手机放大找它们也看不到踪迹,直到我们走近草甸,这才近距离观察到了两三只土拨鼠。这些小家伙也不怕我们,虽说动作灵敏,总是机警地往洞里窜,可总算没有完全躲避,让我得以拍摄到了清晰的照片。奇怪的是,这里的土拨鼠个头好小,可爱是可爱,却让我生疑这是不是土拨鼠本尊。

坡顶在我们急切的步伐中到了。

可再次和司机师傅联系,他却说这里的入口需要买门票,我们还要走三公里才能到门口汇合。好的吧,那么远的路都走了,三公里又算什么呢。但是,当我们走在盘山公路上,这才发现又一次错误估计了三公里的实际含义——盘旋向下的公路,真是让我们看到就头大呀。

幸运的是,司机师傅也体贴地感知到了我们紧迫的心情,他直接买好了门票进来接我们了。大部队会合后,和师傅聊起,我们这才知道,从起点处的思金拉措徒步开始,到司机师傅接我们的地方为止,实际已横跨了桑日县、墨竹工卡县、工布江达县三个地方。而即便如此,我们只走完了思金拉措三分之一路程——至于路遇的当地人,他们是会扎营转湖的,并不强求当天就转完思金拉措。好的吧,我想我们从中午十二点左右一直走到了下午三点二十分,就算没走完全程,也是很厉害了。

回程途中,由于接我们的地方不是中午下车的地点,所以也不完全是走回头路,路上也能看到不同的风景。不过,我们都困乏得不行了,实在没有太多心思欣赏外面的风景。让我郁闷的是,不晓得是不是转湖途中,时不时补充一口能量的甜茶喝多了,我竟然睡不实沉。

再一次意外的是——我们比预计中提前一个小时返回了桑日县。这让我和小援藏姐姐有了更充裕的时间整理今天的照片和心情,得以舒缓了紧绷一整天的神经。

到点,各自返程不提。

今天,我们并没有做细致的计划的,所以才出现了这么多意料之外的情况。很累,可也挺有意思。

我想,生命就是这样一场瑰丽的旅程,最重要的不是注定会离开的结果,而是这个过程中经历的难忘之事,遇到的有趣之人。

第三篇

感悟与自省

一　援藏感悟

我眼中的西藏生活

2021年7月底到岗至2021年9月25日，来西藏朗县提供法律援助快两个月了，居然发现有的朋友还是不太熟悉我现在的生活。

细想想，一是朋友们忙于各自的生活没有费太多心思关注我的援藏记录；二是我写的更多是工作和旅游，确实没有太细致概括西藏的衣食住行人文地理。

所以，今天打算好好捋一捋我眼中的西藏生活。

当然，基于我对西藏生活的了解，主要来源于朗县，来源于我去过的西藏地区，还都带着主观色彩，难免会有疏漏和倾向性。观者就不要太挑剔，一笑了之吧。自然，有不同意见，也欢迎提出。

朗县

我的援助服务地区是朗县，属于林芝市最小的一个县，紧挨林芝市米林县和山南市加查县，常住人口仅1.8万人。自火车开通后，朗县坐动车到拉萨只需要2个多小时（自驾5个小时），到林芝市只需要1个多小时（自驾3.5小时到4个小时）。老城区两条主干道就走完了，新城区一个是填土形成，另外一个依山而建。眼下朗县的发展策略，是往火车站方向扩展。

朗县县城藏汉回民族混居，街头小巷常能见到茶馆，甜茶按磅售卖，通常一个人 5 元 5 磅就喝到撑；也有以川菜为主的餐馆，不过我还没尝其味道。开超市的人大多是汉族人，来自五湖四海，超市虽比不上沃尔玛等连锁超市，但该有的物件基本齐全。服装店大多售卖的是当地藏服，平常穿的衣服也能找到。日常生活，除却电影院因为商检不过关暂未开放，其他基础设施基本都配备了。

朗县当地人，年轻人大多以打工或做生意为生。我代写的文书，十有七八就是因朗县建高铁或附近城市建筑工程产生的债务纠纷。除此之外，朗县人和我国其他省份的人经常打交道，尤其对广东人大多有较好印象——无他，林芝市属于广东省对口支援城市。

目前，在朗县提供支援的是广东省第九批援藏工作队，他们三年一换，岗位包括了副县长、副局长、财务、行政等；援藏医生和援藏老师则基本是半年一轮换；此外，还根据需求聘请当地人负责厨师、司机等辅助岗位。可以想见，广东省历届援藏队为朗县的发展贡献了多么大能量。而我们援藏律师呢，我属于第 3 批，上届律师则连续待了 2 年。

县域内有几处旅游景点。比如已经去过的以藏香闻名的巴尔曲德寺，每年有 5 吨左右产量的千年核桃林，达赖喇嘛的出生地冲康庄园，延绵千年之久的吐蕃贵族烈山古墓群，未曾谋面的勃勃朗冰川，5 个湖泊组成的拉多藏湖，据说每年藏历 5 月会喷涌出牛奶般神水的仁布圣水……

朗县以“朗”命名，是因为日照很强，基本上只要出了太阳不变天，日照就可以从早上 7 点多钟持续到晚上 8 点多钟。也因为日照强，紫外线散发的威力不容小觑，早上出门就要佩戴墨镜和遮阳帽了。同时，气温比林芝要高 1—2 度，县城海拔在 3200 米以下，少雨干燥。

饮食

前面提过，朗县随处可见茶馆。其实，这是西藏的特色。大到拉萨，小到朗县，最高处到珠峰大本营，最低处咱不知道。总之，处处能寻摸到茶馆的身影。

茶馆主要提供甜茶，外观接近我国其他省份的原味奶茶，可口感比我国其他省份的奶茶好一些——它的原料很简单，就是牦牛奶、茶叶，能不纯粹嘛。茶馆通常也会提供酥油茶，酥油茶味道略咸，由酥油、牦牛奶、茶叶制成。有些茶馆还会提供清茶，颜色清，味道也是咸的，有点像加了盐却过滤了茶叶的茶。

甜茶和酥油茶不但好喝，还可以缓解高原反应呢。最有意思的是，每一家茶馆的甜茶都略有区别，有的偏甜，有的偏酸，有的偏淡。至于酥油茶和清茶的口感则相似。喝惯了甜茶，冷不丁一阵不喝，还真有点不习惯。

西藏这边的主食主要是藏面、土豆制品、饺子、藏包子。为了迎合我国其他省份来的游客，很多餐厅会提供米饭，口味以川式为主。

藏面外观是微黄颜色、和桂林米粉长宽接近的面，口感比我国其他省份的挂面、泡面硬一点点，不过更有嚼劲，通常是以牛肉粒作佐菜。土豆制品呢，有炸土豆、土豆包子、炒土豆、蒸土豆等，还有土豆切碎块和牛肉炖汤，看着不起眼，味道不赖。饺子和藏包子外观很相似,大小也接近,通常是牛肉馅和猪肉馅的,饺子水煮,包子清蒸,好些藏族同胞直接点一盘开吃。

除茶馆提供的食物饮品之外,西藏还有很多本地水果,以苹果、梨、葡萄、桃子、李子为主。这边的水果除葡萄外,果子个头都不太大,可都是咬起来嘎嘣脆的,果味十足。且,不同地区口味有差别,如朗县更干燥,苹果、桃子更锻炼牙口,波密更湿润,那里的苹果就更爽口。

住宿

住宿的话,西藏可以说整个自治区都以旅游和农业为主要发展业,可以想象住宿业的昌盛。

在我去过的地方,几乎每个县城的宾馆都是不缺生意的。住宿条件呢,大多数是普通的标准,一晚上 200 人民币以内足矣;有些发达一点的城市会有高标准的房间,一晚上可能需要 500 多人民币。不管是宾馆还是民宿,都有藏式风格的元素,要么是壁画,要么是佛龛,要么是身着藏服的藏族同胞等。

也是这次来西藏,我通过检索才知道,原来除了拉萨和林芝,目前西藏其他地区尚没有青年旅舍。虽说我还没有住过青年旅舍,但作为一个在全世界都有知名度的旅游大省,这算是一种遗憾了。

着装

在西藏的着装,我以汉族同胞和藏族同胞作为区分。

我是 2021 年 7 月底初抵拉萨的,那时候早晚就需要加薄外套,白天最热的时候可以穿短袖或衬衫。及至今日,早晚的温差接近 15 至 20 摄氏度,需要穿薄呢外套、秋衣秋裤。不过,白天一旦有太阳,温度还是挺高的。最热的季节尚且如此，可以想象其他时期必然更需要穿暖和一点。朗县最冷的时候据说会达零下10摄氏度，咱还不知道会冷到什么地步。

来西藏之后，听的关于身体方面最多的一句话就是不要感冒。倒不是治不好，就是康复时间要比我国其他省份长，倘若一不小心肺水肿，那就有可能导致生命危险。因此呢，我是宁愿多穿，白天热了脱去，也是不要受冻的。

藏族同胞们呢，年轻女性大部分穿非藏式的常服，年长的女性则几乎都是穿藏服，男性大部分穿休闲装或冲锋衣。

藏族同胞穿的藏服，有的是一件长袍模样的衣服，还有的则是在腰上以绳固定的长裙。本地人平常穿的多数是暗色系，没有什么花纹，中间系一条腰带，悬挂一些配饰，只在节庆时候花色更鲜艳；而日常穿着很艳丽藏服的，基本是外地人拍摄藏服写真需要或单纯满足自己的喜好而已。此外，藏族女性普遍喜欢佩戴银饰品和鸡血藤镯子。

旅游

西藏的旅游文化不需要我多说，单从我2018年报了接近10天的旅行团游玩，又在这两个月几乎每逢假期就出去玩就能领略。

西藏的景点，以自然景观和人文历史为主。皑皑雪山格外圣洁，神秘冰川令人赞叹，清澈见底的各种措让人沉迷其中，牧场和草原的辽阔引人入胜，原始森林好似让人误入仙境，还有转一次山就可以遇见四季的奇妙……怎么会不让人心动。

至于人文历史方面，西藏拥有数不清的宫殿、寺庙，拥有“文成公主”“金城公主”这些让人热泪盈眶的舞台剧，拥有传承千年令人喟叹的遗址和墓葬……更是每每让人为文化之丰富而慨叹。

此外,西藏还拥有松茸、木碗、虫草、藏红花、贝母、雪菊等不同地区的特色产品,其中很多在我国乃至世界都是独有的。

最近在看《西藏历史图说》《孤独星球——西藏》,身在西藏,尚且每每被其中的故事和风景所感动,更何况从未到过西藏的人,又如何能不心生向往呢。

为人处世

此处的为人处世主要形容的是藏族同胞。

我所在的朗县司法局,仅有两、三个汉族人,其他都是藏族同胞。他们为人很赤诚,有啥事不怎么拐弯抹角,基本有话直说。日常有需要帮忙的地方,也很乐意提供帮助。不过,或许是身在体制内的缘故,他们比受援人多了一些精明和世故之处,却不会惹人讨厌。

反观受援人,或许是处于律师的角度,总觉得来寻求帮助的受援人,过于轻信他人又没有保护自身的法律意识。碰到的大多数藏族同胞受援人,呈现的都是百般容忍、善良的那一面。

我在西藏工作也好,出门旅游也罢,遇到的藏族同胞乃至来这边工作的我国其他省份的人,都称得上是古道热肠。

结语

写这篇文章的时候,我在西藏待的时间还不太长,理解和感受的东西可能尚存在片面之处。仅做记录,供大家参考咯。

即使一地鸡毛也要好好过

今天是2021年10月30日。

昨儿晚上和朋友们聊天。

一开始的话题,是关于买藏玉镯子。

起因呢,是我最近入手了藏玉镯子,然后给家人们都各买了一个,鉴于男女的区分,给爸爸买的是手球,给姐夫们买的手串。结果,前儿晚上姐姐出门不小心摔了一跤,把玉镯摔没了。按照家乡的说法,玉挡灾,所以我打算再给姐姐重新买一个。

没想到,一问老板,老板说单独买一个不能按之前的价钱给我——之前的价钱是看在我买数量多的份上没挣钱,然后提到买5个以上才按原价钱给我。好吧,有点小郁闷,可又能理解。且不管这是不是人老板挣钱的策略,但东西确实是不赖的,如果想要,就得按人家的规则来。

于是,我就顺便问问朋友们有没有感兴趣的一块入手。

第一个小群,俩朋友。她们俩,一个还在上班,一个正在做家务,三个人有一搭没一搭地聊天。这二人对玉饰不怎么感兴趣,我见此就没细说,我们聊的更多的是彼此的近况,开开玩笑,吐吐槽,为遇到的小困难鼓鼓劲。

和这俩朋友的聊天结束后,我将下乡调解受冻的身体好好捂严实,缓了好一会;再看了会电视,顺便打消了一位朋友打算寄美食给我的惊喜暖心举动。接着,发现另外两个群有朋友回复消息了。

第二个群,汇集了一次一块游玩的朋友们。里面有一位朋友对玉镯很感兴趣,就是担心玉镯的宽度不太适合她,再就是她比我瘦很多,需要买不同的尺寸。这倒是简单,回头让老板发图片,挑选她喜欢的即可。

第三个群,都是家乡的老朋友们。提到购买玉镯,有两位朋友感兴趣,但想的不是自身,而是想给家人买。这个话题尚没有结束，一位朋友忽然换了个话题，吐槽最近遇到的事情——我们不在一个地方，不保持联系的话，还真是不知道她遇到的糟心事。

朋友之间的聊天就是这样，不需要太刻意保持什么话题，想到哪里就说到哪里了。

这边，我和对玉镯感兴趣的朋友聊着款式、花纹、藏玉的作用；那边，对另外一位朋友遇到的事情，大家集思广益，给出自己的建议。明明完全不同的话题，可大家丝毫不受影响，兀自聊得热火朝天。

朋友遇到的事情其实很常见——婆媳矛盾、健康问题、孩子谁来带的问题。这些问题，我略微有发言权的仅是健康问题，其他都没有经验。在我这个年纪的农村孩子中，尚没有成家生娃的是少数，大部分同龄人都会遇到一地鸡毛的烦躁生活琐事。尤其，在自己身体出现健康问题时，其他的事情就更容易引爆内心的压力，导致情绪一不小心就崩溃或喷发了。

因此，不管是作为站在朋友一边的立场，还是考虑解决问题的必要性，我的侧重点都是以朋友自身的健康为基础，其他问题都靠后处理。

好比婆媳矛盾，这是亘古难解的难题，有时候不是东风压倒西风，就是西风压了东风。考虑作为一家人的长远相处，很多时候必须做到包容、不在意，但涉及原则性的问题，还是需要坚定方向，且一旦做出选择就不要后悔。不过，毕竟咱是局外人，说的再多，身处其中时，或许都难以释然。

再说孩子谁来带，以及衍生的抚养、教育问题。我始终认为，生育孩子只是痛那一阵，可教育孩子那就是一生都摆脱不了的责任。朋友面临的情况，必须依靠公婆帮助，在其老公起不到很大作用的基础上,着实比较郁闷和难过。且这又是一件每天都在发生,需要耗费很大心力的事,或许只能让其想清楚哪点更重要,才能做出决定。

说白了,这些话题不管哪个单独拎出来都是会让人滋生很多烦恼的事情。我们作为旁观者,能做的,或许只是在朋友情绪上头的时候让其舒缓情绪,说话失去分寸的时候给出中肯建议,郁闷难耐的时候借出一个臂膀或当成"垃圾桶"消除不利的东西。

然,最终的人生,依然是自己做主。

生活难免会遇到一地鸡毛的情况发生,可即便如此,我想,依然要寻找出最舒服的方式度过。

人在路上,总有变化

(一)

春节探亲假结束,2022 年 2 月 10 日就要从家乡返回西藏了。

预计从深圳返岗的计划,因深圳疫情原因而取消。从家乡返岗的线路太麻烦,所以没打算从家里走。于是就挑选了最合适的路线——从广州出发。

广州这个地方对我来说不陌生,毕竟我的工作阴差阳错总是和它搭点边却没有太深交集——不管是中专毕业后的工作,还是大学毕业后的工作,总是选择在深圳,却时有到广州出差的机会。去年七月份的欢送会,我们亦是到位于广州市的广东省司法厅参加的。

比之深圳,广州不少地方显得略微有些历史痕迹,路上的行人大多数都在说粤语。最让我不适应的是地铁站,很多地方入口都是在商场或某个建筑里面,不像深圳有特别明显的地铁口,以至于一不留神就错过了。

简而言之,不管是城市的便利程度、人性化设计,还是整体的城市氛围,行人带给我的感觉,我都更喜欢深圳。

话题转回到出行。

晨起六点半,闹钟响了,我迷迷瞪瞪挣扎爬起来。八点二十分的高铁,时间是足够的。但家人们都担心有意外情况出现,一直在催促我动作快点。我迅速洗漱完毕,又将妈妈昨儿晚上特意在电饭煲煲着的酒糟鸡蛋吃完,和家人们道别后,快步赶路。

家乡的高铁站,短短数天,多次来往。比之朗县的动车,这里的高铁或许是新建的缘故,发现又有一些新的设施。诸如候车室的显示屏会提示候车是哪个颜色的地标,诸如健康码能够直接扫码出站,诸如车厢的椅子可以换朝向。

说到椅子换朝向,这个还挺有趣。

列车员提示到了东莞东站后,忽然响起了新的提示声——车头换了个方向行驶,让乘客们注意更换座位朝向。这我还是第一次经历呢。

乍开始,大家都不知道怎么处理,后来看有经验的乘客操作,才知道这样简单。原来,先要同排的乘客都站出来,接着一人踩动最外面位置底下的踏板,最后将椅子的朝向转动即可。

我在心中直呼好玩。

等在换了个方向的位置坐下来之后我才发现,车厢播放的视频中有具体的操作方法,倒是节省了人工提醒的步骤。

也怪不得每个座位的空间这么大,底下还不让放行李了。和朋友们分享这个有意思的发现,大多数人都没有经历过。看样子,又是一个新的设施,发明这种方式的人脑子可真是灵活呀。

一路补觉,醒来之后看书不提。

到达广州的时间比预计的早一点。我按照事先做的攻略,直奔地铁站,而后到机场北做核酸检测,再与预订的酒店联系师傅来接。

入住的酒店就在距离机场车程十分钟左右的地方,在房间住着,还能不时听到飞机起飞后发出的轰鸣声。酒店所在地是一个小村庄,听开车的师傅说,就是因为这里建了机场才发展起来的。一个小村庄就有五六十家酒店,可以想见竞争之大。

酒店的设备还挺先进便利。不管是通过扫码登记的信息、选择的房间,还是必须刷脸才能乘坐的电梯,或是点了外卖后机器人的送餐服务,都让我感叹一线城市的服务质量。尤其酒店一晚上的费用很低廉,可环境整洁,配送有两瓶免费的矿泉水,还提供明天的叫起服务、免费早餐,最后还能免费送我到机场。真是贴心的很。

对比而言,西藏的酒店只在景区多的地方相对环境好,可服务意识均没有这么强。如果是拿偏远地点的酒店同样价格比较,就差强人意了。一是开酒店的人都想要节省成本,二何尝不是体现了不同环境下优胜劣汰产生的变化呢。

可以想见,未来如果还是这样的发展趋势,那两地的差异会有多大。这让我再次感叹,怪不得很多人想要到大城市学习、工作、生活。不仅是外在的硬性条件对比,更多的是理念和处事方式等软实力展现呀。我想,这也是国家要费大心血号召大城市的干部、社会大众去偏远地区援助的原因之一。

一不小心思维又演化为职业病了,话题转回出行的经历。

中午吃罢外卖,困得很,就关灯午睡。睡得正香,收到一条让我睡意全无的短信——明天早上的飞机居然因故取消。

急忙打开预订机票的 APP 查看消息,又和同一趟飞机的援友沟通。之后,考虑到便利性,我们都打算退票,接着重新购买明天需要转机的机票。因为这个莫名其妙的意外,我还需要将明天下午回朗县的火车票退了,再联系回朗县的汽车,最后通知酒店明天出发时间提前、告知其他援友最新动态。

所幸目前一切尚顺利。

当真是计划不如变化,预订明天直飞林芝的机票本就图的是方便,没料到眼下偏又变成了转机。

但愿不要再有变故咯。

人在路上,看《人在囧途》很开心,可轮到自己总希望一切如意顺心的好。

(二)

2 月 10 日晚上真是最近几年睡的最早的一次,晚上 9 时许就睡了。尽管辗转反侧许久,但惦记着凌晨就要起来,睡不着也必须眯着。早睡的结果显然不错,因为今天凌晨,闹钟还没有响,我自己先醒了。

酒店的服务真不错,凌晨四点半准时电话提醒我起床,我洗漱完毕整理东西下楼后直接到餐厅吃早点。早餐品种丰富,我虽然还没有感觉到饿,考虑到之后的行程,还是美美地吃了一顿。

司机送机到机场,我和同行返程的波密援友会合,各自办理托运。路上,我们各自聊近况。

波密援友的妻子去年检查出不好的情况,援友本来不打算继续进行援助了。在妻子和我们领导的建议下,才没有马上申请终止。幸运的是,援友妻子的情况还算好,目前稳定下来了,所以援友才能再次出发。我想,其中必然也有他们二位日常以行善为处世原则的结果。冥冥之中,总有一双慧眼在识别我们在世间经历的一切,因果循环,玄妙莫测。

提到工作上的事务,我们讨论起最近沸沸扬扬的疑似拐卖妇女案。援友先后转了好几篇文章,并力争提高收买拐卖妇女罪的量刑标准。按他的话来说,他虽然写不出有反响力的文章,但把认为好的文章转发出去,既是律师的职责,也是为刑法修正案的实施增添一份力量。

援友的想法让我汗颜,看来我需要学习的还有很多。这样的社会责任感和身为律师的荣誉感,正是我欠缺的。

飞行路上旁的不提,单说乘务员特意提醒我选择了绿色飞行模式,因此不再提供小食,但会提供免费饮品。我这才想起来购票时候的顺手一勾,原来是这么一回事。也罢,咱就当为环保做点事。

早上九时许,我比预计的时间稍晚一点抵达了西昌。西昌正是阳光灿烂的天气,虽然风很大,却并不冷。我们这趟飞机是转机,必须取回托运的行李,再重新办理托运过安检。好在西昌的机场不大,得以在一楼将所有事务处理完,并准时登机。

一切准备就绪,以为可以按时起飞时,意外又出现了。乘务长通知我们,因为林芝大雪,不符合降落条件,所以飞机暂缓起飞,不排除无法起飞的可能,需要我们耐心等候。

好吧，看样子，我是赶不上下午回朗县的汽车了，只能寄希望于之后的情况好转吧。

老天爷尚算眷顾我们，等待了二十分钟左右，飞机可以起飞了，路上也没有再出现别的变故。遗憾的是，因我们的飞机晚点，以至于抵达林芝的时候也晚了，原本可以搭乘的从林芝回朗县的汽车、火车现在均没法搭乘。

所幸汽车师傅给了我另外一位师傅的电话，我只需要再在机场等待到四点左右返回朗县即可。这中间因时间问题也犹豫过，想着问问有没有私家车可以包车回朗县。没想到的是，包车回朗县不到两百里的价格居然最便宜也要六百元，最贵则接近千元。考虑到安全和价格问题，咱也只能老老实实等待了。

林芝机场的旅客很快走的干干净净，不一会儿工作人员也离开了。约莫下午两点半，有工作人员询问我为什么还滞留机场——原来他们下午没有航班，需要下班关门了。没奈何，我只能拎着箱子、背着包、冒着寒风走出了机场。

好在机场旁边有个加油站，我在小卖部随便买了点吃的，就打算在这里等汽车师傅到来了。

一路行来，旅途的不便真是造成了蛮多麻烦。尤其遇上了天气不好，飞机晚点的情况，就导致之后的计划都发生了变化。援友在旁边的时候，互相照应、时不时聊天还不觉得如何，等援友从林芝机场先离开回林芝再返波密，只剩下我一个人的时候，难免产生了一丝孤单感。

当然，这都是在路上人力没法控制的意外。我想，能够在晚上顺利抵达朗县才不辜负这一番折腾呀。

回归平淡，珍惜当下

2022年3月22日这天，事情也不少哩。

一是解答了一个咨询。

该受援人以前来过，问的问题也接近——他和朋友合伙开了个公司，原本是想借助对方的人脉资源做生意，没想到的是对方手段太高，现在骑虎难下了。对方先是让他当法定代表人，自己当实际控制人却没有在股东名册体现，只用其父亲的名义签了合作协议；接着将两人合伙的公司注册后政府补贴的巨款以采购物资的名义挪到了另外一家公司名下（这家公司法定代表人是对方姐姐），却没有提供钱财对应的物资；最后呢，对方还用其姐姐公司的名义和受援人所在的公司签订了借款协议，他自己的公司作为担保人。

目前的情况是受援人所在的公司资金周转不灵，对方不仅不还款，还将经营重心放到了他自己公司。对方的行为，实际有挪用资金或职务侵占的嫌疑，可是他精明的地方在于采购物资的流程符合公司规定，受援人也知情，所以够不上刑事犯罪；倘若走民事诉讼方面，对方不是公司的股东，也没有担任任何职务，即便起诉其父亲出资不实，也是事后两败俱伤，只有一个借款协议还是两个公司之间的纠纷。

对此，我的建议是再次找对方协商——尽管对方已明确说了没钱还，但这个过程是取证，能证明资产由此掌控甚至挪用。其次，追究对方物资没到位的责任，可以考虑受援人公司起诉对方姐姐的公司不当得利，要么还钱，要么提供足额的物资；当然，假如对方能够协商，可以要求对方出具一个担保函，对挪用的那部分款项承担偿还责任。最后,则是用公司名义起诉对方姐姐的公司还款,对方自己的公司承担连带担保责任。

二是帮司法局的同事起草起诉状。

这是我来西藏之后起草的第一份交通事故纠纷起诉状,颇有点感慨呢。内容都是熟悉的,不外乎是将事故发生的情况列明,责任划分写清,治疗情况说清楚,鉴定结论显示;接着将赔偿清单涉及的各项费用逐一计算;最后是将证据清单列明。

这个过程中,考虑到同事和她弟弟请假去照顾她母亲,虽然她母亲已超过退休年龄,还是计算了两个人的误工费。当然,我和同事说明了诉讼存在的风险。其他项目都是按公式和西藏的标准计算,倒没有什么好细讲的。顶多在证据提供方面,告诉她准备哪些方面,再就是标准方面释明出自哪里。

最后是需要起草两份朗县常见的法律文书——涉及货款欠款和强制执行申请。

前者的债务人,已离开西藏,虽然受援人有对方的电话、微信、身份信息和住址,可联系不上人,钱不多,却怄得很。估计胜诉后也会需要申请强制执行,很是无奈。后者呢,是和昨天的强制执行申请书同一个被执行人,幸运的是受援人还能够拿回欠款。不过受援人没有让法院出具生效证明,我告知他去法院开具证明后再过来起草。

接近下班尾声,又过来两个受援人,要求写授权委托书。我看了下对方的材料,发现她们需要写的授权委托书其实是为了代为处理申请强制执行事宜。于是也让她们回去将委托人的身份信息、生效裁定书拿来之后,再给她们代写文书。

咱这边的工作、生活自春节长假后回归正常模式,可想想昨天看到昆明飞往广州的飞机在广西坠机，乘客123人加机组成员9人合计132人踪影全无。这数据，那场面，想想都觉得触目惊心。

网络上，大篇幅的都是网友祈求平安的消息，连人民日报都忍不住发表类似“不知明天和意外哪个先来临，所以珍惜当下，该吃吃，该喝喝，该玩玩，该表白表白，莫负好时光”的感慨。

平淡的日常再对比这样的惨事，不免唏嘘。越发觉得要珍惜当下，要尽可能做些有意义的事情，要随心而活。或许只有这样，在回顾过去、面对死亡时，才会少一些遗憾和留恋吧。

最大的满足

2022年3月27日这天是周日，我来到了拉萨。

可以去哪里呢，地点有很多可供选择，如拉萨彩泉特殊学校、扎基寺、楚布寺、小昭寺、甘丹寺、扎叶巴寺、帕邦喀寺，这些地方都各有独到之处，值得一游。再如，南山公园、天堂草原、纳木措圣象天门，这些景点在这个季节去应该都能看到美丽的风景。

然而，前一天参观西藏自然科学博物馆的疲惫还没有完全消除。整个人倦怠的很，想想也是蛮久没有睡懒觉了，因此，我决定睡饱了再定。

睡懒觉归睡懒觉，早餐咱还是要吃的，毕竟味道还过得去，价格又不便宜。早上起来吃早点，发现室外的温度并不高，或许是太阳还没有完全释放威力的原因。

邻桌是一对来自外地的老年夫妇。阿姨扎着两条辫子，时不时听到她和对面坐着的叔叔叨咕着什么。不一会儿,看到阿姨指挥叔叔录制视频,她则随着音乐的律动摆出一些应景的动作。嘿,这做法,还真是新潮得很呢。

饭罢回去继续睡觉。幸好酒店的隔音效果良好,窗帘的挡光效果也一流,能让我安心入睡。

再次清醒,时间已走到了正午。可惜呀,不晓得是睡回笼觉的原因,或是酒店空调比较足,还是身处高原地区,总之精神不是特别好。睡眠质量下降,这或许是西藏带给我最难受的体验了。

收拾退房,而后,先去祭祭五脏庙,再去拉萨彩泉特殊学校。

在拉萨彩泉特殊学校附近随便找了个地方吃饭。虽然该店打着海鲜、烤肉自助的名头,整个店的装修和位置摆设也合理,可却并不见有多少顾客光顾。

一开始,我以为是地理位置较为偏僻的原因,而后在就餐的过程中才意识到,最大的原因是这家店的食材不够新鲜,制作水平也不够高。当我和朋友吐槽的时候,朋友却联想到疫情带来的影响——不光让西藏的客流量急剧减少,还使不少店铺面临关门。看来真是因为援藏工作较为顺利,以至于我完全没考虑到这个因素。可换个角度想,这何尝不是大浪淘沙、去芜存真的过程呢。

拉萨彩泉特殊学校离吃午餐的地方不过 200 米左右的距离,我们在饭后慢悠悠前往。

知道这所学校,是因《孤独星球——西藏》的推荐。书中提到,该所学校的特殊孩子们,会运用学校教会自己的手艺,手工制作一些物品出售。倘若有心购买有藏族特色的物品,既能满足购物需求,又能做善事,这倒是个不错的选择。

藏历新年假期的时候,我和援友们曾特意寻觅过来,却因为学校放假,没有能够进入。这次再来,走到门口的时候,铁门关着,只有供一人进出的小门开着。正对面的敞轩,有个保安坐在那里玩手机。我近前一问,保安说今天也是假期,学校同样不对外开放。后来,或许是保安看我寻觅过来不容易,又主动打电话询问了学校的老师,征得允许后才让我进入。

和我想象中不一样的是,学校的空间看似大,可对外出售物品的房间只有一间。负责该事务的老师是位女老师,拿着钥匙开门之后也没有多言,反而一直是我主动找问题询问。

房间里头,摆设了各种各样的物品,如藏靴、藏香、藏戏面具、藏纸、背包、藏纸笔记本等。我打算逐一看过房间内的物品,再做决定。最吸引我的,是悬挂在墙上的装饰画作。这些画作,有的主角是药王,有的是我不认识的藏语,还有的是藏戏的经典面具造型。看起来,这些画作并不是绘制,反而更像是集合了多种材料缝制的。观赏和纪念价值虽然很高,但这不在我的购买意向之内。

有表面颜色各异、大小不同又色彩鲜艳的本子。每一本花纹都很美丽,里面则是不附带任何装饰的藏纸。这些本子,有的是用一根木棍闭合,有的则是单独放在一个同款手提袋,还有的小小一本看起来是供随记使用。

有非常具有藏族特色风情的背包和挎包。这些背包和挎包款式接近,都是同色的布料制成之后,上面再用藏戏面具装饰。有叠成小方块捆绑在一块的祈福小经幡,如果有祈福意向,倒是挺实用的。有染成不同图案的藏纸,据说镶上相框,就能够装点房间。还有材质不同的藏戏面具,有些是手工缝制而成,有些则制成可以装饰书桌的摆件。

经过比较,我最终选择购买藏纸制造的笔记本。让我惊讶的是,藏纸笔记本的价格居然是藏香的四倍。当我试探性问是否可以还价的时候,学校的工作人员义正词严的拒绝了。

结合进门之后没有任何主动推荐、介绍的行为,还有不准拍照和不还价的要求,我忽然就明白了——或许这里的人员,需要的根本不是社会各界的特别照顾,要的只是平等对待而已。甚至,不少抱着善心的人员前来,或许还一定程度上陷入了这些规矩中不好直言。当然,求仁得仁,又何怨乎。

很快,接近返回朗县的时间了。

群里,援友们的周末各有不同。大援藏姐姐待在林芝,不清楚在忙什么,联想到她一贯的做法,必然会寻找有意思的事情做。小援藏姐姐和朋友去了波密桃花沟,与波密的援友相聚后,自有一番契阔。还有察隅县的援友独自驾车去了然乌湖,对着清澈的湖水、洁白的雪山,怡然自得。

我们都收到了申请新一年度援助服务的通知,离我们援藏结束的日子不远了。每个人,都在用自己的方式度过最后的几个月援藏时光。

再转头,看到了近日飞机失事后证实132名人员全部死亡的消息。这消息,虽然早已在预料之中,可一旦确认,仍不由让人难过。结合自己现在经历的一切,更是有点恍惚,不知该用什么样的方式度过人生,才能在面临死亡之时少一些留恋和遗憾。

返程回朗县的路上,车厢人满为患,除了都戴着口罩,可以说没有受到疫情和飞机失事过多影响。处在喧嚣场合,我却心神游离,难以平静。

人这一生,究竟因何存在,又追求何意呢？这样的问题,每每想不通,每每忙于琐事,就不了了之了。

也许,不去想太多,能健康顺遂活着,就应该是最大的满足。

这天,或许我会记一辈子

2022 年 6 月 18 日,周六。

早上,美美地睡了个懒觉。今天的计划,是与局里的同事们一块到一个新地方过林卡。有一个主题活动,同时也是局里特意给我准备的欢送会。

十一点左右,我就先后接到几个同事的电话,叫我一块儿到门口集合。大部队会合后,分开驱车前往嘎贡沟瀑布附近的地方过林卡。

下车之后,我发现这里的环境比上次过林卡的地方好很多呢。

只见,这里绿树成荫,小溪潺潺,草坪一望无际宛如天然的地毯,每一处都是风景。且视野开阔,清风拂来甚是舒适,耳边还时而传来啾啾的鸟鸣声。再放眼一望,入目皆是深浅不一的绿,着实令人心旷神怡。

考虑到最近正处于雨季,虽然我们到达林卡点的时候恰是晴天,但我们还是租了个帐篷,以备不时之需。

过林卡没有特定的时间就餐,一切都很放松。饿了,可以先垫吧一点饼子、馒头、水果;渴了自己倒甜茶、清茶或饮料。大家伙到了之后都不着急吃东西,会非常自觉的将眼里看到的活做了——诸如清洗各色东西,诸如切菜捡柴烧炕,诸如腌制好供烧烤的牛羊肉,等等。

地方大,就是不一样。我们不需要额外找地方,可以直接在帐篷面前的河畔清洗蔬菜、水果、钢签;也可以在河畔堆好的土炕烧柴蒸煮食物。手脏了随时可以去河边洗手,土炕冒烟了也有的是地方躲避烟熏。

这儿的溪水,都是从雪山上流下来的清泉。虽然因为近期有雨,河水显得略微有一点点浑浊,可并不影响我们使用。而且手一伸进水里,会被冻得一个激灵,着实醒神;连同事们喝的啤酒、饮料,吃的西瓜、哈密瓜都可以直接放入河水中冰镇。

有了上次过林卡的经验,这次我再用钢签串牛肉串和羊肉串,就感觉容易多了。且这次主厨的同事一看就有丰富的烧烤经历,他腌制后烤的牛肉串、羊肉串、火腿肠,获得了大家一致好评。

这一次,我们还带了西藏本地的紫皮土豆、萝卜和牦牛肉,又用自己携带的铁锅炖煮。熬煮了几个小时的食物,土豆和萝卜入口绵软,且混合了牦牛肉的肉味,特别好吃;而牦牛肉呢,轻轻一咬,香气四溢,嚼劲十足。

边吃东西边聊天,干坐久了也无趣。所以,同事们特意准备了几个小游戏。

如套圈。将事先购买的毛巾、洗洁精、洗手液、厨房净等用品隔开一点距离分别放在草地上,再将携带过来的电线剪短凹成圈,然后让大家抓阄确定套圈的顺序,最后一步当然就是一个接一个套圈啦。

如跳绳。这个老少皆宜的运动,估计没人不会,只分水平高低。可惜我就是那类水平低到只有两只脚分开才会跳,而且跳的时候只能保持不到五个的。所以,这个小游戏我就没有参加。

再如拍乒乓球。这边是纯野外，没有乒乓球桌，所以就两两分组，让每个人用乒乓球拍各自接乒乓球。额，毫无疑问，我这个没有什么运动细胞的人只接了三个就败下阵来。

每个小游戏都重在参与，让大家伙依次轮换。获胜的同事，还特别设置了领取奖励物品的颁奖小仪式。有可爱的同事，在一旁用嘴巴配音，真是逗得很。

奖励的东西不值钱，考验的是参与游戏的眼力、巧劲、心态，重要的是投入其中的过程。简单的三个小游戏，却让每个人都兴致勃勃，就算下雨了也没有降低我们继续进行的热情。

就这么，吃饱了耍、耍完接着吃，除了一开始的准备过程外，一下午我几乎就没有停过嘴。饶是如此，只要有同事看到我没吃喝，就会不断招呼我继续。

因为时有阵雨的关系，我们先是将桌椅搬出了帐篷，在河畔就餐；接着趁雨势变大之前，挪回了帐篷继续；等雨过天晴之后，也懒得搬桌椅了，就将携带的垫子铺在河畔，席地而坐敞开了吃喝。

这一天，最难忘的，自然就是吃饱喝足后局里的同事们给我准备的送别仪式啦：从局长开始，他们挨个给我献哈达，又各自向我致以最真切的祝福。有同事起哄要我喝啤酒回礼，我傻傻的早就填饱了肚子，实在喝不下去了。好在同事们没有按藏族习俗边唱歌边给我敬酒送行，不然我是绝对应付不了的。

一整天过林卡，每个人都很开怀。美中不足的是，林卡点没有信号，不能及时发布朋友圈记录当下的心情。但是，这又算是一个好处——正因为没有信号，才能让每个人着眼于当下，珍惜眼前的相处。

或许，今天过林卡的人当中，我的心情是最复杂的——毕竟，这极有可能是我最后一次和同事们一块过林卡。所以，我不停地拍照，将眼前的景、面前的人、美味的食物、丰富的神态一一记录。尤其，将大家伙给我欢送的场景全程录制了视频……这一切，只为了，定格最美的回忆。

返程前，我们将欢乐一整天制造出来的垃圾一一捡拾，大部分丢进垃圾桶，小部分可以降解的则就地处理。又特意将土炕的炭火浇灭，避免发生火灾。

返回后，除了分享的朋友圈，我们都没有额外打招呼——一如以往的每一个人各自度过的周末。

热闹过后趋于平静，这应该就是生活的常态吧。却也是这样的热闹，这一番的用心，这一次的相聚，越发让我不舍，让我值得铭记一生。

在朗县的最后一天

2022 年 6 月 30 日，是我援藏服务期满待在朗县的最后一天。

昨儿个按政法委的要求，给朗县的政法系统干警们普法，算是给朗县的工作做了一个完美结局。

而今天呢，事情不多。上午是参加欢送会，和同事交接工作，上报最后一个月的数据。下午则从朗县出发前往林芝，与援友们欢聚一堂，明天返回深圳。

早上 7 点四十分，闹钟响起。没有拖延太久，洗漱好就出门了。今儿个吃早点的时间更早，是因为朗县援藏队食堂通知早上八点半开饭，之后接受大家的送行。

吃罢早点,先回办公室做准备不提。

不一会儿,在局里同事的通知下,我到了县委大院广场。此时的广场,靠近大路的那面站满了人,几乎每个人手中都捧着洁白的哈达。我按照指引,站在了援藏队同事的旁边。

欢送仪式正式开始——朗县的书记、县长、各部门主官及工作人员逐一与我们握手、致敬,同时,一人在前面捧着哈达献给我们,另一人在后面捧哈达做准备。另有一位身着藏服的小姐姐,双手捧着一碗满满的青稞酒,给我们敬上。

我学着其他援藏队同事,低头接哈达,不停说谢谢,遇到熟悉的同事则寒暄几句;又沾了三下青稞酒敬天地,接着喝三口青稞酒以示感激。整个过程倍感荣幸,很是开心和感恩。

不知道从什么时候开始,看到笑着给我献哈达,轻声说着祝福语,又连连让我有空再回来的同事们,我的眼眶湿润了。等熟悉的局里同事们,还有会继续待在朗县一段时间的援藏医疗队及教师队的同事们捧着哈达走上前,不需要说什么,我已哭得稀里哗啦。

这样的场面,原本是非常欢乐温馨的,我之前也没想过会哭。但或许,是近距离的感受到了朗县人民和援藏队同事们的满满诚意,所以就算脑海中没有浮现往日的记忆,只是看到这些可爱的人们,就已足够感动。

欢送会结束后,回到了办公室。激动的情绪还没有完全平复,又接到县政务办同事的电话——县长特意到局里给我颁发荣誉证书。

这是我援藏以来收到的第三个荣誉证书。前两个证书分别来自西藏自治区司法厅和林芝市司法局,而这个证书则来自朗县人民政府。拥有这样的仪式感,收获这样的荣誉,无疑是对我援藏工作最大的肯定。

收拾好情绪,继续处理接下来的事务。

其一,交接及整理工作记录。

如,认罪认罚和指定辩护的案件清单,已完结的归档,没有完结的叮嘱同事后续的处理情况。如,将电脑存档的代写文书、审核文件及合同材料告诉同事在哪个文件夹,并将纸质版材料归档。如,整理本月及整年度的数据,打印出来盖章后扫描上传上级组织。如,将私有材料拷贝,又将电脑中其他材料删除。最后,将办公室打扫干净,拍照留念。

其二,回宿舍整理行李及打扫卫生。

大部分行李,昨儿个已通过邮政邮递到调剂的 2022 年度服务地青海乌兰县去了,剩下的行李则打包为一行李箱和一背包。

除了要带走的东西,剩余仍可以继续使用的生活用品,我就赠送给了援藏小妹子。临别前,我们互相拥抱,两个人眼眶都有点红,但想到未来还有机会见面,就觉得短暂的告别不必太伤怀。离开宿舍前,不忘最后拖一遍地,将垃圾带走,而后拍照留念。

其三,就是离开朗县向林芝出发了。

生活了 11 个月的地方,当我挥手与继续留在朗县的援藏队同事们、援藏食堂师傅们告别,走出县委大院,心头着实有些感慨。

从朗县往林芝去的路上,一路的风景点点滴滴都是回忆。看到印象深刻的地方,不由再一次拿出手机拍照留念,心中默想——不知道下一次再来,会是什么时候,又是什么情景了。甚至,也不知道是否有机会再来。

路上,发了一条朋友圈。既是为了人杰地灵的朗县,也是为了可亲可敬的朋友们。由衷感谢他们对我援藏期间工作的支持和认可,感谢他们带给我的温暖和感动;也由衷希望朗县发展得越来越繁荣,希望朋友们身体健康,万事如意。

这样的宣告,算是正式的离别吧。

路上奔波不再赘述,到了林芝后先去做核酸检测,这是明天登机返回深圳的必备手续。

晚餐,与大家小聚,为这段西藏展开的缘分告别。一块儿吃火锅,喝点小酒,随意聊聊,热热闹闹结束在西藏的最后一晚。夜了,各自收拾东西休息。明儿个,就真是在西藏的最后一天了。而未来,还不知道是不是真的能够再会。

千言万语也道不清此时此刻的心情,或许唯有记住二字——珍惜。

从西藏到深圳

2022 年 7 月 1 日这天,是 2021 年度援藏服务期满,我待在西藏的最后一天。

晨起,洗漱完毕,略作休息,不用特意做什么,时间就已流逝飞快。等和还留在林芝的小援藏姐姐碰面的时候,已是上午十一点半左右。

小援藏姐姐特别有心,特意要和我吃午饭,又带了哈达送行。饭罢,手持哈达,在林芝市司法局门前给我献礼。我们都嘻嘻哈哈,不是没有离别的伤感,只是知道未来有机会再聚,所以此时的分开,或许是为了未来更好的再见。

到达机场后,距离登机只剩下十分钟左右。幸运的是这个时候没人在前面排队,所以速度还挺快。不过呢,西藏机场的安检一如既往的严格,咱只有配合——从随身携带的行李中单独拿出的电脑、雨伞、充电宝,再就是外套、身份证、机票,最后还必须脱了鞋子赤足入内,里里外外检查得那叫一个彻底。

飞机上的人还蛮多,每个人都佩戴着口罩,这已是惯例。登机的时间恰逢午后,所以打算好好睡一觉缓个神。

这趟飞机不同之前来往几次都是转机,这次是经停西昌。购票时看到提示经停不需要拿行李,可实际上到了西昌,飞机依然提示需要携带全部行李下机。

我携带的箱子有点重,就想偷个懒,因此,特意和空乘人员说箱子不拿下去了。这倒没问题,可意外的是空乘人员先叮嘱我记得确认;等再次上飞机,第一位空乘人员确认我是行李箱的主人,之后每个空乘人员看到我之后都互相转告,直到我走到位置上确认无误为止。

这样贴心的服务,确实让人觉得舒服。

西昌机场没有停留很久,空乘人员给了我们一块过站旅客登机牌,嘱咐我们在附近不要走远。我和同乘一趟飞机返深圳的朗县援藏队小妹子解决了生理问题后,闲着无聊,索性去旁边的首饰店看看。

嘿,这一看还真是巧了,看中一对南红耳环,算是这场旅程送给自己的礼物吧。

路上旁的也就罢了,但西昌机场今天的飞机降落和起飞都不让打开遮阳板,这就有些奇怪。就餐的话,虽说没有提供正餐,可饼干、沙琪玛、花生、豆干都算可口,想来这已是疫情期间可以提供的最大诚意。

来回坐过飞机很多趟,我不再选择坐窗边的位置看风景,而是觉得坐过道旁行走更便利。这也算是多次旅程后带来的变化吧。

抵达深圳的时间,比预计的早一些。让我惊讶的是,不过才离开深圳一年不到的时间,机场居然就新增了从下机口到领取行李处的地铁。出站口呢,又贴着二维码,让大家必须扫码先去做个落地核酸。果然,深圳速度不可小觑。

接机的深圳律协公益委领导已提前到了,还特别暖心的准备了一大捧鲜花与两盒巧克力,仪式感满满。

送我回朋友家的路上,大家伙围绕着援藏期间的工作展开话题。又一再提到,让我多发些素材,这样有助于之后宣传工作的开展。虽然这是每一年的惯例,但律协的重视依然让我觉得倍感荣幸。能被看到还能被记住,又能通过自己的行为影响一些人与事,我想这也是援藏的意义之一吧。

途中,还惊讶地接到了朋友家所在地社区网络中心的电话。我昨天按照“i 深圳”中的要求提前申报了返深信息,这不一下机就收到了反馈——不由再次让我感慨深圳速度。让我开心的是,深圳现在属于疫情低风险地区,倒不会影响之后的行程安排了。当然,咱还是需要按照要求老老实实每天做核酸检测。

朋友接到我的时候,恰好下了一阵雨。今天深圳的天气预报为大暴雨,好在我们在路上没有遇到。且,降雨也把炎热的气温降下来了一些,算是让我有了一个比较好的缓和期。

晚上就在朋友家附近随便吃点晚餐,席间我们嬉笑如常,空间上的距离没有减少我们之间的情谊。明儿个,还约了其他相熟的朋友一块相聚。未来在深圳的这几天,想来也是聚会不断了。

上午,还在艳阳高照的林芝,看着悬浮在山巅的白云,留恋着蔚蓝的天空,转眼就回到了车水马龙、交通便利的深圳。总有一瞬,觉得恍然如梦。

今天,还恰逢党的生日。咱虽然不是党员,却深刻感受到了党带来的日新月异改变,还亲自体会到了个中的窝心滋味。

感恩这一番际遇,也感谢所有的遇见吧!

相聚与分别

2022 年 7 月 6 日,援藏服务期结束,已回到深圳待了近一周。

今天有两件事要完成,一是上午到深圳律协,参加 2021 年度法援“1 + 1”行动座谈会暨 2022 年度欢送会;二是从深圳坐高铁返回家乡。

抵达深圳律协的时间比预计的晚点,提前给对接人员发了个消息报备。即便如此,到会议室的时候,所有参会人员就等着我一个了。真是有点不好意思。好在经过一年的历练,我的脸皮厚实了不少,因此就没有太拘谨,很快坐下参会。

今天的会议议程有几项,基本和去年类似。比起去年,显然我今年更加从容,毕竟知晓了大概的流程。比起去年,今年多了几张新面孔,律协的会长也换届了,还由公益委的领导们主持会议。更有意思的是,今年参会的援助律师都是女将,年龄还都偏小,着实是贯彻了深圳朝气蓬勃干事业的原则。

会议中,由律协会长和副会长回顾了深圳律协参与援助的历史,恰好 2022 年就是第 10 年咯。这些年一共有 28 人入选,大部分律师都参与了 2 年以上,为我国的援助事务提供了强大的力量。据介绍,2022 年报名的律师有 18 人,入选的却只有5名，还有2名律师属于援藏律师团，由律所直接派遣。这些数据，一方面让我因身为其中一员而自豪，另外一方面又觉得竞争压力也逐年递增。

会议的中心内容是我们几个律师的分享。去年参加援助后熟悉起来的王律师，这次分享的很多感想都引起了我的共鸣——诸如做援助服务是一件很有价值的事，诸如在西部多民族地区共存的情况下感受到民族一家亲，诸如感悟是一点一滴逐步累积的等。

我的发言属于临场发挥，集中在三个方面：

一是步调要保持统一。要在工作上保持和组织、当地政府基调一致，要在生活上要配合他们的安排，在思想上也必须靠近。二是用自己的方式援助。工作上不必多说，必须完成既定的业务。生活上，在完成工作并取得当地司法局的同意后，可以通过旅游、记录、分享、奉献等方式去宣传援助地，帮助国人更多更好的认识援助地的环境，并传达援助的意义所在。三是注意安全。虽说援助地整体都很安全，可毕竟属于边境地区，而且地域阔，所以出行的时候尽量报团、结伴，不给当地增加麻烦，也不给自己的援助事务增加困难。

最后，我重申法律援助事务是一件值得去做的事情，诚如王律师所言可以考虑作为长期发展的事业。当我们真正投入其中，获得的成就感和满足感是无与伦比的，也希望新一年度的律师能有所收获。

其他参会人员也依次发表了他们的感想。值得我注意的，一是涉及工作之外的捐赠衣物、书籍等公益事务可以与律协联系；二是如果在当地面临什么麻烦尽量内部解决，不要给当地司法局添麻烦；三是西藏、新疆的条件整体比较好，让我们去其他地方做好心理准备,或许会存在落差感;四是和当地人员的相处注意方式方法,同时也不要忘记提高自己整体的专业能力。

会议开完,我将从朗县带回的雪菊赠送给几位援友,算是一点点心意吧。这也算是对朗县的宣传方式之一了,收到的朋友们反馈都不错呢。

午饭,终于有机会请朗县上届援友王律师一块儿就餐了——她对我在朗县的援助事务提供了很多帮助。王律师又邀请了她另外一位朋友刘律师加入。席间,虽然我和刘律师第一次见面,却没有感受到生疏感。一方面是王律和刘律都是很健谈的人,从她们的对话中能收获很多;另一方面,通过这一年的援藏经历,感觉我能更自如的处理人际关系了。

餐罢回朋友处。

时间还早,离火车站又近,就先午睡了一个小时,而后才收拾行李去火车站。朋友特意送我到火车站,虽然离别在即,我们却没有离愁别绪。相约未来有机会在我的下一个服务地青海碰面,倘若去不成,共同所在的群也不会少了互动。

援藏志正式落下帷幕,援青志随着今天的欢送会也即将拉开序幕。再一次让我感慨时光如梭呀,不由联想,不知道明年此时,会有什么样的收获和触动呢。

夜了,家乡也到了。我就像一个外地人,兴致勃勃地又一次拍摄了高铁站的标志。这次回家休整一段时间,很快又要准备启程去下一个服务地。

相聚似乎总因为分别显得格外珍贵。依然还是那句话,珍惜眼前的幸福。又有一个新祈愿:希望我们都能成为点亮自己,也照耀他人的人。

二　三省自身

喝一杯茶，品浮生味道

（一）

今天是2021年9月11日。

太阳很赏脸，阳光灿烂得很。

这周原本没有什么特别的安排，昨儿个突发奇想查询了拉林铁路的站点，然后发现朗县到山南很近。而山南市，有几个我想去的景点，如昌珠寺、桑耶寺、雍布拉康都在那里。询问了周遭同事，她们有的要开会，有的不想出去，有的要准备回家。于是，我决定傍晚乘坐火车独自出行。

至于白天，那就喝一杯茶，静静品品最近感触颇深的浮生味道吧。

在微信读书搜索“西藏”二字，看到一部被推荐为神作的《西藏生死书》。该本书，仅能试读，还没有正式对外公布全部内容。在可查阅的内容中，我得知作者是西藏本地人，家族曾经侍奉过比较著名的大师，由此被赐名。而他本人，则拜过几位上师，修行的同时，参悟生死奥秘。

印象比较深刻的一幕，是提到他们在修行的路上，经历了几位上师的逝世。其中一位，原本已经离世，等上师到来后却被神奇唤醒，并引导其正式进入死亡。作者瞠目结舌，不敢置信——既是对面临死亡之人的平静态度惊异，又是对死而复生的场景惊疑。

这一幕的真假且不论，作者由此引申的关于人活着和人死亡的探讨，却一直留在我的脑海中。

我总说，人一个人赤条条孤零零来，很大可能也会独自离开。所以，当对人失望之时，其实恰恰说明期待的不应该——毕竟，和世间所有人的情感，无论是亲朋恋人，还是漫漫人生相遇的其他人，都是人经历孤独降世之后渐渐培养起来的，基本不存在生而有之的情况（哪怕我私心很愿意相信有携带记忆穿越或重生一说）。

基于这种想法，与人亲近产生的种种情谊令人感恩，倘若人生要独自面对世事，会由此产生被孤立、被隔离、被漠视等种种情绪，似乎也很正常。更别提，由此单独面对死亡的降临了。只不过，人终归是渴盼温暖的。所以，哪怕明白的再多，死亡降临之际，或者只有自己孤单面对死亡之时，总难免百感交集，甚或一片空白。

没有亲临，表达总是苍白无力。我想强调的，无非是认识到这个真相，然后感恩与每个人的相遇，珍惜每个人对自己的善意，至于不好的那些方面，就随风而去吧。

和闺蜜大概提了下这个认知，她说我很佛系。不，我只不过是现学现卖有感而发而已。

要知道，在看到这本书之前，我还在为自己在人际交往中的付出却没有得到对方同等对待，而有些气懑。计算的细致了，似乎是斤斤计较；不算吧，心里头又觉得不得劲。并不是玻璃心，也并不是真的有多么在意付出的部分，只不过是再次意识到——人与人之间，很多时候不是简简单单的“互相”二字可概括。我尊重人，我出于善意的付出，是出于自己的好意，但并不是每个人都认可这样的方式，无法要求每个人都能做到互相平等对待。

一度纠结，其实只不过是认识到了真相，可没有平静接受而已。

由此再说到另外一个话题——职场规则。

闺蜜说，如果和一个人相处得很舒服，那大多数情况下是对方情商高——这点我渐渐相信。就比如在朗县工作认识的援藏干部们，或许是不在同一个部门的缘故，他们很乐意在我面前展现和善一面，日常开开玩笑聊聊天促进彼此良好关系。可当我把这份和善牵扯到公事之时，瞬间感觉就不一样了——原来公私分明是职场人必备的认知，原来不是日常称兄道妹就能够超越权限，原来把客套话当真那就真是傻白甜了。

说白了，在生死面前，所有的情绪似乎都是多余的，或者说所有人与人之间产生的情感都是命运额外馈赠的。因此，好的一面需要感恩，不好的那一面是正常，能接受就接受，不能接受就别被它影响过深。

抱着这样的想法，再回看过往的经历，就会觉得分外感激。

（二）

最近晚上睡眠质量不佳。一是入睡时间明显比前段时间慢，二是睡着之后会冷不丁醒来，之后很难进入深度睡眠，三是起床之后总是感觉疲惫。

昨天吃早餐时，和援藏医疗队的医生讨论了睡眠情况，医生说这是正常的。不少人来西藏第一个月的时候睡眠质量好，是因为身体在调适期，加之情绪比较兴奋，而第一个月之后则慢慢被这边的气候所影响，会发生睡眠质量不佳的情况。问及改善的方式，说没有特别好的解决办法。假如依然可以入睡，就不建议吃药，最好靠自己缓解。或者呢，可以通过睡前吸氧、针灸辅助睡眠。另外，闺蜜还建议我吃点红景天胶囊，可以缓解心脏压力，还能调整记忆力减退的情况。

高原生活开始正式展现发威的那一面了。

我想想睡前脑子空前活跃、杂念丛生，醒来脑子混沌、疲惫不堪的情况，思虑着该解决一下。晚饭时，再次和援藏医疗队医生确认，医生赠了我三天的助眠药包，让我先喝喝看，倘若没有效果，再针灸不迟。之后，和另外一位医生到县城散步，她惦记着我想买藏玉镯子的事，带我去相熟的店铺逛，没有遇到藏玉之时，又推荐我先买了个鸡血藤镯子戴着。

这个过程，接受的都是满满的无私的不求回报的善意。

或许是开心聊天让心理上得以放松，或许是得知睡眠问题是来高原后大家普遍的反应，又或许是知道了解决方式心里没那么多负担了。总之，昨晚上睡觉的时候，虽然一时之间睡不着，但我依然静静躺着，听呼吸声听心跳声，渐渐入眠。夜了，再迷糊醒来，也不以为意，顺着睡意继续安眠即可。

今晨，感觉比前几天的状态好一些。

简而言之，这几天思绪繁多，但一经整理才发现都是一些鸡毛蒜皮的小事。

人说红尘炼心，我尚做不到勘破，只不过浮生味道虽多，我依然不想自己沉沦在情绪的深海不可自拔，不由总借着学习到的一些知识抽离而已。

或许，这也算是一种执念吧。

每到月底事就多

每到月底事情就多。

2021年9月26日，我到林芝市公安局见证认罪认罚；27日下午回来上班之后，连续收到几个部门需要审核的文件；今天28日，则要见证认罪认罚的通知和案卷、月底要开会讨论的18份材料、接受两个受援人的咨询。

本来因舟车劳顿、每月特殊情况一块，就已身心疲惫，接踵而来的工作更是让我一脸颓废。不过，事情虽多，都是处理惯了的事情，再想一想即将到来的国庆假期，就再鼓一把劲吧。

先看认罪认罚的案卷。

这次的认罪认罚案子在朗县检察院进行，是一个已被公安局取保候审的案子。受援人，知法犯法，是存侥幸心理赚钱而已。其实，生活中有很多这样的当事人，不是不知道所作所为涉嫌违规违法，可是要么就觉得自己应该会侥幸不被抓，要么就觉得为了生存这是无奈的事情。

然而，正如这个案件的受援人一样，他不是没有能力——至少之前也有过相关的从业经历和资质，他也不是活不下去——之前在户籍地就可以凭借资质做事。可不知道为什么，偏要跑来非户籍地，做违法的事情，还大喇喇的不把这事当隐私，不把人命当回事。

好在他上班时间不长,违法犯罪的性质和涉嫌的金额也不大,不然真要造成严重后果,哪里是取保候审就能解决的。

然后看的是某部门的咨询文件。

这份文件是关于受聘人员的安置方案,涉及劳动合同法和相关的政策规定。单从法律角度来说,文件存在一些问题——比如解除合同的条件不符合法律规定,比如约定每月扣除保证金不符合法律规定,比如人员的条件不确定是否符合西藏的要求等。

回想起该部门对接人员提到的——这是某个资金要求的项目,往年也是惯例,没什么问题。这或许就是角度不同,看到的也不同。

看案卷和文件的过程中,还解答了两个咨询。

一是电话咨询,涉及的是交通事故的项目赔偿问题。这是擅长的事务,没啥好多说的。无非就是西藏这边的标准不同,在实际计算时要多加注意而已。

二是受援人直接来访,问的是刑事案件经过审批监督程序后是否还能申诉的问题。一开始,这受援人语焉不详,一会说朋友的案件在二审阶段,一会说已申请了再审即将下判决,一会又提到这是刑事案件。

问清楚所有情况后,我才给出我的建议——如果经历了二审终审,又启动了审判监督程序,目前即将下最终判决,那么有可能并不是他口中所述存在不公平、证据不足等问题,也许真要从他朋友自身这边寻找突破口。倘若他朋友依然对案件审判结果不服,那在法律程序层面可能已难以救济,可以寻求其他方式解决。

最后,就是看月底即将召开的政府会议文件了——足足

18 份。这么多材料，一看到就头疼。材料涉及多个部门多个层面。

如关于乡村振兴的事宜，包括但不限于扶贫项目及补助资金的运用、基础建设变更的请示、经营项目费用支出等。我审查的重点，一是看是否满足了对应的文件要求；二是看费用支出的具体标准；三是看内容涉及的合法性。从这些材料还能看出朗县今年下半年和明年对某些乡镇和农村的具体规划，是一派欣欣向荣景象。

如关于具体部门的文件或合同。这里面包含的文件和合同，大部分是在前期已单独交给我审核的材料。有些我查找对应的工作记录，发现没有可更改的地方；有些发现部门提交的时候依然存在细节问题要修改；还有些则是提交的时候没将审核意见附上，看样子现场开会的时候必须再次重申。

从这些部门的提交情况，可以看出负责人员的态度——不能绝对说某个部门的人不负责，只不过，没有比较就没有伤害。做得好的要表扬，做得不好的咱觉得还是要提出建议，别后续又发生重复的错误，耽误时间且耗费心力。同时，考虑到这些都是打交道比较多的部门，说不得要在开会之前提前通个气，不然直接在会上提出，也有点伤人。万一让领导误会这些部门的工作人员做事不尽心，那就糟糕了。

如某些行政事务的实施。对该部分内容，我基本是插不上嘴的。所以，给出的态度就是多看多听少说话。倘若领导届时真要我给出意见，无非就是报批的材料不太完善，涉及的程序是否合理等瑕疵了。

到西藏提供法律服务距今已两个月了，深刻意识到在机关上班和在公司上班的区别，尤其是一些职场规则——诸如事务公开的合理性（说白了就是啥事能往外公开，啥事必须保密），诸如为人处世的分寸（不要玻璃心啦、多做事少说话啦、私人情绪不要带在工作上面啦等），诸如职场礼仪的适当性（见人三分笑、成年人之间的界限感、个人主见和大众立场的拿捏等）。

有过不适，有过不解，有过不安……但凡此种种，皆是成长吧。

畅行后的归纳

国庆旅程结束，10 月 7 日继续上班。然后，觉得有必要整理一下这几天游玩领悟的东西。

譬如，来西藏日喀则和阿里旅游的注意事项。

1. 随身必须带上身份证和边防证

日喀则和阿里地区，不少地方都属于边境线，需要提前办好边防证。且，这边检查相对严格，每到一个县都有检查站。检查站的设备很先进，如果需要本人下车检查的，通常在特定设备刷身份证就可以直接通过，还能检测到你属于哪个民族，用对应的语言；如果不需要本人下车检查的，则会有全副武装的工作人员上车挨个检查身份证和边防证。

2. 日喀则和阿里地区海拔比较高，最好带上预防高反的药物

我这次旅游，带上了葡萄糖粉，每天用热水泡好直接饮用。同时，备上了速达康，虽然没用上，但心理上感觉更安全。此外，西藏整个地区茶馆比较多，多喝甜茶和酥油茶，有助于预防高原反应。下午热的时候适当吃点水果，补充水分和维

生素,也能很好的缓解高原反应。

3. 随身携带湿纸巾或免冲洗的洗手液

自西藏“厕所革命”之后,在西藏旅游上厕所方便许多,不像2018年第一次到西藏旅游的时候,总是需要排队上厕所不说还要额外收费。目前,几乎每个有人烟的地方都有配备公共厕所,可惜洗手池配备没有那么齐全。换言之,有地方上厕所,很大可能没地方洗手,所以,带上湿纸巾或洗手液就派上用场了。

4. 随身携带干粮

日喀则和阿里的宾馆基本都不包括餐饮,需要额外付费购买。旅游在路上的时间长,通常早上八点之后出门,中午一两点才吃午餐,所以,补充体力的干粮必不可少。

5. 随身携带保温杯

别小看保温杯的作用,也不要嫌弃保温杯是“中老年人专属”。日喀则和阿里昼夜温差较大,目前的天气,日喀则晚上可能3、4度白天有20度,而阿里地区晚上1、2度白天17、18度。所以呢,多喝热水不仅有助于肠胃消化,还能起到保暖的作用。

譬如,游玩的感悟。

其实,游玩的感悟在国庆几天的游记中都写了蛮多了。用闺蜜的话来说,每当我抵达了震撼人心的地方,就能激发我的创作欲。事实也的确如此。

行在路上,看着不同的风景,遇见不一样的人,不需要刻意想些什么,灵感自然而然就涌现了。这就是我喜欢旅游的原因之一。尤其,因外界环境的瑰丽无比,因有缘人的暖心行为,会觉得生而为人何其有幸,会觉得人生这样美好没有什么过不去的事。

当然,这并不意味着,需要将人生所有时间都花在路上。就好比每日的码字,今天的小结,未来几天的休息,则是畅行后总结归纳、调整修复的过程。

相似的事情经历多了,难免会产生倦怠、乏味的感觉。旅游虽然时时能带给我新鲜刺激,可一直行走在路上,也会有类似情绪产生。因此,工作和休闲的时间安排妥当,才会让身心更舒畅。

简而言之,工作时全力以赴,游玩时享受其中,对我而言,就是很合适的方式。

譬如,人与人之间不同的抉择。

在我发布的文章、照片、视频中,评论最多的就是“很美,我也想去”。可很多人,不管是基于疫情形成的客观麻烦,还是基于自身经济、身体、家庭等情况的主观因素,都是说的多,行动的少。并不是说这样的决定不好,只不过我会比较遗憾他们做出这样的选择。

反观我在旅游途中遇到的旅友们:有的已过耳顺之年,家人不陪伴,就独自一人旅游,甚至住在珠峰大本营也不在话下。她随身携带了两大箱子行李,食物药物衣物均有,虽然行李繁重,可不嫌麻烦,反而乐于享受旅游带来的快乐。

有的成年没多久,就独自一人从成都骑行至拉萨,并且在一天半的时间内将冈仁波齐神山转完。他并没有对自己的经历津津乐道,反而能看到旅友们需要帮助的地方乐于奉献。

还有的来西藏多次,走过重复的路线,却总是能看到不同的美,能保持好奇心去兴奋地寻找不同的美。即便身体有不适,也尽量不给大家增加麻烦,而是选择自己能接受的方式去调整。

这些人,倘若有一个觉得出来旅游会有很多麻烦,需要考虑良多,估计就不是我遇见的那种状态了。

我们自然都想鱼和熊掌兼得,可人生就是没有十全十美。不过,生活态度没有谁对谁错,适合自己的才是最好的。一旦选择了,就要欣然接受生命给予的馈赠,坦然接受选择产生的问题。

最后,引用我很喜欢也一直想做到的一段话结尾:

宠辱不惊,闲看庭前花开花落;去留无意,漫随天边云卷云舒。

于我而言,快乐如是

今天是2022年2月20日,这周我再次来到了拉萨。

昨儿个,去了久仰大名的拉鲁湿地公园。

拉鲁湿地公园不似我想象中是一个露天的公共场合。或许是为了保护环境,整片湿地公园的边界都用铁栅栏围住了。透过栅栏的空隙,能看到里面仍然是金黄颜色的芦苇荡。被芦苇荡环绕的湖面上,有些地方尚结着厚厚的冰层,有些地方则游荡着自由自在的候鸟。在阳光的照射下,静静站在栅栏旁,会觉得眼前整幅画面显得格外安宁祥和。

绕着湿地公园行驶了一大段路,从另外一个方向出来,我一边连连感慨湿地公园果然地方广阔,怪不得称之为拉萨的氧气制造中心;另外一边,我惊喜地发现湿地公园外侧有可以行走的绿道。这条绿道,临近马路边,有花圃相隔。

走近一看,这才发现绿道和湿地公园间隔的地方,有一条人工修葺的河流。这条河流的水很清澈,能清晰看到水底的水草在轻轻摇摆。再走远一点,我还能够和绿头鸭们近距离接触。它们或许见惯了人群,看到我掏出手机拍照也不害怕,兀自快乐地和同伴嬉戏。彼时,阳光正好,虽然风吹在脸上有点凉,可我却舍不得当下的舒适。

冬日的寒冷未去尚有这样的美丽景象,可以想见到了夏天后,待在湿地公园的舒爽。

昨儿个还有两件事值得记录。

一是和朋友聊到最近在朋友圈被热议的一个法律案件。

朋友怒斥我产生的消极想法,和我强调,人有什么样的心态就会成为一个什么样的人,甚至散发出神奇的磁场,会影响人生发生什么样的事。同时,又冷静和我分析,按照我的职业会面临什么风险,依照我的个性,日常应当注意哪些行为。

面对这样的态度,心里自然会有点不舒服,可接下来也会有点感激。或许是因为我知道,我这样遇事不去找相关联的有效解决方式,拿出积极的态度处理,反而抱着逃避和消极的态度应对,不管是从职业来说,还是从人生态度而言,都是不可取的一种行为。有人直言不讳地讲出来,并指出较为具体的方式应对,我着实应该清醒吸纳。

二是昨儿个晚上第一次打台球。

早就听说过这项运动,身边也有不少朋友会玩。可我呢,一对运动从来不热衷,二没有遇到合适的机会,三没有碰到带我去玩的人,所以从未接触过。昨儿个晚上,拉萨的朋友见我有兴致,就带我去感受了一下这项运动。因着我是个台球小白,朋友从几个方面教我。

首先,是拿杆和击球的姿势。

拿杆需要两只手,左手五指张开,接着左手大拇指立起以支撑台球杆,随着球的距离调整高低和远近。有时候,球离得太近,还需要在台球桌的边缘换一个手势。右手呢,呈空心拳状态握住台球杆,胳膊保持九十度不动,通过手腕的力推动球杆击球。

击球的姿势,左腿向前,随着球的距离或直立或斜跨;右腿在后,一般需要略微弯曲。同时,整个身躯根据桌面距离趴下,收腹提臀站稳,眼睛直视球的击打点和球洞位置,做到全神贯注。

其次,是击球的方法和台球的规则。

击球,需要找准角度,不光是球杆和球相撞的角度,还有球和球洞之间的角度。有时候,假如球和球洞之间的距离不是直线,击打角度比较难,还需要考虑两球相撞产生冲击力从而击打目标球的技巧。

台球的规则,朋友没有讲解的很详细,只是依照以往经验简单说明。诸如游玩人员击球的先后规则,一人使球顺利击入球洞,则顺延击球;诸如台面上的球,在游玩人员均未击球入球洞之时,不区分球的大小和花色,直到某位人员将某个球击入球洞为止等。

最后,是打台球的方式。

一开始,朋友和我说了前述内容后,让我自己玩。后来,见我久久没有办法击球入洞,遂又教了我两个练球的方式。其一,是重复练习台球杆击打台球的姿势。这个方式,是为了锻炼台球杆和台球相撞点的准确率,同时形成击球和台球姿势的肌肉记忆。其二,是重复练习空手滚球入球洞。这个方式,则是为了培养台球进入球洞的眼力及角度。但不管是哪种方式,都需要长期的反复练习,才能看到效果。

短短一个小时的台球运动,我体会到了兴奋、不解、郁闷、专注、激动等种种情绪。

或许,这就是运动的魅力。

朋友评价我第一次玩台球,能击打台球使其进入球洞已算不错。姑且不去计较这评价的真假比例,至少我又见识了一种新的运动方式,并品尝到了其中的乐趣。

我想,这才是最重要的。

今天,则去看了易烊千玺等人主演的评分很高的电影《奇迹·笨小孩》。

这部电影,因起先看过了一篇写的不错的影评,所以知晓大致剧情发展。这里头的桥段,或许有刻意设计的痕迹,让人觉得生活给男主的折磨真是没完没了,略微有虚假的成分。但,因为每个人物的演绎都很真实,能够让人相信这些人物的存在;因为努力拼搏就必然会有成果的观念,符合大众的价值观;因为在冷漠的职场环境,人情味胜于现实的感动……所以,我们在有哭有笑有感慨之时,依然会对该部电影表示认可。

有趣的,还有我看完电影后与看过同一部电影的朋友讨论时各自截然不同的感受。

我不是创业者,体会不到个中艰辛程度;我对事业没有太大野心,生活大体也是一帆风顺……所以,仅看到了主角们为了生存拼尽全力的状态,开始理解为何人在绝境之下的可能性无比之大,也尤为敬佩那些在诱惑面前仍能坚守底线的人。而朋友呢,对事业有较为明确的追求,看完电影后,只觉得自己对于事业的拼劲还不够强。同时,认为事业想要达到称得上成功的程度,必然要打造齐心协力的团队。

不一样的感受,来源于对人生不同的定义。

这既是人与人之间相处有意思的地方,又是产生矛盾和冲突的缘由之一。而在这个过程中,尤为考量人的能力和心性,更能推断出选择不同带来的不一样结果。某种程度上来说,每个人作出的决定没有绝对的好与坏,只是利弊取舍后当下对自己来说最有益的结果而已。

所以,尊重每个人的人生态度,也尽可能去理解每个人的人生抉择。在自己能接受的范围内,找出最合适的相处之道吧。

愉快的周末倏忽而过,傍晚,按计划返程。

天气又有了变化,温度普遍降低。回程路上,再一次看到了路过的山头们正在迎接春雪到来的境况。

看看援友们的状态,他们有的怀揣着愉悦的心情去赏雪,分享近日的心情;有的静静看待关注问题的发酵并发表自己的观点;有的因春节探亲假隔离结束顺利返程颇有些苦尽甘来后的复杂滋味;还有的则刚回到西藏,需要独自体会隔离14天的不凡。

每个人的人生,在以自己作为主角时,经历的一切好似都不同凡响;可一旦从他人的角度看待,就会因为想法不一产生别样效果。于我而言,能做的,不过是记录下亲身经历的整个印象深刻过程,将期间产生的各种感受与诸君分享而已。

如有同感,那是幸事;如只是一阅而过,也无妨。

毕竟,人生,终归要自己一个人度过。始终认为,选择自己最喜欢的方式,和喜欢的人相处,找寻感兴趣的事,随心自在,足矣。

律师的责任感

大学毕业至2022年2月23日写这篇文章的当下,我执业6年,在律所工作8年,其实一直对律师这份职业没有特别大的认同感。或许这样的感触需要慢慢积累,也或许是在援藏期间接触的面更广了,直到最近,我才对律师的责任感有所触动和启发。

第一个触发点,来自共同提供援助服务的援友们。

波密援友张律,笃信佛教,为人很是慈悲。我们在春节探亲假返岗的时候乘坐同一架飞机,其间聊起我们都关注的社会热点事件。张律总是对大众宣传正确、合适的法律视角,又不遗余力提升大众对维护自身合法权益的认知。此外,每一天,他都会编辑《民法典》的相关规定,对大众进行普法。身为一名律师的社会责任感,在他身上表现无遗。

再看其他援友。

他们的执业经验都比我丰富,提供援助事务也比我专注。日喀则的援友,从不见她假期出去玩,发布的朋友圈要么是工作事务,要么是组织捐赠衣物,要么是分享写毛笔字的记录;拉萨的援友,已经在西藏待了三年,法定假期不回家,反而用心走访之前代理案件的受援人;林芝的援友,平日里普法、代理案件等事务义不容辞,因工作需要时常去别的县提供服务不在话下,还会根据律协或基金会的需要额外提供一些宣传。

虽说每个人来提供援助服务的出发点多少有些不同,但比较他们的投入程度,实在会让我有点汗颜。

第二个触动点,来自同行。

之前加入的一个全国律师群,多半是静静观看的居多,偶尔看到律师们分享的材料会表示感激。昨天,在群里看到一位律师转发的人民网“2022 我给两会捎句话”,提到众人拾柴火焰高,希望大家就“某热点”事件参与建言。这位律师还特别贴心地按要求分成了第一步选什么主题,第二步选哪个部门,第三步选哪个人,连留言的内容都编辑好了。

我看到这条动态后,觉得这是一件有意义的事情,于是就参与了。在按照该位律师的提示一一操作后,发现还需要补充第四步标题,所以在参与完之后在群里表示感谢之余,还提醒其他同行注意添加第四步。出乎我意料的是,该位律师在对我的行为点赞后,立马提出添加我微信的请求。我有点奇怪,但随即表示同意。

私下简单闲聊几句,该位律师介绍了他的情况——原来该位律师不但是四川某律所的合伙人,还是西南政法大学和北京大学法学院的领导人物,且他居然还是一位残疾人。再看他的朋友圈,发布的消息总是有着较为冷静的思路和清晰的视角。虽说我们都是初次相识,其为人行事却真是让我敬佩不已。

想来,在这个群里,和这位律师相似职业观、社会观的律师们还不少。回想以往的记录,他们大部分时间会讨论职业的选择、执业的疑惑、某个法律事务的处理方式、社会热点问题,也会分享自身素养提升的方面——如练毛笔字、绘画、运动、某本值得观看的书籍。在这个过程中,不仅拓宽了我的知识面,还让我看到了工作和生活更丰富的层次。

第三个感受，来源于自身。

律师是一个需要长期学习的职业。因为法律的更新迭代，因为实务经验的积累，因为面对不同需求的受众群体，都需要保持好奇心和上进心，不断汲取相关知识。

然而，我是一个比较被动的人。以前在工作之余，只会在每年年检前将必须完成的课时学完，其他时候很少主动学习，更多是依靠原来的经验处理事务。现在呢，一方面是随着环境不同，面对的事务相对广，有时候不得不边学习边解答相应的咨询；另一方面，则是意识到专业能力必须不断提升的重要性，所以也会主动去学习法律课程。

但其实我这样的状态仍算不上特别主动，毕竟我依然是因为需要才去学习，而不是发自内心的喜欢这件事。反观其他同行，时常看到他们分享的专业文章，看到他们讨论的专业话题，也知晓她们在白日工作后晚上会花时间学习。

与之对比，我所做的远远不够。

意识到上述这些，就明白律师这个职业要做好，我还需要走很长的道路，要学习的和改变的还有太多。这当然不是说我一定要成为他们那样的人，毕竟每个人对职业的定位仍有不同。只是，一向认为对人、对事、对行为、对理念，要取精华弃糟粕，难免会有向往和模仿之意。

更重要的，是再次想起季羡林大师那句话：想要真正为这个社会做些什么，真正能留下点什么。

缘 分 使 然

今天是 2022 年 3 月 7 日，藏历新年假期的倒数第二天。

当天的计划有二,一是配合林芝市司法局安排,领取慰问金;二是和援友们齐聚。

林芝市司法局在藏历新年假期,特意给每位援藏律师准备了慰问金。这份心意,无疑使我们在援藏期间感受到了莫大鼓舞。金额这时候不是重要的,重要的是被组织重视的感觉。

既定程序完成,已近中午,我们打算出门吃午饭。

昨儿个晚上,我们从拉萨回来,和分别已久的援友碰了个面,热热闹闹吃了顿石锅鸡。可那会儿,人没有齐。今天中午吃的则是烤肉,总算大家齐聚一堂,多了份欢乐契阔。

以往吃烤肉,我总是习惯性的被人招待,或者由店家烤制后直接吃。今天不一样的是,我坐在边缘位置更方便招呼大家,且烤肉又需要自己烤制,所以倒是成为了照顾人的一方。

角色转换,感受有点不同。一方面,要时时注意烤肉的火候,不能太焦,也不能太生;另一方面,要兼顾每个人的口味,将烤好的食物分发给大家。自己呢,吃的不太多,可如此这般,偶尔扮演照顾人的一方,听着援友们的道谢声和夸赞声,感觉还不赖。

大家都是熟悉已久有共同经历的人,也不需要刻意找话题,很自然地就聊到了彼此未来的工作计划、目前工作的状态等情况。时不时出现的商业互捧,引起大家一阵欢笑。当然,少不了趁着氛围正好拍个大合影。这时候拍照,和上午摆拍又不同,显得更加放松和自然。

饭罢,两位援友打道回府,和大家分别。我们趁阳光正好,又在外面找了个地标留念。给我们拍摄照片的朋友,是个摄影的行家,不见他怎么操作,我们都还没想好姿势,就已捕捉好了最美的瞬间。

下午没别的安排,留在林芝的我们索性去附近走走,随便溜达,正好消消食。先是去了林芝市司法局,再次看了下市局援友的工作环境,还不忘在门口来个合影。接着,到附近的福建公园转转。

刚进门走了一段路,我们发现有藏族同胞们正在树下过林卡。这场景一下调动了我们的情绪,于是照葫芦画瓢,折回门口买了壶甜茶,再称了点水果,顺势回到湖边找了个地方席地而坐,一块享受过林卡的下午。

以地为席,固然会担心杂草沾在衣服上不好清理,可享受当下才是最重要的。大家坐在一块,聊聊第一次抵达西藏的感受,谈谈各自工作上的差异,找到了不少共同话题。而后,根据各自的兴趣,有的聊相机拍照的技巧,有的展示采集声音的窍门,有的聚精会神看书,有的低头玩手机,时不时再吃点零食……和有趣的人在一块度过,总觉得时间过得比较快,快活得很。

傍晚的时候,朋友提议去唱歌。这可正中下怀了,大家伙很快就收拾东西准备前往。KTV 就在公园附近,待了一下午,大家都不需要额外吃东西了,直接进场玩乐。

这样放松的场合,有人负责唱歌,唱到嗓子哑了也不想停;有人负责鼓掌,叫好声阵阵;有人负责喝酒,碰杯声、转盘声、大笑声不断;有人负责拍照,让被拍照的人享受到了当明星的感觉。

美好的时光总是让人沉浸其中难以自拔。尽管我已经习惯了相聚后又分别的状态,可毕竟人生自古伤离别,想到明天即将分开,冷不丁还是有点伤感浮上心头。

但其实，我们都明白，有离别的存在，才更显团聚的美好。珍惜和每个人的缘分，过好当下，享受现在，就是最好的人生态度吧。

惜缘而为

3月14日早上，发现一个因缘相聚的微信朋友群，忽然出现了很多朋友发出的诸多感慨。

第一位朋友是位导演，因职业和入藏后的心路历程有感而发，赋诗一首：

我就像秋风中一粒尘埃，小得谁也看不见，我很脆弱，但是我又不想平凡，所以内心变强了，无论世人如何践踏，我不会向你索赔。你笑我，是一个废物，我会更加努力，你讥笑我，是一个窝囊之人，我会奋发图强。我只是一个尘埃，想要飞尘埃，所以我开始做好飞的姿态，我不会因为你几个笑，就折断我飞的意思。我要飞过高山和河流，我要飞过我的孤独，梦想曾搁浅在阁楼，我在又重新拾起，开始为梦启航，会有人为我编好典子，所以我相信尘埃的意义存在，我不问高山，知道我心有所想，我不问河流，知道我的梦在远方，所以我准备好了，正在路上风景中一切的一切，刚刚好，刚刚好。

第二位朋友心性开朗，既是感想，也含安慰之意：

孤独是一种美，有缘的相遇、同行也是一种幸福与美丽！

第三位朋友，引用《百年孤独》的名言，抒发感慨：

生命从来不曾离开过孤独而独立存在。无论是我们出生、我们成长、我们相爱还是我们成功失败，直到最后的最后，孤独犹如影子一样存在于生命一隅。

第四位朋友信佛，从信仰和生命的角度切入，谈了他的感悟：

我是谁？生从何来？死往何去？孤独时，常常会思考这几个问题，希望能悟到生命的真谛，盼望早日解决如影随形的孤独。

第五位朋友，昨天突遇山崖落石的险情，有感而发：

生死由命，富贵在天，原本源于自然，万物互补，有死必有生，所以人不可做恶，恶必果善必报。昨日山腰飞石，车身护体，半夜沉思，原有此劫，网络红言，不作就无难。所以进藏的每一位，都不容易，背负多少责任，大到国事，小大私己。

而我，上午翻阅完朋友们的聊天记录后，在惊讶于朋友们的感叹后，也不禁深思：

始终认为生命是一段我们知道终点，却无法预知过程的旅程。我们的一生，或许结局一致，但用什么样的方式度过，存乎于心。每个人赤条条、孤零零来到这个世上，本就与孤独为伍，与其说孤独的感觉令人不适，不如将孤独当作是一种自由，毕竟，人生终归需要自己独自面对所有。

时光跳转到中午，关于生命的思考并没有结束，朋友们之后又另有领悟。

有的言：

佛教认为，生命是一条从前世、今生、来世奔腾不息的河流，今生只是生命长河的一朵浪花。生命只有形态的变化，没有“死亡”，就像大自然中的冰、水、云。我们来源于自然，回归于自然，落红变泥更护花。我们人类孤独的原因是找不到生命的源头及生命的意义，到处流浪，无家可归。吾心安处是故乡。

有的谈到职业理念：

世代相传，思想丰富是精神文明，也叫书本知识，就是毛主席说的枪杆子出政权。在真实工作中，运用佛法管理企业，包括心胸、律法（抱负）、思维（战略）、因果（结论）等角度。

还有的很佛系：

该做什么做什么，遵循自然规律即可，因为我只是一粒尘埃。

而在我看来：

修佛即修心，方式不限，最重要有所领悟和改变。

正如朋友总结：

如是因，才有大家如是果。诸法因缘生，诸法因缘灭，我佛大沙门，常作如是说。

朋友提出我们后来说的很高深，我则认为是自身先有触动，后引起大家伙分享，不分高深或浅显，只是交流而已。

时光悠悠过，原本今天和以往会没甚区别，却因和朋友们的这席聊天，好似对每个人、每件事乃至对人生多了些不同凡响的感受。

特此记录。

后　记

整理书稿的当下，我身处法援“1+1”行动的第二个服务地点——青海省乌兰县。

在乌兰县工作期间，提及2021年度在西藏提供法律援助的经历，我总是感慨万千。我相信，这也将会是我，或者同行一段时间的援友们一生都无法忘却的美好回忆。

我习惯了用文字记录真实人生，既想给自己的人生留下点来过的痕迹，也想通过笔下的文字再次感受回忆的美妙或提醒自己珍惜当下或警醒自身做得更好，还想通过文字让大家了解我眼中的世界，纪念我生命中出现的人与事。

原本这只是出于爱好和私心的一件事，没想到却能够得到律所的支持，真是生命中最好的馈赠。

在此，感谢法援“1+1”行动项目办、广东省司法厅、广东律协、深圳市司法局、深圳律协给我的援藏机会，感谢西藏自治区司法厅、林芝市司法局、朗县司法局在我援藏期间提供的帮助。同时，特别感谢北京市京师（深圳）律师事务所给予我出版本书的机会；感谢出版社法治编辑部主任刘文科、责任编辑刘照、律所陈秋帆小姐姐，他们将本书当作自己作品般，特别尽心尽责的对待；感谢史璞松理事长和徐笑怡律师百忙之中费心书写的序，太多溢美之词让我受宠若惊。最后，还要感谢我亲爱的援友们、同事们对我在援藏期间的照顾，感恩我的家人朋友们对我援藏工作的支持。

要感谢的人太多，如有遗漏，请多多包涵。

诚如本书篇首所言，法律援助事务，是值得律师付诸一生的事务。我希望，通过自己的所作所为，为法律援助事务增添一丝光彩，也给西藏的发展带去一点促动。

江湖不远，江湖再会！

钟俊瑾

初稿整理于 2022 年 10 月

修订文稿整理于 2023 年 1—2 月